第三视域下的法律

——厦门大学法学院在职法律硕士优秀论文集

（2013年卷）

主　编：林秀芹

副主编：游　钰

厦门大学出版社　国家一级出版社
XIAMEN UNIVERSITY PRESS　全国百佳图书出版单位

前 言

自 1999 年厦门大学法学院开始招收在职法律硕士研究生以来,每年均有逾百名来自法院、检察院、公安机关、行政机关、律师事务所、银行、公司企业、新闻媒体等机构的优秀学员负笈前来深造。这些学员丰富的实践经验和多元化的专业背景为法学院带来勃勃生机。他们的学位论文往往以其从实践经验中总结而来的第一手资料为基础,结合硕士阶段的理论研习心得,探讨与揭示法律实践运行中的规律、问题和解决途径,形成许多视角独特、透视深入、启示丰富的优秀作品。为了让更多读者分享他们的智慧和研习成果,厦门大学法学院从近年来通过答辩的在职法律硕士论文中选择有代表性的优秀论文结集出版。这些论文的作者历经从法律实践者(甚至解释者)到法律研习者的转变,以客观、理性、冷静的态度洞悉法律实践并观察、剖析、探索法律问题,实现法律实践与法律解释理论之间的穿越,融合法律知识共同体和职业共同体的法律解释智慧,突破了法律文本含义、解释者前见的二元界限,故借用伽达默尔诠释学的概念将本论文集命名为"第三视域下的法律"。

本集论文的主题涵盖刑法、民法、行政法、经济法、诉讼法等诸多学科领域。谢其锋硕士的《非法经营罪研究》深入探讨了非法经营罪这一容易被"口袋化"的罪名,论文提出了破除"口袋化"倾向和完善非法经营罪的重要建言。杨志谦硕士的《论交通肇事罪自首的认定》所主张的关于交通肇事罪自首认定的"全部肯定说"与此后最高人民法院出台的相关司法解释相契合,显示了论文研究的前瞻性。吴道强硕士的《论侦查程序中的隐私权保护——以若干刑事侦查行为为中心》深入分析了拍照、查询话单、按捺指纹等具体侦查行为中的隐私权保护问题,提出了隐私权保护宪法化和加强侦查行为规制的建议,这对于保障人权意义重大。陈梅芳硕士的《论行政裁量基准的法律效力——以工商行政处罚裁量基准为样本》认为行政裁量基准应由法院在个案中审查其合法性,裁量基准在现实中过强的适用效力应当回归到其应有的、较低的效力层次。论文见解独到,论证充分,有利于我们科〔 〕行政裁量基准。洪清彪硕士的《论治安调解——以《中华人〔 〕罚法》第 9 条为中心》深入分析了治安调解的适用条件、原则〔 〕针对性强,论证充分,具有很高的实践参考价值。陈鹏祥硕〔 〕协作之法理探析——以出入境检验检疫管理之行政协作机制为视角》以出入境检验检疫管理制度为视角，探讨了两岸行政协作的困境和出路，为两岸行政协作模式进行了富有前瞻性的制度设计。高碧芬硕士的《我国明码标价制度研究》专门探讨了我国确立已久却又经常遭到背离的明码标价制度，提出了富有见地的立法和执法建议。在新闻侵权纠纷越来越多的背景下，来自新闻媒体的廖桂金硕士在《新闻真实性的法律思考——以〈厦门晚报〉新闻侵权纠纷为分析基础》一文中深入探讨了新闻真实性的认定标准和法律规制，论文的理论分析深刻，实证材料丰富，具有极强的说服力。庄俊彬硕士的《浅谈人肉搜索的法律规制问题》结合实践分析了"人肉搜索"所引起的权利冲突和法律责任问题，提出了对"人肉搜索"进行法律约束的具体对策，富有启示意义。征地补偿一直是社会关注的热点问题，来自法院的黄鸣鹤硕士在《当前司法实务中农村征地补偿款分配纠纷若干问题探讨》一文中结合厦门司法审判实践，探讨了农村征地补偿款分配纠纷处理中面临的突出问题，论文为此提供了论证充分、可操作性强的司法解决方案。郭其洪硕士的《商业银行应收账款质押融资风险及防范》深入分析了商业银行应收账款质押业务的风险，提出了许多精到的商业银行风险防范对策。姚亮硕士的《劳动基准公益诉讼研究》探讨了劳动基准公益诉讼的理论依据和现实基础，并提出了极具价值的制度设计建议。李加胜硕士在《我国破产管理人制度研究——以破产程序的中心变迁为视角》一文中提出了确立和实行破产管理人中心主义的建议。论文的研究结论对于完善尚处于初建阶段的我国破产管理人制度具有重要价值，得到上级有关部门的重视。纪荣凯硕士的《不动产登记民行交叉案件审理新模式探析》针对实践中不动产登记案件中民事争议与行政争议交叉现象不断增多的现象以及不动产登记案件审理所面临的困境，提出了构建并行诉讼审理案件方式的建议，相关建议论证充分，可操作性强。欧阳波硕士在《我国民事诉讼发回重审制度的完善》一文中探讨了我国民事诉讼发回重审制度的现状、问题和完善措施，论文关于发挥重审制度的功能定位有着独到而深刻的认识。

论文集的编辑和出版得到社会各界特别是论文作者及其所在单位的积极配合和大力支持。论文集的出版还得到了厦门大学法学院和厦门大学出版社的大力支持和许多实际的帮助，在此一并致谢。

中国的法治之路漫长而艰巨，需要立法者、执法者、教育者、传播者和研究者乃至社会大众长期不懈的努力。我们相信，涓涓细流终将汇成大海，论文集所呈现的智慧成果将成为推动我国法治进步的一种力量。作为教育者，我们为此感到骄傲，也倍感肩负的责任，我们将通过不断改革培养模式和提高教育质量服务于中国的法治建设。让我们一起努力实现中国的法治梦！

目　　录

非法经营罪研究

谢其锋[*]

引　言

非法经营罪是 1997 年修订《中华人民共和国刑法》（以下简称《刑法》）时增设的一个新罪名,被放在《刑法》第三章破坏社会主义市场经济秩序罪中。刑法学界对非法经营罪的研究成果丰硕,但还存在问题与不足。主要问题是,虽然法学界普遍承认非法经营罪已经口袋化,并对之持否定态度,但如何解决口袋化的问题,却没有合适的意见和方法。有人提出要取消非法经营罪,但取消后立法上如何再设置罪名,设置哪些罪名,则缺乏详细的论证和解决方案。① 因此,有必要对非法经营罪的概念、犯罪构成,特别是司法适用中的疑难问题、立法设置的合理性等问题进行更为深入的研究,并提出立法完善建言,为司法实践服务。

第一章　非法经营罪概说

非法经营罪是从 1979 年刑法规定的投机倒把罪中分解出来的。由于投机倒把罪规定比较笼统,界限不太清楚,造成了执法的随意性。1997 年修订刑法时,把投机倒把罪分解并作出具体规定,有些按投机倒把罪追究刑事责任的具体行为在生产、销售伪劣产品罪和破坏金融管理秩序罪中作了规定,在扰乱市场秩序罪中增加了对非法经营专营专卖物品、买卖进出口许可证等犯罪行为的规定,不再笼统规定为投机倒把罪,而是增设非法经营罪。《刑法》第 225 条规定:"违反国家规定,有下列非法经营行为之一,扰乱市场秩序,情节严重的,处五年以下有期徒刑或者拘役,并处或者单处违法所得一倍以上五倍以下罚金;情节特别严重的,处五年以上有期徒刑,并处违法所得一倍以上五倍以下罚金或者没收财产:(一)未经许可经营法律、行政法规规定的专营、专卖物品或者其他限制买卖的物品的;(二)买卖进出口许可证、进出口原产地证明以及其他法律、行政法规规定的经营许可证或者批准文件的;(三)其他严重扰乱市场秩序的非法经营行为。"1998 年 12 月 29 日全国人大常委会通过的《关于惩治骗购外汇、逃汇和非法买卖外汇犯罪的决定》第 4 条规定,在国家规定的交易场所以外非法买卖外汇,扰乱市场秩序,情节严重的,依照《刑法》第 225 条的规定定罪处罚。单

---

* 谢其锋:厦门大学法学院 2006 级法律硕士,福建省公安厅经济犯罪侦查总队副总队长、调研员。

① 彭辅顺、陈鹏展:《非法经营罪专题整理》,中国人民公安大学出版社 2007 年版,第 69 页。

位犯前款罪的,依照《刑法》第 231 条的规定处罚。1999 年 12 月 25 日第九届全国人大常委会通过的《刑法修正案》第 8 条对《刑法》第 225 条规定的非法经营罪进行了修改、补充,即增加 1 项作为第 3 项(未经国家主管部门批准,非法经营证券、期货或者保险业务的),原第 3 项(其他严重扰乱市场秩序的非法经营行为)改为第 4 项。2009 年 2 月 28 日全国人大常委会颁布的《刑法修正案(七)》第 5 条规定,将《刑法》第 225 条第 3 项修改为"未经国家有关主管部门批准非法经营证券、期货、保险业务的,或者非法从事资金支付结算业务的"。从上述非法经营罪的立法演变过程来看,非法经营罪是根据社会主义市场经济的发展要求而设立的,并且随着国家政治、经济政策的需要而不断扩大范围。虽然新刑法通过增加列举项来明确行为类型,但总体上其规定仍然模糊和笼统,其内涵与外延也不够明确,特别是第 4 项兜底条款的存在,使得非法经营罪落入投机倒把的窠臼,成为一个新的"口袋罪"。

一、非法经营罪的概念

《刑法》第 225 条对非法经营罪的行为方式是采用列举加概括相结合的方式规定其犯罪行为,并没有给出非法经营罪的明确概念。因此,刑法学界对非法经营罪进行了多种界定。笔者认为,对非法经营罪的定义必须紧扣其客观方面的三个要件,即"违反法律、行政法规规定"(刑事违法性)、"实施了扰乱市场经营管理秩序的经营行为"(社会危害性)、"情节严重"(应受惩罚性)。也就是说,一个行为构成非法经营罪,首先,该行为必须违反国家法律、行政法规的禁止性或限制性规定,即未经批准进行经营活动;其次,必须是一种经营行为,发生在经济活动领域中;最后,情节严重,严重扰乱了市场秩序,一般扰乱市场秩序的非法经营行为不构成犯罪。据此,我们可以给非法经营罪下个定义:"非法经营罪是指违反法律、行政法规规定,从事国家禁止或者限制的经营活动,扰乱市场秩序,情节严重的行为。"该定义缩小并限定了"国家规定"的范围,揭示了非法经营行为的本质属性,符合定义应有的科学性、准确性和简洁性的原则。

二、国外相关立法借鉴

在国外有关刑事立法中,多数国家刑法没有单独规定非法经营罪这种罪名,而是包含在其他罪名之中,只有少数几个国家有关于非法经营罪的规定。随着宏观经济学说对资本主义国家经济立法的影响,为保障国家干预和调控经济职能的有效实现,美、德等国刑法纷纷规定破坏社会经济秩序的罪名,严重违反行政规范的行为被纳入刑法调整。《美国模范刑法典》第 224.7 条(商业欺诈活动)规定:行为人在经商过程中实施该条所列的 7 项行为,成立轻罪。由于法律体系的不同,美国对非法经营等不正当交易行为的规定则比较宽泛,它包括类似我国刑法中的出售假冒注册商标的商品罪,虚假广告罪,诈骗罪,编造并传播证券、期货交易虚假信息罪等,甚至包括我们所指的违反治安管理处罚的行为。但并不能以此认为美国对非法经营的刑罚比我国严厉。

俄罗斯 1997 年 1 月 1 日起实施的《俄罗斯联邦刑法典》第 171 条、第 172 条分别规定了非法经营罪和非法从事银行活动罪。俄罗斯对非法经营罪的规定主要强调对无证经营、无照经营或超越经营权限经营行为的规制,刑法处罚的只是没有相应经营资格而从事经营活动的行为,而将经营内容违法和经营方式违法两种情形排除在非法经营罪之外,规制范围比较狭窄。

通过立法比较可以看出,对非法经营行为进行法律规制有其共性,也是市场经济的必然要求。但中外刑法对此罪的规定有较大差别:首先,国外刑法对非法经营罪都采用叙明罪状,对犯罪特征的描述明确、具体;而不像我国刑法对此罪采用空白罪状,对犯罪特征的描述过于抽象,给实际操作造成困难。其次,国外刑法对非法经营罪没有设置兜底条款,非法经营行为的内涵和外延都比较确定,不会给司法恣意、擅断留下空间,也就没有"口袋罪"之虞。最后,国外刑法对非法经营罪采取的轻刑主义值得我们借鉴。美国模范刑法典将非法经营行为定为轻罪,即刑罚在 1 年以下监禁的犯罪;俄罗斯联邦刑法典对非法经营罪的最高刑期均不超过 5 年;而我国刑罚对非法经营罪的最高刑期高达 15 年有期徒刑。从惩罚的效果来看,将非法经营罪视为社会危害性极其严重的犯罪行为进行规制,收效甚微,并不利于自由竞争秩序的维护和市场经济的健康发展。

第二章 非法经营罪的构成特征解析

犯罪构成是我国刑法所规定的、决定某一行为成立犯罪所必需的一切客观要件和主观要件的有机统一的整体。非法经营罪的犯罪构成有以下基本特征:

一、非法经营罪的客体

由于非法经营行为涉及的社会关系众多,因此关于非法经营罪的客体,我国刑法理论界存在多种看法。归纳起来有简单客体说和复杂客体说两大类。简单客体说认为本罪只侵犯一种具体的社会关系,而复杂客体说认为本罪侵犯两种具体的社会关系。

1.简单客体说分"市场秩序说"、"市场管理制度说"和"市场管理活动说"三种观点。

2.复杂客体说主要有两种观点:一种观点认为,本罪侵犯的客体是"市场经济秩序和国家对经营活动的管理制度"[①];另一种认为,本罪侵犯的客体是"国家对有关行业的经营管理制度和市场交易的正常秩序"[②]。

3.观点评析及结论。目前,刑法理论界视简单客体说为主流观点,其中市场经营管理秩序说得到多数论者的赞同。笔者认为,简单客体说中的"市场管理秩序说"基本反映出非法经营罪的本质特征,但"市场管理秩序"是一个涵盖性较广的概念,必须将其限定在一个确定的范围内,即国家有关专营、专卖或其他限制买卖物品、经营许可管理的领域内。综上分析,非法经营罪的犯罪客体是国家关于市场经营管理的秩序,包括市场经营管理中的专营、专卖秩序,许可证、批准文件管理秩序,以及其他的经营管理秩序。

二、非法经营罪的客观方面

非法经营罪的客观方面表现为行为人违反国家规定,进行有关非法经营活动,扰乱市场

---

① 严军兴、肖胜喜:《新刑法释义》,中共中央党校出版社 1997 年版,第 269 页。

② 黄京平:《扰乱市场秩序罪》,中国人民公安大学出版社 2003 年版,第 155 页。

秩序,情节严重的行为。本罪客观方面包括下列三个要件:

(一)违反国家规定

违反国家规定是界定非法经营行为的前提条件。《刑法》第96条明确规定,本法所称违反国家规定,是指违反全国人民代表大会及其常务委员会制定的法律和决定,国务院制定的行政法规、规定的行政措施、发布的决定和命令。具体到本罪而言,是指违反全国人民代表大会及其常务委员会制定的法律,国务院颁布的行政法规、决定、命令等关于对部分物品实行专卖、专营,对部分经营活动实施许可证制度、审批制度的规定。

(二)实施了扰乱市场经营管理秩序的非法经营行为

非法经营行为扰乱了国家对特定的商品经营、特定经营许可文件、特定行业以及其他特定市场经营方面的正常管理秩序。根据《刑法》第225条和全国人民代表大会常务委员会《关于惩治骗购外汇、逃汇和非法买卖外汇犯罪的决定》第4条、《刑法修正案》第8条和《刑法修正案(七)》第5条的规定,非法经营罪客观方面实施非法经营行为的具体表现形式包括以下四种:

1. 未经许可经营法律、行政法规规定的专营、专卖物品或者其他限制买卖的物品的行为。"专营、专卖物品"是指法律、行政法规规定有专门机构经营的物品,如食盐、烟草。"其他限制买卖的物品",是指国家在一定时期内限制经营的物品,如化肥、农药。随着国家经济的发展,这类物品也会有所变化。未经许可经营上述物品,是指没有经过主管机关的批准取得经营许可证和相关批准文件,擅自收购或经销这些物品。只要未经许可擅自经营,情节严重者即构成非法经营罪。

2. 买卖进出口许可证、进出口原产地证明以及其他法律、行政法规规定的经营许可证或者批准文件。进出口许可证,是指国家许可对外贸易经营者进出口某种货物和技术的证明。进出口原产地证明,是指在国际贸易中,对某一特定产品的原产地进行确认的证明文件。其他法律、行政法规规定的经营许可证或者批准文件,是指法律、行政法规规定的所有的经营许可证或者批准文件。如矿产开采、森林采伐、野生动物狩猎许可证。①

3. 未经国家有关主管部门的批准,非法经营证券、期货或者保险业务的,或者非法从事资金支付结算业务的。随着证券、期货、金融和保险市场的逐步建立和完善,严重扰乱证券、期货、金融和保险市场正常秩序的违法犯罪现象也随之增多,侵害了广大投资者、股东及投保人的利益。为打击这类犯罪活动,根据《刑法修正案》第8条和《刑法修正案(七)》第5条的规定,将《刑法》第225条第3项修改为:"未经国家有关主管部门批准非法经营证券、期货、保险业务的,或者非法从事资金支付结算业务的。"

4. 其他严重扰乱市场秩序的非法经营行为。这是指前三项以外的其他破坏市场管理秩序的非法经营行为。目前,刑事立法和司法解释明确规定按照非法经营罪定罪处罚的行为有以下10个方面:

(1)非法买卖外汇行为。根据1998年8月28日最高人民法院公布的《关于审理骗购外汇、非法买卖外汇刑事案件具体应用法律若干问题的解释》和1998年12月29日全国人大

---

① 熊选国、任卫华:《刑法罪名适用指南——扰乱市场秩序罪》,中国人民公安大学出版社2007年版,第19页。

常委会颁布的《关于惩治骗购外汇、逃汇和非法买卖外汇犯罪的决定》第 4 条第 1 款的规定，在国家规定的交易场所以外非法买卖外汇，扰乱市场秩序，情节严重的，依照《刑法》第 225 条的规定，以非法经营罪定罪处罚。

（2）非法出版行为。根据 1998 年 12 月 11 日最高人民法院公布的《关于审理非法出版物刑事案件具体应用法律若干问题的解释》第 11 条的规定：违反国家规定，出版、印刷、复制、发行本解释第 1 条至第 10 条规定以外的其他严重危害社会秩序和扰乱市场秩序的非法出版物，情节严重的，以非法经营罪定罪处罚。

（3）非法经营电信业务行为。根据 2000 年 4 月 28 日最高人民法院公布的《关于审理扰乱电信市场管理秩序案件具体应用法律若干问题的解释》第 1 条的规定，违反国家规定，采取租用国际专线、私自转接设备或者其他方法，擅自经营国际电信业务或者涉港澳台电信业务进行营利活动，扰乱电信市场管理秩序，情节严重的，依照《刑法》第 225 条第 4 项的规定，以非法经营罪定罪处罚。2003 年 4 月 22 日最高人民法院、最高人民检察院、公安部《办理非法经营国际电信业务犯罪案件联席会议纪要》补充规定，对于未取得国际电信业务（含涉港澳台电信业务）经营许可证而经营，或被终止国际电信业务经营资格后继续经营，应认定为"擅自经营国际电信业务或者涉港澳台电信业务"，情节严重的，按照上述规定以非法经营罪追究刑事责任。

（4）传销或变相传销行为。根据 2001 年 4 月 10 日最高人民法院对广东省高院《关于情节严重的传销或者变相传销行为如何定性问题的批复》，对于 1998 年 4 月 18 日国务院《关于禁止传销活动的通知》发布后，仍然从事传销或者变相传销活动，扰乱市场秩序，情节严重的，应当依照《刑法》第 225 条第 4 项规定，以非法经营罪定罪处罚。①

（5）生产、销售"瘦肉精"行为。根据 2002 年 8 月 16 日最高人民法院、最高人民检察院公布的《关于办理非法生产、销售、使用禁止在饲料和动物饮用水中使用的药品等刑事案件具体应用法律若干问题的解释》第 1 条的规定，未取得药品生产、经营许可证件和批准文号，非法生产、销售盐酸克仑特罗等禁止在饲料和动物饮用水中使用的药品，扰乱药品市场秩序，情节严重的，依照《刑法》第 225 条第 1 项的规定，以非法经营罪追究刑事责任。

（6）非法生产、储运、销售食盐行为。根据 2002 年 9 月 4 日最高人民检察院公布的《关于办理非法经营食盐刑事案件具体应用法律若干问题的解释》第 1 条的规定，违反国家有关盐业管理规定，非法生产、储运、销售食盐，扰乱市场秩序，情节严重的，依照《刑法》第 225 条第 4 项的规定，以非法经营罪定罪处罚。

（7）哄抬物价、牟取暴利行为。根据 2003 年 5 月 13 日最高人民法院、最高人民检察院公布的《关于办理妨害预防、控制突发传染病疫情等灾害的刑事案件具体应用法律若干问题的解释》第 6 条的规定，违反国家在预防、控制突发传染病疫情等灾害期间有关市场经营、价格管理等规定，哄抬物价，牟取暴利，严重扰乱市场秩序，违法所得数额较大或者有其他严重情节的，依照《刑法》第 225 条第 4 项的规定，以非法经营罪定罪，依法从重处罚。

（8）擅自设立互联网上网服务营业场所、从事互联网上网服务行为。根据 2004 年 7 月

---

① 根据 2009 年 2 月 28 日公布的《刑法修正案（七）》第 4 条的规定，非法传销或变相传销行为定组织、领导传销活动罪，不再按非法经营罪论处。

19 日最高人民法院、最高人民检察院和公安部公布的《关于依法开展打击淫秽色情网站专项行动有关工作的通知》,对于违反国家规定,擅自设立互联网上网服务营业场所,或者擅自从事互联网上网服务经营活动,情节严重,构成犯罪的,以非法经营罪追究刑事责任。

(9)擅自发行、销售彩票行为。根据 2005 年 5 月 13 日最高人民法院、最高人民检察院公布的《关于办理赌博刑事案件具体应用法律若干问题的解释》第 6 条的规定,未经国家批准擅自发行、销售彩票,构成犯罪的,依照《刑法》第 225 条第 4 项的规定,以非法经营罪定罪处罚。

(10)非法为信用卡持卡人套现。根据 2009 年 12 月 15 日最高人民法院、最高人民检察院公布的《关于妨害信用卡管理刑事案件具体应用法律若干问题的解释》第 7 条的规定:违反国家规定,使用销售点终端机具(POS 机)等方法,以虚构交易、虚开价格、现金退货等方式向信用卡持卡人直接支付现金,情节严重的,应当依据《刑法》第 225 条的规定,以非法经营罪处罚。

(三)情节严重

非法经营罪属于"情节犯",情节严重是构成非法经营罪的必备条件。也就是说,非法经营行为必须达到情节严重的程度,才能定罪处罚。否则,只能作为一般行政违法行为处理。情节严重一般有两条界定标准:一是数额标准,包括非法经营额和非法获利额;二是其他情节标准。实践中一般表现为以下几种情况:多次实施非法经营行为屡教不改,非法经营行为造成严重后果,社会影响恶劣,引起市场秩序严重混乱以及犯罪的动机、目的、时间、手段、形式、对象等内容。非法经营罪作为一种贪利性经济犯罪,其社会危害性主要表现为犯罪数额,犯罪数额的大小是衡量非法经营罪社会危害严重程度的主要根据,是区分罪与非罪的主要标准。① 目前,区分非法经营行为是否达到情节严重的程度,主要以 2001 年 4 月 8 日最高人民检察院、公安部《关于经济犯罪案件追诉标准的规定》第 70 条规定的非法经营罪的具体追诉标准和相关的司法解释为依据。情节严重的标准如何把握下文将详细论述。

三、非法经营罪的主体

非法经营罪的犯罪主体为一般主体,包括自然人和单位。《刑法》第 225 条对于一般自然人构成非法经营罪作了规定,即凡年满 16 周岁、具有刑事责任能力的自然人,都可以成为本罪的主体。单位实施的非法经营行为,与自然人相比,涉案金额更大,情节更为严重,具有更大的社会危害性。因此,修订后的《刑法》在第 231 条规定了本罪的单位犯罪。需要指出的是,由于自然人和单位成立非法经营罪的条件不同,不论是非法经营数额还是非法所得数额,通常是单位远高于自然人,因此不少自然人常常假借单位的名义实施非法经营犯罪。因此,在实践中要严格按照单位犯罪的相关规定,注意区分是自然人犯罪还是单位犯罪。

四、非法经营罪的主观方面

非法经营罪的主观方面表现为故意,而且只能是直接故意。即行为人明知自己的行为违反国家规定,从事非法经营活动会扰乱市场秩序,却希望并积极追求这种结果的发生。非

---

① 谢玉童:《试论非法经营罪》,载《云南法学》1999 年第 3 期。

法经营罪是贪利性犯罪,一般来说,行为人具有牟利的目的。虽然刑法条文没有明确指出成立非法经营罪必须具备犯罪目的,但刑法理论界普遍认为,成立非法经营罪在主观上具有一定的犯罪目的,即以牟利为目的。而犯罪目的只能存在于直接故意之中,不可能存在于间接故意之中。因此,本罪的主观罪过形式只能是直接故意而不能是间接故意。

非法经营罪是典型的法定犯(又称行政犯)。在法定犯的故意罪过中是否应当具有违法性认识,在刑法理论界争论很大,在我国存在肯定说、否定说和折中说三种观点。目前刑法界的通说认为,原则上违法性认识不是故意犯罪的认识内容,但是在一定的条件下如果行为人缺乏违法性认识也可以阻却犯罪故意的成立。也就是说,如果行为人没有认识或者不可能认识自己行为的违法性,而认为自己的行为是合法的,那就不应认为具有犯罪故意。因此,在司法实践中,对于确实不了解国家有关规定而进行了非法经营活动,不具有犯罪故意的,不宜以犯罪论处,可以给予相应的行政处罚。判断行为人在主观上是否明知或应知自己的经营行为的非法性,一般可以从以下几个方面综合判断:(1)所经营的物品是否是众所周知的专营、专卖品或者其他限制买卖的物品。(2)行为人的专业知识水平、认识能力和从事经营活动的经验和阅历。(3)行为人是否因相同的非法经营行为受过行政处罚。如果在受过行政处罚之后仍然进行此类活动,其行为在主观上就转化为故意。(4)有其他证据表明行为人了解国家有关规定而有意为之的。

第三章 非法经营罪司法适用中的疑难问题分析

1997年刑法典设立非法经营罪对于严厉打击非法经营行为,维护市场经济秩序,发挥了重要作用。但是,由于《刑法》第225条的规定是特殊的空白罪状描述方式,采取列举与概括相结合的方法表现非法经营罪客观要件的内涵,具有高度的抽象性和最大的概括性。因此,在司法实践中对该条款的理解和适用存在很大的争议和困惑。特别是对"违反国家规定"、"非法经营"、"情节严重"和"其他严重扰乱市场秩序的非法经营行为"的不同理解与适用,直接关系到行为人罪与非罪的问题。下文将结合实际案例逐一论述。

一、"违反国家规定"的理解和界定

"违反国家规定"是构成非法经营罪客观方面的前提条件。这表明非法经营罪构成要件的危害行为必须是违反特定的非刑法规定的行为。也就是说,非法经营罪中的行为构成被包含在"违反国家规定"之中。什么是"国家规定"?刑法理论界的观点各异,实务部门也理解不一。有论者认为,对"国家规定"应作限制性解释,国家规定仅限于法律法规范围,包括国务院及所属各部门制定的行政法规。也有论者认为,"国家规定"不包括国务院所属各部门制定的规章等规范。司法实践中对"国家规定"的不同理解和适用,会对案件的定性作出截然不同的结论。我们通过一个真实的案例来展开说明这个问题。简要案情是:2003年以来,福建省某市贸易公司经理关某某明知自己没有对外劳务合作经营权和境外就业中介的经营资格,却接受有对外劳务合作和境外就业经营资格公司的委托,以民间劳务咨询服务的名义在社会上招收赴新加坡劳务人员。关某某通过上述公司办理合法手续,将345名劳务人员送往新加坡,并向每名劳务人员收取 4 万～6.5 万元人民币的中介费,非法经营额达 1700 多万元人民币,非法营利近 70 万元人民币。2005 年 3 月,公安机关以关某某涉嫌非法经营罪立案侦查,经依法侦查终结将此案移送起诉。但是,在此案的定性上,公、检、法三机关却产生了严重分歧。争议的焦点集中在两个方面:一是关某某没有对外劳务合作经营权和境外就业中介的经营资格,却接受有对外劳务合作和境外就业经营资格公司的委托,招收人员赴新加坡劳务的行为是否违反了"国家规定"? 二是关某某的贸易公司"超范围经营",其从事对外劳务中介行为是否属于刑法意义上的"非法经营"? 法院审理认为,关某某的行为不构成非法经营罪,建议检察机关撤回起诉。最后检察机关对关某某作不起诉处理。由此案引出下列两个问题:

(一)"国家规定"的内涵和外延

根据《刑法》第 96 条的规定,违反国家规定是指违反全国人民代表大会及其常务委员会制定的法律和决定,国务院制定的行政法规、规定的行政措施、发布的决定和命令。显而易见,首先,刑法明确限定"国家规定"的制定主体只有最高立法机关和最高行政机关,除此之外的任何机构都无权制定"国家规定"。其次,"国家规定"的外延只包括法律、行政法规、国务院规定的行政措施、发布的决定和命令。国务院所属各部门制定的规章、地方各级人民代表大会及其常务委员会制定的地方性法规和决定,以及地方各级人民政府制定或发布的地方行政决定和命令均不属于"国家规定"的范畴。实践中的非法经营行为种类十分繁杂,目前对有些经营行为并没有相应的国家法律、行政法规、行政措施、决定和命令予以规制。尽管存在着上位法的缺位和空白,以及具有严重甚至极其严重社会危害性的行为亟待刑法规制,但部门规章依然无法上升到行政法规的位阶,即不能视为"国家规定"。但是,国务院批转的下属部门的规章或通知,是在全国范围内要求加强有关方面管理的行政措施,属于《刑法》第 96 条规定的"国家规定"的范围。例如 1998 年 4 月 18 日国务院发布了《关于禁止传销活动的通知》(简称《通知》)明确禁止任何形式的传销活动。该《通知》具有行政法规性质,具有普遍的适用性,此后进行的任何形式的传销活动或者变相传销行为活动,均应属于"违反国家规定"的非法活动。"国家规定"具体到本罪,就是关于对部分物品实行专营、专卖,对部分经营活动实施许可证制度、审批制度的规定。上述案件中,公安、检察机关对关某某定罪的"国家规定"是 2002 年 5 月 14 日劳动和社会保障部、公安部、国家工商局公布的《境外就业管理规定》(第 15 号令)。该规定不属于"国家规定",也就是说,关某某"违反国家规定"的前提不存在,因此法院的判定是正确无疑的。目前,由于我国对外劳务合作市场管理混乱,引发众多涉外事件,国务院正在抓紧制定《对外劳务合作条例》,在该条例颁布实施以后,此类行为可入罪。

(二)行政法规中刑事罚则规定的必要性

经济违法行为的刑事责任,要不要以空白罪状所指的法律、法规中有刑事责任规定(一般表述为"构成犯罪的,依法追究刑事责任")为前提? 有观点认为,非法经营罪作为行政犯,只要经营行为为"国家规定"所禁止,具备行政违法性,达到情节严重程度的,就构成非法经营罪,不要求违反的"国家规定"中具有刑事罚则。也有观点认为,非法经营罪作为行政犯,其犯罪的构成必须以相应的"国家规定"中具备刑事罚则为必要条件。某种经营行为即使具备行政违法性,但国家规定中并没有"追究刑事责任"的刑事罚则规定的,不能以犯罪论处。

由于我国目前对行政犯采用的是一种大一统、依附型的立法模式,其特点是行政犯的所有基本罪状和法定刑均在刑法典中加以规定,行政法规不设定独立的罪状和法定刑,只是在处罚罚则中对追究刑事责任作出笼统的宣告式表述,如"构成犯罪的,依法追究刑事责任",或者是"构成犯罪的,依照有关法律规定追究刑事责任"。① 笔者认为,行政法规中的这种宣告式表述,不仅对社会公众具有威慑指引、预防犯罪的功能,而且是行政执法和刑事执法衔接的唯一依据。首先,行政犯是违反了国家行政法规的行为,且达到一定严重程度,具有行政违法与刑事违法双重违法性,对其究竟是否追究刑责,要以行政法规中有刑事罚则规定为前提。其次,行政处罚和刑事处罚应有各自的处罚对象。既然行政法规已明确将上述行为排除在应追究刑事责任的范围,司法机关就不宜介入,而应由行政机关依法作行政处理。因为刑罚是最后的制裁手段,应符合谦抑精神。复次,立法规范要统一,否则,有的行政法规中有刑事罚则规定,有的却没有,必然误导社会公众对行为违法性的认识。最后,《刑法》第225条第4项规定了"其他严重扰乱市场秩序的非法经营行为"的兜底条款,若将所有违反行政法规且情节严重的行为全部予以刑事追究,势必造成非法经营罪规制的违法行为过于宽泛,执法随意。当然,在行政法规中"构成犯罪的,依法追究刑事责任"的"依法",只能是依据刑法中的相关规定,而不是其他的法律规范。如果刑法无相关条款规定,即使其他法律、法规规定"构成犯罪的,依法追究刑事责任",也没有任何意义。因此,非法经营罪的成立必须以非法经营行为在相关经济、行政管理法律、法规中有刑事责任的规定为前提。

二、刑法意义上的"非法经营"

刑法描述罪状的用语和措辞应当是明确和特定的,《刑法》第225条中的"非法经营"也有其特定的含义。"非法"是对行为性质的法律评价;"经营"是一种以营利为目的的经济活动,包括从事工业、商业、服务业、交通运输业等经营活动,任何具体的市场活动都可以纳入经营行为的范围。而刑法意义上的"非法经营"仅指国家法律限制性规定的经营行为。《城乡个体工商户管理条例实施细则》规定,"未经工商行政管理机关核准登记颁发营业执照擅自开业的,属于非法经营"。这里所指的"非法经营"是指无证、无照经营,不是刑法意义上的"非法经营"。这从《中华人民共和国保险法》第77条关于申请业务许可证和办理工商登记的先后顺序中可以得到解释。该条款规定:"经批准设立的保险公司,由批准部门颁发经营保险业务许可证,并凭经营保险业务许可证向工商行政管理机关办理登记,领取营业执照。"显然,颁发经营保险业务许可证和核准登记颁发营业执照是两种不同类型的行为。亦即只有刑法意义上的"非法经营"才能构成非法经营罪。那么,"超范围经营"的行为是否属于刑法意义上的"非法经营"? 对于公司法人来讲,非法经营行为不论是否为未经许可无证经营法律、行政法规规定的专卖物品的行为,还是其他的非法经营行为,都是《中华人民共和国公司法》规定的超越范围经营的一种行为。如果对这种达到追诉标准的超范围经营的行为按非法经营罪予以追究,则很可能是刑事法律对市场经济中的公司主体的经营自由权利的一种极端干预。② 笔者认为,"超范围经营"的行为不属于刑法意义上的"非法经营",也就是

---

① 游伟、肖晚祥:《论行政犯的相对性及其立法问题》,载《法学家》2008年第6期。
② 刘克安:《非法经营罪探析》,载《湖北民族学院学报》(哲学社会科学版)2003年第4期。

说,"超范围经营"不属于"违反国家规定"。因为,刑法上规定的非法经营罪,必须是行政法上违反法律特别禁止义务的行为,而不是违反一般禁止义务的行为。在民法上,公司法人的"超范围经营"的行为并不认定无效,而违反国家限制经营、特许经营以及法律、行政法规禁止规定的民事行为当然无效;在行政法上,后者的法律责任明显重于前者。无论"超范围经营"的行为如何严重,其法律责任止于行政法律,而不能进入刑事法律领域。因此,上述案例中关某某的贸易公司"超范围经营"从事对外劳务中介的行为,不可能成立刑法上的非法经营罪。

三、"情节严重"的把握标准

我国现行刑法所规定的犯罪,不仅有"质"上的要求,而且有"量"上的限制,只有社会危害性相当严重的才纳入犯罪圈之中,至于社会危害性不很严重的行为,则均由其他法律处理。[①] 如前所述,非法经营罪属于"情节犯",情节严重是区分非法经营罪与非罪的一个重要标准,具有重要的实践价值。《刑法》第 225 条以非法经营行为"情节严重"作为定罪起刑的标准,以"情节特别严重"作为加重量刑幅度的认定依据。但何为"情节严重"和"情节特别严重",该条并未具体规定。一般来说,"情节严重",主要应从非法经营额、非法获利额、经行政处罚仍不悔改、造成严重后果的、造成恶劣政治影响等指标进行考虑。"情节特别严重",一般是指非法经营数额或者非法获利数额特别巨大的;造成特别严重后果的;造成十分恶劣影响的;对国民经济和社会安定造成严重破坏的;等等。[②] "情节严重"一般有两条界定标准:一是数额标准,包括非法经营额和非法获利额;二是其他情节标准。目前,刑法理论界基本认同犯罪数额是认定非法经营罪情节是否严重和区分罪与非罪的主要标准。但是,对如何界定和把握情节严重的标准却有不同的认识。第一,情节严重是否考虑犯罪数额之外的其他因素。我们知道,"情节"是指影响行为社会危害程度的各种情况,如行为的方法、手段、时间、地点、一贯表现、目的、动机。大多数论者认为,非法经营罪的情节严重应当考虑以下因素:是否多次实施非法经营行为屡教不改,是否引起市场秩序严重混乱,是否造成严重后果,社会影响是否恶劣等内容;同时还应当考虑犯罪的动机、目的、时间、手段、形式、对象等。如果只考虑数额,而不考虑其他因素,则无法揭示出非法经营行为的社会危害性,无法体现罪刑责相一致的原则。[③] 第二,对犯罪数额是指经营数额还是违法所得数额有争议。从客观主义刑法的基本要求出发,为实现司法公正和方便司法,主流观点主张在认定非法经营行为为"情节严重"时,应以行为人非法经营数额为主要根据,综合考虑非法获利数额和其他情节。[④]

从犯罪的概念及其本质特征——行为的严重社会危害性和刑法所保护而为犯罪所侵害的法益的角度考量,笔者基本赞同上述多数论者的意见和主流观点。同时认为,有关司法解

---

① 田宏杰:《中国刑法现代化研究》,中国方正出版社 2001 年版,第 151 页。

② 熊选国、任卫华:《刑法罪名适用指南——扰乱市场秩序罪》,中国人民公安大学出版社 2007 年版,第 19 页。

③ 彭辅顺、陈鹏展:《非法经营罪专题整理》,中国人民公安大学出版社 2007 年版,第 56 页。

④ 马松建:《非法经营罪疑难问题研究》,载《郑州大学学报》2004 年第 5 期。

释和最高人民检察院、公安部《关于经济犯罪案件追诉标准的规定》第 70 条规定了非法经营罪的具体追诉标准,对非法经营电信业务,非法经营外汇,非法经营出版物,非法经营证券、期货保险业务行为确定标准,并设定概括性条款。除此之外,最高人民检察院《关于办理非法经营食盐刑事案件具体应用法律若干问题的解释》和最高人民法院、最高人民检察院、公安部、国家烟草专卖局《关于办理假冒伪劣烟草制品等刑事案件适用法律问题座谈会纪要》又分别对非法经营食盐和烟草制品行为确定了标准。这是迄今为止有权机关对非法经营行为情节严重的标准作出的具体而权威的解释,司法实践中应当予以严格遵守。至于情节特别严重的标准,目前只有最高人民法院《关于审理非法出版物刑事案件具体应用法律若干问题的解释》、《关于审理扰乱电信市场管理秩序案件具体应用法律若干问题的解释》对非法出版行为和非法经营电信业务行为规定了情节严重和情节特别严重的判断标准。由于非法经营行为具体形式多样,行为方式不同,其危害性大小难以用统一的标准来衡量,因此,其他的非法经营行为不宜比照这两个解释规定的数额标准适用法律,但对非法经营罪的情节判断方式可供参考。在实际办案中应根据案件的具体情况,全面考虑,然后加以确定。还要根据不同案件的证据规格,证明的难易程度,选择不同的证明方式:(1)对只有非法经营数额,而无违法所得数额的,主要以非法经营数额作为定罪数额标准。无违法所得数额,不影响对行为的定罪。(2)对无非法经营数额,但有违法所得数额的,如倒卖经营许可证、批准文件,从中非法获利,主要以违法所得作为定罪数额标准。(3)对非法经营数额不大,但违法所得数额却很大的,主要以违法所得数额作为定罪数额标准。[1] (4)对非法经营数额和违法所得数额都已明确的,以"从重择一"原则确定定罪数额标准。当然,以上都应综合考虑其他情节。由于在实际办案中违法所得难以计算或不易取证,目前在办理非法经营罪案件中,多数是以非法经营数额作为定罪数额标准的。闻名全国的北京"亿霖木业"非法传销案、金额巨大的上海罗怀韬"地下钱庄"案,法院均是以非法经营数额作为标准定罪量刑的。

四、"其他严重扰乱市场秩序的非法经营行为"的适用范围

《刑法》第 225 条的规定是特殊的空白罪状,并设置了"其他严重扰乱市场秩序的非法经营行为"这个具有高度概括性和无限扩张性的兜底条款。刑法之所以作这一概括性的规定,是为了重点打击《刑法》第 225 条列举的前三项非法经营行为的同时,不使其他严重扰乱市场秩序的经营行为逃脱法网。堵截构成要件具备堵塞拦截犯罪人逃漏法网的功能,但在司法运用中存在被滥用的危险。《刑法》第 225 条第 4 项的规定越来越多地被援引,成为对刑法没有明文规定的非法经营行为定罪的法律依据。随着一系列刑事立法、司法解释的出台,其外延在不断扩展,明确规定按照该条款第 4 项以非法经营罪定罪处罚的行为已经扩大到上述的 10 个方面(见第二章)。加上司法实践中法官对该项的自由解释和扩大适用,非法经营罪正一步步扩展为一个几乎没有限制的罪名,即不论是经营资格违法、经营内容违法,还是经营方式违法,只要该经营活动被认为严重扰乱了市场秩序,如果刑法中没有更为合适的具体罪名,则可以以非法经营罪定罪处罚。[2] 此类案例不胜枚举,因而很多学者认为,这已

---

① 谢玉童:《试论非法经营罪》,载《云南法学》1999 年第 3 期。
② 徐松林:《我国刑法应取消"非法经营罪"》,载《法学家》2003 年第 6 期。

经完全背离了当初分解投机倒把罪的立法初衷,非法经营罪已经处于失控的边缘,实际上已经成为新的"口袋罪"。从中可以看出,非法经营罪中"其他严重扰乱市场秩序的非法经营行为"条款的适用范围存在不断扩大的趋势。

在司法实践中,对"其他严重扰乱市场秩序的非法经营行为"如何认定?有学者认为,其他严重扰乱市场秩序的非法经营行为,涵盖了投机倒把的一切行为,如垄断货源、哄抬物价、囤积居奇、倒卖外汇、金银及其制品;倒卖国家禁止或者限制进口的废弃物;非法从事传销或者变相传销活动、彩票交易、倒卖汽油品、特定许可证、执照、有伤风化的物品;非法买卖国家统一收购的矿产品;等等。① 笔者认为,这种把"其他严重扰乱市场秩序的非法经营行为"涵盖投机倒把一切行为的观点,实不足取。"其他严重扰乱市场秩序的非法经营行为"作为一项兜底条款,其所界定的非法经营行为必须具备非法经营罪成立的前提,指向的犯罪行为必须具有经营性质,涉及的犯罪行为应严重扰乱市场秩序。② 正确认定并准确适用该条款,必须把握《刑法》第 225 条第(一)、(二)、(三)项的立法精神,然后分析这三项规定之间的内在逻辑联系。也就是说,必须是与未经许可经营专营专卖或限制买卖物品、买卖经营许可证、批准文件或非法经营证券、期货或者保险业务等具有相同性质的行为。这种非法经营行为必须符合非法经营罪的所有犯罪构成特征,具有"违反国家规定"、"扰乱市场经营管理秩序"和"情节严重"三个要件。在具体判定时,应从罪刑法定原则出发,秉承刑法的谦抑性精神,结合有关法律、行政法规和司法解释严格适用,决不能恣意解释,任意扩张,随便扩大适用范围。

第四章　非法经营罪刑事立法缺陷及完善建言

1997 年修改刑法时取消了投机倒把罪,分解设立了非法经营罪。刑法学界将这一修订视为罪刑法定原则在刑法分则中的重要体现。始料不及的是,由于《刑法》第 225 条采取特殊的空白罪状描述方式,并设定了兜底条款,使该罪成为新的"口袋罪"。毋庸讳言,非法经营罪刑事立法存在的缺陷正引起愈来愈多的质疑与批判。本章将结合前文结论,阐述非法经营罪的立法缺陷问题以及如何进行完善。

一、非法经营罪刑事立法的缺陷

《刑法》第 225 条的规定是特殊的空白罪状。空白罪状对具体犯罪构成行为要件本身未作任何表述,而仅仅只是指出应予参照的相关法律规范。由于空白罪状的自身特点加上《刑法》第 225 条兜底条款的设定,非法经营罪在司法实践中被不断扩张适用,该罪在刑事立法上的缺陷暴露无遗。

(一)"违反国家规定"过于宽泛,有违罪刑法定原则

罪刑法定主义通常以"法无明文规定不为罪"(nullum crimen sine lege)和"法无明文规

---

① 熊选国、任卫华:《刑法罪名适用指南——扰乱市场秩序罪》,中国人民公安大学出版社 2007 年版,第 19 页。

② 胡敏、曹坚:《论非法经营罪堵漏条款的合理认定》,载《华东政法学院学报》2003 年第 5 期。

定不处罚"(nulla poena lege)为其经典表述。① 也就是只有法律才能为犯罪规定刑罚。我国刑法对非法经营罪的表述是"违反国家规定,有下列非法经营行为之一,扰乱市场秩序,情节严重的……"。如前所述,"国家规定"的制定主体包括最高立法机关和最高行政机关;"国家规定"的外延包括法律、行政法规、国务院规定的行政措施、发布的决定和命令,直至包括国务院批转的下属部门的规章或通知。它包括现存的和将来可能制定的涉及经济活动的所有法律、法规以及国务院制定的行政措施、命令、决定等。众所周知,行政法规、行政措施、行政命令在我国法律体系中处于较低的位阶,而且因它们近似于政府的政策而具有更易变动的特点,稳定性较差。② 根据《立法法》第 8 条和《刑法》总则第 3 条的规定,设定犯罪与刑罚的只能是法律;《立法法》第 9 条规定,本法第 8 条规定的事项尚未制定法律的,全国人民代表大会及其常务委员会有权作出决定,授权国务院可以根据实际需要,对其中的部分事项先制定行政法规,但是有关犯罪和刑罚、对公民政治权利的剥夺和限制人身自由的强制措施和处罚、司法制度等事项除外。也就是说,只有全国人大及其常委会通过的法律才能成为定罪处刑的合法依据,行政法规不应过多介入刑事领域。《刑法》第 225 条采用"违反国家规定"的宽泛表述,说明非法经营罪的犯罪构成很大部分却取决于行政法规的规定,这与以上规定存在明显的矛盾和冲突。从实质层面而言,空白罪状具体犯罪构成要件的确定完全或部分是由相关法规或制度来承担的,因此,即使被参照的相关法规或制度不是"定罪量刑的直接依据",但在事实上也决定着司法机关的具体定罪活动。③ 在非法经营罪的认定中,完全参照"国家规定"认定行为的合法性与非法性,从而决定犯罪与否。这与刑法、行政法规的效力等级及全国人大授权立法的范围不相符,有违罪刑法定原则,有损刑法的严肃性,不利于公民基本权利的保护。

(二)兜底条款的规定包罗万象,有失刑法谦抑性精神

刑法的谦抑性,是指对于某种危害社会的行为,国家只有在运用民事的、行政的法律手段和措施仍不足以抗制时,才能运用刑法的方法。刑法介入、干预社会生活,应以维护和扩大自由为目的,而不应过多地干预社会。《刑法》第 225 条第 4 项"其他严重扰乱市场秩序的非法经营行为"的高度概括性规定,使该罪难免成为新的"口袋罪"。对此,刑法学界的理解并不一致。一种意见认为,由于新刑法确立了罪刑法定原则,刑法规范的明确、具体是罪刑法定原则的内在要求,因此在刑法分则中不宜再规定"其他"之类的不确定的罪状内容。另一种意见认为,如果对某些罪状规定得过于确定、具体而无弹性,对各种犯罪行为又难以尽列无遗,特别是在经济犯罪形态发展变化较快的大变革时期,倘若有的条款一点"口袋"余地也不留,可能不利于及时打击花样翻新的经济犯罪,也不利于刑法典的稳定,因此有限制地设置一点"其他"之类的拾遗补漏条款还是必要的。④ 刑法其他条款的设置也有采用类似的兜底条款,为什么只有非法经营罪成为新的"口袋罪"?笔者经比较发现,《刑法》第三章的同类客体是社会主义市场经济秩序,第三章第八节"扰乱市场秩序罪"的"次层次"同类客体是

① 陈晓明、何承斌、童伟华:《理论刑法学专论》,科学出版社 2006 年版,第 32 页。
② 张天虹:《罪刑法定原则视野下的非法经营罪》,载《政法论坛》2004 年第 3 期。
③ 刘树德、王勉:《非法经营罪罪状"口袋径"的权衡》,载《法律适用》2002 年第 10 期。
④ 张天虹:《罪刑法定原则视野下的非法经营罪》,载《政法论坛》2004 年第 3 期。

市场秩序。但是,《刑法》第 225 条却将本节的"次层次"同类客体作为非法经营罪这一个罪的直接客体。虽然《刑法》第 182 条、第 193 条、第 195 条、第 224 条也都采用了兜底条款,但是,均是以行为方式区别上列各项,具体表述为"以其他方法……的"。只有第 225 条第 4 项不是以行为方式来区别上列各项,而是直接表述为"其他严重扰乱市场经济秩序的非法经营行为"。从表面上看,"严重扰乱市场秩序"是对行为属性的描述,但这一描述本身是高度抽象的,它并不能指明客观行为是什么,这就当然地遗传了投机倒把"口袋罪"的基因,以至于非法经营罪的规定笼统、内容庞杂、外延不清。执法者就可以随时随地,随心所欲地扩大犯罪圈,以适应不断发展变化的市场经济和社会、政治体制改革的需要。目前,根据该兜底条款,按照非法经营罪定罪处罚的行为已经扩大到 10 个方面,甚至把垄断货源、哄抬物价、囤积居奇等本只应由行政法规规制的经营行为,也作为犯罪来打击,造成刑罚权的滥用。这明显不符合刑法的谦抑性精神。

(三)刑罚设置不合理,有悖罪刑相当原则

罪刑相当,又指罪刑相适应或罪刑均衡,其基本含义是指刑罚的轻重应当与犯罪的轻重相适应。也就是重罪的量刑要重,轻罪的量刑要轻,每个法律条文之间对犯罪量刑要统一平衡,刑罚的轻重应当与犯罪分子所犯罪行和承担的刑事责任相适应。《刑法》第 225 条关于非法经营罪量刑的规定有两档法定刑:情节严重的,处 5 年以下有期徒刑或者拘役,并处或者单处违法所得 1 倍以上 5 倍以下罚金;情节特别严重的,处 5 年以上有期徒刑,并处违法所得 1 倍以上 5 倍以下罚金或者没收财产。可以看出,本罪的刑罚设置不合理。首先,量刑幅度不协调。与非法经营罪所在的"扰乱市场秩序罪"一节其他犯罪的法定刑比较,非法经营罪是较重的一种犯罪。其法定刑分两个幅度:5 年以下有期徒刑或者拘役、5 年以上有期徒刑,上限 15 年。同样是扰乱市场秩序的犯罪,本节只有《刑法》第 224 条合同诈骗罪的量刑幅度高于它,其他罪的量刑幅度和上限均远低于它。其次,量刑幅度不均衡。在非法经营罪与其他犯罪发生法条竞合的情况下,非法经营罪是一般罪,其他犯罪是特别罪,如果其他犯罪的法定刑较非法经营罪重,则在适用上不会出现问题。但若其他犯罪的法定刑较非法经营罪轻,则会出现不合理现象,即按照特别法优于一般法,首先适用其他犯罪,但其法定刑较轻;按照重法优于轻法的补充原则,则应该适用一般法,即适用非法经营罪。① 最后,以违法所得的倍数决定罚金,如果犯罪分子只有非法经营的数额而没有获得非法所得,无法确定罚金的数额。非法经营罪的刑事立法存在的以上缺陷,既有悖罪刑相当原则,又不利于司法实践的具体操作。

二、完善非法经营罪刑事立法建言

针对非法经营罪刑事立法和司法适用中的问题,法学界进行了深入的探讨,提出了以下值得研究的问题:其一,非法经营罪的设置是否具有合理性的问题,甚至有人提出我国刑法应取消非法经营罪;其二,在非法经营罪日益扩张的情况下,提出了如何合理限制"其他严重扰乱市场经济秩序的非法经营行为"这一兜底条款的扩张问题;其三,在肯定非法经营数额是认定非法经营行为情节严重的主要依据的情况下,提出了非法经营数额与违法所得不一

---

① 范德安:《非法经营罪研究》,吉林大学出版社 2009 年版,第 130 页。

致时如何处理的问题。① 笔者认为,这些问题都抓住了非法经营罪司法适用和立法设置中的要害,应当引起足够的重视。为适应市场经济发展的需要,对刑法中有关非法经营罪的规定进行修改与完善已迫在眉睫。笔者认为应着重解决以下四个问题:

（一）确立现代刑法理念

非法经营罪存在的上述缺陷和问题,并不是立法者立法技术上的疏忽,而是与中国传统的价值观和以社会危害性为中心、以社会控制为目标的刑法理论相契合的。我国是一个具有漫长的封建专制传统的国家,刑法工具主义思想根深蒂固。在计划经济体制下,刑法成为阶级斗争的专政工具,强化了它的社会保护机能;刑法的人权保障机能被忽视甚至漠视。② 随着市场经济体制的发展,建设社会主义法治国家治国方略的实施,立法者和司法者都要适度调整价值取向,更新刑法理念,确立刑事法治思想。首先,改变强调作为阶级斗争工具的刑法观,树立为发展社会主义市场经济服务的刑法观。就刑法的功能来说,不仅要重视刑法规范人们的行为,维护社会秩序的功能,更要重视刑法保护社会主义市场经济发展和保障公民合法权益的功能。其次,改变单纯以危害统治关系为标准的犯罪观,补充树立以危害社会生产力发展为标准的犯罪观。是否危害社会生产力的发展,也应当成为判断某一行为是否构成犯罪的标准。再次,改变与计划经济相适应的刑罚观,树立与市场经济相适应的刑罚观,增加适用罚金刑的条款。③ 不论在立法活动还是在司法实践中,都要坚决贯彻刑法的三个基本原则。在经济领域,尤其是在非法经营罪立法设置和司法适用中,必须坚持只有在民事制裁、行政制裁都不能充分对法益予以保护时,才轮到刑法出场。易言之,只有在侵权行为法与行政处罚法不足以抗制的情况下,才能用刑法抗制,这就是刑法的最后手段性。正如卢梭所说:"刑罚频繁总是政府衰弱或者无能的一种标志。"④

（二）限定"国家规定"的范围

由于非法经营罪的成立以"违反国家规定"为前提,违背了罪刑法定原则,以致有的学者提出我国刑法应取消非法经营罪。笔者认为,法治发展是一个渐进的过程,不可能一蹴而就,完全取消非法经营罪是不符合社会发展需求的。中国当前经济活动的现实状况是非法经营罪得以存在的客观背景。1997 年《刑法》在经济犯罪类条文中,多采取空白罪状,并把空白罪状作为法律协调统一和解决刑法稳定性与发展变化的现实之间矛盾的一种有效手段。空白罪状具有保持刑法典相对稳定、严密刑法典法网和促进非刑事法律完善的功能,它将刑事法律与经济、行政、民事等其他法律联系起来,一定程度上促进这些非刑事法律的立法完善。因此,目前对于非法经营罪的立法尚有必要采用这种概括性较强的空白罪状描述方式,以保障经营活动的良好运行,维护正常的经济秩序。但是,"国家规定"的外延宽泛,包括法律、行政法规、国务院规定的行政措施、发布的决定和命令,以及包括国务院批转的下属部门的规章或通知。根据罪刑法定原则,设定犯罪与刑罚的只能是法律。作为国家基本法的刑法,在规定罪与刑时不应去参照法规、行政措施、决定、命令、规章和通知,因此,应对"国

---

① 彭辅顺、陈鹏展:《非法经营罪专题整理》,中国人民公安大学出版社 2007 年版,第 67～68 页。

② 陈兴良:《当代中国刑法新境域》,中国政法大学出版社 2002 年版,第 3 页。

③ 马克昌:《把握现代刑法理念（法治人物）》,载《人民日报》2005 年 6 月 15 日第 14 版。

④ ［法］卢梭:《社会契约论》,何兆武译,商务印书馆 2003 年版,第 43 页。

家规定"和范围加以适当限制。鉴于中国当前的经济发展状况和法制建设进程，将"国家规定"限定在法律的层面，显然不符合国情，还应暂时保留行政法规的规制，但应当排除国务院规定的行政措施、发布的决定和命令等在刑事法律中的适用。

（三）修改并严格适用兜底条款

《刑法》第 225 条第 4 项兜底条款的存在，是导致非法经营罪成为新的"口袋罪"的根本原因。由于成文法具有不周延性、滞后性等局限性，为严密刑事法网，不放纵犯罪，在明确法律规范确定性的基础上，成文法应当保持适当的概括性、原则性。其他严重扰乱市场秩序的非法经营行为一概不入罪，不利于严密刑事法网，不利于打击日益增多的经济犯罪。正如哈罗德·伯曼在谈到美国为何不制定包罗万象的法典时指出："人类的深谋远虑程度和文字理论能力不足以替一个广大社会的错综复杂情形作详尽的规定。"①因此，目前继续保留非法经营罪兜底条款是必需的，但应作必要的修改。从立法原意看，非法经营罪的犯罪主体是不具有合法经营资格或滥用经营资格的自然人或者单位，非法经营罪的本质特征是违反国家有关许可经营的法律规定。因此，《刑法》第 225 条第 4 项兜底条款调整的经营行为应当具有违反法律、行政法规禁止性或限制性规定的性质。为有效限制兜底条款的随意扩张，可以将第 4 项修改为："其他违反法律、行政法规禁止性或限制性规定的非法经营行为。"并在具体适用中严格把握非法经营罪客观方面包括的三个要件，即"违反法律规定"、"实施了扰乱市场经营管理秩序的非法经营行为"和"情节严重"。

笔者认为，在解决本节上述三个问题后，有关司法解释的问题已经不再是本罪的主要问题。最高司法机关只要在罪刑法定原则的指导下，遵循"正义原则"和"自律原则"进行司法解释，就能防止司法解释越出边界侵入立法领域，也就不会造成本罪的无限扩张。

（四）调整量刑幅度和罚金标准

对每一种犯罪处以哪一种刑罚，必须从刑罚的本质、刑罚功能的发挥和刑罚目的的实现来考察研究。在遵循罪刑相当原则的前提下，还应当强调刑罚的适度性原则和刑罚的公正性原则，不能盲目地一味以重刑为目标，而应着眼于刑罚功能的充分发挥和刑罚效果的最佳取得，才能真正体现刑罚的威慑力。刑罚公正性的底线在于：刑罚所剥夺的权益的价值不得大于犯罪所侵害的权益的价值，刑罚的严厉性不得超过犯罪危害的严重性。②中国历来是个崇尚严刑峻法的国度，但在市场经济迅猛发展的今天，构建和谐社会已经成为时代的主题，刑罚也应当更注重人文主义的精神，才符合科学发展的要求，毕竟乱世才用重典。针对《刑法》第 225 条设定的非法经营罪量刑偏重，且量刑幅度不均衡的弊端，笔者认为，非法经营罪的法定刑应当适度降低：第一幅度的由原来的"处五年以下有期徒刑或者拘役"改为"处三年以下有期徒刑或者拘役"，第二幅度的由原来的"处五年以上有期徒刑"改为"处三年以上七年以下有期徒刑"。同时，非法经营罪是典型的贪利性犯罪，适度扩大罚金刑的使用，增加其犯罪成本，破其所图，灭其所欲，从而控制犯罪发生，降低犯罪率，不失为最有效、最经济

---

① 转引自娄秋琴：《论对非法经营罪堵漏条款适用的合理限制》，中国政法大学出版社 2006 年版，第 12 页。

② 梁华仁：《经济犯罪废除死刑问题研究》，http://post. n. 318. com/zonhe/lunwen/falu/xingfa/200605/287709_2. htm，下载日期：2006 年 5 月 1 日。

的调控方式。鉴于现行刑法和司法解释对非法经营罪的数额认定采取非法经营数额和违法所得数额两者并行的"双轨制",因此,在罚金数额的确定上也应当采取"双轨制"。

综上,笔者建议将《刑法》第225条修改为:

违反法律、行政法规规定,有下列非法经营行为之一,扰乱市场秩序,情节严重的,处3年以下有期徒刑或者拘役,并处或者单处非法经营数额1%以上20%以下或者违法所得1倍以上5倍以下罚金;情节特别严重的,处3年以上7年以下有期徒刑,并处非法经营数额1%以上20%以下或者违法所得1倍以上5倍以下罚金或者没收财产:

(一)未经许可经营法律、行政法规规定的专营、专卖物品或者其他限制买卖的物品的;

(二)买卖进出口许可证、进出口原产地证明以及其他法律、行政法规规定的经营许可证或者批准文件的;

(三)未经国家有关主管部门批准,非法经营证券、期货、保险业务的,或者非法从事资金支付结算业务的;

(四)其他违反法律、行政法规禁止性或限制性规定的非法经营行为。

结 束 语

非法经营罪值得研究的问题远不止这些,刑法理论界对这些问题的探讨也未达成共识;对非法经营罪的犯罪形态、罪数、刑罚设置的合理性等问题尚未深入研究。而且随着社会经济的发展和司法实践的丰富,该罪在司法适用中面临的问题也将越来越多。笔者认为,非法经营罪不仅是个刑法学的问题,更是个复杂的社会学、政治学和经济学的问题,不论是立法实践还是司法适用,至关重要的是必须确立刑事法治思想,明确刑法具有社会保护和人权保障的双重功能,在打击犯罪的同时,更要注重人权保障。司法工作的最大目的,是用权利观念代替暴力观念,在国家管理与物质力量使用之间设立中间屏障。① 只有这样,才能做到既充分发挥国家调控"有形之手"对经济活动的调节作用,维护社会主义市场经济秩序,又避免国家刑罚权的滥用;既保障市场经济的健康发展,又促进中国社会的法治化进程。

① [法]托克维尔:《论美国的民主》(上卷),董果良译,商务印书馆2008年版,第156页。

论交通肇事罪自首的认定

杨志谦[*]

前　言

随着经济的高速增长,人民生活水平的普遍提高,我国机动车及驾驶员人数急剧上升。与此同时,我国道路交通事故频发,死伤人数众多,多年来我国道路交通事故死亡人数屡居世界第一。

长期以来关于交通肇事案件的审判备受社会关注,而对于交通肇事罪的自首认定及自首存在范围在法学界和实务界存在不同的认识,导致在实践中出现不同的处理结果。浙江省杭州市西湖区发生的胡斌交通肇事案中,虽然胡斌在交通肇事后立即报警,并停留现场等候处理,但是未被认定为自首的案例引起社会广泛的争论。随后,浙江省高级人民法院于2009 年 8 月 21 日出台《关于审理交通肇事刑事案件的若干意见》(以下简称《意见》),其中第 2 条第 1 款规定:"交通肇事后报警并保护事故现场,是道路交通安全法规定的被告人交通肇事后必须履行的义务。人民法院依法不应将交通肇事后报警并在肇事现场等候处理的行为重复评价为自动投案,从而认定被告人自首。"根据《意见》规定,既然交通肇事后报警并在肇事现场等候处理的行为不能被认定为自首,那么在交通肇事罪第一量刑幅度内根本不存在自首。而与杭州市西湖区人民法院不予认定胡斌成立自首形成鲜明对比的是,一些省市地区纷纷通过新闻发布或判例的形式,将交通肇事后积极抢救伤员、报警并在现场等候处理、如实供述罪行的行为认定为自首。

因此,在交通肇事罪中是否存在自首、交通肇事罪自首的认定及存在范围等问题引起了法学界与实务界的空前关注和广泛争论。

---

　*　杨志谦:厦门大学法学院 2007 级法律硕士,北京盈科(厦门)律师事务所(合伙人律师)。

第一章 胡斌交通肇事案引发的思考

第一节 报警与自首的认定

一、胡斌交通肇事案及其审判

2009 年 5 月 7 日晚，被告人胡斌驾驶经非法改装的浙 A608Z0 兰瑟翼豪陆神牌红色三菱轿车，途经文二西路德加公寓西区大门口人行横道时，未注意观察路面行人动态，致使车头右前端撞上正在人行横道上由南向北行走的青年谭卓。事发后，胡斌立即拨打 120 急救电话和 122 交通事故报警电话。谭卓经送医院抢救无效，于当晚 20 时 55 分因颅脑损伤而死亡。胡斌对事故负全部责任。

杭州市西湖区人民检察院指控被告人胡斌犯交通肇事罪，且其驾驶非法改装的车辆严重超速还时有与他人相互追赶等情节，提请西湖区人民法院依法从重判处。

杭州市西湖区人民法院认为：被告人胡斌违反交通运输管理法规，因而发生重大事故，致一人死亡并负事故全部责任，其行为已构成交通肇事罪。被告人胡斌肇事后及时报警并在现场等候，该行为属于履行道路交通安全法规定的义务，且刑法已将交通肇事后逃逸的行为规定为加重情节，依法不应将肇事后报警并在现场等候的行为重复评价为自动投案。故判决被告人胡斌犯交通肇事罪，判处有期徒刑 3 年。一审宣判后，被告人胡斌没有上诉，公诉机关也没有提出抗诉，判决已发生法律效力。①

二、杭州市西湖区法院的观点及《意见》出台背景

关于该案最受关注的焦点是行为人交通肇事后报警并在现场等候处理的行为能否被认定自首。对此，杭州市西湖区人民法院在讨论中形成两种不同意见。第一种意见认为，肇事者在交通肇事后保护现场，及时报警等待处理这是法定的义务，所以肇事后的报案行为，不构成自首；且交通肇事罪的法定刑较低，本身就已经考虑了肇事者的法定义务，对于如逃逸等，没有尽到法定义务就要加重处罚。第二种意见认为，刑法总则规定的自首普遍适用于刑法分则规定的各类犯罪。在交通肇事罪中，只要肇事驾驶员及时报警，保护现场，或及时抢救伤员，让他人代为报警，事后如实供述，等待处理的，都可以认定为自首，因为肇事者的这些行为，符合自首的法律规定。最终，西湖区法院采纳了第一种意见，理由是交通肇事后，是否及时履行行政法上的义务对于肇事人的处理已经作出了明显区别，对于及时抢救伤员、报警的行为从轻处罚，对于肇事后逃逸的行为加重处罚。故对及时履行行政法上强制性义务的行为认定为自首而再予以从轻或者减轻处罚，实际上就是对同一行为进行了重复评价。况且，如果对于肇事后立即向公安机关报警的行为认定为自首，而将肇事后立即送伤员到医

---

① 浙江省高级人民法院：《胡斌交通肇事案》，载《案例指导》2009 年第 3 辑。

院就医的行为(但尚未报警或者系他人报警)不认定为自首,在司法实践中也显得不平衡。浙江省高级人民法院在随后制定的《意见》中也规定了交通肇事后报警并在现场等候处理的行为,不能认定为自首;行为人肇事后逃逸又自动投案的行为可以构成自首。①

这一备受国人关注的重大交通肇事刑事案件终于落下帷幕。但是,关于该案最主要的争议焦点——行为人交通肇事后报警并在现场等候处理的行为能否被认定为自首、交通肇事罪第一量刑幅度内是否存在自首的问题,却在法学界和实务界引起轩然大波,争论不休。

第二节　现行的法律规定和混乱的司法实践

当前对于发生交通事故后,肇事者应履行的行政法上的义务,主要体现在道路交通安全法律法规的相关规定中。其中,《中华人民共和国道路交通安全法》(以下简称《道路交通安全法》)第 70 条第 1 款规定:"在道路上发生交通事故,车辆驾驶人应当立即停车,保护现场;造成人身伤亡的,车辆驾驶人应当立即抢救受伤人员,并迅速报告执勤的交通警察或者公安机关交通管理部门。因抢救受伤人员变动现场的,应当标明位置。乘车人、过往车辆驾驶人、过往行人应当予以协助。"可见,交通肇事后,肇事者应当及时报警、保护现场并救助伤者,这些是其法定义务。而对于交通肇事构成犯罪的处罚规定,主要体现在刑事法律和司法解释的相关规定中。其中,《中华人民共和国刑法》(以下简称《刑法》)第 133 条规定:"违反交通运输管理法规,因而发生重大事故的,致人重伤、死亡或者使公私财产遭受重大损失的,处三年以下有期徒刑或者拘役;交通运输肇事后逃逸或者有其他特别恶劣情节的,处三年以上七年以下有期徒刑;因逃逸致人死亡的,处七年以上有期徒刑。"可见,刑法对交通肇事罪设置了三个量刑幅度:交通肇事后未逃逸的、未有特别恶劣情节的,处 3 年以下有期徒刑或者拘役,此为第一量刑幅度;交通肇事后逃逸或有其他特别恶劣情节的,处 3 年以上 7 年以下有期徒刑,此为第二量刑幅度;因逃逸致人死亡的,处 7 年以上有期徒刑,此为第三量刑幅度。

然而,在当前的司法实践中,对于交通肇事后肇事者主动报警或委托他人代为报警,停留现场等候处理的行为是否认定为自首,以及交通肇事罪第一量刑幅度内是否存在自首,各地法院观点不一,判决结果也各不相同。"同罪不同罚、同种情节不同命运"的情况时有发生,已引起社会各界的强烈质疑和不满。2009 年 5 月 7 日,胡斌交通肇事后虽然具有立即报警、停留现场、等候处理,并能如实供述自己的犯罪行为,但是杭州市西湖区人民法院对该行为不予认定为自首。2009 年 8 月 21 日,浙江省高级人民法院出台的《意见》第 2 条第 1 款规定:"交通肇事后报警并保护事故现场,是道路交通安全法规定的被告人交通肇事后必须履行的义务。人民法院依法不应将交通肇事后报警并在肇事现场等候处理的行为重复评价为自动投案,从而认定被告人自首。"与前述观点截然不同的是,一些省市地区纷纷通过新闻发布或判例的形式,对交通肇事后积极抢救伤员、报警并在现场等候处理、如实供述罪行的行为认定为自首。

---

① 浙江省高级人民法院:《胡斌交通肇事案》,载《案例指导》2009 年第 3 辑。

第二章 自首的理论及成立要件

第一节 自首概述

一、自首的定义

自首,是指行为人犯罪以后自动投案,如实供述自己的罪行,或者在被采取强制措施或服刑期间,如实供述司法机关尚未掌握的本人其他罪行的行为。自首分为一般自首和特殊自首。一般自首是指犯罪人在犯罪以后、归案之前,自动投案,并如实供述自己罪行的行为。特殊自首是指已经归案且被采取强制措施的犯罪嫌疑人、被告人或者正在服刑的罪犯,在被采取强制措施或服刑期间,如实供述司法机关尚未掌握的本人其他罪行的行为。[①]

二、自首的一般构成要件

自首的成立,一般需要具备以下要件:

(一)自动投案

自动投案是指犯罪人在犯罪以后、归案之前,出于本人的意志而向有关机关或个人投案的行为。自动投案是犯罪分子归案的一种形式。认定自动投案必须具备以下条件:

1.投案的时间是在犯罪以后、归案之前。

2.投案的对象是可以接受投案的有关机关或者个人。

3.投案的意愿是基于犯罪人本人的意志。

4.投案的标志是承认自己实施了特定犯罪。

5.投案的效果是将自己置于有关机关或者个人的控制之下。

(二)如实供述

如实供述是成立自首的又一条件,是指行为人自动投案以后,主动如实供述自己的罪行的行为。认定如实供述,需要具备以下条件:

1.供述的事实是自己的罪行

所谓自己的罪行,是指投案人自己实施并应由其本人承担刑事责任的罪行。

2.供述必须如实

如实供述,一般是指投案人按照实际情况彻底供述所实施的全部罪行。但由于主客观因素的影响,投案人只能供述自己的主要犯罪事实的,也应视为如实供述罪行。

---

① 陈立、陈晓明:《刑法总论》,厦门大学出版社 2005 年版,第 481 页。

第二节 交通肇事罪中的自首

一、交通肇事罪自首的构成要件

依据刑法关于自首的理论，交通肇事罪自首的成立要件具体概述如下：

（一）自动投案

自动投案，是指交通肇事者在肇事后主动向有关机关或者人员投案，承认自己实施了交通肇事行为，并将自己置于有关机关的控制之下，等候处理的行为。

1. 在时间上，自动投案一般是在肇事行为发生后肇事者归案以前，具体包括如下情形：肇事行为和肇事者均未被发觉；肇事行为已被发觉，但肇事者未被发觉；肇事行为和肇事者均已被发觉，但是肇事者尚未受到司法机关的讯问或者采取强制措施；肇事者逃离现场后，正处于被通缉、追捕过程中；有证据证实肇事者确已准备去投案或者正在投案的途中，被抓获的。

2. 在意志上，自动投案要求肇事者具有一定的主动性，是其自愿的行为。不是完全出于肇事者的主动，而是由其家人、亲友规劝，并陪同投案，只要能如实交代罪行，也可视为自动投案。肇事行为尚未被司法机关发觉，仅因形迹可疑被有关机关盘问、教育后投案的，也应视为自动投案。投案动机，不论是真心悔罪，还是慑于法律威力，乃至被迫无奈走投无路的，均不影响自动投案的成立。

（二）如实交代自己的罪行

所谓如实交代自己的罪行，是指肇事者自动投案后，彻底供述自己的全部犯罪事实。

1. 在交通肇事刑事案件中，肇事者如实交代的必须是已经构成犯罪的肇事行为，而不是违反交通管理法规的一般违章行为或者违法行为。

2. 肇事者所交代的是全部罪行。由于主客观因素的影响，有时肇事者只能交代自己的主要犯罪事实，而无法交代细节，此时要求肇事者须交代能确定犯罪性质和主要情节的依据即可，而不要求其交代全部细节。但是，如果肇事者为了避重就轻，故意只交代次要的犯罪事实而不交代主要的犯罪事实，尽管其交代的内容具有一定的真实性，也不能认定为自首。

3. 肇事者所交代的罪行必须真实。只要肇事者不是故意歪曲事实、隐瞒真相，即使其交代的罪行与客观事实在具体细节上有一定的出入，仍可构成自首。但是，如果肇事者为了逃避法律罪责，歪曲真相、隐瞒情节，作虚假的交代，不能视为自首。

4. 肇事者交代的必须是由自己实施并承担刑事责任的罪行，如果交代的是他人的罪行，则可能构成立功，而不是自首。

可见，交通肇事罪自首的成立要件必须以现行刑法关于自首的规定为根据。《刑法》第67 条第 1 款规定："犯罪以后自动投案，如实供述自己罪行的，是自首。"《最高人民法院关于处理自首和立功具体应用法律若干问题的解释》（以下简称《自首解释》）进一步对如何认定自首作了明确说明。

二、自首的意义

自首制度在刑法上的意义，一方面在于分化瓦解犯罪势力，感召犯罪人自动投案，悔过自新,不再继续作案;另一方面在于降低司法成本,提高破案效率,减少社会不安定因素,及时打击和预防犯罪。这两个方面亦被称为自首的主观行为效果和客观行为效果,它既是设立自首制度的目的,也是设立自首制度的根据。继续细分,自首的主观行为效果则可以表现为犯罪嫌疑人悔罪的最有力证明、犯罪嫌疑人主观恶性的降低、犯罪嫌疑人人身危险性的降低或消除等三个方面;而客观行为效果则包含了刑事诉讼程序的启动、有利于社会稳定、有利于诉讼成本原则的实现等三个内容。为便于认定自首行为,根据自首制度的法律意义及立法精神,可以把认定自首的标准分为最高标准和最低标准。最高标准就是具备上述全部要件的行为;而最低标准则只要具备客观方面的行为效果,就可认定为自首。① 为了鼓励自首以达到分化瓦解共同犯罪等目的,目前刑法以及《自首解释》均在认定自首时采取了最低标准。该观点在学术界已被接受,"行为人虽自动投案后如实供述自己的罪行,但无悔过自新之意的,也因为其行为使案件的侦查与审判变得更加容易而应认定为自首"②。

第三章 交通肇事罪中是否存在自首的观点之争

第一节 交通肇事罪中是否存在自首的争论

20 世纪末,学术界曾就交通肇事罪是否存在自首展开过激烈争论。一些学者认为,交通肇事后,不论是主动投案还是逃逸,都不存在自首。因为交通运输管理法规明确规定交通肇事后行为人必须设法抢救被伤害的人,并及时报告交通管理机关或者公安机关,听候处理;对违章肇事后畏罪潜逃的人,应当加重处罚,因此肇事者在肇事后将事故有关情况报告给交通管理机关或者公安机关的行为,实际上是在履行交通法规所规定的特定义务,不能将这种履行应尽法定义务的行为认定为自首。另一些学者则认为,交通肇事罪和其他犯罪一样,也可以存在自首。对交通肇事者在肇事后主动向有关机关报告事故发生情况并听候处理的行为,虽然是肇事者应尽的义务,但并不能阻却肇事者的上述行为可以构成刑法上规定的自首。③ 1987 年 8 月 21 日最高人民法院、最高人民检察院发布《关于严格依法处理道路交通肇事案件的通知》第 1 条第 4 项明确规定"对犯交通肇事罪后自首的,可酌情从轻或减轻处罚"。至此,这一轮对于交通肇事罪是否存在自首的争论才尘埃落定,那种一概否认交通肇事罪可以成立自首的观点终于彻底消失。

第二节 当前学术界对交通肇事罪自首认定的观点

交通肇事罪可以成立自首的观点确立后,随着刑法理论的进步和发展,学术界围绕交通

---

① 翟浩:《杭州飙车中的自首情节之我见》,载《法治论坛》2009 年第 16 辑。
② 张明楷:《刑法学》,法律出版社 2007 年版,第 477 页。
③ 高铭暄:《新中国刑法学研究综述》,河北人民出版社 1986 年版,第 479 页。

肇事罪自首的存在范围及认定,又产生了新的问题和认识分歧。

一、部分肯定说

该观点认为,在现行刑法规定的交通肇事罪三个量刑幅度中,第一量刑幅度内不存在自首,第二和第三量刑幅度内才存在自首。换句话说,交通肇事后积极抢救伤员、报警并在现场等候处理、如实供述罪行的行为不能认定为自首;逃逸后又自动投案并如实供述罪行的,才能认定为自首。主要理由是:

(一)履行法律强制义务不属于自首

《道路交通安全法》第70条规定:"在道路上发生交通事故,车辆驾驶人应当立即停车,保护现场;造成人身伤亡的,车辆驾驶人应当立即抢救受伤人员,并迅速报告执勤的交通警察或者公安机关交通管理部门。"按照该规定,在发生交通肇事后,立即停车、保护现场、抢救伤者、迅速报警是车辆驾驶人必须履行的义务。如果不履行这一法定义务,就要加重处罚。因而,不应将肇事后的主动报警行为认定为自首。[①] 曾宪文对此进行了深刻的阐述:一方面,是否履行行政义务直接影响到行政违法性和行政责任承担程度的判断,在刑法上属于对行为是否构成犯罪的考察,所以行政相对人是否及如何履行行政义务的行为,在客观上已经属于犯罪构成要素,或者说属于犯罪构成内的行为。另一方面,从时间上看,自首发生在"犯罪以后",属于犯罪构成要素的行为,就不可能属于"犯罪以后"的自首行为。因此认定"报警候处"属于自首,既存在时间上的冲突,也存在逻辑上的瑕疵。[②]

(二)重复评价违背刑法本意

一个犯罪行为完成后,犯罪分子有两种表现:一种是逃避法律追究,另一种是主动接受法律追究(自首)。[③] 对一般犯罪而言,其是把逃避法律追究作为一种基准状态,而把自首作为在基准状态下的从轻。对交通肇事罪而言,其第一量刑幅度适用于造成重大交通事故未逃逸而听候有关机关处理的情形,一旦逃逸,即升格为第二甚至第三量刑幅度;在交通肇事犯罪构成中,逃逸已作为一个加重情节被明确规定。显然,对于交通肇事而言,其是把主动接受法律追究作为一种基准状态,而一旦在交通肇事中认定自首,等于是对未逃逸这一行为进行了两次从宽处理,属于刑法理论中的重复评价,违背了刑法设立不同法定刑的本意。[④]

(三)认定自首将导致交通肇事罪量刑上的不适当

1. 交通肇事罪第一量刑幅度为"三年以下有期徒刑或者拘役",相对于"发生重大事故,致人重伤、死亡或者公私财产遭受重大损失"的严重后果而言,已经十分轻微,其立法背景就在于肇事者不逃跑、主动报警的情节已经考虑在内。如果对不逃逸的肇事者认定为自首,就会造成过轻纵交通肇事罪的处罚。

2. 交通肇事后逃与不逃所负的刑事责任应是相邻的两个档次,如果对不逃逸的按自首

---

① 侯国云:《交通肇事后报警不以自首论的法理解读》,载《人民检察》2009年第18期。

② 曾宪文:《行政先决型犯罪:履行行政义务不等于自首》,http://www.zjcourt.cn/content/20060320000 023/20090909000003.html,下载日期:2009年9月9日。

③ 曾艳敏:《探析交通肇事罪的自首问题》,载《消费导刊》2009年第4期。

④ 黎琪、陈运红:《浅析交通肇事中的自首问题》,http://www.chinacourt.org /html/article/200903 /13/348343.shtml,下载日期:2009年3月13日。

论处,那么逃与不逃所负的刑事责任将变成相间的两个档次。

对于一般犯罪,逃跑与不逃跑在刑事责任上是相邻的两个档次,即犯罪后逃跑的,仍负基本刑事责任,既不从轻减轻处罚,也不从重加重处罚。犯罪后不逃跑,并成立自首的,可以从轻、减轻、免除处罚。而对于交通肇事罪,从逻辑上看,逃跑与不逃跑在刑事责任上也应当是相邻的两个档次,即逃跑的负加重责任,不逃跑的负基本责任。但是如果再把不逃跑的都按自首对待,则可在基本责任下,从轻、减轻、免除处罚,那么逃跑与不逃跑就成为相间的两个档次了。这样,交通肇事罪除少数逃跑的负加重责任外,绝大多数按自首对待并从轻、减轻处罚,如此交通肇事就不存在负基本刑事责任的情形,这显然不合逻辑和法理。①

二、全部肯定说

该观点认为,凡是行为人的行为符合刑法所规定的自首成立条件的,就应当依法认定为自首;凡是不符合的,便不予以认定。而是否认定自首主要看当事人主客观行为是否符合"自动投案"与"如实供述自己罪行"这两个法定要件,刑法对可以成立自首的犯罪并没有作出任何限制。②《刑法》第 67 条的规定是完全可以适用于包括交通肇事罪在内的过失犯罪。交通肇事罪三个量刑幅度均可存在自首。据此,对在肇事后按照有关交通运输法规的要求,立即向有关机关报告事故发生情况、听候处理并能如实供述自己罪行的肇事者,可依法认定为自首。对那些在肇事后畏罪潜逃,后又悔悟或出于其他动机自动投案、如实供述自己罪行的肇事者,同样应当认定为自首。反之,如果行为人的行为不符合刑法规定的自首成立条件,那么即使行为人在某种程度上履行了有关道路交通管理法规所设定的义务,也不能认定为自首,其主要理由便是刑法原理中的罪刑法定原则。

三、区别对待说

相比于部分肯定说和全部肯定说,这一观点具有折中的意味。该观点认为,交通肇事逃逸后又自动投案、如实供述自己罪行的,可以认定为自首。而对于交通肇事罪第一量刑幅度内的自首,应视肇事现场的情况和肇事者的心态区别对待,只有那些肇事后能逃跑而不逃跑的,③才能认定为自首。主要理由是:

(一)交通肇事罪发生的环境、肇事结果的复杂性以及肇事者的报案动机的多样性说明肇事后不逃跑的不一定都是自首

交通肇事发生的环境是各种各样的,造成的危害结果也是不同的。比如从肇事环境上看,有的交通事故发生在车水马龙的街市闹区,一旦事故发生,肇事者就会被人围住,无法脱逃;有的交通事故则发生在荒郊野外,一旦事故发生,除被害人外并无他人发现,肇事者可以脱逃。从肇事结果上看,有的交通事故除被害人致伤外,车辆、肇事者均无受损,肇事者可以驾车逃离;有的交通事故不仅致被害人受伤,还导致车辆受损、肇事者受伤,肇事者无法驾车

---

① 侯国云:《交通肇事后报警不以自首论的法理解读》,载《人民检察》2009 年第 18 期。

② 徐晋源:《交通肇事犯罪中自首情节的认定》,载《法制与社会》2009 年第 3 期。

③ 主要指肇事发生在夜间或者郊野偏僻之处,除了被害人之外别无他人发现,而且肇事者本人没有受伤、肇事车辆完好等司法机关破案难度大的情形。

逃离。从报案动机上看,有些肇事者是为履行法律和道德义务而主动报案、抢救伤者;而有的肇事者则是因为害怕群众或伤者亲属殴打,为寻求保护才报案;还有的肇事者则是因为自身受伤为寻求救护而报案,等等。若把那些无法逃跑不得不投案或者为了寻求保护、救护而投案的也认定为自首,显然不符合自首的标准和条件,因为他们并不是出于真诚悔罪而自动投案。

(二)自首的适用对象和交通肇事的公开性,说明肇事后不逃跑的不一定是自首

自首制度的适用对象只能是犯罪后能够逃脱、藏匿的犯罪分子,因为只有这种犯罪分子才会使公安机关在侦破案件上费尽周折。如果犯罪分子在某种情况下不可能逃脱、藏匿,那么对这种犯罪在这种情况下也就不需要适用自首制度。以此类推,如果某一种犯罪在某种情况下犯罪分子不可能逃脱、藏匿,那么对这种犯罪在这种情况下也就不需要适用自首制度了。交通肇事罪就属于这种情况。因为交通肇事案件大多发生在车水马龙的交通要道或街市闹区、具有公开性,肇事者明知逃跑不但无济于事,反而会加重刑罚,因此肇事者一般会主动投案、抢救伤员、保护现场。故无须用自首制度来感召他不要逃跑了。[1]

第四章 对各种观点的综合评析

第一节 对部分肯定说观点的评析

部分肯定说过分拘泥于逃逸与不逃逸的外在形式,把不逃逸等同于自首,[2]忽视刑法关于自首认定的条件,犯了机械主义和片面主义的错误。

一、违反义务不等同于罪责,履行义务也与自首不矛盾

(一)履行法定义务的行为与是否构成自首,是两个完全不同的评价体系

《道路交通安全法》关于肇事者在肇事后是否履行法定义务的评价取决于肇事者是否履行保护现场、抢救受伤人员和迅速报告执勤的交通警察或公安机关交通管理部门等规定的义务,关注和强调的是及时挽救受伤人员生命、快速妥善处理事故、尽早恢复通行顺畅。也正因如此,在道路交通安全法对肇事司机规定的所谓"义务"中,并没有关于"认罪"或者"如实供述罪行"的规定。只要肇事司机做到"立即停车,保护现场"、"立即抢救受伤人员,并迅速报告执勤的交通警察或者公安机关交通管理部门",就尽到了他的"法定义务"。[3] 而根据

---

① 侯国云:《过失犯罪论》,人民出版社1993年版,第295~300页。

② 缪海英:《交通肇事犯罪中"逃逸"的认定与自首的适用》,载《法制与社会》2009年第11期。

③ 张燕生:《浙江高院"交通肇事不定自首"的两个致命错误》,http://www.ynlawyers.org/new-LawyerSite /BlogShow.aspx? itemID = 57284f3f-4f1b-471a-b630-9dbc00a927a9&user = 10834,下载日期:2009年9月8日。

刑法和《自首解释》的规定,犯罪以后自动投案,如实供述自己罪行的,是自首。刑法对是否构成自首的评价取决于自首构成的两个要件,其强调和关注的是犯罪人的主观恶性和可教育挽救程度。因此,履行道路交通安全法的义务并不是自首的例外规定,履行报警义务并不能排斥自首规定的适用。

(二)"肇事者迅速报告公安机关"是道路交通安全法规定的义务,然而在交通肇事案件中,多数肇事者构成一般交通事故,并不构成犯罪

交通肇事罪虽是交通肇事行为的一种法律后果,但前者不一定是后者的必然。对不负刑事责任的交通事故肇事者,应受《道路交通安全法》规定的应尽法定的告知义务的约束,这种义务并非刑法上规定的自首情节。对不构成犯罪的交通肇事者,在事发后逃逸,拒不履行告知义务时,应按行政处罚程序予以处罚,不适用刑法的规定。交通肇事罪本身是一种罪名,在刑法理论和刑法的规定中,不存在告知义务,只存在自首情节,也只有自首情节,才是法定的从轻情节。因此,《道路交通安全法》所规定的告知义务,不能代替刑法上的自首规定,不能将行政处罚程序和刑事诉讼程序两者混淆,以行政法规的规定来否定在交通肇事案件中犯罪人自首情节的认定和对刑法所规定的自首可以从轻或减轻处罚条件的适用。

(三)虽然是否履行行政义务直接影响行政违法性和行政责任承担程度的判断,但这种影响的程度相当有限,更不能包含在犯罪构成之内

不履行行政义务而承担不利的行政责任,所依据的是《中华人民共和国道路交通安全法实施条例》第92条"发生交通事故后当事人逃逸的,逃逸的当事人承担全部责任。但是,有证据证明对方当事人也有过错的,可以减轻责任。当事人故意破坏、伪造现场、毁灭证据的,承担全部责任"。但是深究就会发现,该条规定实质上是一种法律拟制,是一项证据规则,类似于民法中的过错推定。交通事故后逃逸或故意破坏、伪造现场、毁灭证据的行为,由于在时间上落后于交通事故的发生,本身不能成为认定交通事故责任的参考依据,只是法律上为迅速查明事实的需要,拟制了不利于行为人的"法律事实",而"客观事实"则可能是行为人对于交通事故的发生没有任何可以非难的地方。例如,在某监控路段的监控录像中显示,甲驾驶汽车正常行驶与违章驾驶摩托车的乙相碰撞,造成乙当场死亡,甲由于害怕便驾车离开现场。虽然甲造成了乙死亡的严重后果,但是监控录像显示甲正常行驶,乙违章驾驶,即使甲不履行行政义务而离开事故现场,也因为乙的违章驾驶行为对事故的发生起根本作用,甲仍不构成交通肇事罪,更谈不上为逃避法律追究而逃逸的情节。因此,离开事故现场并不必然构成刑法上的逃逸情节,履行道路交通安全法规定的立即停车、保护现场、抢救伤者并报警等义务并不等同于刑法上的自首,两者性质不同,是否履行道路交通安全法规定的义务与是否认定自首情节无必然联系。对于积极履行行政义务、如实供述罪行的行为,则不能被视为包含在犯罪构成要件之内,而应作为独立的情节予以认定为自首。

二、在第一量刑幅度内认定自首,并不产生所谓"双重评价"

禁止重复评价原则根源于刑法的正义性,而刑法的正义性又体现在罪刑均衡原则的要

求上,即刑罚的轻重应当与犯罪的社会危害性程度及行为人人身危险性程度相适应。[①] 禁止重复评价原则在我国法律中虽然没有相应的规定,但作为保护被告人权益的重要方面,它已经成为刑法中被广泛认同和应用的一条基本原则。因此,只有在定罪量刑时贯彻禁止重复评价原则,才能使定罪量刑做到"罚当其罪"。[②]

所谓"在交通肇事罪第一量刑幅度内存在双重评价"的谬误在于,它混淆了"主动接受法律追究"和"未逃逸"的概念,将"未逃逸"等同于"主动接受法律追究"。而依据刑法总则的规定,自首的成立需满足两个法定要件:"自动投案"和"如实供述"。交通肇事后未逃逸,并报告交警或公安部门,仅仅具备"自动投案"的要件。对于肇事者未逃逸的行为即交通肇事罪第一量刑幅度内是否认定自首存在三种情况。第一种情况是,肇事者停留现场,并且报警或委托他人代为报警,但没有对公安机关如实供述案情,不应认定为自首,对于是否实施了积极抢救伤员,在量刑时可以适当考虑。第二种情况是,肇事后停留现场,并且报警,如实向公安机关供述犯罪事实,应当认定为自首。第三种情况是,肇事者停留现场,是因为肇事者被围观群众围追堵截根本无法逃脱或因肇事者受伤,肇事者无法逃离。此种情形如果肇事者没有主动报案或委托他人报案,那么就缺乏自动投案条件,即使其如实供述自己的罪行,也不能认定为自首。

在交通肇事后,肇事者报警并在肇事现场等候处理的行为与主动去司法机关投案具有相同的法律效果,不存在重复评价的问题。假使将肇事者肇事后不履行报警、保护现场、抢救受伤人员的义务而是离开现场直接投案,或者在肇事后履行报警义务但并不在现场等候而是直接投案的行为都认定为自首,那么岂不更应当把肇事后报警并在肇事现场等候处理的行为认定为自首?因此,在刑法分则中对于交通肇事罪的第一量刑幅度内存在着自首与非自首两种情形,交通肇事罪以未逃逸作为基准状态,而未逃逸的行为有的符合自首成立要件,那么在第一量刑幅度内将该部分行为认定为自首当然不形成所谓的"双重评价"。

三、第一量刑幅度内不认定自首将严重扭曲交通肇事罪法定刑的框架

(一)相比于其他过失犯罪,交通肇事罪量刑上并无偏轻

认为交通肇事罪第一量刑幅度过于轻纵,是"重刑主义"抬头的一种表现。刑法分则将包括交通肇事罪在内的绝大部分过失型犯罪的第一量刑幅度都规定为 3 年有期徒刑以下,出发点是这一类犯罪的共性,依据的是罪责刑相适应原则。如果在交通肇事罪第一刑罚幅度内排除自首的适用,势必使交通肇事刑事案件的被告人面临比类似犯罪的被告人更严厉的刑事处罚。

在交通肇事罪中排除适用自首,也将使交通肇事罪对应的刑罚与其他过失型危害公共安全罪对应的刑罚失衡。交通肇事罪的法定刑与我国刑法分则中的其他过失危害公共安全罪相比,其量刑幅度基本一致。比如过失决水罪、失火罪、过失爆炸罪、过失投放危险物质罪的,情节较轻的,处 3 年以下有期徒刑或者拘役。根据刑法的规定,其他过失型犯罪可以成

---

① 辛锦棠、魏建成:《对交通肇事犯罪认定自首的法理分析》,http://www.legaldaily.com.cn/dfjzz/content/ 2009-10/21/content_1169379. htm? node=7466,下载日期:2009 年 10 月 21 日。

② 赵清:《从"胡斌案"看自首的认定和量刑适用问题》,载《法制与社会》2009 年第 10 期。

立自首,若排除交通肇事罪自首的适用,将导致量刑上的失衡。

(二)将部分不逃跑行为认定为自首,反而能衔接各量刑档次

肇事者在肇事后不逃跑的情形可分为两种:其一为能逃跑而不逃跑,比如肇事行为发生在荒郊野外或者无人发现的路段,且肇事者没有受伤、车辆完好,肇事者具备逃跑的条件而不逃跑。其二为客观上不能逃而不逃,比如肇事行为发生在街市闹区,肇事者被围观群众围追堵截根本无法逃脱,或者肇事行为导致肇事者受伤,肇事者无法逃离。根据肇事后不逃跑的情形,将部分不逃跑并符合自首条件的犯罪人认定为自首,非但不会造成交通肇事罪刑事责任承担上的空当,反而可以形成相互衔接的量刑档次,即对部分不逃跑并符合自首条件的犯罪人认定为自首,可以在基本刑事责任的档次内从宽处罚;对部分在交通肇事后不逃跑但不符合自首条件的犯罪人在基本刑事责任的档次内处罚;对交通肇事后逃跑的犯罪人,在加重刑事责任的档次内处罚。

第二节　对区别对待说观点的评析

对于交通肇事罪第一量刑幅度内是否存在自首,区别对待说只将肇事后能逃跑而不逃跑的情形,才认定为自首,并将该种情形限制在肇事行为发生在夜间或者郊野偏僻之处,除了被害人之外别无他人发现,而且肇事者本人没有受伤、肇事车辆完好等司法机关破案难度大的情形。区别对待说人为地设置了自首的门槛,不符合我国刑法采取最低标准的立法原则。

一、区别对待说观点的片面性

肇事者在交通肇事后不逃跑的情形可分为两种,其一为能逃跑而不逃跑,其二为客观上不能逃而不逃跑。区别对待说仅仅将发生在夜间或者郊野偏僻之处,除了被害人之外别无他人发现,而且肇事者本人没有受伤,肇事车辆完好等司法机关破处难度大,肇事者能逃跑而不逃跑的情形,如果肇事者能自动投案,如实供述自己的罪行,才可认定自首。

区别对待说观点忽视了交通肇事后其他能逃跑而不逃跑的情形。比如,发生在白天又有多人发现的交通肇事行为,肇事者本人没有受伤,肇事者能逃而不逃跑的情形。此时只要肇事者能自动投案,如实供述自己的罪行,也可认定为自首。

区别对待说观点又忽视了交通肇事后客观上不能逃而不逃跑的情形。比如,在车水马龙的街市闹区发生了交通肇事,肇事者处在众目睽睽之下,现场围观群众很多,肇事者根本无法脱逃的情形。再比如,肇事者在交通肇事后身体受伤客观上无法脱逃,但其仍可通过电话报案或委托他人代为投案的情形。由于在客观上不能逃而不逃跑的情形下,只要肇事者在肇事后报警或委托他人报警、在现场等候处理,如实供述案情的,都应认定为自首。

显然,区别对待说对于交通肇事罪第一量刑幅度内即交通肇事后未逃逸行为的自首认定上存在片面性。

二、区别对待说观点的司法困惑

区别对待说观点认为,肇事者在交通肇事后不逃逸的情况下,仅限于肇事后能逃跑而不

逃跑的情形才认定为自首,其必将导致司法实践的困惑。其一,给司法机关把握何为"能"何为"不能"增加证明责任的工作量和工作难度。自首情节属于法定的量刑情节,司法机关为查明肇事者是否具有自首情节,必然要查明肇事者在当时的情形下是否属于"能逃而不逃跑",继而认定肇事者是否构成自首,这必定增加司法机关的证明责任,与现行刑法规定的自首认定条件相背离。其二,没有全面理解自首制度设立的目的。自首制度设立的目的,既是为鼓励犯罪人悔过自新,也是为节约诉讼成本,提高办案效率。在交通肇事后,肇事者的报案动机多种多样。有的肇事者是出于真诚悔罪、履行义务而报案;有的肇事者是因为害怕被殴打,为寻求保护才报案;有的肇事者是因为自身受伤为寻求救护而报案等等。由于自动投案的动机并不影响自动投案的成立,这些肇事者在主观上均具有主动报案或委托报案的意愿和行为,故应当认定为自动投案,如其在归案后能如实供述自己罪行的,便构成自首。

因此,在交通肇事后,不论当时的情形下肇事者是否能逃跑,也不论肇事者的动机是出于真诚悔罪或其他动机,只要肇事者自动投案,均能起到节约诉讼成本,提高办案效率的作用,在符合自首认定的二要件时,都应当认定为自首。

第三节　全部肯定说的合理性

针对交通肇事后未逃逸情形而言,部分肯定说过分拘泥于逃逸与不逃逸的外在形式,把不逃逸等同于自首,区别对待说只将肇事后能逃跑而不逃跑的情形,才认定为自首,两者均忽视刑法关于自首认定的条件,这两种观点都有无法弥补的缺陷。全部肯定说认为自首存在于交通肇事的各个阶段,是否认定为"自首",应当以刑法为准,坚持刑法标准,而"自动投案"与"如实供述自己罪行"是我国刑法总则规定的成立自首的两个法定条件。对于交通肇事后逃逸,之后能主动投案,如实供述自己罪行的,构成自首。对于交通肇事后报警并能如实供述自己罪行的行为也认定为自首。这是罪刑法定原则最基本的要求。显然,全部肯定说对于交通肇事后逃逸或未逃逸的行为能否认定为自首,采取刑法标准,即只要行为符合我国刑法关于自首认定的标准,就应当认定为自首,其观点最具合理性。

笔者支持全部肯定说关于交通肇事罪中自首的认定标准。自首是我国刑法总则规定的一项刑罚制度,对刑法分则规定的所有犯罪具有指导作用,既包括故意犯罪,也包括过失犯罪。《刑法》第 101 条规定:"本法总则适用于其他有刑罚规定的法律,但是其他法律有特别规定的除外。"自首情节属于刑法总则的内容,其效力自然适用于所有刑法分则规定的内容。我国刑法分则对于交通肇事罪设置了三个量刑幅度,不论是未逃逸的第一量刑幅度,或是逃逸的第二、三量刑幅度,只要肇事者肇事后自动投案并如实供述自己罪行的,均可认定为自首。因此,在交通肇事罪中适用自首制度符合刑法总则的规定。

结　论

"自动投案"与"如实供述自己罪行"是我国刑法总则规定的成立自首的两个法定条件,刑法总则规定的自首不受犯罪性质、犯罪种类的限制。刑法分则关于交通肇事罪的规定中没有增加自首适用的条件,更没有排除自首的适用。在交通肇事罪中,只要肇事者肇事后自动投案并如实供述自己的罪行,就应当认定为自首,而不管这种自首是未逃逸的自首还是逃逸的自首,把任何一种排除在自首之外都侵犯了被告人依法享有的权利,损害了法律的严肃性。胡斌在交通肇事后及时报警并在现场等候,如实供述自己的交通肇事犯罪行为,符合刑法关于自首认定的标准,应当认定为自首。浙江高院《意见》规定交通肇事后报警并在肇事现场等候处理的行为不应评价为自动投案,从而认定自首,该条规定不符合刑法总则关于自首认定的条件。

需要说明的是在本论文提交并答辩后,最高人民法院于 2010 年 10 月 28 日公布了《关于处理自首和立功若干具体问题的意见》第 1 条第 3 款规定:"交通肇事后保护现场、抢救伤者,并向公安机关报告的,应认定为自动投案,构成自首的,因上述行为同时系犯罪嫌疑人的法定义务,对其是否从宽、从宽幅度要适当从严掌握。交通肇事逃逸后自动投案,如实供述自己罪行的,应认定为自首,但应依法以较重的法定刑为基准,视情决定对其是否从宽处罚以及从宽处罚的幅度。"可见,最高人民法院《关于处理自首和立功若干具体问题的意见》肯定了全部肯定说,即不论是未逃逸的第一量刑幅度或是逃逸的第二、三量刑幅度,只要肇事者肇事后自动投案并如实供述自己罪行的,均可认定为自首。

论侦查程序中的隐私权保护

——以若干刑事侦查行为为中心

吴道强[*]

前 言

隐私权是人类文明发展的结果。自从 1890 年美国学者山姆利·沃伦(Samuel Warren)和路易斯·布伦迪斯(Louis Brandeis)提出隐私权概念起,100 多年来隐私权的理论和实务发展风起云涌,迄今隐私权已成为国际法上公认的基本人权。

在论及隐私权的历史发展这一问题时,不可回避的是隐私权在美国的发展状况。作为资本主义民主国家的代表,在美国,隐私权甚至超越人身权、财产权成为美国宪法第四修正案所保护的宪法基本权利。"从 1968 年到 1978 年短短十年时间中,美国国会制定了六部法律来调整各种信息的取得、储存和传播。这开创了用成文立法来保护信息隐私的新时代。"[①]这些法律包括《家庭教育权利和隐私法》、《隐私法》等,详细对利用电子设备偷听、审判记录的隐私信息等进行了调整。此后,美国联邦政府又相继出台了《财务隐私法》、《隐私权保护法》等专门法律法规。可见,美国已经建立了一个完整的隐私权法律保护体系,其相关立法具有详细化、专门化、时代化的特点,其成熟的理论水准与高超的立法技术为我们提供了良好的借鉴。

继美国之后,许多国家都在宪法中规定了隐私权,并将其作为一种宪法权利加以保护。如《保加利亚宪法》第 50 条、《希腊宪法》第 9 条均规定:"私生活和家庭生活不受非法干预。"《荷兰宪法》第 10 条、《马其他宪法》第 33 条均规定:"每个人都有私生活受到尊重的权利。"

联合国大会 1948 年通过的《世界人权宣言》第 12 条规定:"任何人的私生活、家庭住宅和通信不得任意干涉,他的荣誉和名誉不得加以攻击。人人有权享有法律保护,以免受这种干涉或攻击。"联合国大会 1966 年通过的《公民权利和政治权利国际公约》第 17 条规定:"一、任何人的私生活、家庭、住宅或通信不得任意或非法干涉,他的荣誉和名誉不得加以非法攻击。二、人人有权享受法律保护,以免受这种干涉或攻击。"

在我国,法律对隐私权的保护相对薄弱,宪法尚未明确规定隐私权。对隐私权的界定基

---

* 吴道强:厦门大学法学院 2006 级法律硕士,福建省泉州市公安局鲤城分局科员。

① [美]阿丽塔·L.艾伦、理查德·C.托克音顿:《美国隐私法——学说判例与立法》,冯建妹、石宏、郝倩、刘相文、许开辰编译,中国民主法制出版社 2004 年版,第 37 页。

本集中在民法领域,在刑事诉讼中对犯罪嫌疑人隐私权保护的研究并不多见,特别是在刑事侦查行为中对犯罪嫌疑人隐私权保护的研究尤其缺乏。

现阶段,我国法律对隐私权的范围有限、规定零散,主要集中在《宪法》第 39 条、第 40 条的规定,侵权责任法中首次出现的隐私权立法概念,最高人民法院《关于贯彻执行〈中华人民共和国民法通则〉若干问题的意见》第 140 条的规定,《刑法》第 245 条第 1 款、第 252 条、第 253 条第 1 款的规定,《刑法修正案(七)》中规定的出售、非法提供公民个人信息罪、非法获取公民个人信息罪。另外,三大诉讼法都将涉及个人隐私的情况视为不使用公开审理的理由之一,对公民的隐私权在程序上作了一定的司法保护。

由于立法上对隐私权保护不周,在司法实践中,一些隐私权纠纷处理往往由于没有直接明确的法律规定,而只能依照有关司法解释或相关法律法规去解决。从隐私权的发展情况看,对公民隐私权威胁最大的是国家权力,特别是侦查权,很多侦查行为正是通过获取私人信息、侵入私人空间、限制和剥夺私人活动自由来查明案件事实、查获犯罪嫌疑人的。

基于上述原因,本文从隐私权定义入手,主要运用比较分析的方法,通过界定隐私权保护的范围和内容,研究隐私权和侦查权的冲突和平衡,并对侦查阶段中拍照、查询话单、按捺指纹等措施进行分析,力图在侦查过程中找出符合中国实际的隐私权保护途径和方法。当然,这并非说明侦查措施中搜查、扣押、鉴定等措施并不存在侵权情况,本文限于侦查行为的多样性,仅就个别侦查方式进行阐述,以点带面,以此否定现实中过分强调打击和预防犯罪而忽视人权保护的倾向。

第一章　隐私权概述

第一节　隐私权的定义

隐私权与隐私在英语中是同一个词即"privacy"。对于隐私权的概念,国内外学者各自发表了诸多不同的见解。

我国学者对隐私的界定是,隐私是"私人生活安宁不受他人非法干扰,私人信息保密不受他人非法搜集、刺探和公开等";①"与公共利益、群体利益无关的当事人不愿他人干涉或他人不便干涉的,个人私事和当事人不愿他人侵入或他人不便侵入的个人领域"②。王小能认为:"隐私权一般是指自然人享有的个人秘密和个人私生活进行支配并排除他人干涉的一种人格权。"

英美法国家一般认为它是个人私生活不受他人非法干涉,不经允许不得非法公开的权利。③ 国外理论上主要有"信息说"、"接触说"和"综合说"等。信息说认为,隐私权所保护的

① 张新宝:《隐私权的法律保护》,群众出版社 1997 年版,第 17 页。
② 杨立新:《民商法判解研究》(第五辑),吉林人民出版社 1999 年版,第 168 页。
③ [美]戴维·M.沃克:《牛津法律大辞典》,邓正来译,光明日报出版社 1988 年版,第 354 页。

是个人信息。接触说认为，隐私权是指个人有权控制他人对其接触的一种状况。综合说认为，隐私权是个人对其私人领域的一种控制状态，包括决定是否允许他人对其进行亲密的接触（包括个人信息的接触）的决定和他对自己私人事物的决定。①

综合分析以上国内外学者的学说，不难看出他们对隐私权概念争议的焦点主要在于隐私权的内容和范围。笔者认为，美国的综合说对隐私权内容的概括最为合理与全面。因为不论是私人信息、私人秘密还是私人生活，无非都在私人领域的范围之内，而我们不可能将所有的私人领域——列举完毕，因而那种只将其中的某一项概括为隐私权内容的学说是片面的，实际上是缩小了隐私权的外延。综上所述，隐私权是公民个人所享有的对自己的私人生活、私人秘密、私人信息等私人领域进行支配并排除他人非法干涉的一种人格权。

第二节　隐私权的保护范围

研究隐私权的概念，首先要明确的是隐私权的范围。② 世界各国对于隐私权范围的确定都有不同的做法，具有代表性的做法当推美国的"合理期待的隐私权"。从各国规定的隐私权范围中找出隐私权的一般标准和范围，这应是正确理解隐私权规定的基础。

一、隐私权的一般范围

目前，隐私权已成为一项为国际社会所公认的基本人权。尽管确立隐私权保护的各国存在不同国情和文化传统，但仍存在各国普遍认可的隐私权范围和保护权限。随着隐私权保护的确认和发展并呈现出的国际化趋势，我们有必要从中找出关于隐私权的一般范围划定，这对于我国初步建立隐私权保护体系无疑是非常有益的。

根据联合国《世界人权宣言》第 12 条、《公民权利和国际政治权力公约》第 17 条的规定，结合我们实际的理解，可以概括出隐私权的一般范围，其包括：私生活、家庭、个人住宅及个人通信自由和通信秘密。其中私生活包括个人身体、生命信息（身体基因密码）等生理方面的隐私，也包括个人精神和心理方面的隐私，诸如个人内心深处不堪回首的痛苦回忆、个人不良习惯甚至是不道德的习惯；住宅应包括为其他遮挡物所保护的庭院等住宅的延伸；个人通信自由和通信秘密包括在互联网上的电子邮件和各种信息交流工具信息。

二、美国和德国关于刑事侦查中隐私权保护范围的界定

关于侦查程序中的隐私权范围界定是一个历史发展的过程。隐私权范围的界定与侦查程序中采取的侦查措施息息相关，其主要争议问题是侦查措施的采取是否侵犯了公民隐私权，针对此问题先后有"物理入侵说"和"隐私权保护说"。

"物理入侵说"，是指侦查中所采取的侦查手段如果行使了直接的、强制的有形力，即属于强制措施，则有可能侵犯个人隐私，如逮捕、搜查、扣押等就属于典型的运用直接的、强制的有形力的强制措施，均有可能侵犯个人隐私。"物理入侵说"曾一度受到英、美、日、法、德

---

① 张新宝：《名誉权的法律保护》，中国政法大学出版社 1996 年版，第 39 页。
② 魏振瀛：《民法》，北京大学出版社 2007 年版，第 658 页。

等国的普遍认同,在此学说下,侦查程序中的隐私权保护范围被界定为侦查强制措施可能侵犯的权利范围。然而,"物理入侵说"的通行使得美联邦和州的各种执法机关违法监听的问题日渐突出,私人侦探业务繁忙,秘密跟踪、窥探毫无节制,行动手段日益多样化和科技化,美国很快认识到仅以是否行使强制措施判断是否侵犯隐私权难以通行。1967 年,美国联邦最高法院的 Katz v. U. S. 案例确立了"合理的隐私期待"这一信赖判断法则,并以此界定需要保护的隐私范围,由此"隐私权保护说"开始盛行。

所谓"隐私权保护说",是指侦查中所采取的侦查手段如果侵犯了公民的"合理的隐私期待",则有可能侵犯个人隐私。其中,"合理的隐私期待"是"隐私权保护说"的核心内容,是美国联邦最高法院判决中阐释的重点。这一概念首见于美国联邦最高法院 Harlan 法官在 Katz v. U. S. 案中的表述。在 Katz v. U. S. 案中,Harlan 法官认为,"本案之系争点不在于该电话亭是否为宪法保障之场域,盖第四增修条款所保护之客体系人,而非地也;该条款旨在保障人民对某特定场域之合理正当的隐私期待,至于该场域究为家宅、办公室,抑或公用电话亭,在所不问"①。以此确定了合理预期隐私规则,即侦查人员在进行电子窃听活动时,不得侵犯公民合理预期的隐私权。该案之后,Harlan 法官在其后的案件中多次引用 Katz v. U. S. 案中的概念和观点,肯定了刑事诉讼案件被告人拥有的合理预期隐私权。此后,"隐私权保护说"得以盛行。

德国在保护隐私权方面虽不如美国规定得详细,但其联邦宪法法院提出了针对个人隐私权的三个层次理论将隐私领域加以划分:社交范围(Sozialbereich)、纯私人领域(Schlichte privatsphaere)、核心隐私领域(Intimsphaere)。如果所取证据属于核心隐私领域范畴,则不能作价值的权衡,无论在搜集证据中是否有非法行为,所得证据绝对不可采用。如果属于纯私人领域,法官可在国家追究犯罪和保护公民隐私权之间进行权衡。② 德国联邦宪法法院认为,涉及公民隐私权的证据是否采纳存在一个价值衡量的问题,如果案件中嫌疑人的行为手段和造成后果对受害人和整个社会来说是轻微的,那么片面追求证据而损害嫌疑人的利益是不可取的。我们可以看出,德国将隐私领域加以划分就是为了将隐私范围的界定明晰化,根据隐私的可变性的特点和考虑价值权衡的因素,以利于法官行使自由裁量权,作出正确判断。

应该说,美、德的隐私权保护范围的界定过程充满了细节的考虑和对价值的权衡过程,对于隐私权的裁量考虑则更为复杂。然而,美、德两国在刑事诉讼中对强制措施的划分标准的变化,恰恰说明两国对隐私权的关注,特别是合理预期隐私权的概念的提出,为侦查措施是否属于严重侵犯隐私权还是轻微侵扰隐私权提供了一种依据和标准,客观上为刑事侦查中的隐私权保护界定了合理的范围,从而对刑事侦查中的隐私权提供了更为全面细致的保护。

---

① 林辉煌:《论证据排除——美国法之理论与实务》,北京大学出版社 2006 年版,第 28 页。
② 岳礼玲:《德、美证据排除规则的比较——我国确立形式证据规则之经验借鉴》,载《政法论坛》2003 年第 3 期。

第二章　刑事侦查和隐私权保护辩证关系

第一节　刑事侦查中的安全和自由价值

一、刑事侦查的定义

我国刑事诉讼法规定，侦查是指公安机关、人民检察院在办理案件过程中，依照法律所进行的专门调查工作和有关的强制性措施。根据此规定，我国对刑事侦查活动的内容可以分成两个方面：一是围绕案件的发生所进行的调查活动；二是采取强制性措施活动，在现今指为了保障刑事诉讼的顺利进行，对犯罪嫌疑人采取必要的强制措施，包括拘留和逮捕等。

从字面上看，强制措施与强制性措施两者之间并无区别，然而在我国刑事诉讼法中，两者截然不同。根据强制措施的性质，凡涉及可能限制或剥夺犯罪嫌疑人权利的国家行为都应当纳入强制措施体系，因此，世界范围内的刑事强制措施体系一般都包括以下三个方面：一是对人的自由的强制措施，如逮捕、羁押等；二是对物的强制措施，如搜查、扣押等；三是对隐私权的强制措施，如监听、查询通话记录、强制采样等。从我国刑事诉讼法的规定来看，我国的强制措施仅限于第一种类型，并且还不包括羁押、扭送等措施。关于对物的强制措施，如拍照、检查、搜查、扣押、冻结，则被称为"强制性措施"。至于有关隐私权的强制措施问题，至今仍未被刑事诉讼法所承认。笔者认为对人及对隐私权的强制措施也应列入侦查中，这是侦查工作的全部内容。

二、侦查程序的法理价值追求

我们将刑事诉讼的目的看作是国家建立刑事诉讼制度、进行刑事诉讼活动所要达到的理想结果。我们可以想象众多目的的形成是社会对于众多刑事诉讼价值进行判断的结果。人民对于刑事诉讼活动的期望无非有两种：一是安全的要求。希望通过打击犯罪来实现自己的安全性要求，使自己所居住的社会秩序不为犯罪活动打乱。二是对于自由的要求。不希望国家机关对个人的正常行为加以侵犯，对个人的自由加以限制。

从哲学上而言，自由指在没有受强制的情况下，能够按照自己的意志进行活动的能力。法的价值上所言的"自由"，即意味着法以确认、保障人的这种行为能力为己任，从而使主体与客体之间能够达到一种和谐的状态。自由体现了人性最深刻的需要。人类活动的基本目的之一，便是为了满足自由需要，实现自由欲望，达成自由目的。这体现为法律必须确认、尊重、维护人的自由权利，国家公权力和他人不得肆意干涉和侵入。可以说，没有自由，法律就仅仅是一种限制人们行为的强制性规则，而无法真正体现它在提升人的价值、维护人的尊严上的伟大意义。在刑事侦查中保护犯罪嫌疑人正当隐私权的诉求正是人类追求自由、有效抵制国家公权力侵扰的屏障。

安全要求每个人遵守国家制定的相关制度，个人需要容忍国家出于刑事诉讼的目的所进行的侦查、审判等一系列的活动。当然在这个过程中公民的隐私权也属于可以容忍的范围，但是对自由的渴望（避免国家干扰）使人们对于国家权力始终存在一种警惕心理。如何对权力进行有效的制约而又保证人们对于安全的要求正是本文研究的动力和目标，因为在刑事诉讼过程中每一阶段都充满了对于两者的权衡过程。"刑事诉讼既是安全的保障，又是自由的载体，如同一枚钱币，刑事诉讼价值体系的一面是安全，另一面则是自由。前者源于人性的社会倾向，后者则植于人之自我扩张的自然本能。""我们如何获得安全呢？通过国家对于犯罪分子的追诉和惩罚。社会上的犯罪行为发生率和发生的数量是引起人们对于安全和自由的'晴雨表'，当犯罪案件发生维持在一个相当高的水平时，人们可能倾向于安全；当社会秩序相对稳定时，人们对于自由的需求必然大于安全。"①

　　就理想的社会而言，可以形成一种涵盖、平衡各种价值冲突的社会宽容，立法也是在这个意义上协调、平衡各种法的价值之间所可能会有的矛盾。然而，由于立法不可能穷尽社会生活的一切形态，在个案中更可能因为特殊情形的存在而使得价值冲突难以避免。"在所有的真理陈述都不相矛盾的意义上，真理必定是和谐的。价值却非如此。不存在能够保障给人类生活的一个侧面确定价值的东西不与给另一个侧面确立价值的东西发生冲突的先定的和谐（pre-established harmony）。在冲突的价值之间必须进行选择的可能性决不会从人类生活中消除。"②当今国家、政府对隐私权的侵扰日甚一日，而自由主义、个人主义和日益增长的人格自律意识使得个人越来越需要划定私人领域，越来越抵触侵扰隐私权的干预。当安全与自由这两个价值在人们所建议的规范性条例或立法方案的背景中发生冲突时，先天的心理特性和占支配地位的文化氛围可能会使一个人在两者之间更加倾向于选择安全的价值。③ 然而，当政府拒绝给一个社会的全体成员基本自由权利，又未能提供安全与治安方面的基本保障时，无论存在什么原因、有什么借口，社会全体成员都是不能接受的。

第二节　刑事侦查和隐私权保护的冲突与平衡

　　人类道德认可隐私的历史几乎可以追溯至人类社会文明滥觞之时，而刑事诉讼的产生肇始于国家权力对社会冲突解决过程的介入，可以追溯至 13 世纪，④但是刑事诉讼中对隐私权的法律保护只是近几十年的事。刑事诉讼对隐私权从漠视到重视蕴含着重大的观念变革主题——人权保障观念的树立与强化。这是人权观念与人权保护不断发展和演变的结果，也是加强人身权保护这种世界性趋势的必然要求；因此我们有必要探求刑事侦查对隐私权进行限制的正当性和进行保护的必要性。

①　左卫民、周长军：《刑事诉讼的理念》，法律出版社 1999 年版，第 97 页。
②　［英］A. J. M. 米尔恩：《人的权利与人的多样性——人权哲学》，夏勇、张志铭译，中国大百科全书出版社 1997 年版，第 147 页。
③　［美］博登海默：《法理学——法律哲学与法律方法》，邓正来译，中国政法大学出版社 2004 年版，第 280 页。
④　周长军：《制度与逻辑——刑事诉讼机制的转型分析》，方正出版社 2005 年版，第 7 页。

一、刑事侦查对隐私权限制的正当性

法律规定的权利永恒存在着一种悖论:一方面,权利本身具有神圣性,它可以对抗他人甚至国家、社会的侵犯,即只要是法律所设定的权利,国家就应当尽可能保障其在社会生活中的实现;另一方面,权利在设定的同时必然存有界限,任何一种权利如果突破自身边界,就有可能造成对他人权利的损害,因而又必须予以规制。个人利益在某种情况下应服从公共利益,特别是重大公共利益,这是因为,个人利益是公共利益的组成部分,保护公共利益首先就表现为保护个人利益,服从公共利益只是服从集体私人利益的一种表达形式,服从公共利益是使他人服从自己利益的前提。因为个人利益具有平等性,如果要求他人服从自己的个人利益,根据利益交换的原则,必须付出自己个人的利益。这样,服从公共利益是一种媒介,从而为他人服从自己的利益找到了一种交换的筹码。当然,个人利益尤其是个人的宪法权利服从公共利益并没有天然的合理性。

第一,为社会安全和公共利益,国家在执行刑罚追诉权的过程中对隐私权的适当限制有其正当性。刑事侦查是一种回溯性的证明过程,其为查明和确认犯罪、惩罚犯罪不得不通过对个人不愿接受的种种强制、暴露、回复性再现等方式进行,其实施过程中必然导致对隐私的不同程度的侵犯,国家公权力和公民隐私权的冲突就此产生。这表明,我们在研究隐私权的保护时,除了从公民权利的角度进行探讨之外,尚须从社会整体利益的角度加以衡量。

第二,权利不得滥用,公民行使隐私权同样不得损害公共利益或他人合法利益。犯罪是一种严重危害社会的行为,对于犯罪行为本身,由于其损害他人合法利益,所以在刑事侦查中并不存在绝对的隐私权问题。我们应当界定隐私权的保护程度在于保护个人隐私权的同时不损害刑事诉讼的顺利进行。当隐私权与公共利益发生冲突时,应当依公共利益的要求进行调整。因而,隐私权所保护的尺度,应是与公共利益无关的个人私人领域信息,例如,当涉嫌贪污、受贿等财产犯罪的,个人的财产状况、储蓄情况就必须接受调查,在这种情况下,个人资讯就与公共利益有关,因而在一定范围内不得为隐私的内容。正如恩格斯所指出的:"个人隐私应受到法律的保护,但当个人隐私甚至阴私与重要的公共利益——政治生活发生联系的时候,个人隐私就不是一般意义上的私事,而是属于政治的一部分,它不再受隐私权的保护。"[①]

二、刑事侦查对隐私权保护的必要性

(一)刑事侦查对隐私权保护是公民权利的诉求

隐私权的保护,应是宪政国家对人民的基本许诺之一。然而,面对现代复杂科技的发展应用现状,出于对国家机器执法情况的忧虑,这份许诺却往往是处身在当代社会里的人们最不容易实现的理想。警察的出现只是 19 世纪中后期的事,但政府借侦查犯罪之名侵扰个人自由的事却时有发生,这不得不让人们担心自由受到国家公权的过分干预,要求获得隐私权的保护变成一种不可抑制的权利诉求。

---

① 《马克思恩格斯全集》(第 18 卷),中共中央马克思恩格斯列宁斯大林著作编译局编译,人民出版社1964 年版,第 591 页。

（二）刑事侦查对隐私权保护是司法威信的要求

国家在刑事追诉中的威信，并不完全是因为其打击的力度，还因为在道德、伦理方面具有合理性。作为国家机器的侦查机关，必须在维护社会秩序运转中保持一种正义之师的风度。对于侦查机关来说，在衡量利益的过程中，不能仅仅根据微观的利益标准判断。一个法治国家，一个以法律规制和道德感化相结合而实现为国民服务的国家，不仅要求目的正当，而且也要求手段正确，如果通过侵犯犯罪嫌疑人合法的隐私权以获取证据达到追诉目的，无疑与手段的正当性相违背。

（三）刑事侦查对隐私权保护是司法伦理的要求

司法伦理是司法制度追求的最高目标，正因为是最高目标，也决定了其实现的难度。司法伦理要求犯罪不仅要打击，而且要用一种善的方式打击；罪恶不仅要惩罚，而且要用一种拯救其灵魂的方式惩罚；恶行不仅要纠正，而且要用一种当事人和大众都信服的方式纠正。侦查机关在侦查中，不仅要担负法律义务，还要承担道德义务。以不道德的方式是不可能实现道德目的的，这样做的结果必定是以公民道德的沦丧为代价。

（四）刑事侦查对隐私权保护是时代发展的趋势

刑事诉讼中人权保护的价值理念获得了世界各国的普遍认同，隐私权作为一项基本人权，其在刑事诉讼领域的诉求正在获得越来越多国家的关注和认同。人权的保障已经为国际社会所共同呼吁并得到了长足的进步。虽然在人权下属的各种权利中隐私权是最难界定的，但作为一项现代化的权利，即便理论与立法发展不够完善，但对其保护应是不受阻碍的。

三、刑事侦查和隐私权保护的协调

"在刑事侦查行为中强调对公民隐私权的保护，乃是刑事诉讼程序正当性的题中应有之意。"①

"法律的正当程序是指法律为了保持日常司法工作的纯洁性而认可的各种方法；促使审判和调查的公正进行，逮捕和搜查适当的采用，法律援助顺利的进行，以及消除不必要的延误。"②正当程序要求政府必须依法行政，政府不能凌驾于法律之上。非依法定的程序，政府无权采用影响他人生命自由与财产等权利的行为。正当法律程序是对抗专制的重要武器之一。在侦查过程中侦查人员遵循正当的程序是其侦查活动合法性的来源和依据，也是公民对个人隐私权保护加以让步的基础。

刑事侦查行为是否正当，一方面是由法律的规定来决定的；另一方面由于社会的复杂性往往存在着这样一种状况，当国家对于犯罪的追究会触及对于公民的隐私权保护时，在实践中会存在两者权衡的过程。这个过程并非单纯由法律加以规定就可以完成，其选择过程可能是由国家的刑事政策、诉讼理念、现代犯罪形式、人们对两者的现实需求等诸多因素决定的。

在刑事侦查过程中，侦查机关面临的问题是如何在公民隐私权保护和行使侦查权两者之间的权衡。一方面，处于保护公民自由权利、保障公民尊严和人权的需要，侦查机关必须

① 杨开湘：《刑事诉讼与隐私权保护关系研究》，中国法制出版社 2006 年版，第 129 页。
② ［英］丹宁爵士：《法律的正当程序》，刘乃庸等译，法律出版社 1999 年版，第 1 页。

在侦查中尊重和保护公民的隐私权;另一方面,出于对公共安全价值的考虑,不允许个人权利成为行使正当国家权力的障碍,在适当的时间个人的权利应当服从国家需要。在伤害公民隐私权最小的情况下,取得最好的侦查效果,或许是一种最理想的状态。

在我国,强调公共利益和集体观念拥有丰厚的土壤,个人主义和个人权利一直不被重视。原初的集体主义莫过于"家国思想"。为了家国,个人必须作出牺牲,个人行为违背习惯或者伦理,其毁损的不单是个人名誉,更为重要的是其玷污了家族或国家的形象。近代以来,集体主义之"集体"的标准有所变化,家族之"家"被阶级、阶层以及村社取代,当然,国家依旧是集体的最高形式。因此,牺牲是为了阶级,努力劳动是为了村社,个人的概念依旧如此遥不可及。可以发现,我国的"集体主义",主要作用是牺牲个人,成全集体。在这样的话语背景下,功利主义的生成并蔓延是不可避免的。就像夏勇所解释的那样:"功利主义并不像我们通常从汉字面所误解的那样,是自私自利的……实际上,作为一种与古典社会契约论相对立的学说,从边沁到休谟,功利主义意在为国家和社会政策的合法性提供一种新的、实在的基础,以增进整个社会的利益与福祉。"①如果牺牲个人能换来大多数人的快乐和幸福,那么针对个人采取的任何措施也是正当的。因此,代表公共利益的国家机关侵犯个人的自由权利不受制约,侵害个人隐私权也不是不可以忍受,毕竟它可以带来社会的安定和成员的安全感。"(功利主义)它从功利的产出角度只关心结果,它抹去了道德和我们政治语汇里的一些重要元素,这就是平等、正义和权利。""在刑事法律方面,功利主义为威慑理论奠定了基础。"②从我们的传统和价值取向上来看,人们对侦查权的肆无忌惮习以为常,对侦查中的侵害隐私权措施也表现出巨大的宽容。回归到刑事侦查这一具体的刑事诉讼过程,笔者认为,在权衡侦查权行使和公民隐私权保护两者价值时,对于后者的考虑应该更加重视。

第三章 若干侦查行为中隐私权保护的相关问题探索

侦查程序中保护隐私权的关键在于要将侦查权纳入法治的轨道,将其置于法律的约束之下。在刑事侦查实践中,我国普遍存在漠视公民尤其是犯罪嫌疑人隐私权的现象,主要体现为侦查措施如搜查、扣押等的滥用,其原因在于侦查权未受到有效的限制和约束。不受限制的权力显然与法治的要求背道而驰,而要明确侦查权的行使依据、标准、程序和责任,确定侦查权行使的界限,离不开对各种不同侦查方式及其所指向的隐私权保护的具体分析研究。以权利对抗权力,以权力制衡权力,这两条道路是共通的。借鉴和吸收其他国家的理论和经验,进行相应的比较研究应有利于我国侦查程序的完善。由于搜查、扣押、监听等侦查措施在国内学界已有较全面的研究,本节主要对刑事侦查中的拍照、话单查询以及按捺指纹措施进行阐述。

---

① 夏勇:《中国民权哲学》,三联书店2004年版,第289页。
② 夏勇:《中国民权哲学》,三联书店2004年版,第289页。

第一节　拍照及隐私权保护

随着现代科学技术的发展,侦查活动中科学技术手段所起的作用日益凸显。拍照、监视、监听、DNA 检验等技术侦查手段、秘密侦查措施得到了广泛的运用,但这些侦查措施不可避免地会给公民的肖像权、隐私权及个人尊严等基本权利造成侵犯。然而,我国刑事诉讼法对该类侦查手段未作出明确的规定,实践中普遍存在侵害犯罪嫌疑人隐私权的情况。

以拍照为例,侦查中对人的拍照,无论是公开拍照还是秘密拍照,都涉及对公民隐私权的侵犯。具体来说,拍照对公民隐私权的侵犯体现在以下三个方面:第一,拍照会暴露人体的隐私部位。"在某些情况下,照片可能反映出人体的某个部位,而在通常情况下,这些人体部位不会暴露在公共视野之中。"①第二,拍照会泄露被拍摄对象身上存在的鲜为人知的个人信息(如胎记等)。而这些个人信息往往是被拍摄对象不愿意公开的;因此,拍照对其私人资讯、个人信息保密权构成了严重的侵犯。第三,在秘密拍照的情况下,不仅被拍摄对象的个人隐私,而且其家庭成员的隐私都可能会被侵犯。

正因为拍照直接侵犯了公民的隐私权,所以一般被定位为强制措施。日本学者田口守一认为,"所谓强制措施,就是侵犯个人重要利益的措施"。"因为拍照侵犯个人隐私,所以基本上是强制措施"。② 正因如此,许多国家都对拍照规定了较为严格的条件和程序,以保证被拍摄对象的隐私权、肖像权等基本权利受到最低限度的侵害。

一、我国拍照的立法和司法解释情况

我国刑事诉讼法并没有关于拍照的规定。不过,《公安机关办理刑事案件程序规定》、《人民检察院刑事诉讼规则》、最高人民法院《关于执行〈中华人民共和国刑事诉讼法〉若干问题的解释》均有规定,拍照主要适用于搜集调取物证的情况,即当原物不便搬运、不宜保存、依法应当返还被害人或者因保密工作的需要不能调取时,可以对原物拍照予以代替原物,并且要求所拍的照片要足以反映原物的外形。照片经过与原物核实无误的,具有与原物同等的证明力。应当说,这些规定对于规范拍照具有积极的意义;但是,上述规范性文件对现场拍照、秘密拍照都没有作出明确的规定。

二、我国拍照的司法实践现状

在理论上,现场照相被认为是具有勘验性质的一种侦查措施,具有强制侦查的性质。但在实践中,侦查机关实施拍照具有很大的随意性,在什么情况下拍照、是否拍照、如何拍照、秘密拍照等,都由侦查机关决定。拍照也不受比例原则的约束,完全漠视对犯罪嫌疑人、被害人人格尊严和隐私权的尊重与保护,其侵权集中体现在以下几个方面:一是违背侦查比例原则进行拍照。比如在对涉嫌组织卖淫罪案件办理过程中,侦查机关为固定卖淫的证据,就

---

① 〔美〕诺曼·M. 嘉兰等:《执法人员刑事证据教程》,但彦铮等译,中国检察出版社 2007 年版,第 430 页。

② 〔日〕田口守一:《刑事诉讼法》,刘迪等译,法律出版社 2000 年版,第 28、71 页。

经常对当场查获有卖淫嫖娼嫌疑的行为人,由经办人员当场进行拍照并固定证据(主要体现行为人裸体),做现场勘查,制作笔录,然后由涉案人员签字。二是对犯罪嫌疑人体貌特征肆意的暴露。对犯罪嫌疑人体貌特征侵犯最为常见的就是侦查中的现场辨认环节。辨认需要拍照以固定辨认的效果,让嫌疑人蒙面辨认将使拍照失去意义。基于辨认的实际需要和拍照的光线要求及安全性考虑,侦查机关通常安排在白天让犯罪嫌疑人进行辨认,对嫌疑人体貌特征不加以细致的保护使其直接暴露在公众面前,这无异于犯罪嫌疑人的"当街游行",尤其在一些入室盗窃、飞车抢夺案件的现场辨认中体现尤甚。

三、有关拍照法律规制的域外法考察

拍照作为一项行之有效的技术性侦查措施,已在许多国家的刑事司法实践中广泛地运用,这些国家的立法都对拍照作出了明确的规定,其中又以日本和美国的规定较为详细和具体,理论研究也比较深入。笔者以日本和美国为例,对拍照的有关立法、理论及实务作一比较法考察。

在日本,拍摄照片属于一种具有勘验或现场情况调查性质的侦查措施。《日本刑事诉讼法》第 218 条第 2 款除对在押犯罪嫌疑人的拍照进行规定外,没有其他更多的规定。根据该条的规定,只有针对"身体受拘束的被嫌疑人",才可以实施拍照。拍照不必持有令状,但是,不允许对犯罪嫌疑人的裸体进行拍照。对《刑事诉讼法》第 218 条以外的情况,日本法律并未明确禁止进行照相这一侦查措施,但要求拍照必须尊重日本《宪法》第 35 条规定的保护个人隐私的精神,不允许使用不为社会观念认可的不当方法、形态、对他人的住所和物品进行拍照。即使是在公开的场所,暗中拍摄他人的容貌和姿态也是违法的。[①] 根据日本判例,侦查机关在实施拍照时应当具备以下三个条件:(1)嫌疑事实重大及具有盖然性;(2)存在保全证据的必要性与紧急性;(3)拍摄方法正当。当然,"侦查机关针对正在实施或实施不久的犯罪,出于保全证据的必要性和紧急性,采用不超越一般容许范围的摄影方法,在未得到被摄影人同意且未持有令状的情况下,可以实施拍照行为"[②]。

在美国,法律并未规定为了确保证据具有可采性,拍摄者或者录像者必须具有特定的拍摄或者录像经验。在所有案件中,如果情况允许,拍摄者的性别都应当和被拍摄的人员的性别相一致。当然,如果拍摄的是一具尸体,那么,拍照者的性别没有严格的要求。在犯罪现场拍摄照片时,警察应当在个人记录或者警察报告中记录:(1)使用的设备和程序;(2)每次工作所运用的基本原理和程序;(3)拍摄照片或录制录像时的环境状况。

美国法律授予法官对侦查中拍摄照片证据采用自由裁量权。如果拍摄的照片太令人生厌或非常令人恐怖,其误导陪审团的可能性在实质上超过了它的证明力,那么,该照片证据可能被法官裁定排除;因此警察在拍摄或者录制令人恐惧的犯罪现场时,需要在保持犯罪现场完整性的同时最大限度地减少照片所造成的恐惧感。在拍摄裸露的身体时,警察更需要注意一些关键事项。如果被谋杀的被害人处于裸体状态,警察应当按照犯罪现场的本来面目予以拍照记录。警察需要从不同的角度拍摄或者录制整个犯罪现场的所有情况,在这项

---

① [日]松尾浩也:《日本刑事诉讼法》(上),丁相顺译,中国人民大学出版社 2005 年版,第 85 页。

② 彭勃:《日本刑事诉讼法通论》,中国政法大学出版社 2002 年版,第 120 页。

工作完成之前,不应该遮盖尸体的任何部位。如果为了保持死者的尊严或避免死者亲属的干扰,那么,遮盖住尸体暴露的性器官也是明智之举;当然,在遮盖尸体时,也需要尽可能拍摄犯罪现场被发现时的原貌。对于犯罪嫌疑人或者受到伤害的被害人的隐私部位进行拍摄,警察需要持有法官颁发的搜查身体的令状。①

纵观上述国家关于拍照的法律规定及实践,其具有三个共同特点:一是,尽管拍照在性质上属于强制性措施,但由于对犯罪嫌疑人、被害人不会造成有形的伤害,所以法律规定的适用条件较为宽松。如德国、日本,警察在实施拍照时,不需要法官签发司法令状。二是,拍照仍需遵守比例原则。根据比例原则的要求,拍照措施应作为最佳的手段而使用,如果存在其他侵权程度更小的替代性措施,应尽量不要采用拍照措施。三是,对于未按规定进行拍照的,所获得的照相证据可能被作为非法证据予以排除。这些规定,对于完善我国拍照的法律规定,无疑具有借鉴意义。

第二节　查询话单及隐私权保护

技术侦查措施和秘密侦查措施历来是隐私侵权的重灾区,其侵权程度堪称"侵权之王"。由于秘密侦查始终是一条不见阳光的黑色通道,作为公民实际很难判断自己的隐私权是否受到了侵犯。在现实案件侦查过程中,碍于侦查技术硬件配备条件的限制,最普遍存在的通信技术侦查措施是查询话单侦查措施。随着科技水平的发展,人们相互之间的联系日益紧密,交际范围也不断扩大,通信工具如手机等得以普及,以侵犯通信记录隐私为对象的查询话单侦查行为也随之大量出现。在使用查询话单侦查措施日趋广泛的今天,侦查机关借口行使公权力而随意侵犯公民通话隐私权的案例极为常见,公民隐私权受到了威胁与挑战。如何有效规制种种损害公民隐私权的行为已成为法律当前所要解决的重点问题,探索查询电话话单侦查措施与隐私权保护意义重大。

一、查询话单的概念分析

所谓查询话单,是指侦查机关在侦查案件过程中,发现与案件有关的电话号码,通过第三方营运商,对该号码以及由该号码延伸出的其他电话号码的通信记录包括短信息等进行查询,从中发现犯罪线索、抓获犯罪嫌疑人、查明案件真相的技术侦查措施。

查询话单的内容包括:主叫识别记录、电话记录、目录帮助信息、用户列表信息。其中,用户列表信息又包括客户已拨的电话号码、客户自己的号码、客户拨打电话或接受电话的时间点、客户拨出或接收电话的通话时长、客户拨打电话或接收电话的机站地点编号、电话费用项目和客户登记的个人信息。查询话单在侦查中发挥着不可替代的作用,其作用主要通过机站定位、通话时长等判断案情、进行侦察推理、发现并抓获嫌疑人等。

---

① ［美］诺曼·M.嘉兰:《执法人员刑事证据教程》,但彦铮等译,中国检察出版社 2007 年版,第 428～435 页。

二、我国查询话单的现状

电话话单主要是对电话使用人过去通信情况的记录,但通过研析话单可以清楚看出电话使用人的一些不为人知的状况,因此,查询电话话单的实施与公民受保护的隐私权之间存在冲突。对于那些严重危害公共安全和公众利益的犯罪活动,的确有必要采取查询电话话单的侦查手段;但必须具有必要性和适度性,而且要有严格的程序性保障措施。由于查询电话话单的隐秘性,使现代法治社会公民的隐私权处于危险的境地。

目前,查询电话话单侦查措施在我国现行立法上存在严重不足。我国宪法规定,公民通信自由和通信秘密神圣不可侵犯。通话记录属于公民通信秘密,理所当然要受到法律的保护;但在宪法之下的部门法对此方面的规定少之又少。《电信条例》第66条规定:"除公安、国家安全和检察机关外,其他任何单位和个人均无权查询电信情况。"对于查询电话话单侦查措施,2012年通过的《刑事诉讼法》对其适用的案件种类、适用时限作了明确的规定,但并未明确适用对象,仅以"侦查犯罪的需要"对侦查机关空白授权。实践中,查询电话话单侦查只需遵照侦查机关内部的要求进行内部审批,对查询话单的时间和范围也没有特定的限制,如此,侦查机关的裁量权过大必然导致隐私权在查询话单侦查中得不到应有的保护,侦查中滥用侦查权查处犯罪嫌疑人通信情况的现象比比皆是,例如在追逃中加强对逃犯家庭电话、家庭成员电话话单的研判,导致逃犯家庭成员的家庭生活暴露在侦查人员的眼前,其隐私一览无遗。可以说,对查询话单侦查而言,我国立法和实践都有待规制。

三、查询话单法律规制的域外法考察

美国法律不认为犯罪嫌疑人对其通话记录具有隐私权。在美国宪法第四修正案中,美国联邦法院对隐私的概念是从语法上做了尽可能狭义的解释,其解释表达了他们对居住隐私的关注、对以电话交谈的隐私问题的关注,但是却认为人们对他们所拨打的电话号码不能有合理的隐私期待。美国法律认为,隐私权只具有相对的权限,公民个人的隐私其实经常要向第三方便利者暴露,而且这种情况大量存在于日常生活当中。比如对那些采取措施确保公众无法得知其财政记录的公民,仍然要依赖银行职员来兑现其支票和存款。与此相类似,即使公民采取措施来确保其他人无法知道他们所拨打的电话号码,但出于对第三方设备提供者的信赖,其依然不会为这些电话号码和通信记录会被其他人通过电话公司的计算机系统的搜查而暴露这一事实而担心。对法庭来说,这些第三方便利者就是人们自愿将其隐私公开的公众成员。在 Smith V. Maryland 案中,Blackmum 法官在制作法庭判决书时认为钢笔式电子记录器并不涉及客观的合理的隐私期待,因为作为电话公司的消费者应当"承担风险"——电话公司会将其使用电话的信息告诉警察。

应当注意的是,Blackmum 法官的观点在美国颇有争议。"Blackmum 法官不能认为消费者应当承担电话公司将他们使用电话的信息向大部分公众公开的风险。这种主张明显是错误的,相反,Blackmum 的观点中最为关键的是消费者对那些出于对警察的尊重而将他们所有隐私的期待统统剥夺的第三方设备提供者的信赖,但即使是这样,人们也不愿意将其信息向大部分的公众公开。"①

四、查询话单的法治化要求

从司法实践看,查询话单侦查方式虽然开始广泛使用,但并未受到理论界的广泛关注,处于一种尴尬的局面。一方面是查询的话单基于保密的目的往往不直接使用,而是仅仅作为案件线索;另一方面由于查询话单侦查的具体采用在现行立法中看不到踪迹,只存在于某些内部文件中,其适用对象、适用程序等均属于保密事项,普通民众包括学者,都不得而知。这样一种不明不白的侦查行为在事实上对公民的基本权利构成了重大的影响,为其正名使其法治化已是势在必行。

第三节　按捺指纹及隐私权保护

指纹是人体一种生物特征,具备稳定性、区别性。目前司法实践中,如果指纹上有 13 个特征点重合,即可确认为本人。在刑事侦查中,指纹的主要应用是将违法犯罪人员按捺的指纹扫入指纹识别系统,与犯罪现场提取到的指纹进行比对,以此甄别犯罪嫌疑人。犯罪现场勘察中提取到的犯罪嫌疑人的指纹是对犯罪嫌疑人定罪的重要证据。侦查员很难相信犯罪嫌疑人出现在犯罪现场只是因为午夜难眠偶经此处,同样法院对在犯罪现场被提取到指纹的犯罪嫌疑人基本上都对其定罪。由于指纹在侦查中的重要作用,目前在我国刑事侦查甚至前溯至留置盘问等前侦查调查阶段,对犯罪嫌疑人提取十指纹和掌纹已经成为常态。刑事侦查中按捺指纹的滥用不可避免地对公民隐私权造成了侵犯,其中最为突出的当属对犯罪嫌疑人按捺指纹。

一、按捺指纹的概念分析

按捺指纹是对犯罪嫌疑人提取十指纹和掌纹的一种强制侦查措施。按捺指纹的对象通常指犯罪嫌疑人,即在刑事案件侦查中发现的犯罪嫌疑人,狭义上指被采取强制措施的犯罪嫌疑人,广义上指刑事案件立案后被采取强制措施的犯罪嫌疑人或传唤到案的犯罪嫌疑人。根据我国《刑事诉讼法》第 101 条和第 105 条的规定,"侦查人员对于与犯罪有关的场所、物品、人身、尸体应进行勘验或者检查","为了确认犯罪嫌疑人的某些特征、伤害情况或者生理状态,可以对人身进行检查"。基于按捺指纹在侦查中的重要作用,目前我国侦查机关均对犯罪嫌疑人提取十指纹和掌纹。

二、我国侦查中按捺指纹的现状

由于按捺取得的指纹可以和犯罪现场提取的犯罪嫌疑人指纹进行比对、有效甄别犯罪嫌疑人,减少诉讼成本,目前我国侦查机关出现不同程度的扩大按捺指纹对象、滥用按捺指

---

① 〔美〕威廉·C.赫费南:《美国宪法第四修正案中的隐私权》,刘方权译,http://vip.chinalawinfo. com/Newlaw2002/Slc/slc.asp? gid＝335572581&db＝art&keyword＝美国宪法,下载日期:2010 年 7 月 9 日。

纹侦查权现象。以笔者所在单位为例,2009 年共采集犯罪嫌疑人按捺的指纹 5314 份,移送起诉犯罪嫌疑人 657 人;次年共采集犯罪嫌疑人按捺的指纹 4006 份,移送起诉犯罪嫌疑人 623 人,犯罪嫌疑人和移送起诉人员比例平均为 7.28:1。也就是说,每 7 名犯罪嫌疑人中有 1 名是应当追究刑事责任的,其余 6 名犯罪嫌疑人都无须追究其刑事责任。如此说来,的确无须追究刑事责任又必须按捺指纹,是否侵犯了当事人对其指纹的隐私权?

现实中造成大量犯罪嫌疑人按捺指纹的原因主要有以下几个方面:一是侦查机关主要是公安机关内部指标任务的下达。为丰富全国指纹比对库内容,上级机关每一年度都会将按捺指纹完成情况作为下级机关完成任务的重要指标进行考评,造成下级机关制定指标再交给下一级机关完成情况。二是部分侦查人员随意扩大按捺指纹的对象。为完成指标,部分侦查人员经常"扫外口",即对外来人口集中区域进行清查,往往不加区分是否有犯罪嫌疑,一律强行要求外来人口按捺指纹。对于违法嫌疑人员、留置盘问人员也一并作为犯罪嫌疑人处理要求按捺指纹,造成按捺指纹侦查行为的扩大。三是长期以来办案习俗的沿袭。中国传统中的诉讼状书都要求按捺指纹,时至今日,办案部门在刑事诉讼中的笔录依旧采用按捺指纹的办法,似乎完全忽略了刑诉法中规定的笔录可以在核对后签名的方式,造成了"伪犯罪嫌疑人"剧烈的心理反弹。

目前,我国对按捺指纹的立法状况除了刑事诉讼法、治安管理处罚法中对人身检查的模糊规定外,没有其他法律加以确认。而对于那些受到他人指控但已排除嫌疑的人甚至没有实际嫌疑只是基于侦查员自由裁量上认为有嫌疑的人,是否按捺指纹,法律没有规定。可以说,对采取按捺指纹侦查措施的限制并以此保护公民个人隐私权,目前立法尚属空白。

按印指纹对公民隐私侵权主要体现在以下两个方面:

一是指纹本身属于个人隐私,而且是一个与基因一样贯穿人的一生能代表个人身份的隐私。犯罪嫌疑人在按捺指纹并由侦查机关将其指纹资料送入指纹采集设备采集后,不管最终记录的是图像还是特征值,都不影响指纹属于个人隐私的这一特点。隐私被记录,对于个人来说显然是一个隐患。对于未曾违法犯罪的人而言,假如在第一次犯罪前其指纹被侦查机关记录在案,其被抓获的可能性显然增大,指纹将成为刑侦机关的有力证据。然而根据无罪推定原则,这一证据公民是可以不主动提供给警方的,如果公民在无违法前科的情况下,按捺指纹并提供给侦查机关,显然是对个人不利的,也是隐私权被侵犯的典型情况。

二是侦查机关的指纹识别系统通过采集公民的指纹,配合对公民相关情况的记载,可以记录个人特定的行为特征,影响个人某些权利的实现。比如某人按捺的指纹被侦查机关的指纹识别系统记录,列为犯罪嫌疑人管理,不管该人是否有违法犯罪事实,在其要求参军服役时,公安机关都会如实反映此一情况,造成该人在要求服役的人群中不具优势,同时负责征兵工作的人员也会因为担心所征兵员不合格而承担责任,从而排除该人服役的可能。

三、按捺指纹法律规制的域外法考察

在 20 世纪 80 年代以前,日本政府长期施行外国人按捺指纹制度,规定凡登陆日本本土之外国人均需按捺指纹。但 1980 年起,在日外国人对于外国人登录制度中的指纹按捺制度产生极大不满,认为指纹按捺制度乃是侵犯人权、种族歧视且违反《日本宪法》第 13 条、第 14 条及国际人权公约第 7 条、第 26 条的不当制度,因而举行了大规模的拒绝指纹按捺之示

威游行、联合签名运动,同时实际拒绝按捺指纹的人士也不在少数。由此,日本东京高等法院在 1986 年关于"在日韩国人拒绝按手印案件"的判决中指出,指纹作为人人不同的、终生不变的身体特征,是识别个人最为可靠的手段,因此,其信息本应该由个人加以自由管理,而且,由于按手印在犯罪侦查中具有重要的作用,被强制按手印自然会令人产生不快、屈辱感,这样看来,作为个人基于个人尊重理念而享有的私生活上的自由,公民享有不被违背意志强制按手印的自由。该法院指出"国家权力无正当理由却强调当事人按手印,是违反(日本)宪法第十三条规定的"。随后日本政府将指纹按捺制度进行多次修正,并最终修正了外国人登录法,并将外国人指纹按捺制度于 2000 年 4 月正式废除,可以说认同了个人对其指纹信息及其他隐私加以控制的权利。

在美国宪法第四修正案中明确规定,人民的人身等不受不合理的搜查和扣押,不受侵犯。通常对美国宪法第四修正案的理解是"将隐私作为一个独立的价值加以保护",隐私包括与个人身体有关的情况,也囊括了个人的指纹资料,因此,指纹资料也不应受不合理的采集。

四、按捺指纹侦查手法的反思

用公权力强制要求非违法犯罪人员按捺指纹,这种行为明显侵犯了公民基本人权。过去有不少个案显示指纹有助于破案,个案充分证明了"前科犯"指纹数据库之好处。然而,"前科犯"指纹数据库和所谓的犯罪嫌疑人指纹数据库之间,是有很大区别的。即使法律明确规定警察可自由裁量要求其认为有犯罪嫌疑的人员按捺并提供指纹,但犯罪嫌疑人的指纹数据库能够比"前科犯"指纹数据库多带来多少边际效益并未得到统计,是否真正能够达到打击犯罪的目的也难以判明。现实中重大犯罪现场留下清晰可供辨识指纹的情况并不多见,同样侦查机关也不会因为有了犯罪嫌疑人指纹数据库就可保证实现命案必破,相反,笔者从其所在单位 2005 年至 2009 年所破获的 45 起命案中可以明确,其中并无一例通过犯罪嫌疑人指纹数据库得以破案。另外,层出不穷的诈骗案终究也并不因犯罪嫌疑人按捺指纹而烟消云散。所以,在上述问题得不到充分研究的前提下,证明犯罪嫌疑人指纹数据库可以改善治安创建和谐只能是一种臆想。我们对于"把维护治安与建立犯罪嫌疑人的指纹数据库画上等号"之论述持保留的态度。

第四章　刑事侦查中隐私权保护的改革构思

第一节　隐私权的宪法化

宪法保护是隐私权保护的前提和基础,在没有上位法加以规范的情况下,讨论隐私权保护问题是不可思议的。隐私权作为公民基本权利之一,应当明确载入宪法,使其成为其他部门法的立法依据。

就如同信息是一切存在的属性,私人领域的一切事物都附有个人的人格。宪法上的隐私权有着自由权和人格权的特征,其重点保护的是人格利益和精神利益。侵犯隐私权,必然意味着对个人权利和感情的侵害,必然侵犯人格尊严。康德说:"超越于一切价值之上,没有等价物可替代,才是尊严。"①就我国而言,现行宪法始终没有明确提出"隐私权"这一概念,涉及隐私权保护的相关条文仅仅为隐私权的保护提供了一种间接的依据,并未将隐私权纳入人格权保护的范围,使得隐私权保护的价值条款由于缺乏人格权保护的规定而底气不足,只规定住宅和通信自由不受侵犯也无法容纳隐私权保护私人生活自由的内容要求,现有的隐私权宪法保护依据显得有些牵强。鉴于人格尊严是人格权保护的最高价值目标,在修宪时将人格尊严条款提高到公民权利保障的首要位置,同时增设公民私人生活不受侵犯的规定。如此,通过确立人格权保护条款和对公民私人生活、家庭不受侵犯的隐私权核心内容的保护条款,我国的隐私权宪法保护就有了直接的依据和客观的价值基础,从而完成从宪法层面对隐私权进行保护的任务,使得在刑事诉讼法中规定对隐私权的保护更具有正当性。

第二节　加强对侦查行为的法律规制

应当将隐私权保护作为刑事诉讼法的任务,在刑事诉讼法总则中明确规定刑事诉讼法依法保护公民的人身权利、财产权利、民主权利和隐私权利等其他权利,并且在分则中详细对可能侵犯隐私权的各侦查措施加以具体规定,形成保护犯罪嫌疑人隐私权的技术性规范。具体内容分为如下几个方面:

一、完善对拍照侦查行为的法律规制

（一）确定拍照的对象主要应为犯罪嫌疑人

对于犯罪嫌疑人,因其与犯罪事实直接关联,侦查机关为了查清事实真相,保全犯罪证据,以及执行辨识之目的,自有必要对其进行拍照。对于犯罪嫌疑人的家属等与案件无关的人员不得成为拍照的对象并作为证据使用。

（二）确定拍照的法定许可程序

拍照具有一定的强制性,属于强制性的侦查措施。由于这种强制性措施会侵害到相对人的人格尊严及隐私权,由侦查机关自行决定,难以杜绝侵害他人权利之情事发生,故有必要加以控制。笔者认为,对于现场拍照以及对于犯罪嫌疑人的拍照,在不令其裸体的情况下,可以由侦查机关自行决定。如果要求犯罪嫌疑人裸体,以及对被害人的拍照(无论是否要求其裸体),都需要检察机关的许可。在紧急情况下,如被害人即将迁徙、出国等,可以不经检察机关的许可,由公安机关自行决定拍照,但事后应及时向检察机关报告,以便于检察机关监督。对于秘密拍照,由于涉及侦查秘密事项,可以授权公安机关自行决定。

（三）加强对犯罪嫌疑人权利的保护

由于拍照不可避免地会侵害到犯罪嫌疑人的隐私权,因此应作为最后的手段,在采取其他措施可以达到同样的目的时,尽量不要实施拍照。例如在强奸案中,如果被害人指认犯罪嫌疑人的阴部有显著的印记或特征(如有的被害人指认犯罪嫌疑人阴茎部有一颗很大的

---

① 　［德］康德:《道德形而上学原理》,苗力田译,上海人民出版社 2001 年版,第 87 页。

痣,或者腹部自肚脐以下到阴部均有毛等),侦查机关为了证实犯罪,在取得检察机关许可的情况下,可以对其阴部进行拍照。在拍照之前,侦查人员应充分告知犯罪嫌疑人拍照的目的、理由、法律依据及其享有的权利,并听取其意见。对于女性的拍照,原则上应当由女工作人员进行。

（四）完善照相证据的采用规则

对于侦查机关对犯罪现场、犯罪嫌疑人或者被害人拍摄的照片,应当归入何种证据类型,理论界及司法实务部门存在争议。有人认为,用来提取、固定或保存的摄影相片,属于物证的范畴。也有人认为,现场照片属于现场勘验笔录的组成部分,对某个物证的照相,是提取、固定或保存物证的一种方法,作为物证的仍是原来的物品或痕迹,而不是照片。① 目前,通行的观点认为,照相证据属于勘验笔录的范畴。对于照相证据,其可采证的关键在于:一是该照片能够客观地、准确地反映案件的事实,即与案件事实有关联性。至于其制作主体是谁,所使用的是什么照相机,都无关紧要。二是,该照片是合法地制作的,即侦查机关在拍照时遵守了法定的程序与要求。侦查机关在拍照时,应当准确记明拍照时的环境并作必要的文字说明,同时,还要求制作主体签名盖章。对于来源不明的照片以及模糊不清的照片,原则上应当作为非法证据予以排除。对于过于恐怖的照片,为了避免激起法官对被告人的仇恨与偏见,应当赋予法官是否采纳该证据的自由裁量权。

二、完善对查询话单侦查行为的法律规制

根据现有情况,有必要对公民的电话记录方面的隐私权予以单独保护,将话费详单等用户信息单独作为一种权利形态进行保护。侦查机关不能恣意调取公民的电话记录。理想的状态应该是在保护公共利益的前提下,充分维护公民的通信秘密,即在国家公权力优于公民权利时,权力行使者必须具有法律的根据,履行必要的法律手续,符合法定程序。即便如此,在承认侦查机关有向电信部门调取与案件相关的通话记录权力的同时,也应该严格限制调取的程序与范围。也就是说,在维护国家公共权力的同时,应充分尊重和保护当事人电话记录的隐私权。

（一）应该设定调取的法定程序

侦查机关必须根据法定程序,调取与案件相关的电话记录中的具体信息,如涉及当事人通话时间的,则只能调取与时间相关的信息;需要调查当事人所在地时,则只能调取与通话地点相关的信息,如拨出的号码等。

（二）对侦查机关以通话记录为调取对象的调查,有必要严格限制其范围

面对查询话单侦查措施对现代刑事司法制度与公民隐私权可能带来的巨大威胁,其使用应当有所节制,以求公共利益与个人利益在最大范围内的契合。在使用查询话单侦查措施的体系构成中,应针对犯罪的严重程度有所区别。就适用范围而言,可以设置一定范围为绝对禁止查询话单侦查的领域,如政府机关领导人、善意取得第三人的通信记录等,这些范围内的信息或者说是隐私是维系整个社会健康良性运转的基石,即使以追究重大犯罪为由,亦不得侵犯。只有这样,才能全方位、多角度地从实质上保护公民通信记录隐私权,维护公

---

① 樊崇义:《刑事诉讼法学》,中国政法大学出版社 1998 年修订版,第 201～202 页。

民的合法权利,促进社会的稳定与和谐。

三、完善对按捺指纹侦查行为的法律规制

为防止侦查权的滥用,应该在刑事诉讼法中明确规定按捺指纹的具体适用对象和按捺标准。应保障不具有犯罪嫌疑的公民有不被强制按捺指纹的权利。根据无罪推定原则,在没有任何法定的其他证据情况下,不应先认定公民具有犯罪嫌疑,并在强制其按捺指纹经比对后才解除对其犯罪嫌疑的认定。在具体制度的设计上,应规定未被采取刑事强制措施的犯罪嫌疑人不被强制按捺指纹,并充分考虑其他例外情况下对侦讯机关强制按捺指纹的权限,如嫌疑人拒绝提供真实身份情况下,为辨别身份应赋予侦查机关对其强制按捺指纹的权利。

第三节　建立健全隐私侵权救济制度

没有救济就没有权利。接受公正的司法审判,获得司法救济是公民的一项基本人权。有损害就要有救济。公民权利遭受侦查机关侵害的情况在实践中屡见不鲜。但目前在我国,侦查行为如搜查、扣押等行为却不具有可诉性。法律没有赋予犯罪嫌疑人对警察违法侦查行为提起诉讼的权利。在我国,行政管理相对人有权对行政机关的具体行政行为提起行政诉讼,但公安机关是行政机关,警察权属于行政权,对属于警察权的侦查权不能提起诉讼,从法理上是矛盾的;而且侦查权对公民基本权利的威胁更大,为避免公民沦为国家专断和恣意的牺牲品,由司法权对侦查权进行约束和限制,提供侦查侵权的救济途径,实属必要。没有救济制度,侦查权无限侵入公民私人领域将不可避免。我们要建立侦查过程中被侵害人的救济机制,主要应该确立以下几方面内容:

一、建立程序性制裁制度

所谓"程序性制裁制度",一般是指刑事诉讼法针对程序性的违法行为所建立的程序性的违法后果。[①] 在英美法系中,排除规则、撤销起诉制度以及撤销原判制度构成了最为重要的程序性制裁的制度。[②] 在侦查阶段,程序性制裁主要是认定程序违法者行为和获得的证据丧失法律效力。正是基于以上原因,我国建立程序性制裁制度应当包括建立对侦查机关的制裁和对案件侦查人员个人的制裁两类。

(一)对侦查机关的制裁

从我国刑事诉讼法中看,关于对侦查机关违法的程序性制裁的规定基本处于空白状态。除了最高人民法院在《关于执行〈中华人民共和国刑事诉讼法〉若干问题的解释》中提及的非法言词证据排除规则以外,没有其他侦查程序违法的制裁措施。我国应当继续完善对侦查机关的制裁制度建设,如对侦查机关违反法定程序侵犯犯罪嫌疑人隐私权的侦查行为,应当

---

① 陈瑞华:《程序性制裁理论》,中国法制出版社 2005 年版,第 161 页。
② 陈瑞华:《问题和主义之间——刑事诉讼基本问题研究》,中国人民大学出版社 2003 年版,第 103 页。

根据违法情节分别适用终止诉讼、诉讼行为无效、非法证据排除等制裁措施。同时,为保障制裁的有效实施,应该建立程序性裁判机制,避免程序性违法的受害者无处告状,为其指出救济申请的途径。

（二）对侦查人员的制裁

对侦查人员的制裁是指对案件侦查人员违反刑事诉讼法的行为进行法律处罚,包括刑事制裁和行政处分两种。对于严重程序性违法行为进行刑事制裁的必要性无须多言,我国法律中的"刑讯逼供罪"、"滥用职权罪"等规定已充分说明国家法律对严重程序性违法行为的坚决否定。但对于侵犯隐私权的程序性违法行为,刑法中并没有明确规定,司法实践中对侦查行为侵犯隐私权导致刑事制裁的情况几乎没有,同样在行政处分相关规定中也没有规定。鉴于隐私权保护的必要性和重要性,有必要建立对严重侵犯隐私权但又尚未构成犯罪的侦查人员行政处分的相关制度。

二、确立对违法侦查行为的国家赔偿制度

目前我国刑事诉讼法和国家赔偿法中没有规定侦查人员在程序上违法是否可以赔偿相对人,也没有规定侦查人员因滥用侦查权造成涉案当事人损害的责任追究制度。但是国家赔偿制度设计的意图正是在国家公务人员与受害人之间寻求或达成一个合理的权责关系,以同时实现四个目标:一是让受害人得到充分和公平的救济;二是维护公务人员执行公务的积极性;三是在必要的范围内保持公务人员对侵权行为的应责性,以防止其不负责任的恣意妄为;四是确保国家财政对公务侵权的适当负担,以避免为公务人员过错而过度"买单"。其首要的目标就是受害人遭遇公权力侵害时能够也应当得到充分或公平的弥补。违法侦查行为对公民合法权益的侵害后果是不言而明的,为此,国家赔偿制度中应建立一条国家对涉案当事人进行救济的通道,不论嫌疑人、被告人最终是否被定罪,侦查机关都应当为其程序违法所带来的权利侵害承担国家赔偿的法律后果,包括对无罪人员的权利侵害给予相应的赔偿。否则,"不仅被侵权人对制度的正义性失去认同,而且每个人也都会从其未获足够补救的现实中,移情地知晓自己可能面临的同样境遇,进而制度正义性认同缺少会在公众中形成一定的普通规模,直至最大扩大到挑战并颠覆传统制度的程度"[①]。

将违法侦查行为纳入国家赔偿范围,对国家而言无疑是一副重担,但是违法侦查行为国家赔偿决非"加重国家负担",而是为了实现更远大的法治目标必须付出的成本。不付出成本就不会进步,违法侦查行为国家赔偿就是为了以后少赔偿,从而遏制违法侦查对公民权益的侵犯,这就是国家赔偿的进步意义。从此意义上讲,违法侦查行为国家赔偿不是一件坏事,侦查机关由此变得聪明和收敛一些,这是国家法制建设取得成果的象征。

第四节　在侦查程序中确立非法证据排除规则

如上所述,非法证据排除规则是程序性制裁制度的一项重要内容。然而,由于刑事侦查就是侦查主体借助一定的证据对案件事实回溯认识的过程,而且,只有确立非法证据排除规

---

① 沈岿:《国家赔偿:代位责任还是自己责任》,载《中国法学》2008年第1期。

则,隐私侵权救济制度才能师出有名,所以非法证据排除规则即是侦查行为规制的必然结果,同时又是提起国家赔偿、确立律师在刑事侦查中诸多权利等隐私侵权救济制度施行的前提。

非法证据排除规则是侦查行为中隐私权保护的一个重要内容。"任何法律制度的建立都不能只是用来展览和宣示某种价值选择和行为倾向,而是为人们的行为确立可操作的法律规范。"①只有建立有效的制裁体系才能使法律的规制作用充分发挥,才能使刑事诉讼中获得的证据确实成为定罪量刑的依据,更好地保护公民的隐私权。

建立与非法取证行为相应的举证责任制度和法律后果追究机制,是有关非法证据排除规则确立的前提。"正义之神,一手执衡器以权正义,一手执宝剑以实现正义。宝剑而无衡器,不过暴力。衡器而无宝剑,只是有名无实的正义。二者相依相辅,运用宝剑的威力与运用衡器的技巧能够协调,而后法律才能完全见诸实行。"②证据的取得往往带着侵犯一定权益的可能性,但是如果超过一定限度则难以为良法所认可。虽然我国确定了非法言词证据排除规则,但对于非法实物证据,则作出了较大程度的通融,仅要求侦查机关予以补正或合理解释。现实中,遇到非法实物证据的情况,法院往往谴责违法取证行为本身,对于由此获得的证据材料,只要认为查证属实,仍然可以采用作为定罪根据。这种做法往往会鼓励侦查人员的程序违法行为,纵容对公民权益的侵害。

建立我国证据排除规则是一个渐进的过程。"刑事诉讼中的实体正义只能是一种结果正义,是以诉讼结果的面目实现正义的。"③长期以来,热衷于结果正义的国人思想的改变也并非一朝一夕就可以完成。"严格而不加考虑的排除规则的运用,从徒劳地抱怨从未奏效的制约措施的同时,可能导致人身伤害方面的高昂代价,并严重阻碍于预防犯罪的努力。"④所以,可以建立一种具有区分对待功能的证据排除规则,对于严重侵犯公民隐私权获得的证据应当毫不犹豫地加以排除,对于其他较轻行为可以由审判机关对两个保护价值加以权衡、自由裁量,这应当是社会秩序稳定的要求,也是法律的基本价值。

结　语

关于侦查过程中的隐私权保护应当属于人权保障的重要内容。刑事侦查中对隐私权的保护将使侦查人员面临程序方面的更大束缚,但同样将促使侦查机关改变现有的工作方式。首先,从刑事侦查的角度,通过对隐私权这种崭露头角的权利进行比较详细的阐述;其次,从刑事诉讼和人权保障的冲突和矛盾出发,讨论刑事侦查和隐私权保护的辩证关系;再次,从具体侦查措施制度的微观层面对隐私权加以分析和考察,充分体现对隐私权的细致关怀;最

---

① 陈瑞华:《问题和主义之间——刑事诉讼基本问题研究》,中国人民大学出版社2003年版,第103页。

② 王泽鉴:《民法总则》,中国政法大学出版社2001年版,第2页。

③ 宋英辉:《刑事诉讼原理》,法制出版社2003年版,第14页。

④ [美]博西格诺等:《法律之门》,邓子滨译,华夏出版社2002年版,第287页。

后,对刑事侦查中的隐私权保护提出改革构思,确保隐私权保护得以真正落实。可以预见,随着社会的发展,对个人的尊重必将成为每个人共同的自觉意识,在侦查过程中对隐私权的保护正是法律发展的方向和社会发展的要求。

限于笔者水平、能力有限,文中使用的实证资料仍有不足,理论分析也不够全面、深入,祈望方家不吝指正。

论行政裁量基准的法律效力

——以工商行政处罚裁量基准为样本

陈梅芳*

引　　言

行政处罚裁量基准属于解释性的行政规范性文件,从理论上分析,它对行政机关具有一般但非强制的约束力,对外部相对人及人民法院也具有间接效力。但通过对裁量基准在一起行政处罚案件中的适用情况及其诉讼过程的分析,可以发现实践中的行政处罚裁量基准已经走入误区,其对行政机关具有强大的约束力,行政机关一般直接适用裁量基准而不审查其对个案的适当性,而法院一般也不对裁量基准进行合法性审查而直接将其作为裁量合法的依据。裁量基准在实践中的这种强大的效力,与其法律属性、自身的缺陷、个案正义的要求及司法监督行政的要求均存在矛盾。无论是行政机关还是法院,都有必要正确运用裁量基准,削弱裁量基准在实践中过强的效力。因此,行政机关的职责是完善裁量基准的制定和修改程序,在运用裁量基准的同时保障个案正义;法院的职责是切实履行审查裁量基准合法性及其对个案适当性的职责。

第一章　　问题的提出

2007 年 7 月 23 日,某市某环保科技有限公司(下称 A 公司)向某市工商行政管理局(下称工商局)申请变更公司法定代表人及股东,同时申请公司董事、监事变更登记。工商局根据 A 公司提交的股东会决议等材料,审查后认为材料齐全,符合法定形式,于 7 月 27 日核准了 A 公司的变更登记。2008 年,在 A 公司原股东林某等人不服工商局该次股东变更登记的诉讼中,法院经审查认定 A 公司在该次变更登记中提交的股东会决议含有虚假签名,属于虚假材料,并判决撤销该次股东变更登记。2008 年年底,工商局以该公司涉嫌提交虚假材料骗取公司登记为由立案调查。经调查,工商局认定 A 公司在 2007 年 7 月 23 日的公司登记变更申请中提交的作为变更登记重要依据的股东会决议为虚假材料,其行为已构成

---

*　陈梅芳:厦门大学法学院 2007 级法律硕士,泉州市工商行政管理局法制科科员。

《中华人民共和国公司法》(下称《公司法》)第 199 条[①]规定的提交虚假材料取得公司登记的行为。在事实清楚的情况下,执法人员对如何处罚 A 公司却产生了争议。市工商局的上级领导部门省工商局在 2006 年制定并颁发了《某省工商行政管理系统适用〈公司法〉行政处罚裁量意见》(以下简称《公司法裁量意见》),其中的 GS-2 条规定:违反《公司法》第 199 条规定,提交虚假材料或者采取其他欺诈手段隐瞒重要事实取得公司登记的,按甲乙丙三种不同级别进行处罚,每个级别中还各有三个档次的处罚幅度。该条裁量规定的具体内容为:甲级规定情节严重的违法情形,具体包括使用行贿等手段获取虚假证明文件、不执行责令改正,继续实施违法行为等情形;甲级的三个档次分别为:注册资金在 100 万元以上的属 A 级,其罚款幅度为 45 万元以上 50 万元以下;注册资金在 90 万元以上 100 万元以下的属 B 级,其罚款幅度为 40 万元以上 45 万元以下;注册资金在 80 万元以上 90 万元以下的属 C 级,其罚款幅度为 35 万元以上 40 万元以下,A、B、C 三个档次的并罚内容均为撤销公司登记或吊销营业执照。乙级规定情节一般的违法情形,不具备从重或者从轻处罚的情节的行为属乙级。乙级的三个档次亦按注册资本设定罚款幅度,A、B、C 三个档次的并罚内容均为责令改正。丙级规定情节轻微的违法情形,具体包括主动消除或减轻违法行为危害后果、有立功表现等情形;丙级的三个档次亦按注册资本设定罚款幅度,三个档次的并罚内容均为责令改正。办案机关根据这一裁量规定,对公司的注册资金在 100 万元以上的,如果不认定为违法情节严重,则无法适用该裁量规定;亦即对公司注册资金在 100 万元以上的当事人,只能适用该裁量规定的甲级 A 档予以处罚,即处以 45 万元以上 50 万元以下的罚款,并处撤销公司登记或者吊销营业执照。因此,对如何处罚 A 公司,办案机关有两种不同的意见:一种是适用省工商局 GS-2 条裁量规定甲级 A 档,对 A 公司处以 45 万元罚款,并处撤销工商局 2007 年 7 月 27 日作出的变更登记;另一种是不适用裁量规定(因 A 公司并无该规定甲级所规定的情节严重的违法情形),按情节一般对 A 公司处以 25 万元罚款,并处撤销公司变更登记。

省工商局所制定的《公司法裁量意见》在理论上被归为"裁量基准",并且该规定在实务中也体现了大多数行政处罚裁量基准之基本形式。通说认为,裁量基准是指,"行政机关在法律规定的裁量空间内,依据立法者意图以及比例原则等的要求并结合执法经验的总结,按照裁量涉及的各种不同事实情节,将法律规范预先规定的裁量范围加以细化,并设以相对固定的具体判断标准"。[②] 裁量基准的制定机关上至有规章制定权的国务院有关部门,下至无规章制定权的地方政府或其工作部门。裁量基准涉及的行政行为种类包括行政许可、行政处罚、行政强制等,但当前实践中以行政处罚裁量基准占绝大多数,也以行政处罚裁量基准最具代表性。本案两种处理意见的争议实质是:上级机关制定的裁量基准对下级机关是否有强制性的适用效力? 下级机关在具体适用裁量基准时,是否要兼顾"裁量基准"之于个案的适当性?

---

① 《公司法》第 199 条规定:"违反本法规定,虚报注册资本、提交虚假材料或者采取其他欺诈手段隐瞒重要事实取得公司登记的,由公司登记机关责令改正,对虚报注册资本的公司,处以虚报注册资本金额百分之五以上百分之十五以下的罚款;对提交虚假材料或者采取其他欺诈手段隐瞒重要事实的公司,处以五万元以上五十万元以下的罚款;情节严重的,撤销公司登记或者吊销营业执照。"

② 周佑勇:《裁量基准的正当性问题研究》,载《中国法学》2007 年第 6 期。

2009 年 2 月 12 日,工商局对 A 公司作出行政处罚决定,依据《公司法》第 199 条的规定以及该省工商行政管理局制定的《公司法裁量意见》,以 A 公司用股东会决议这一虚假材料同时骗取了法定代表人变更、股东变更及董事、监事变更备案三项登记为由,认定其属于情节严重,同时适用裁量规定甲级 A 档,对 A 公司处以:(1)罚款 45 万元;(2)撤销工商局 2007 年 7 月 27 日作出的 A 公司变更登记。A 公司不服工商局行政处罚决定,将该案诉至法院。由此,该案从行政程序进入司法程序。在法院司法审查过程中,该案的争议焦点包括:工商机关认定 A 公司的行为属于情节严重,是否正确?法院可否审查?工商机关依据省工商局的裁量规定作出 45 万元的罚款决定,是否合法?法院可否审查?上述争议焦点,实际上提出了在裁量基准司法审查中的重要问题:法院是否应当以及如何审查裁量基准?

2008 年发布的《国务院关于加强市县政府依法行政的决定》中特别指出:"要抓紧组织行政执法机关对法律、法规、规章规定的有裁量幅度的行政处罚、行政许可条款进行梳理,根据当地经济社会发展实际,对行政裁量权予以细化,能够量化的予以量化,并将细化、量化的行政裁量标准予以公布、执行。"这说明裁量基准被政府认为是一种有效的行政机关自我控制裁量权的机制,并在中国行政执法中推行。然而从上述案件可以发现,裁量基准在实际运用中仍有许多问题。它对行政机关过强的适用效力,可能导致裁量基准不仅达不到规范裁量权行使的目的,反而导致行政行为违法。本案反映出来的问题正是裁量基准在当前实务中的普遍性问题,即裁量基准究竟具有何种法律效力?具体行政行为所适用的裁量基准是否受司法审查以及其审查程度如何?

第二章　裁量基准的法律性质

裁量基准的性质属于解释性的行政规范性文件。最高人民法院在《关于审理行政案件适用法律规范问题的座谈会纪要》(法〔2004〕96 号)中指出,裁量基准属于"有关部门为指导法律执行或者实施行政措施而作出的具体应用解释和制定的其他规范性文件"。解释性行政规范本身并不构成行政法的渊源,而是行政惯例和法律原则的载体,并不构成对法院审判具有强制性和拘束力的依据。[①] 作为规范性文件的裁量基准,其效力内容可分为对行政机关及其执法人员的效力、对外部相对人的效力和对人民法院的效力。

第一节　裁量基准对行政机关及其执法人员的效力

裁量基准作为一种规则化的行政自治手段,对于制定单位及其下级机关而言,其性质是一种命令性的行政文件,在行政机关内部,它应当保证被遵守,这是行政体系中服从义务的要求。裁量基准的行政命令特征,可以从各个印发裁量基准的红头文件及其中的文字表述中轻易地判断。以本案所适用的《公司法裁量意见》为例,在印发该裁量意见的通知中明确写明"各级执法办案机构在适用法律处理案件时,应严格按照《公司法裁量意见》的规定,对

---

① 周佑勇:《裁量基准的正当性问题研究》,载《中国法学》2007 年第 6 期。

违法行为的'级'和'档'进行认定,并按照对应的处罚幅度进行处罚","在'级'方面作升(降)二级处罚的,在作出处罚前,须经本级工商局的局领导或者局务会议研究同意,由设区市工商局书面报省工商局批准后,方可实施行政处罚"。《国务院关于加强市县政府依法行政的决定》所要求的"将细化、量化的行政裁量标准予以公布、执行"也明确了裁量基准在行政机关的绝对的适用效力。而从行政机关及公务员上下隶属的组织关系而言,裁量基准的内部效力也是当然的。2005年《公务员法》第12条规定,服从和执行上级依法作出的决定和命令是公务员应当履行的法定义务。该法第53条、第54条又规定,公务员必须遵守纪律,不得拒绝执行上级依法作出的决定和命令。在行政机关体系中,还有多种内部控制手段来保证裁量基准的准确执行,如通过内部的执法质量考评、执法监督检查、绩效评比、行政复议,甚至还可以举行专门针对裁量基准执行情况的专项检查。行政机关一方面依据行政体系的上下服从关系要求裁量基准的执行;另一方面,还通过种种监督手段保障裁量基准的执行。裁量基准对行政机关及其执法人员的约束力是十分明显的。

第二节　裁量基准对外部相对人的效力

传统的行政法理论认为,裁量基准只是一种行政内部规则,其制定权在行政组织法上源于上级行政机关具有的指挥、监督权,其内容属于与公民的权利义务并无直接关系的内部行政事务,也不构成法院裁判的标准,因此它只具有内部效力,而与法院及国民无法之关联。[①]但是,裁量基准越来越多地通过具体行政行为影响相对人的权利和义务,实际上具有外部效果。每一个裁量基准,通过解释法律,限制裁量幅度,指引执法人员,从而影响或决定具体行政行为的法律效果,因而不能否认,裁量基准的内部效力已经延伸至外部,对相对人的权利和义务产生了实质的影响。日本行政法学家盐野宏指出,裁量基准"虽然不能拘束法院,但是在实际的法实现过程中,具有极其重要的作用"[②]。亦有国内学者指出:"尽管裁量基准作为一种解释性行政规则,并没有独立地创设相对人的新的权利义务,不具有独立的新的法律效果,但是它指明了法律是什么或者说表明了在行政主体的眼里法律是什么,规定了行政主体将如何适用相应的法律规范,统一了各行政主体对法律规范的实施标准或规则,因而对公民的权利义务具有重要的影响",这种外部效力的存在,其正当化依据"源于这些行政规则所确立的行政惯例和所体现的法律原则的效力"。[③] 因此,裁量基准事实上对于相对人具有效力,但这一效力是附带的、间接的。

裁量基准对外效力的附带性特征决定了相对人不能对裁量基准本身提出任何诉求,而仅能通过裁量基准产生对外效力所依附的具体行为间接证明裁量基准的合法与否。按照我国现行的法律框架,相对人不能直接对裁量基准提起诉讼,只能在行政机关依据某一裁量基准做成具体行为后,诉请法院撤销或变更该具体行为,而不能提出由法院审查该决定所依据的裁量基准的诉求。

---

① 周佑勇:《裁量基准的正当性问题研究》,载《中国法学》2007年第6期。
② ［日］盐野宏:《行政法》,杨建顺译,法律出版社1999年版,第43~44页。
③ 周佑勇:《裁量基准的正当性问题研究》,载《中国法学》2007年第6期。

第三节　裁量基准对人民法院的效力

按照我国行政诉讼法的规定,人民法院审理行政案件依据法律、法规,参照规章。规章的效力性质属于参照,即法院对规章有审查其合法性的义务及决定是否适用的权力。作为效力层次低于规章的规范性文件,其对法院的约束力也应当低于规章。然而这种低于,是法院可以无视规范性文件的存在,还是法院亦应当参照规章的参照适用,审查规范性文件的合法性并决定是否适用? 对于这一问题,《最高人民法院关于执行〈中华人民共和国行政诉讼法〉若干问题的解释》使用了模糊的"引用"一词,其第 62 条第 2 款规定:"人民法院审查行政案件,可以在裁判文书中引用合法有效的规章及其他规范性文件。"最高人民法院《关于审理行政案件适用法律规范问题的座谈会纪要》(法[2004]96 号)则指出,人民法院经审查认为被诉具体行政行为依据的具体应用解释和其他规范性文件合法、有效并合理、适当的,在认定被诉具体行政行为合法性时应承认其效力;人民法院可以在裁判理由中对具体应用解释和其他规范性文件是否合法、有效、合理或适当进行评述。根据这两份文件可以看出,司法界对规范性文件法律效力的倾向性态度是,法院可以审查其合法性并将合法的规范性文件作为具体行政行为合法的依据。虽然对法院的这一审查是否义务性的规定,即在审查依据规范性文件作出的具体行政行为时,法院如无视规范性文件的合法与否径自作出判决,是否会被视为违法,相关法律及司法解释并未作出明确规定。然而,在行政惯例和平等原则应当作为行政审判的法源的前提下,法院对规范性文件的审查应当理解为义务性的规定。

具体到裁量基准,一般认为,由于裁量基准并非正式的法源,理论上对法院并无法律规范意义上的约束力。但是,据前述最高人民法院《关于审理行政案件适用法律规范问题的座谈会纪要》的精神,在我国裁量基准对法院并非毫无拘束力。只要裁量基准本身合法、有效并合理、适当,法院就有遵守的义务。可以说,我国的司法实践承认裁量基准的对外效力,并且认为在司法审查中,法院应先对裁量基准进行合法性审查(合法性审查包括形式合法与实质合法两个层面,前者视其是否与上位法相抵触,后者视其是否与法律原则相抵触),只有在裁量基准不具备合法性的前提下才不承认裁量基准的效力。

第三章　裁量基准在实践中的误区

第一节　裁量基准在实践中的效力

关于裁量基准的效力,理论与实践存在较大的差别。总的来说,裁量基准在实践中的效力强于理论上其应有的效力。

裁量基准对行政机关及其执法人员的效力,在理论层面上,普遍认为不应有强制的拘束力,行政机关及其执法人员应当审查裁量基准的合法性及对于个案的适当性以决定是否适用裁量基准;而在实践层面上,裁量基准对行政机关却具有强大的拘束力,行政机关及其执法人员在适用裁量基准时并不考虑裁量基准的合法性及其对于个案的适当性,而直接适用裁量基准。有学者指出,在行政体系中,由于上级行政机关对下级行政机关的领导关系,通过系统内外的各种监督合作,足以使裁量基准"令行禁止"、"定名止纷",甚至具有比法律还强和有效的拘束力与执行力。[①] 对行政机关来说,不适用裁量基准的不利后果是要承担行政内部责任,而如果适用裁量基准作出的具体行政行为被法院认为违法,其并不承担任何行政责任。在利益权衡下,行政执法机关在作出具体行政行为时,会选择直接适用裁量基准,而不考虑其合法性及对个案的适当性。本案中,办案单位最终仍适用了《公司法裁量意见》,恰恰证明了裁量基准强有力的内部的效力。裁量基准这一强大的内部效力,显示出与理论的不相容性:理论上,裁量基准虽然对行政机关具有拘束力,但并不排除下级行政机关对于非典型案例的裁量判断权,因为上级行政机关以规范性文件设定的裁量基准并不能剥夺下级行政机关的裁量权。[②]

裁量基准对于法院的效力,在理论层面上,普遍认为裁量基准对于法院具有一定的拘束力,虽然其并非行政法之法源,但基于行政惯例及平等原则,法院应当审查裁量基准的合法性并进而判断依据裁量基准所作具体行政行为的合法性;而在实践层面上,法院的一般表现却是怠于对裁量基准进行合法性审查,而直接引用裁量基准对行政行为的合法性进行认定。如本案一、二审法院最终均认可了工商局适用裁量基准作出处罚决定的行为,并在判决书中明确指出:被告依据法律规定在数额幅度内进行处罚并无不妥,同时该数额也在《公司法裁量意见》幅度之内。被告适用《公司法裁量意见》认定原告工商局违法行为及作出相应处罚,符合法律规定应予维持。[③] 而对《公司法裁量意见》这一裁量基准的合法与否却并未进行具体评述。裁量基准效力的理论与实践的偏差,导致行政机关适用裁量基准逸脱于法院的司法审查,从而事实上缩减法院对行政机关裁量行为的司法审查范围。

第二节　裁量基准效力的内在矛盾

一、裁量基准过强效力与其法律属性的矛盾

裁量基准属于行政机关制定的规章以外的其他规范性文件,是一种解释性的行政规范。裁量基准是行政机关非经法律授权而是依据职权,为实施行政管理需要和便利而制定的规范性文件,并且裁量基准的制定机关大多不具有立法权;裁量基准的制定过程,事实上也是裁量行使的过程,"只不过这种裁量是'批发式'的,而具体执法者的裁量是'零售式'的"。[④]这些是裁量基准最重要的法律属性。裁量基准的这些法律属性决定了其不能具有过强的适用效力,特别是对行政机关及其执法人员不应有绝对的约束力。

① 余凌云:《游走在规范与僵化之间——对金华行政裁量基准实践的思考》,载《清华法学》2008年第3期。

② 伍劲松:《行政执法裁量基准的适用效力》,载《行政法学研究》2010年第4期。

③ 福建省泉州市丰泽区人民法院(2009)丰行初字第46号行政判决书、福建省泉州市中级人民法院(2009)泉行终字第131号行政判决书。

④ 王锡锌:《自由裁量基准:技术的创新还是误用》,载《法学研究》2008年第5期。

第一,裁量基准的效力不能高于法律、法规和规章。从法律规范的效力层次上来说,裁量基准作为规章以下的规范性文件,其效力应低于法律、法规和规章。它作为一种解释性的行政规范,其作用是指引执法者具体执法,而不是剥夺执法者在具体案件中的裁量权限。事实上,裁量基准应当是一种指引性的规则,指导行政机关如何适用法律。裁量基准虽然对行政机关有约束力,但这种约束力是在规则规定的情况之内的,如果出现了规则之外的情况,或者出现规则不适合具体个案的情形,应当允许行政机关自行决策。这种指引性的规则,对内仍然具有拘束力,但却可以防止行政机关僵化地适用裁量基准来作出决定。

第二,由于裁量基准的制定非经法律授权且其制定机关多不具备立法权,裁量基准的适用效力如果过强将会损害外部相对人的权利。裁量基准的具体规定直接关系到相对人的权利和义务,如果裁量基准对行政机关有强制约束力,那么它对相对人也就具有事实上的强制约束力。这一效果与裁量基准的非法律授权性相悖。如果裁量基准具备强制约束力,事实上也等于其制定机关具有立法权,这显然违背法治国家的基本原则。

第三,由于裁量基准的制定过程本质上是其制定者的裁量权行使的结果,如果裁量基准具备过强的约束力,则事实上剥夺了具体执法人员对个案的审查和裁量权限。在具体执法的过程中,考虑个案总体情况并进而作出裁量决定是执法人员的固有权限,不能由上级机关剥夺,否则执法人员将沦为裁量基准的工具,而非能动的执法者。在裁量基准的适用效力过强时,执法人员只能机械地套用裁量基准,最终将导致裁量的僵化和异化,行使裁量权者不是具体执法人员而是裁量基准制定人员。

二、裁量基准过强效力与其自身缺陷的矛盾

裁量基准的制定权,行政组织法上解释为上级行政机关的指挥、监督权中的当然内容,[1]为保证法律在一定范围内的统一适用,裁量基准一般由省一级或市一级行政机关制定。而中国的具体行政执法主体主要为市一级及其下级机关。这样,裁量基准的制定者通常不是具体的执法者,裁量基准难免有"空中楼阁"、"闭门造车"之嫌,不可避免地与具体执法实践有一定距离。当前我国行政机关制定的裁量基准,其核心是区别违法行为的不同情节和危害性,设定相对应的行政处罚幅度,通过违法情形与幅度的对应化,建立一定的"格次"、"档次"或"阶次",以做到过罚相当。[2] 本案所适用的《公司法裁量意见》,正是采用这种模式制定的,其缺陷也十分明显。

首先,裁量基准确定的违法情形脱离实际。其 GS-2 条规定,在甲、乙、丙三种违法情形下,其 9 个处罚档次分别对应 100 万以下的注册资金,这种量化规定无法覆盖各种可能的违法情形。比如,有情节严重情形而注册资金在 10 万元以下的公司没有可以适用的量罚档次,而注册资金在 100 万元以上又情节轻微的公司也没有可以适用的量罚档次。依此类推,该裁量基准只能适用于特定注册资金且违法情节特定的情况,适用范围十分狭窄。其次,违法情形的列举过于简单,实践中并不能真正发挥确定不同量罚级别标准的作用。比如,丙级规定的情节轻微的违法情形与《行政处罚法》第 27 条规定的应当从轻或减轻行政处罚的情

---

① [日]盐野宏:《行政法》,杨建顺译,法律出版社 1999 年版,第 74 页。
② 王锡锌:《自由裁量基准:技术的创新还是误用》,载《法学研究》2008 年第 5 期。

形基本一致,甲级规定的情节严重的违法情形也与《行政处罚法》有关从重处罚的规定有一定重复。因而,事实上该条规定仅是通过对注册资金的划分确定了量罚档次,并没有对具体的违法情节进行细化。再次,裁量基准确定的量罚标准常与法律目的没有紧密的联系。该规定中的处罚档次仅以注册资金大小为标准,明显不符合法律的目的。《公司法》第199条规定对提交虚假材料或者采取其他欺诈手段隐瞒重要事实取得公司登记的行为课以处罚,其目的是维护公司登记制度,保障交易安全,防止善意第三人因信任当事人所骗取的公司登记而受到损害。这一规定所保护的法益与当事人的注册资金没有必然联系,注册资金多的公司,其骗取登记所可能导致的损害并不一定比注册资金少的公司骗取登记所可能导致的损害大。可以说,仅以注册资金多少确定量罚档次,即使量罚幅度在法律授权范围内,但因考虑的不是应当考虑的因素,属于实质违法。最后,以违法情节的轻微、一般和严重作为量罚的基本区别标准,无法处理同时具备从重处罚情节和从轻处罚情节的违法行为。该条裁量规定在制定上存在的问题,并不是其独有的问题。当前中国的裁量基准,只要是采取与上述裁量规定相同的规则模式,通过细化违法情形的不同档次,量化处罚幅度,就不可避免会产生上述问题。因为,各个违法行为的不同违法情形总是不可能被穷尽的。

三、裁量基准过强效力与个案正义要求的矛盾

实现个案正义是法律赋予行政机关裁量权的根本目的。然而,如若行政机关绝对地适用裁量基准,必然减损个案正义的实现。按照当前裁量基准的规则模式——统一的情节轻重区分和统一的量罚幅度适用,虽然行政机关可以通过高度的经验概括和精良的规则制定技术的运用,使裁量基准适用于大多数情况并最大限度地实现行政公平(这是裁量基准制定和运用的最佳理想状态);但是,再精良的规则制定技术也无法改变社会生活瞬息万变,行政管理过程中新事物、新问题层出不穷,规则不可能尽数囊括客观事实,并且制定规则如同立法一样,总是有滞后性。因此,裁量基准注定不可能适用于所有可能发生的情况。当裁量基准不适用于个案,而目前的运作方式又不允许或者说不鼓励裁量基准的例外适用的情况下,裁量基准必然无法保障个案正义。以本案适用的"裁量基准"为例,省工商局在该基准发布时,明确规定了在不按该基准的规定进行处罚时,需要由设区市工商局报省工商局批准,方能作出处罚决定。裁量基准对个案例外适用的这种反对态度普遍存在。反对的原因在于,担忧如果裁量基准允许个案例外,那么就无法保证裁量基准的一般遵守。假如赋予下级行政机关此种例外的权利,那么在裁量基准的违法情形细化仍十分粗糙的前提下,裁量基准很容易流于形式,下级行政机关可以任意决定某个具体案件是否属于典型案件及是否适用裁量基准,从而可能导致同一案情不同处理结果的情况,损害当事人的平等权利。裁量基准限制下级行政机关裁量权的目的难以实现,存在的意义也将令人怀疑。这种态度事实上反映的是一种对行政机关的不信任。分析我国裁量基准大规模推行的社会背景,其本身应对的也是社会公众对行政机关行使裁量权的一种不信任,其目的是防止权力滥用,防止腐败,而不是为了行政的便利。可能这也是导致我国裁量基准在实践中反对个案例外的原因。然而,这种不信任最终损害的是公民的利益、社会的利益,是一种因噎废食的行为。可以说,在裁量基准制度下,如何保障个案正义是当前最重要的问题之一。

四、裁量基准过强效力与司法监督要求的矛盾

行政裁量受司法控制是现代法治的基本标志。"(司法)复审自由裁量权"是"法治制度的基本特征","我们可以用来衡量行政法制度有效性的可靠标准是允许法官复审自由裁量权的程度"。① 在裁量合法性纳入司法审查范围的情况下,裁量基准作为行政机关行使裁量权的具体方式,在依其所作之具体行政行为遭遇行政审判时应受司法审查。当前中国的行政裁量,已日益受裁量基准之控制。裁量基准规定的裁量理由及效果经由具体行政行为作用于相对人,如果放弃对裁量基准的审查,事实上是部分地放弃了对裁量的审查。此外,裁量基准这种裁量控制手段作为一种规则化的控制模式,其种种努力都只能缩小裁量空间,这种控制并未改变行政裁量的本质和其行使方式,并不是一种监督裁量权行使的控制方式,而只是限缩了行政机关的权限。因此,裁量基准也需要受法律监督。司法作为法律监督的最终救济途径,必须将裁量基准的审查纳入具体行政行为的审查之中。特别是在裁量基准包含行政机关对不确定法律概念的解释时,法院如果放弃审查裁量基准,则不仅放弃了对裁量的审查,而且也放弃了对法律适用的审查。假如不确立裁量基准应受司法审查(在具体行政行为审判中)之制度,则必然导致行政裁量逸脱于法律控制,法院对行政裁量的审查范围必然将日益缩小,同时还可能丧失其审查行政机关法律适用正确与否的固有职权。因此,裁量基准必须受司法审查,这是裁量权应受司法控制要求的体现。

第四章 裁量基准的正确运用

裁量基准已经在当前中国的行政执法活动中广泛运用。从裁量基准制度运用和推广的目的来看,是为了规范裁量权的行使,帮助行政机关更为简便、统一地执行法律,避免下级机关滥用裁量权。然而,从其实践效果看,裁量基准虽然对提高行政效率,实现行政公平有一定的作用,但却也产生了裁量僵化、裁量违法等风险。因此,必须走出裁量基准在实践中的效力误区,重申裁量基准对行政机关及其执法人员的非强制约束力以及法院对裁量基准的审查义务。首先,不管是裁量的监督和控制,还是裁量基准的运用和规范,行政机关都负有首要的责任,行政机关自身要不断地改进、完善裁量基准的制定和运用;其次,法院要加强对裁量基准的审查,发挥司法监督行政的作用。

第一节 行政机关之职责

一、完善裁量基准的制定和修改程序

行政机关应当完善裁量基准的制定和修改程序,提高裁量基准制定水平。目前裁量基准的制定,出现泛而不精、滥而粗糙的现象,有一些裁量基准并非制定部门出于实践需要或

---

① [美]伯纳德·施瓦茨:《行政法》,徐炳译,群众出版社1986年版,第567页。

者自身的需求而制定,而纯粹是为了应付上级机关的要求。针对这种现象,有必要对裁量基准的制定与修改程序进行规范。同时,规范裁量基准的制定与修改程序,也有利于提高裁量基准与实践需求的贴合度,防止"纸上谈兵"式裁量基准的出台。裁量基准的制定与修改程序,作为一种"准立法"活动,应当借鉴《立法法》规定的立法程序。比如制定理由的说明。裁量基准的制定与出台,应当说明"立法理由",即法条授权裁量范围的细分,行政机关所制定的情节分类及相应的处罚幅度等,应有充分的理由。这既可使制定机关充分检视自身的规范制定行为,提高规范制定水平,也可使行政机关在之后的执行过程中,对裁量基准有充分的了解。同时,作为一种长期有效的、对内指导法律适用和裁量决定的规范性文件,应当在制定出台前广泛征求意见。通过征求意见,可避免因制定者与实际执行者不一导致的脱节,可使裁量基准更具可操作性,更符合实践情况。

二、保障个案正义的实现

在裁量基准的运用方面,应当明确裁量基准的指引作用和非强制性,并在个案的具体处理中,重视法律原则的指导运用和程序的规范作用。法律原则、程序规范和裁量基准三者合一共同规范裁量权的行使,保障个案正义的实现。在裁量基准运用与个案正义的平衡中,应当特别指出的有两点:行政行为说明理由制度与行政法基本原则的运用。首先,裁量基准的个案例外适用,必须强调说明理由。行政行为说明理由制度不仅在法学理论上成为通说,并且在许多国家是法定的行政行为合法的程序要件。国务院《全面推进依法行政实施纲要》也明确规定,行政机关应对其裁量行使说明理由。作出个案例外适用决定的行政机关,只要合法、恰当地说明例外适用的理由,就可以不适用裁量基准作出决定,而无须另行报批。其次,运用法律原则可以有效避免裁量的僵化。原则与规则本就是抽象与具体的相对应的存在。原则是抽象的,是对行政裁量具有普遍指导意义的;而裁量基准是具体的规则,只能适用于具体的案件。因此,原则灵活而裁量基准僵化。通过行政法基本原则的指导性功能,可以使执法者行使裁量权既不超出原则所划定的框架,又能有一定的判断和选择空间。行政机关行使裁量权所应遵循的原则是行政法的基本原则,包括:平等原则、诚实信用原则、比例原则、信赖保护原则等。这些原则,经由执法者的认识,在具体的行政行为中运用和贯彻,并应当体现在行政行为的相关文书中。在行政行为说明理由的制度要求下,行政裁量行为所依据的原则将是其理由的重要组成部分。

第二节　人民法院之职责

对裁量基准,法院最重要的职责是审查裁量基准的合法性及其对个案的适当性。虽然法院并不会因为行政机关适用裁量基准,就作出其裁量合法的判断,也不会因为行政机关不适用裁量基准,就作出其裁量不合法的判断;但是,经法院审查被认为合法适当的裁量基准,行政机关据其作出的决定会被法院认定为合法,而经法院审查被认为不合法的裁量基准,行政机关据其作出的决定则会被法院认定为违法。通过司法审查,一方面,可保护相对人因裁量基准在行政决定中可能遭受的损害;另一方面,通过司法审查,有助于行政机关在制定和运用裁量基准上的改进和发展。一旦法院对裁量基准是否合法、有效、合理或适当作出审查判断,行政机关就可以根据法院的结论完善裁量基准，从而促进裁量权运用的合理化和效率化。

一、对裁量的审查和对法律适用的审查

法院对裁量基准进行审查，其根本目的是审查行政机关的裁量是否合法。根据行政诉讼法的规定，法院判定行政裁量是否合法的标准主要是："滥用职权"和"显失公正"，但有时"超越职权"判决也可用于裁量违法案件。在行使裁量权方面，"滥用职权"指的是虽然在法律授权的范围之内，但是作出行政决定不是根据法律目的进行裁量，没有考虑应当考虑的因素或者考虑了不应当考虑的因素等，不正当地行使裁量权，学理上称为裁量权的滥用；"显失公正"，是指行政主体行使裁量权违反公平公正原则，构成裁量不当，达到法定的显失公正程度的，则构成裁量违法；而"超越职权"，指的是超越法律授权的裁量范围，可能构成学理上所说的裁量权的逾越。除此之外，法院并无权对行政机关的裁量作出其他裁判。然而法院对裁量基准的审查，其过程却不似其目的般简单与直接。法院审查裁量基准，势必要审查裁量基准中行政机关对情节轻重的解释或判断是否正确。在目前的法律框架下，情节轻重在两种意义下被使用：作为裁量理由的和作为法律要件的。当情节轻重仅是行政机关在裁量基准中自行设定的裁量标准时，这一审查仍然是对裁量的审查；而当情节轻重是法律本身设定的裁量幅度的适用条件时，这一审查却涉及对法律适用的审查。当裁量基准的司法审查涉及法律适用的审查，一旦法院认为行政机关在裁量基准中所作解释并不符合法律规定，其判决方式也将发生变化，即由判决滥用职权、超越职权或显失公正转变为判决法律适用错误。基于这一点，对裁量基准的司法审查，可分为两种：一种是纯粹的对裁量的审查，当情节轻重不是裁量幅度的法定事实要件的一部分时，裁量基准的司法审查纯粹是对裁量的审查；另一种是既审查法律适用又审查裁量，当情节轻重是裁量幅度的法定事实要件时，即当"情节较轻"或"情节严重"作为裁量基准所依据的法律条文的一部分时，对裁量基准的司法审查，不再纯粹是对裁量的审查，还包括对法律适用的审查。A 公司诉工商局行政处罚决定一案中，法院对该案所涉裁量基准的审查恰恰属于后者。

将裁量基准的司法审查作这一区分，其立足点是法律适用与裁量的区分。按照德国学者的观点，裁量的本质是"法律所意欲之多义性"，行政裁量仅限于法律效果之裁量，而将法律要件部分严格除外。[①] 而类似《公司法》第 199 条规定中采用的"情节严重"之类含义不明确的术语，在德国法中称为"不确定法律概念"。"不确定法律概念"是法律适用问题，因而法院得以审查。但在例外情况下，法院应当承认行政机关对"不确定法律概念"有"判断余地"。在行政机关享有判断余地时，法院对不确定法律概念的适用不予审查。[②] 不确定法律概念与裁量的区分建立在规则（理性）和意志这一区分上。"法律的"属于规则，"裁量的"属于意志。"规则的"趋向于拘束，"意志的"趋向于自由。[③]

[①] 翁岳生：《论不确定法律概念与行政裁量之关系》，载台湾大学法学丛书编委会主编：《行政法与现代法治国家》，台湾大学法学丛书编委会 1990 年版，第 62～63 页。

[②] 翁岳生：《论不确定法律概念与行政裁量之关系》，载台湾大学法学丛书编委会主编：《行政法与现代法治国家》，台湾大学法学丛书编委会 1990 年版，第 63～86 页。

[③] 杨利敏：《让司法审查回归"司法"——从马某某诉厦门市公安局案看法律适用与裁量兼及司法审查的定位与界限》，载罗豪才主编：《行政法论丛(10)》，法律出版社 2008 年版，第 477 页。

裁量与不确定法律概念的这一区分,决定了法院对两种类型的裁量基准审查的密度不同。当情节轻重本身构成法律效果的适用条件时,法院对裁量基准的审查密度更高,因为此时,涉及的是不确定法律概念的解释问题。在不涉及行政机关判断余地的情况下,法院可以全面审查。"对于案件事实是否符合不确定法律概念所指称的要件事实的判断,应建立于对不确定法律概念客观意义核心的探知之上,并受到这一客观意义核心的拘束。行政机关的判断一旦未把握到这一客观意义核心,或越出了其所允许的范围,应作为法律适用上的错误而被评价为违法。而在个案之中对这一客观意义核心的探知,作为法律适用过程,属于法院的最终权限。法院不仅有权以自身对不确定法律概念的理解代替行政机关的理解,而且有权以自身对案件事实是否符合不确定法律概念所指称的要件事实的判断代替行政机关的判断。"[①]而当情节轻重不是法律效果的法定适用条件,而只是裁量基准自身设定的适用条件时,法院的审查密度相对较低,因为法院仍然有尊重行政裁量权的义务,只要裁量不构成违法,行政机关就仍然享有一定的自由空间。当裁量基准中包括不确定法律概念,法院审查的是行政机关对不确定法律概念所作的解释或列举是否在不确定法律概念所定义的空间之中,此时,法官有很大的裁量权;而当裁量基准中不包括不确定法律概念,法院虽然也审查行政机关对情节轻重所作的区分和解释的合法性,但一般来说,只要这种区分和解释符合一般理性认识,法院不会作深入的探究与干涉。在后者的审查中,法院仍然要保持对行政权的尊重。虽然从理论上可以对裁量基准作这两种区分,但在实践中,没有发现法院对裁量基准进行法律适用方面的审查,本案就是如此。

二、审查的要素和标准

裁量基准作为法院审查行政机关行政裁量合法与否的一个过渡性工具,同样必须符合行政裁量合法与否的司法审查标准。不论是涉及裁量的还是涉及法律适用的,裁量基准的司法审查,其本质首先是司法机关对行政机关规范性文件的审查;其次,这一审查必须附着于行政机关所作的个别的、具体行为之上。

从裁量基准作为规范性文件的角度讲,立足其属于"有关部门为指导法律执行或者实施行政措施而作出的具体应用解释和制定的其他规范性文件"以及本文所引用的裁量基准是指"行政机关在法律规定的裁量空间内,依据立法者意图以及比例原则等的要求并结合执法经验的总结,按照裁量涉及的各种不同事实情节,将法律规范预先规定的裁量范围加以细化,并设以相对固定的具体判断标准"这一定义,裁量基准首要的合法性要素是其内容符合法律授权的范围及目的。基于我国目前裁量基准的类型化及其制定的规则模式,裁量基准的合目的性的司法审查,应当包括:裁量基准所设定的区别轻重处罚的各种事实情节,应当符合裁量基准所依据的法律本身的立法目的以及授权行政机关裁量的目的;裁量基准所设定的供选择的法律效果,应当在法律规定范围内;裁量基准建立的轻重情节以及轻重处罚之间的联结关系应当符合行政处罚法所规定的"过罚相当"。不具备前两项要素,裁量基准将被判定为违法,而不具备后一项要素,只有在达到显失公正的情况下,裁量基准才会被判定

---

① 杨利敏:《让司法审查回归"司法"——从马某某诉厦门市公安局案看法律适用与裁量兼及司法审查的定位与界限》,载罗豪才主编:《行政法论丛(10)》,法律出版社 2008 年版,第 477 页。

为违法。更进一步说，缺乏第一项要素的裁量基准，依其作出的裁量行为将被判定为"滥用职权"；缺乏第二项要素的裁量基准，依其作出的裁量行为，将被判定为"超越职权"；缺乏第三项要素的裁量基准，依其作出的裁量行为，将被判定为"显失公正"。以本案所适用的《公司法裁量规定》而言，该裁量基准以公司注册资金的多少作为采取轻重处罚的标准，脱离了公司法的立法目的和授权行政机关裁量的目的，属于滥用职权；依据该规定，注册资金 100 万元以上的公司只能被处以 45 万元以上的罚款，事实上提高了注册资金 100 万元以上的公司违法的罚款下限，超越了法律授权的范围，属于超越职权。因此，从理论上看，该裁量规定应当被判定为违法。

从裁量基准附着于个案的角度讲，法官审查的应当是裁量基准合法性与个案之间的适用性。即裁量基准的合法与否不能决定具体行为的合法与否，还要联系裁量基准是否能适用于讼争个案的具体情况。在裁量基准经审查认为合法有效并合理、适当的情况下，如果行政机关适用该基准作出裁量决定且裁量基准适用于个案具体情况，那么该裁量决定合法；如果行政机关适用该基准作出裁量决定但裁量基准不适用于个案具体情况，那么该裁量决定则构成违法。在裁量基准合法、有效并合理、适当的情况下，行政机关并未适用该基准作出裁量决定，则可能导致以下几种不同后果：(1)决定中说明裁量理由且该理由正当的情况下，裁量决定合法；(2)决定中未说明理由，但未适用裁量规定确有正当理由的，依据行政行为说明理由的要求以及"行政自我拘束"原则，该裁量决定违法；(3)未适用裁量规定没有正当理由的，依据行政公正原则以及"行政自我拘束"原则，该裁量决定违法。在裁量基准经审查违法的情况下，如果行政机关适用该裁量基准作出裁量决定，则该裁量决定违法；如果行政机关未适用裁量基准作出裁量决定，则法院应进一步审查具体裁量决定是否合法。本案中，虽然裁量基准应被判定为违法，但是，工商局在作出处罚决定之时，同时阐明其认定 A 公司的行为构成情节严重的理由是"A 公司以股东会决议这一虚假材料同时骗取了法定代表人变更、股东变更及董事、监事变更备案三项登记"。因此，假若法院不对《公司法》第 199 条所规定的"情节严重"如何解释作法律适用方面的审查，即使判定工商局作出处罚决定所依据的裁量规定违法，也不能仅以此为由撤销工商局的处罚决定，因为工商局在作出处罚决定时说明了认定其为情节严重的合理的理由。

结　语

裁量基准作为规范裁量权行使的手段，其本意是追求依法行政。然而，在具体的实践中，一方面，裁量基准过强地约束行政机关及其执法人员；另一方面，法院事实上放弃审查裁量基准。对行政机关来说，这是一种本末倒置，仅仅追求手段的运用而忽略了依法行政的要义；对人民法院来说，这是对司法监督行政职能的放弃，是对司法最终救济职能的放弃。因此，无论是从裁量基准自身的法律属性，还是从司法监督、控制行政的角度，为了实现法治这一追求，行政机关应当不断完善裁量基准，人民法院应当切实履行其在个案中审查裁量基准合法性的职责，裁量基准在现实中过强的适用效力应当回归到其应有的、较低的效力层次。

论治安调解

——以《中华人民共和国治安管理处罚法》第 9 条为中心 *

洪清彪 **

引 言

《中华人民共和国治安管理处罚法》第 9 条规定："对于因民间纠纷引起的打架斗殴或者损毁他人财物等违反治安管理行为，情节较轻的，公安机关可以调解处理。经公安机关调解，当事人达成协议的，不予处罚。经调解未达成协议或者达成协议后不履行的，公安机关应当依照本法的规定对违反治安管理行为人给予处罚，并告知当事人可以就民事争议依法向人民法院提起民事诉讼。"

作为对违反治安管理行为的最终处理途径之一，治安调解在治安案件办理中起到了治安处罚不可替代的作用。在构建社会主义和谐社会的大背景下，治安调解具有的化解社会矛盾、增进社会和谐的独特作用更是引起重视。在一定意义上可以说，治安管理处罚仅仅是一种违法责任追究机制，但治安处罚容易催生出新的矛盾纠纷。治安调解既是一种违法责任追究机制，更是一种纠纷解决机制，其独特功能尤受青睐。在实际工作中治安调解的适用量也越来越大。

本文在研阅有关论文资料、案件实例的基础上，结合笔者多年从事公安法制工作的经验，以第 9 条这一核心的治安调解制度条款为中心，提出了关于治安调解问题的若干思考，以期指导实务，规范执法。

第一章　治安调解的适用对象条件

治安调解的适用对象条件，是指可以适用治安调解的对象应具备何种条件，乃治安调解制度之核心。根据第 9 条的规定，笔者认为，治安调解的适用对象条件可分为：显性对象条件和隐性对象条件。所谓显性对象条件，是指第 9 条中明文指出的治安调解的适用对象条

---

* 本论文原作约为 31000 字，由于结集出版篇幅所限，作者删除了约 10000 字，可能影响了有关问题的论述。

** 洪清彪：厦门大学法学院 2007 级法律硕士，现任职于厦门市公安局思明分局。

件。"因民间纠纷引起的打架斗殴或者损毁他人财物等违反治安管理行为,情节较轻的"即是显性对象条件;隐性对象条件,则是指第9条中未明文指出,但根据法条的应有之义为法条所蕴含的治安调解的适用对象条件。具体有两个方面:一是相应违反治安管理行为必须有在案证据足以证实;二是相应违反治安管理行为必须具备现实被侵害人。显性对象条件和隐性对象条件构成一个有机的完整整体,不能偏废,必须同时具备。

第一节　治安调解的显性适用对象条件

一、治安调解只能适用于违反治安管理行为

（一）治安调解的适用对象不是民间纠纷

治安调解案件中的民间纠纷,归纳起来有以下两种形态:一是作为违反治安管理行为起因的民间纠纷;二是作为违反治安管理行为伴随结果的民间纠纷,即第9条后段所称的"民事争议"。不管哪一种,均不是治安调解针对的对象。但不是治安调解的对象,并非意味着在治安调解过程中对其不能一并调解。相反,这两种形态的民间纠纷,在治安调解中,不可避免地都要涉及甚至必然会转化为治安调解中重要内容,乃至决定治安调解的成败。

作为起因的民间纠纷而言,如有可能,实践中往往会一并调解处理,以彻底解决矛盾,消除社会治安隐患、应当说这既吻合法律精神,也未被法律所明文禁止,而其本身能否妥善解决往往牵涉治安调解成功与否,故应因势利导、顺势而为,能调则调。但对该起因纠纷的调解处理并非公安机关的法定职责,更不是治安调解对象。

作为伴随结果的民间纠纷而言,在治安调解时,则必然转化为治安调解中一个重要内容,①但该纠纷的调解仍然不是治安调解的对象,而只是在确认违反治安管理行为成立,并附加了被侵害人、国家(以公安机关为代表)均同意不再追究行为人治安违法责任的基础上对民事争议的解决而已。

此外,纯粹的民事纠纷、民事争议当然不能适用治安调解。

对于纯粹的民事纠纷、民事争议能否由公安机关介入调解,理论和实务中均存在极大争议。赞同派认为,《中华人民共和国人民警察法》第21条规定"对于公民提出解决纠纷的要求,民警应当给予帮助",故支持公安机关调解民事争议;反对派认为,第21条的"帮助"不能等同于直接处理,而且民事争议处理本质上就不属于人民警察的法定职责。笔者基本同意反对派意见,但鉴于民事争议和治安问题实质上的密切相关性,并从预防违法犯罪的角度出发,认为在特定情况下,民警应争议当事人申请(不同于经争议当事人同意),可以审慎地对某些特定民事争议进行调解处理。但这种调解仅是一种普通的公安调解,绝对不能混同于治安调解。

（二）治安调解的适用对象不是刑事犯罪行为

公安部于2005年12月27日发布的2006年2月1日起施行的(公通字[2005]98号)

---

① 其重要性导致不少人产生误解:所谓治安调解不就是对作为伴随结果的民间纠纷的调解吗?这种认识不仅是错误,而且是相当有害的,主要是导致治安调解和人民调解等民事争议调解混为一谈。下文将另行论及。

《公安机关办理伤害案件规定》第30条规定："对于因民间纠纷引起的殴打他人或者故意伤害他人身体的行为,情节较轻尚不够刑事处罚,具有下列情形之一的,经双方当事人同意,公安机关可以依法调解处理:(一)亲友、邻里或者同事之间因琐事发生纠纷,双方均有过错的;(二)未成年人、在校学生殴打他人或者故意伤害他人身体的;(三)行为人的侵害行为系由被害人事前的过错行为引起的;(四)其他适用调解处理更易化解矛盾的。"

由于执法实践中存在着这样的思维定式:只要故意伤害致人轻伤,就作为故意伤害(轻伤)的刑事犯罪案件处理。而本条的"故意伤害他人身体的行为"显然包含故意伤害致人轻伤的情形,而没有特指是违反治安管理的行为。故有人据此认为,故意轻伤害刑事案件可以治安调解。这种理解是完全错误的。应当说,本条的"故意伤害他人身体的行为"确实包括故意轻伤害的涉嫌刑事犯罪行为,但由于特定情形,即条文中所提到的"因民间纠纷引起"、"情节较轻"等,表面上涉嫌犯罪的行为,实质上已转化为违反治安管理行为,故本条的调解针对的仍是违反治安管理行为,而非涉嫌犯罪行为。

此外,由于本条的"依法调解处理"也没有特指是依据《治安管理处罚法》的治安调解处理。也有人据此认为,这是公安部认可了故意轻伤害刑事案件可以由公安进行刑事调解。这也是完全错误的。与其说本条是认可公安刑事调解(或和解),不如说本条其实是否定了公安执法实践中存在的对故意轻伤害案件在侦查阶段进行刑事调解、和解的做法,只不过说法较为间接、隐晦。如上分析,由于本条所包括的故意轻伤害案件其实已从一向认为的涉嫌刑事犯罪案件转化为治安案件,故本条所指的"调解"自然只能是治安调解,这是意图拴住实践中存在的对于故意轻伤害案件进行公安刑事调解"这匹脱缰野马"的努力,并进一步将故意轻伤害案件的公安调解拉到治安调解的框架内进行,为各地方风起云涌的突破刑事诉讼法规定的针对故意轻伤害案件的公安刑事调解歪风划定法律边界。笔者认为,此态度是明智的,但同时也带来了其他弊病。

(三)治安调解的适用对象不是治安案件,而是特定具体行为人的违反治安管理行为

理由有两点:一是从字面上看,第9条使用的表述本身就是"违反治安管理行为",而非"治安案件"。而一起治安案件既可由1名违反治安管理行为人的一个行为构成,也可由2人以上的共同违反治安管理行为构成。二是根据《中华人民共和国治安管理处罚法》第17条第1款"共同违反治安管理的,根据违反治安管理行为人在违反治安管理行为中所起的作用,分别处罚",既然处罚的对象乃是具体行为人的具体违反治安管理行为,调解自然也应作如是解。

作此区别的意义在于:两人以上共同违反治安管理行为案件可以行为人为对象依法分别调解或处罚,而不至于陷入要么全案调解,要么全案处罚,非此即彼的两难中。当然调解仍要符合法定条件。例如:甲、乙因民间纠纷殴打丙致轻微伤。经调解,丙同意和甲达成调解协议,但不同意和乙调解。如果认为调解的对象是案件,那么本案只能全案调解或全案处罚,而事实上调解的对象只是违反治安管理行为,而违反治安管理行为是可以以行为人为单位分解(或分别)处理的,故完全可以在甲、丙之间调解处理,而仅对乙进行治安管理处罚。

当然原则上,对于每起治安案件,还是应当尽可能全案或调解或处罚,否则有悖公平原则。除非是类似以上当事人中一方确不同意调解的,或者多个行为人中,有的符合调解条

件,有的不符合调解条件等客观原因导致的情形。反之,如果一个行为人侵犯两个以上被侵害人的治安案件,则必须所有被侵害人都同意调解,才能对该行为人的违反治安管理行为依法进行调解。

(四)治安调解的适用对象是"打架斗殴或者损毁他人财物等违反治安管理行为"

"打架斗殴或者损毁他人财物等违反治安管理行为"并非规范的违反治安管理行为名称。在《中华人民共和国治安管理处罚法》第三章"违反治安管理的行为和处罚"和《公安部关于规范违反治安管理行为名称的意见》中列举的违反治安管理的行为和相应名称中均没有"打架斗殴"和"损毁财物"的表述。故此表述显然缺乏科学准确性,并与后文缺乏协调,必须转化为第三章所具体列举的违反治安管理行为。另外该表述易误导执法实践。例如:甲、乙二人因民间琐事纠纷,互相推搡,甲装在口袋中的手机不慎掉出摔坏。那么,乙的行为是否可以认定为"因民间纠纷引起的损毁他人财物"而适用治安调解呢? 再如,丙、丁因琐事纠纷,一言不合,即互相殴打,均为轻微伤。那么该行为是定性为"打架斗殴"还是定性为"殴打他人"或"故意伤害"呢? 又如,"结伙斗殴"是否属于"打架斗殴"范畴呢? 能否调解呢? 出现这种立法前后用语欠缺协调一致的不规范表述,主要是由于立法技术的粗糙,法律用语的不精准,亟须修正。

"等"应作"等外"理解,这已成为学术界乃至实务界的公认。笔者亦持此观点。理由主要有两点:一是民间纠纷引起的违反治安管理行为实务中固然主要表现为"打架斗殴或损毁他人财物",但显然尚存在其他的形式,如非法侵入他人住宅、非法限制人身自由,没有理由将它们排除出治安调解范围;二是根据 2004 年 5 月 18 日最高人民法院发布的《关于审理行政案件适用法律规范若干问题的座谈会纪要》的规定,此处"等"也应作"等外"解释。易言之,并不仅是"打架斗殴"或"损毁他人财物"这两种行为可以依法调解,而且是之外的其他违反治安管理行为也可调解。《公安机关执行〈中华人民共和国治安管理处罚法〉有关问题的解释》第 1 条、《公安机关办理行政案件程序规定》第 152 条、《公安机关治安调解工作规范》第 3 条也均进一步确认了这种理解。概括起来,以上规范性文件仅仅是列举了 12 种违反治安管理行为,①但 12 种以外的其他违反治安管理行为仍有可能属于治安调解范围。根据《公安部关于规范违反治安管理行为名称的意见》、《中华人民共和国治安管理处罚法》第三章"违反治安管理的行为和处罚"所规制的包括扰乱公共秩序、妨害公安安全、侵犯人身权利、侵犯财产权利、妨害社会管理的五大类违反治安管理行为共被确定为 151 种名称(案由)。那么,一种行为只有被归入以上 151 种违反治安管理行为之一,才可能属于治安调解对象。

---

① 根据《公安部关于规范违反治安管理行为名称的意见》,这 12 种违反治安管理行为分别为:殴打他人;故意伤害;故意损毁财物;侮辱;诽谤;诬告陷害;侵犯隐私;偷开机动车;发送信息干扰他人正常生活;制造噪声干扰他人正常生活;饲养动物干扰他人正常生活;放任动物恐吓他人。

二、治安调解只能适用于因民间纠纷引起的违反治安管理行为

（一）"民间纠纷"的理解适用

回溯新中国的法治发展史，"民间纠纷"这一概念入法应始于 1982 年 10 月 1 日起施行的《中华人民共和国民事诉讼法（试行）》第 14 条之规定，①但未能作出界定。之前由政务院于 1954 年 3 月 22 日发布的《人民调解委员会暂行组织通则》中并没有"民间纠纷"的概念，而是使用了"民间一般民事纠纷"的概念。②

1986 年《中华人民共和国治安管理处罚条例》颁布施行时，创设了治安调解制度，使用了"民间纠纷"概念，仍然未作出界定。③ 其后的《中华人民共和国治安管理处罚法》也没有。

1989 年 6 月 17 日国务院颁布施行的《人民调解委员会组织条例》中亦未见对"民间纠纷"作出解释。

1990 年 4 月 19 日司法部《民间纠纷处理办法》第 3 条则首次对"民间纠纷"作了界定，认为"基层人民政府处理民间纠纷的范围，为《人民调解委员会组织条例》规定的民间纠纷，即公民之间有关人身、财产权益和其他日常生活中发生的纠纷"。

2002 年 11 月 1 日起司法部施行的《人民调解工作若干规定》第 20 条则规定"人民调解委员会调解的民间纠纷，包括发生在公民与公民之间、公民与法人和其他社会组织之间涉及民事权利义务争议的各种纠纷"。

2007 年 12 月 8 日公安部颁布施行的《公安机关治安调解工作规范》第 3 条第 2 款规定"民间纠纷是指公民之间、公民和单位之间，在生活、工作、生产经营等活动中产生的纠纷"。这是公安部首次对"民间纠纷"进行的界定。

2011 年 1 月 1 日起将施行的《中华人民共和国人民调解法》则未明确对"民间纠纷"作出界定。

综上，笔者认为，"民间纠纷"迄今为止仍是一个不确定的概念，理解"民间纠纷"应当从以下三个角度把握：

1."民间纠纷"界定的基点。公安部和司法部由于职能的不同，对于民间纠纷的界定基点是有区别的。司法部着眼于民间纠纷本身，而公安部则主要着眼于民间纠纷引起的违反治安管理行为，而不是民间纠纷本身，从各自的基点出发，在共性理解的同时对于民间纠纷有一些个性差异理解其实是正常的。比如，司法部可能会考虑民间纠纷界定不能导致总量过大，以致人民调解组织不堪重负，所以未将单位与单位之间的纠纷明确纳入；民间纠纷的内容本身必须具有可调性，否则调解可能限于"客观不能"，所以只能将内容局限于涉及民事

① 《中华人民共和国民事诉讼法（试行）》第 14 条规定："人民调解委员会是在基层人民政府和基层人民法院指导下，调解民间纠纷的群众性组织。人民调解委员会依照法律规定，根据自愿原则，用说服教育的方法进行调解工作。当事人对调解达成的协议应当履行；不愿调解或者调解不成的，可以向人民法院起诉。人民调解委员会调解案件，如有违背政策法律的，人民法院应当予以纠正。"
② 《人民调解委员会暂行组织通则》第 3 条规定："调解委员会的任务为调解民间一般民事纠纷与轻微刑事案件，并通过调解进行政策法令的宣传教育。"
③ 《中华人民共和国治安管理处罚条例》第 5 条规定："对于因民间纠纷引起的打架斗殴或者损毁他人财物等违反治安管理行为，情节轻微的，公安机关可以调解处理。"

权利义务争议,而将非涉及权利的"琐事"纠纷排除在外。而公安部则可以也应当对民间纠纷进行更为广义的解释,以扩大治安调解适用的违反治安管理行为范围及数量,这契合化解社会矛盾、构建和谐社会的立法目的和政策要求。

2."民间纠纷"的主体。对于民间纠纷的理解,总的来看,有越来越趋向于扩大的倾向。诚如以上分析,纠纷主体由局限于自然人之间,到拓宽为尚包括自然人和单位之间的纠纷,既顺应了社会经济条件的变化,也符合形势的需要。但是单位与单位之间的纠纷属不属于民间纠纷的范畴呢?笔者认为,民间纠纷不应将单位与单位之间的纠纷排除。有学者指出,"民间"一般是针对于"官方"而言。[①] 诚然,只要不属于"官方",即使纠纷相关各方都属于单位,又何尝不是民间呢?只要纠纷各方属于平等地位,甚或属于管理乃至被管理的不平等地位,而不属于基于国家权力关系的管理与被管理的关系,都应当属于"民间"范畴。至于纠纷主体本身的性质、形式应在所不论。

3."民间纠纷"的内容。民间纠纷不同于民事纠纷(或民事权益纠纷)。因为民事纠纷(或民事权益纠纷)针对的是民事权利,其实有的民间纠纷已超过民事权利的范畴。实践中的劳资纠纷其实就已不是简单的民事纠纷,因为资方和劳方不属于平等法律关系,这是法律界公认的;实践中的民间纠纷很多是因为所谓的"琐事"引起,而这些琐事往往不牵涉民事权益,无法归为民事纠纷(或民事权益纠纷),甚至根本就不涉及任何权利纷争。比如:朋友之间因为敬酒问题发生纠纷,因为政治观点、思想观念不同发生争论而引起的纠纷等等。有一些论者简单地将"民间纠纷"等同于民事纠纷,或认为"民间纠纷"是民事纠纷的下位概念,这都是错误的。笔者认为,"民间纠纷"应当是"民事纠纷"的上位概念。"民间纠纷"是相对于"官方纠纷"和"官民纠纷"而言的。所谓的"民"指的是公民、自然人、法人、非法人单位;所谓的"官"指的是国家机关及其工作人员。民间纠纷的本质在于纠纷本身不涉及国家权力,而"官方纠纷"、"官民纠纷"则涉及国家权力。

有论者尚提出民间纠纷有合法、非法之分,而非法的民间纠纷引起的违反治安管理行为是否属于调解范围,可进行探讨。笔者认为,民间纠纷本就是个中性概念,其纠纷内容的合法或非法均不影响依法调解。例如,当事人之间因追讨赌债引发的伤害、非法限制人身自由仍然可以依法调解。

(二)民间纠纷和违反治安管理行为之间引起和被引起关系的理解适用

如何理解治安违法行为由民间纠纷引起呢?表面上看,并不是一个很大的问题。但如果放在实务中,有时却很不好认定。现仅以案例形式初步加以探讨。

[**案例1**]甲搭乘出租汽车回家,因车费问题和司机乙发生口角。甲的儿子丙刚好在场,甲遂叫丙打司机乙,丙即殴打司机乙。那么此案是否属于民间纠纷引起?笔者认为应当属于。虽然丙本身和乙并无纠纷,但甲因纠纷而直接教唆丙对乙进行殴打,则甲、丙已构成因纠纷而引起的共同(是否属于结伙应有争议)殴打乙的行为。

[**案例2**]甲搭乘出租汽车回家,因车费问题和司机乙发生口角,甲的儿子丙见状即上前殴打司机乙。此案是否属于民间纠纷引起?甲、乙之间虽存在纠纷,但丙、乙之间并无纠纷,而且丙的殴打行为并非出于甲的教唆或支配,能否认定丙因纠纷殴打乙呢?笔者认为仍可

---

① 张淑平、裴兆斌:《治安调解:适用条件的解读和重构》,载《行政法学研究》2009年第2期。

认定丙因其父和乙纠纷,而打乙。(1)第9条中并未要求行为人必须是且只能是因为自己和他人的纠纷而殴打该人。易言之,该条文并未限定纠纷当事人和违法行为当事人必须一致。(2)从常理常情看,鉴于乙和丙之间的父子关系,丙由此而殴打乙,是可以理解的,并不是一种无缘无故的单方行凶行为。

[**案例3**]甲搭乘出租汽车回家,因车费问题和司机乙发生口角。有一好事者丙刚好在场,不满司机乙蛮横之态度,径直挥拳殴打司机乙。笔者认为此案则不宜认定丙因民间纠纷打司机乙。因为丙、乙之间并无纠纷,且丙、甲之间并无特殊密切关系,丙殴打乙虽然和纠纷有一定关联性,但不足以认定其因纠纷而殴打司机乙。

总之,违反治安管理行为人并不限定为民间纠纷当事人。在违反治安管理行为人并不是起因的民间纠纷当事人时,其违反治安管理行为能否认定为系由具有一定关联性的民间纠纷引起,要作具体分析。

此外,民间纠纷和违反治安管理行为之间的引起和被引起的关系,不仅包括直接引起,也应当包括间接引起。但如何判断系间接引起仍需进一步研究。请看以下案例:

[**案例4**]甲搭乘出租汽车回家,因车费问题和司机乙发生口角。甲即殴打乙,后见边上的丙打电话报警"多管闲事",即将丙手机夺走砸到地上。此案中,甲因纠纷打乙,但并非因纠纷砸坏丙手机。虽然砸手机行为和纠纷有一定关联性,但关联性过于弱小、纯属于间接关联。中间介入的因素报警行为应足以阻断纠纷和砸手机的联系,不足以认定故意损毁财物由民间纠纷引起。故甲的殴打他人行为可以依法调解,而故意损毁财物则不能调解。

[**案例5**]甲搭乘出租汽车回家,因车费问题和司机乙发生口角。甲自恃体壮即殴打乙,乙无力还手,恰巧见甲的一部手机尚遗留在出租车上,即将该手机摔坏。本案中,甲因纠纷殴打乙,可以依法调解。而乙摔坏手机的故意损毁财物行为并非由该纠纷直接引起,而是间接引起,[①]仍然可以据此对互有违反治安管理行为的甲、乙两人一并进行调解。

总而言之,调解中引起和被引起关系的研究在理论上尚没有引起足够的重视,尚须进一步研究。在研究中,不妨借鉴已经研究得比较成熟的刑法中的因果关系学说,但不可照搬。笔者初步认为,刑法中的因果关系指的是行为和结果之间引起和被引起的关系,属于客观范畴;而此处恰恰属于主观范畴,引起和被引起关系间的媒介物是行为人的主观意志,具有主观性、偶发性。所谓的"引起"也应作较为宽泛的理解,应既包括直接引起、间接引起,也包括偶然引起。只要从一般的社会通念出发,可认为民间纠纷和相应的治安违法行为存在着"引起"和"被引起"的关系即可。或者说,它们之间的关系判断更多的是基于一种人情世故的判断。

三、治安调解只能适用于"情节较轻"的违反治安管理行为

在治安调解的诸适用对象条件中,"情节较轻"条件公认最为模糊、最具开放性。理论和实务中对于"情节较轻"的理解,争议颇大。笔者认为,关于"情节较轻"的理解应注意以下几点:

---

① 当然,如果认为殴打行为导致甲、乙之间产生了一个新的民间纠纷,则自然仍属直接引起。

（一）此处的"情节较轻"是量处情节，而非定性情节

根据情节所具备的功能不同划分，情节可分为量处情节和定性情节。此处的"情节"应当归属于在行为构成违反治安管理基础上的"量处情节"，而非"定性情节"。经统计，"情节"这一概念在《治安管理处罚法》中共有 41 处，其中 40 处属量处情节，仅有 1 处属于定性情节，即第 44 条的"在公共场所故意裸露身体的，情节恶劣。①

（二）此处的"情节较轻"应放在《治安管理处罚法》的语境中具体理解，而不能作宽泛的、没有任何前提的理解

作为在法律条文中被广泛使用的一个不确定法律概念，由于各个部门法乃至各个具体限定对象所设定的基点并不相同，"情节较轻"在不同的法律中，乃至对其所具体限定的对象具有的"量"的意义有很大差别。

"情节较轻"这一概念在《刑法》和《治安管理处罚法》中均被广泛使用，但其立足的基点显然完全不同。《刑法》中使用的作为量处情节的"情节较轻"立足于相应行为构成犯罪，而《治安管理处罚法》中使用的"情节较轻"恰恰立足于相应行为不构成犯罪。

即使是在《治安管理处罚法》中，不同的违反治安管理行为同时使用了"情节较轻"概念，但其体现或承载的"量"也必须附着于具体的行为。如《治安管理处罚法》第 40 条第 3 项规定"非法限制他人人身自由、非法侵入他人住宅或者非法搜查他人身体的"，"情节较轻的，处五日以上十日以下拘留，并处二百元以上五百元以下罚款"；而第 43 条第 1 款规定"殴打他人的，或者故意伤害他人身体的，处五日以上十日以下拘留，并处二百元以上五百元以下罚款；情节较轻的，处五日以下拘留或者五百元以下罚款"。同是"情节较轻"，前者法定处罚最低幅度为 5 日拘留，并处 200 元罚款，后者法定处罚最高幅度才 5 日拘留，相差不可谓不大！

（三）《治安管理处罚法》第三章中的"情节较轻"可以分为"明示的情节较轻"和"暗示的情节较轻"

经统计，除了第 9 条的"情节较轻"外，在《治安管理处罚法》第三章《违反治安管理的行为和处罚》中还有第 25 条、第 27 条、第 30 条、第 32 条、第 35 条、第 38 条、第 40 条、第 43 条、第 46 条、第 51 条、第 52 条、第 54 条、第 66 条、第 67 条、第 68 条、第 71 条、第 72 条共计 17 个法条中明确出现"情节较轻"的表述，这 17 个"情节较轻"就属于明示性质的。以上这 18 处"情节较轻"基本意义是一致的，应作相同的理解，这是同一部法律中使用的概念应保持一致性的基本要求。如果直接单独适用以上条款的行为，均属"情节较轻"，可以依法适用治安调解。但同义并不意味着其所指违法行为所包含的量就是相同的。诚如上文所述，这是两个不同问题，姑且可以概括称为"同义不同量"。

《治安管理处罚法》中关于"情节"的表述，从低到高，将情节的程度不同分为"情节特别

---

① "情节恶劣"在《治安管理处罚法》中只出现 1 次，使用于第 44 条"猥亵他人的，或者在公共场所故意裸露身体，情节恶劣的，处五日以上十日以下拘留；猥亵智力残疾人、精神病人、不满十四周岁的人或者有其他严重情节的，处十日以上十五日以下拘留"。这里的"情节恶劣"显然是个定性情节，而非量处情节，不属于本文探讨范畴。

"轻微"、"情节较轻"、"情节较重"、"情节严重"①、"情节恶劣"等 5 种法定情形。② 如上文,在"情节较轻"表述的 17 个违法行为条文中,可以对号入座,但是在其他条文中,应如何把握呢?笔者认为,从以上《治安管理处罚法》关于情节的分类,结合语言文字角度考虑,就《治安管理处罚法》的语境而言,"情节较轻"和"情节较重"应是一对互相矛盾的概念,所以如果条文中出现"情节较重"的表述,那么对应的虽未明确使用"情节较轻"表述的法条部分,其隐含的意思其实就是"情节较轻",这就属于暗示的"情节较轻",与明示性质的"情节较轻"应属同义。

例如《治安管理处罚法》第 49 条规定"盗窃、诈骗、哄抢、抢夺、敲诈勒索或者故意损毁公私财物的,处五日以上十日以下拘留,可以并处五百元以下罚款;情节较重的,处十日以上十五日以下拘留,可以并处一千元以下罚款",因民间纠纷引起的故意损毁公私财物的,设处罚时应当适用"情节较重"档,自然不属于治安调解范围;反之,倘选择适用本条第一段处罚的,即属于"情节较轻",可以依法适用治安调解。

至于"情节严重"的对立面应当包括"情节较重"和"情节较轻"。如果一个条文中出现了"情节严重"的表述,其对应的未明确使用情节程度表述的条文,隐含的意思可以进一步划分为"情节较重"和"情节较轻",故不能当然认为可以适用治安调解,而必须再作具体分析。例如:《治安管理处罚法》第 65 条规定"有下列行为之一的,处五日以上十日以下拘留;情节严重的,处十日以上十五日以下拘留,可以并处一千元以下罚款:(一)故意破坏、污损他人坟墓或者毁坏、丢弃他人尸骨、骨灰的;(二)在公共场所停放尸体或者因停放尸体影响他人正常生活、工作秩序,不听劝阻的",那么,设该条界定的以上两种违法行为,处罚时倘适用"情节严重"处罚,自不符合调解条件;倘适用该条的第一档处罚,则也未必属于暗示的"情节较轻"而适用调解,仍需进一步具体分析。当然,此种违反治安管理行为性质的本身能否调解尚须进一步探讨。"偷开他人机动车"的第 64 条亦属于此种情形,不再赘述。

(四)"情节较轻"尚可以分为"转化型的情节较轻"和"本性型的情节较轻",它们均可依法适用治安调解

以第 43 条为例,"殴打他人的,或者故意伤害他人身体的,处五日以上十日以下拘留,并处二百元以上五百元以下罚款;情节较轻的,处五日以下拘留或者五百元以下罚款。有下列情形之一的,处十日以上十五日以下拘留,并处五百元以上一千元以下罚款:(一)结伙殴打、伤害他人的;(二)殴打、伤害残疾人、孕妇、不满十四周岁的人或者六十周岁以上的人的;(三)多次殴打、伤害他人或者一次殴打、伤害多人的"。

针对拟调解的违反治安管理行为,设选择处罚,则只有在依法应选择适用该法条第 1 款第 2 段规定,即"情节较轻的,处五日以下拘留或者五百元以下罚款",才有适用治安调解的空间,即使同时又适用了相应的从轻处罚条款,也不能改变其属于"情节较轻"的属性,因为这时的从轻处罚仍然是在该条款处罚幅度内从轻,而如果依法应选择适用该法条的第 2 款或第 1 款第 1 段,原则上则不属于治安调解范围,除非另有其他法定从宽处罚情节。比如具

---

① 在第 44 条中,表述为"严重情节",但明显纯属同义。

② 旧的治安管理处罚条例中,尚有"情节轻微"的表述,这一表述应介于"情节特别轻微"和"情节较轻"之间。"情节轻微"的表述尚见于 2007 年 12 月公安部发布施行的《公安机关治安调解工作规范》。

有《治安管理处罚法》第12条的未成年人减轻处罚情节、第19条所列举的"有立功表现的"等五项减轻或不予处罚的情形,则可据此转化适用于第43条的"情节较轻"所对应的法定量罚幅度,从而可以认定仍然符合治安调解条件中所要求的"情节较轻"。这即是"转化型的情节较轻"。

"本性型的情节较轻"则指本质上就属于情节较轻的违反治安管理行为。由于"性本善良",在《治安管理处罚法》中,它们被立法者设定了较轻的法定量罚种类、幅度,并且未再明文使用"情节"档次加以划分。比如,制造噪声干扰他人正常生活、饲养动物干扰他人正常生活、放任动物恐吓他人等违反治安管理行为,它们的法定处罚最高就是罚款500元而已。

（五）轻伤害案件适用治安调解处理对"情节较轻"条件的冲击

诚如前文所论,2006年2月1日起公安部施行的《公安机关办理伤害案件规定》第29条规定"根据《中华人民共和国刑法》第十三条及《中华人民共和国刑事诉讼法》第十五条第一项规定,对故意伤害他人致轻伤,情节显著轻微、危害不大,不认为是犯罪的,以及被害人伤情达不到轻伤的,应当依法予以治安管理处罚";第30条规定:"对于因民间纠纷引起的殴打他人或者故意伤害他人身体的行为,情节较轻尚不构刑事处罚,具有下列情形之一的,经双方当事人同意,公安机关可以依法调解处理:（一）亲友、邻里或者同事之间因琐事发生纠纷,双方均有过错的;（二）未成年人、在校学生殴打他人或者故意伤害他人身体的;（三）行为人的侵害行为系由被害人事前的过错行为引起的;（四）其他适用调解处理更易化解矛盾的。"

由此可见,即使是故意伤害造成他人轻伤的（有的甚至是所谓轻伤偏重型）,也可依照第30条规定进行治安调解。在刑事法语境下,可称为"情节显著轻微"不作为犯罪处理、不予追究刑事责任,但在《治安管理处罚法》的语境下,故意伤害造成他人轻伤,显然难以甚至是无法认定为系"情节较轻"的违反治安管理行为,而"依法"适用治安调解,这在法理上确实难以自圆其说。而第30条却如此规定,当然就破坏了"情节较轻"这一治安调解适用对象的重要条件。以致在实践中"情节较轻"标准名存实亡,乃至整个治安调解条件在实务中往往被虚置,甚至公然弃用。

第二节　治安调解的隐性适用对象条件

一、治安调解只能适用于在案证据足以证实的违反治安管理行为

作为治安案件的最终处理结案的方式之一,治安调解与治安处罚一样,系针对违反治安管理行为"盖棺论定"的处理,其前提当然应立足于相应违反治安管理行为在证据上得到证实,故只能适用于经调查取证且在案证据足以认定的违反治安管理行为。第9条对此虽未明确规定,但此项要求实属调解适用对象的必备条件之一。但实务中未定案、先调解,对于事实不清、证据不足的违反治安管理行为强行调解等违法调解现象仍屡见不鲜。笔者认为有如下主要原因:

（一）治安调解的救济途径较之治安管理处罚过于狭窄

调解行为具不具备可诉性,导致治安调解的法律救济途径过于狭窄,基本只能根据《公

安机关内部执法监督工作规定》进行申诉。如此一来,于执法办案民警或机关而言,缺少监督的治安调解显然比监督渠道完善的治安管理处罚执法风险小得多,针对疑案、难案等"难以了结、又不得不了"的案件,治安调解手段自然成了民警办结案件的首选。

(二)办案期限和调解期限的不当规定对"未定案、先调解"等违法调解起到了推波助澜的作用

《治安管理处罚法》第 99 条第 1 款规定:"公安机关办理治安案件的期限,自受理之日起不得超过三十日;案情重大、复杂的,经上一级公安机关批准,可以延长三十日。"调解显然也是办理治安案件的一种结案方式,其办理期限当然适用以上规定。但《公安机关执行〈中华人民共和国治安管理处罚法〉有关问题的解释》第 12 条规定"……对调解未达成协议或者达成协议后不履行的治安案件的办案期限,应当从调解未达成协议或者达成协议后不履行之日起开始计算",《公安机关办理行政案件程序规定》第 158 条第 2 款、《公安机关治安调解工作规范》第 13 条也明确规定"(治安)调解案件的办案期限从(调解)未达成协议或者达成协议后不履行之日起开始计算"。上述规定的初衷是为了争取办案期限,避免公安机关因冗长的调解工作而陷于超期结案而被认定程序违法。[①] 但实际上却肢解甚至架空了治安案件统一的办案期限规定,臆造了一个独立于"办案期限"的"调解期限",即从受理案件到调解结束(或调解成功或调解不成功转处罚)的时间,或者说是从"办案期限"中硬生生剥离出了一个"调解期限"的概念,从而瓦解了《治安管理处罚法》第 99 条第 1 款旨在提高治安案件办理结案效率的立法意图,起码使其意图大打折扣。实务中,甚至出现了民警利用假调解手续以拖延办案期限的现象,这就助长了民警"未定案、先调解"的不良倾向和侥幸心理,但实际上一旦取证时机丧失,案件往往陷于取证困难、取证不能的境地,从而酿成案件事实不清、证据不足的局面,以致相应的违反治安管理行为也难以得到认定,不符合处罚条件。无奈之下,往往只能勉强调解结案,以求表面上的"案结事了"。

似乎是意识到了对于"调解期限"的规制空白,并为了提高调解效率,避免"久调不结"现象,《公安机关办理伤害案件规定》、《公安机关治安调解工作规范》第 9 条进一步规定"对明显不构成轻伤不需伤情鉴定的治安案件应当在受理案件后三个工作日内完成调解,对需要伤情鉴定或者价值认定的治安案件应当在鉴定文书和价值认定结论后三个工作日内完成调解","对一次调解不成,有必要再次调解的,应当在第一次调解后的七个工作日内完成",则进一步撕裂了第 99 条关于治安案件办理期限的统一规定,且完全违背办案实际,实际上几乎就是把调解期限限定在 10 个工作日。如果说将办案期限割裂为非调解的办案期限和调解期限的"两分法"助长了"未定案、先调解"的倾向,那么"三加七"调解期限的"一刀切法"则明显逼着民警"未定案、先调解"。总而言之,"两分法"是从"右倾"角度助长了"未定案、先调解","一刀切法"则是从"左倾"的角度推动了"未定案、先调解",殊途同归。笔者认为,正确之道应回归到《治安管理处罚法》第 99 条之规定,将所谓的调解期限和非调解的办案期限一

---

① 从更深层次考虑,这似乎也暴露出《中华人民共和国治安管理处罚法》第 99 条关于治安案件办理期限立法规定的正当性不足、科学性欠妥或某种适用上的尴尬。因为案件能否办结,本质上其实是无法以一定期限加以约束的。为了医治执法办案效率不高的顽疾,却似乎开了一副不成功甚至颇具副作用的药方。

体适用于该法条规定的办案期限,调解也罢,非调解也罢,处罚也罢,转为刑事案件、超过追究时效也罢,均一体适用一般情形 30 日,重大复杂情形 60 日的办案期限即可。

(三)客观上无法查清难以认定又不得不结案的治安案件常以治安调解结案为缓冲

实务中,如果违反治安管理行为事实清楚证据确凿,出于办案效率的考虑,基层办案民警往往更倾向以处罚处理结案,尤其在某些存在治安处罚或治安拘留指标的地方,因为调解工作其实往往耗时耗力,吃力不讨好。而事实不清、证据不足的案件,虽然违反治安管理行为在法律上无法认定,但当事人往往确实有人身受伤、财物受损,如果没有最终得到一个处理结果,往往纠缠于办案民警、公安机关,形成基层执法办案中的一大困扰。面对此种局面,适用处罚,一旦当事人提请复议、诉讼,处罚决定被撤风险极大;而坚持"依法办事",在实务中则往往被视为"无所作为",当事人轻者缠诉缠访,不胜其烦,重者激烈对抗,矛盾升级扩大,于是执法风险小的调解处理结案方式往往成了"无奈的选择",即使"被侵害人"得到赔偿,又使执法者有效规避执法风险,"违法行为人"在内的当事人即使事后反悔也难以得到有效救济或补救。

有学者就此建议,立法应明确规定"案件事实难以查清,或者查实需要很高的调查成本时,可以进行治安调解"[①]。对此笔者实难以苟同,一是此举违背第 9 条规定和基本法理精神;二是此举明显有害,极易误导实务,必将催生其他执法问题,比如只要能调解得成,即使有条件查证也不去查证,乃至动摇"以事实为根据,以法律为准绳"的基本办案原则,有"饮鸩止渴"之虞。当然,对于治安调解和治安处罚的证明标准是否应等量齐观则是可以进一步探讨的。

笔者认为,在现有法律框架下,对于此类案件,可以考虑由公安机关或人民调解组织单独以民事损害赔偿争议为由进行调解,毕竟民事侵权的证明标准低于治安处罚的证明标准,违反治安管理行为也许不能认定,民事侵权却可能得以认定。此外,实务中,违反治安管理行为虽不能认定,但违法行为嫌疑人基于种种考虑,往往也愿意给予"被侵害人"一定补偿乃至赔偿。至于违反治安管理行为无法认定本属于办案中的一种正常状态,命案都无法必破,又何必苛求于违反治安管理行为呢?

二、治安调解只能适用于有现实被侵害人的违反治安管理行为

治安调解针对违反治安管理行为,自然要求有违法行为人,但显然还要求必须有现实被侵害人,否则必将陷于"调解不能"的境地,这当然是治安调解适用对象条件的应有之义。一个违反治安管理行为,只要没有现实的被侵害人,必然不属于调解的范围。易言之,没有现实的被侵害人的案件,本质上就不属于调解范围。所以,第 9 条中所谓的"打架斗殴"行为指的只能是"殴打他人"、"故意伤害"等,而不能是形式上更为相似的"结伙斗殴",因为"结伙斗殴"系"扰乱公共秩序"行为中"寻衅滋事"的一种具体行为表现,不存在行政法律意义上的被侵害人。

---

① 余凌云:《治安调解的适用范围应进一步扩大》,载《人民公安报》2005 年 6 月 24 日第 6 版。

此外,根据《公安机关执行〈中华人民共和国治安管理处罚法〉有关问题的解释(二)》第2条之规定,违反治安管理行为与刑事犯罪行为一样,也存在预备、未遂、中止形态,由于预备行为不存在现实的被侵害人,故无法使用调解;而未遂、中止行为则需具体加以分析,不能一概而论。

第二章　治安调解的适用主体

正如治安管理处罚只能由公安机关依法适用一样,治安调解也只能由公安机关依法适用。另尚有以下原因:第一,根据第9条条文表述,治安调解的适用主体明确是公安机关;第二,虽然《公安机关办理行政案件程序规定》第156条、《公安机关治安调解工作规范》第8条等规定可以邀请"居村民委员会的人员或者双方熟悉的人员"参加治安调解,但这仅是一种帮助、协作,并没有改变适用主体只能是公安机关的要求;第三,根据《治安管理处罚法》第7条的规定,治安管理工作既然由公安机关负责,属于治安管理工作范畴的治安调解工作也只能由公安机关负责,其他任何组织或个人不许僭越。

但在构建和谐社会,化解社会矛盾,创新社会管理的大潮下,随着各地"大调解"工作机制的纷纷建立和推进,在人民调解与公安调解,乃至司法调解有机衔接、结合的名目下,公安调解、治安调解、人民调解,乃至司法调解之间原本应当清晰的界限逐渐变得模糊;原本只能由公安机关调解的治安案件,人民调解也介入调解;原本应由人民调解处理的纯民间纠纷,公安机关也积极介入"发挥优势"进行调解,甚至是进行治安调解,各种调解手段之间出现了"你中有我、我中有你、你我难分,甚至不分"的情形。笔者认为,这种不顾法定职权设定的混乱调解局面亟须扭转。

治安调解是针对违反治安管理行为的调解,民事调解是针对民事争议的调解,刑事调解是针对刑事案件的调解,三者属对应概念,以调解的对象为标准划分。

公安调解是指公安机关依法进行的调解,属于行政调解(行政机关依法进行的调解)的下位概念;[①]司法调解是指司法机关依法进行的调解;人民调解是指人民调解委员会依法进行的调解,这三者则以调解的适用主体或者主持机关为标准划分。

公安调解再按其针对的对象划分,大致可分为治安调解、民事调解(含交通事故损害赔偿的调解)、复议调解(针对公安行政复议审理对象的调解)。至于公安刑事调解则是复合了调解主体和调解对象的一个调解概念,是指公安机关对刑事案件的调解。笔者认为,从现行的法律框架而言,这是一个非法概念,或者说,在现行法律框架内,没有公安刑事调解生存的空间。因为刑事诉讼法等法律规定刑事调解只能由法院进行。当然作为一个理论上的概念是没有问题的。

"因民间纠纷引起的打架斗殴或者损毁他人财物等行为,既具有违反治安管理的性质,

---

① 笔者的观点是,公安机关在刑事案件侦查过程中也可审慎地进行一定程度的民事损害赔偿的调解,但该调解应仍属于公安行政调解范畴。

又具有民事侵权的性质……"①违反治安管理行为既存在公法层面上的治安违法责任的追究,又存在私法层面上的民事权利义务的争议或民事责任的追究。对于违反治安管理的行为,人民调解或司法调解只能解决私法层面上的民事权利义务争议,而无权解决公法层面上的治安违法责任的追究,故对治安案件全案进行人民调解或司法调解,显然不当。而治安调解则是在确认违反治安管理行为构成的基础之上,通过对由相应违反治安管理行为产生的民事权利义务争议的调解,从而使被侵害人同意和国家(以公安机关为代表)一起放弃追究违反治安管理行为人的治安违法责任,这是对违反治安管理行为的公法责任和私法责任一并加以解决的"一揽子解决方案"。易言之,治安调解不仅解决了民事权利义务的争议,还解决了违反治安管理的行为人不再受治安行政法律追究的问题,这是人民调解或司法调解所不能企及的。

强调治安调解适用主体只能是公安机关,并非截然排斥其他调解手段、调解组织有限度地介入对违反治安管理行为的处理。如上所述,治安案件调解的内容包含两部分:一是治安违法责任的追究,或处罚或放弃;二是民事损害赔偿责任的追究。但这两方面有一定的独立性。在实务操作中,可考虑由人民调解委员会组织先期介入,以民事损害赔偿事由进行调解。再视情况进行治安处理,或处罚或调解,以取得更好的社会效果和法律效果。实践中其实相当一部分治安案件的调解,争点并不在于是否处罚。被侵害人对行为人是否受处罚往往并不在意或不怎么在意,而更在意于损害赔偿金额的多少。而对于行为人来说,尤其是某些经济条件较好、身份较为"尊贵"的行为人来说,赔偿金额则往往不是问题,处罚尤其是拘留才是问题,故宁愿多赔钱以求调解成功。双方当事人"各取所需",没有治安处罚指标压力的办案民警迎合构建和谐社会的政策召唤,对治安调解结案往往也乐观其成。这种现象的存在并不能抹杀治安调解和民事调解的本质区别,绝对不能以此为由将治安案件全案归由人民调解或司法调解处理。

第三章 治安调解的自愿原则

第9条并未明确规定调解的自愿原则。实践中,有人据此认为调解可以强制适用,这是完全错误的。笔者认为,第9条未明确规定调解自愿原则,但调解自愿应是调解固有的本质特征,是"桃李不言、下自成蹊"式的应有之义。可以说,"无自愿,即无调解"。事实上,《公安机关办理行政案件程序规定》第153条、154条和《公安机关治安调解工作规范》第3条、第6条中,②就对调解必须经当事人同意作了明确要求。

---

① 参见1991年10月26日最高人民法院对公安部公发(90)28号文件适用问题的电话答复。

② 《公安机关办理行政案件程序规定》第153条规定:"有下列情形之一的,不适用调解处理:……(四)当事人明确表示不愿意调解处理的……"第154条规定:"公安机关调解处理案件,应当……遵循……自愿……的原则……"《公安机关治安调解工作规范》第3条规定:"对于……等违反治安管理行为,情节较轻的,经当事人同意,公安机关可以治安调解",第6条规定:"治安调解应当遵循以下原则:……(四)自愿原则。治安调解应当在当事人双方自愿的基础上进行。达成协议的内容,必须是双方当事人真实意思表示……"

笔者认为,调解自愿包括完整的两层意思:一是在程序上,适用治安调解必须出于自愿,即"治安调解应当在当事人双方自愿的基础上进行";二是在实体上,达成调解协议也必须出于自愿,即"达成协议的内容,必须是双方当事人真实意思表示"。

基于各种因素,目前实务中强迫调解现象仍然比较突出,固然要加以坚决反对。但也一定要正确划分"强迫"和"动员"、强迫调解和调解艺术的界限,不能将属于调解过程中的调解艺术错误划定为强迫调解。比如,实践中民警往往以如果调解不成就只能给予行为人处罚为由,迫使行为人接受调解方案。如果该违法行为确实足以认定,且告知的处罚内容也不重于违法行为所对应的相应量罚幅度,那么应不属于强迫调解;反之,则难逃强迫调解之嫌。

第四章　治安调解的选择适用

第一节　"可以"的重要意义

根据第 9 条规定,对于符合调解适用对象条件的违反治安管理行为,公安机关是"可以"调解,而不是"应当"调解。有论者认为,在实务中"可以"几乎成为公安机关的"一己之私",公安机关对于调解的适用与否自由裁量权过大,甚至呼吁取消"可以"。笔者认为,此休克疗法并不可行,一旦施行会造成其他更大弊病。公安机关在"可以"问题上的自由裁量权确应加以合理限制,但决不能走到取消"可以"的另一极端。立法者将是否进行治安调解的最终决定权赋予公安机关,有其相当的合理性。

违反治安管理行为毕竟已经不是简单的民事侵权,已被立法者认为不仅涉及私人利益,并且是危害社会治安秩序的违法行为。当事双方基于自身利益的考虑,往往不管公共利益。实践中就不乏被侵害人只顾及赔偿金额是否满意,而不管行为人被处罚与否的情形,因而原本对立的当事人双方联手私了,规避法律,排斥公安机关介入,导致法律效果受损,社会效果(不等同于当事人满意的效果)也难保。而相对于治安案件的双方当事人,公安机关基于国家的立场,毕竟处在比较中立的地位,故立法者将是否进行治安调解的最后一道防线交由公安机关有其必要性与合理性。

第二节　"可以"的判断标准

"可以"或"不可以"的判断标准在于公益和私益的衡量。只要形式上符合治安调解的法定条件,原则上公安机关就应当适用调解处理,而不应以"可以"仅是公安机关的自由裁量权限为由而不适用调解。除非此时公安机关有合法合理的理由等例外情形证明或说明不应当或不宜适用调解。那么何为例外情形,例外情形应如何判断呢?笔者认为,应以违反治安管理行为所涉及的公益或私益之不同为标准加以权衡。具体来说,在五类违反治安管理行为中,由于侵犯人身权利、财产权利一般仅涉及私人法益,或者主要涉及私人法益,原则上"可以"就应当视为"应当",如《治安管理处罚法》第 49 条规定的普通的"故意损毁财物"行为。

当然,如果原本仅涉及私益的的治安案件实际上已演变为社会公共事件,则涉及公益,不宜调解。此外,"诬告陷害"虽然归属侵犯人身权利类,但《公安机关执行〈治安管理处罚法〉有关问题的解释》、《公安机关办理行政案件程序规定》、《公安机关治安调解工作规范》均将其列为可调解范围,但由于该行为尚侵犯到公益范畴的社会管理法益,扰乱正常执法秩序,是否调解仍应慎重。而扰乱公共秩序、妨害公共安全、妨害社会管理则一般涉及或主要涉及公益,虽然不排除同时涉及私益,原则上"可以"则应当理解为"不可以",如《治安管理处罚法》第 37 条规定的"损毁路面井盖、照明等公共设施"行为。"制造噪声、饲养动物干扰他人正常生活,放任动物恐吓他人,偷开机动车"等虽然被归为扰乱社会管理类的违反治安管理行为,但同时也侵犯了或更主要是侵犯了私益,《公安机关执行〈治安管理处罚法〉有关问题的解释》、《公安机关办理行政案件程序规定》、《公安机关治安调解工作规范》均将它们列为依法调解范围。这是正确的。

总而言之,"可以"的判断标准主要应在于对公益或私益的衡量,公益优于私益应采"不可以",私益优于公益则应采"应当",这应成为规范"可以"裁量权的基点。

第五章 治安调解的适用后果

治安调解适用以后,必然产生一定的法律后果,第 9 条将之区分为两类:一是"当事人达成协议的,不予处罚";另一类是"经调解未达成协议或者达成协议后不履行的,公安机关应当依照本法的规定对违反治安管理行为人给予处罚,并告知当事人可以就民事争议依法向人民法院提起民事诉讼"。总之,治安调解和治安处罚不能兼容。以下结合实务中的有关问题对此进行解析。

第一节 "调解达成协议不予处罚"的解读和适用

一、"调解达成协议"的真实含义

所谓"调解达成协议"实际上是指调解达成协议并履行完毕的情形,而不是调解一达成协议即不予处罚。理由是:从体系解释看,由于下文表述的是"调解未达成协议或者达成协议不履行的"应当处罚,可以反推出以上含义。事实上《公安机关办理行政案件程序规定》第158 条第 1 款也就此作了补充,明确指出"调解达成协议并履行的,公安机关不再处罚"。

二、"调解达成协议不予处罚"不影响依法收缴追缴

根据《治安管理处罚法》第 10 条的规定,治安管理处罚种类包括警告、罚款、行政拘留、吊销公安机关发放的许可证和限期出境、驱逐出境。"不予处罚"即指不能再给予上述 6 种类型的处罚,而不排除作出其他行政处理的决定,比如《治安管理处罚法》第 11 条所规定的属于行政强制措施性质的收缴违禁品、作案工具、追缴违法所得。在民间纠纷引起的打架斗殴或损毁他人财物等治安调解案件中,违反治安管理行为人往往使用了相应的作案工具,在

调解达成协议不予处罚的同时,仍应当依法收缴。《公安机关执行〈中华人民共和国治安管理处罚法〉有关问题的解释》第 3 条"关于不予处罚问题"中,虽然仅明确了第 12 条未成年人、第 13 条精神病人、第 14 条盲人或又聋又哑的人、第 19 条 5 种法定从宽情形、第 22 条超过追究时效等五类情形不予处罚(或不再处罚)仍应依法收缴、追缴外,而并未将第 9 条情形归入,显然在逻辑上也未排除。故不影响上述结论。

三、"调解达成协议不予处罚"不必再作出不予处罚决定

有论者认为,"调解达成协议不予处罚"的,仍应当根据《治安管理处罚法》第 95 条第 1 款第 2 项作出不予处罚决定。应当说,这是有道理的。但笔者认为,实务中完全可以不必作出不予处罚决定,理由是:《公安机关办理行政案件程序规定》第 203 条明确将"作出不予处罚决定的"和"调解达成协议并已履行的",并列为结案的情形,故不必将调解成功案件转化为不予处罚决定再予结案,而可直接结案。反之,如果转化为不予处罚决定再结案,有悖高效便民要求。特别是协议达成时间点和履行时间点不一致的,由于要另行制作法律文书逐级报批后再送达双方当事人尤为如此。

四、"调解达成协议不予处罚"不能绝对化

诚然,"调解达成协议(履行完毕后)不予处罚"是第 9 条之明文规定。实务中却经常出现双方当事人,尤其被侵害人反悔要求另行处罚或者公安机关自行发现违法调解的情形,此时是否仍然应当坚守"不予处罚"呢?众说纷纭。笔者认为,应具体情况具体分析,判断的核心标准在于治安调解本身是否违法,如果经复核发现确实属于违法调解的,则应当依法纠正,或另行处罚或再行调解。如果另行处罚,有关的损害赔偿款可参照民诉法中的"执行回转"进行处理或转而单独就民事争议部分另行调解以折抵;如果仍然调解结案,对损害赔偿款等则应"多还少补"。至于已履行的赔礼道歉之类的无法回转的原协议内容只能是认定为案件处理的一个情节加以考虑。理由是:第 9 条中所指的"经公安机关(的)调解"当然只能是合法的调解,违法调解不属其列,否则违背基本法律精神和立法意图。不能以所谓的调解属于"私了"性质等理由置之不理。事实上对于违法的人民调解、司法调解,《民事诉讼法》第 16 条第 3 款、第 182 条也明确规定应依法纠正。① 同为调解之列的治安调解又何尝能够例外?

---

① 《民事诉讼法》第 16 条规定:"人民调解委员会是在基层人民政府和基层人民法院指导下,调解民间纠纷的群众性组织。人民调解委员会依照法律规定,根据自愿原则进行调解。当事人对调解达成的协议应当履行;不愿调解、调解不成或者反悔的,可以向人民法院起诉。人民调解委员会调解民间纠纷,如有违背法律的,人民法院应当予以纠正。"第 182 条规定:"当事人对已经发生法律效力的调解书,提出证据证明调解违反自愿原则或者调解协议的内容违反法律的,可以申请再审。经人民法院审查属实的,应当再审。"

第二节 "不履行依法给予处罚"的理解和适用

一、"不履行"的主体为当事人双方

从文义角度乃至参照《合同法》的相关规定,"履行"应是指履行义务人的履行行为。故"不履行"也必然是指履行义务人的不履行行为。履行义务人对应的权利人的相对行为则不称为"履行",而称为"接受履行"或者"协作履行"。事实上,此处的"不履行"要表达的意思应是协议达成后当事人双方及任一方的反悔行为,而不局限于单指履行义务人的不履行行为。笔者认为,2006 年 8 月 26 日发布的《公安机关办理行政案件程序规定》第 151 条表述为"……达成协议后在履行之前反悔的,公安机关应当对违反治安管理行为人依法予以处罚……"更为准确,而 2006 年 8 月 24 日发布的《公安机关办理行政案件程序规定》第 158 条照抄了第 9 条表述则过于刻板。总之,不履行在主体上,既适用于履行义务人(违反治安管理行为人),也适用于履行接受人(被侵害人),无论何方不履行或在履行前反悔,都必然导致治安调解不成功而只能依法处罚。

二、"不履行"应指主观且实际的不履行

借鉴合同法中关于履行的理论,笔者认为,此处的"不履行"应只包含主观上的拒绝履行、有能力履行而不履行的情形,而排除客观上的履行不能。如果履行义务人由于不可抗力等正当理由导致无法按照协议履行则不属于"不履行"范畴,不能转而给予处罚。《公安机关治安调解工作规范》第 12 条就明确指出"……对无正当理由不履行协议的,依法对违反治安管理行为人予以处罚……"。总之该不履行,应可归责于履行义务人,才可依法转而进行处罚,至于该不履行是表现为完全不履行、部分不履行则在所不论。如上所述,被侵害人的不予接受履行或不予全部接受履行,也属此处的不履行,应依法转而处罚。此外,"不履行"应只包括实际的不履行,而不包括预期的不履行,无论该预期不履行是属于明示毁约型的不履行,还是默示毁约型的不履行。故在履行期限未届满前,行为人如放言不履行的,不能即转治安处罚。

三、"不履行"的内容只局限于治安案件范畴

有的治安调解案件的治安调解协议中将违反治安管理行为和起因的民间纠纷一并调解达成协议。此时,如果涉及违反治安管理行为部分的调解内容已经履行完毕,即使其余部分反悔(不履行)并不影响治安案件的调解结案,不能因此而转作处罚。

此外,"依法给予处罚"并非一定要给予实际的处罚。如果,违反治安管理行为人有法定的不予处罚情形,不排除依法不予处罚。

结　语

　　"完善的司法比完善的立法更为重要，与其在完善的立法之下有残缺的司法，不如在残缺的立法之下有完善的司法；当然，完善的立法与完善的司法相结合总是最理想的"。[①] 诚然，治安调解的立法可能需要进一步完善，但治安调解的执法更为重要。与治安管理处罚制度相比，治安调解制度的研究相对落后，相信随着治安调解在实务中应用的日渐广泛，必将推动治安调解制度的研究进一步深入。本文对于治安调解的探讨、研究，正是基于实务操作的推动，也期望或许可以称为成果的研究能对治安调解的执法实务有所指导。期待本文能促进学术界、实务界有志之士进一步探讨，以促进治安调解的规范适用，推动公安机关的执法规范化建设。

---

　　① 　张明楷：《刑法格言的展开》，法律出版社 2003 年第 2 版，第 111 页。

海峡两岸行政协作之法理探析

——以出入境检验检疫管理之行政协作机制为视角

陈鹏祥[*]

引 言

中国是一个多法域的国家,存在大陆、香港、澳门和台湾四个法域。[①] 两岸在政治和法律现实中形成了默契的治理边界,是实在的"一国两区"。但是,两个法域尚未在法律上实现互认,是一个未定形态的国家。两岸传统意义上的统一国家及其政治、法律问题事实上均未解决,两岸统一是治权统一问题。[②] 这种国家分治状态之下不同治权主体之间协作的问题,难以找到可资借鉴的实证先例,难以得到传统法学的法理支持。从宪法、行政法与国际法等学科视野来看,两岸行政协作既不是国际性的也不纯粹是国内性的,是未统一国家形态下两岸特殊政治、经济和法社会背景下的一种新公共行政,是一种前所未有的创新机制。

国家无论处在哪个发展阶段,如城邦制国家、封建王朝国家或是现在的主权国家,都具有追求统一的天性。[③] 全球化是一个有限的政府间协作体系,[④]全球化下区域协作的国家性发生正当性变迁,"因为当实质的国界拆除后,民众的利益再用国界的范围来予以界定,其实质意义不大;以国家利益作为正当化基础的传统法治观,其意义也将因此遭到解消"。[⑤] 在全球化国际区域整合的大环境下,两岸基于统一的自然趋向,以及两岸经济、民生往来之共同目的,签订《两岸经济合作框架协议》等诸多共同协议,并通过各自的"立法"程序成为在两岸实质运行的共同经济行政法律,这种协作符合正当性原理。

出入境检验检疫管理涉及两岸之间多个领域的协作,并签署了多项相关协议。两岸协议的实施需要两岸行政实务管理上的协作,这种协作属于功能性的部门整合,可以少受政治环境的阻碍,共同以减除非关税贸易壁垒为导向目标,机动性改良制度及其运作,促进贸易便利化。

　＊　陈鹏祥:厦门大学法学院2007级法律硕士,厦门出入境检验检疫局办公室主任。

　①　游劝荣主编:《两岸法缘》,法律出版社2008年版,第231页。

　②　范宏云:《国际法视野下的国家统一研究》,广东人民出版社2008年版,第1页。

　③　范宏云:《国际法视野下的国家统一研究》,广东人民出版社2008年版,第1页。

　④　[英]戴维·赫尔德、安东尼·麦克格鲁主编:《治理全球化:权力、权威与全球治理》,曹荣湘、龙虎等译,社会科学文献出版社2004年版,第1页。

　⑤　廖义铭:《行政法基本理论之改革》,翰芦图书出版公司2002年版,第229页。

本文以功能主义的公法理论、新公共管理以及功能性整合理论为基础,运用后现代主义的理念和方法,借鉴分裂国家模式下的国家协作行政的有关范式,并以出入境检验检疫管理制度为视角,探讨两岸协作的法理、分析两岸在有限主权下分配治权的行政协作特点,并提出制度模式。

第一章 两岸行政协作的"法律困境"及其"理论突围"

第一节 混沌与悖论:两岸行政协作实践中的法律未明问题

由于历史原因,两岸的长期阻隔导致了它们在政治、法律、经济、社会、文化等领域的疏离现象。尤其是,当前两岸合作还存在多层政治障碍,在互不承认对方及其政府的语境下,正式层面的行政协作遭遇法律障碍。但是长期以来,两岸出入境检验检疫中互相默认动植物检疫或者卫生证书,其间已经产生了实质性的行政协作。譬如,两岸仅在涉及出入境检验检疫方面就已签署了《两岸经济合作框架协议》、《海峡两岸食品安全协议》、《海峡两岸农产品检疫检验合作协议》、《海峡两岸标准计量检验认证合作协议》以及有关原产地、卫生和知识产权保护等七项协作协议。此种"非官方"形式的协议,虽然以"行政当局"的默契和实质协作为条件,亦潜藏着法律上的诸多困境:

第一,两岸的政府均认为自己为中国唯一合法政府,并于本域法律上涵盖其实际上未能有效控制的他域法律与对方管辖下的地理空间。

第二,两岸的政府在政治与法律认知上均未将对方视为外国,拒绝认可对方政治实体和法律的合法性。当前,国际社会不认为两岸互为外国;而国民党政府也将两岸定位为"一国两区"的两个政治实体。譬如,1994 年 7 月台湾当局发表观点认为:"传统观念的中国现已分裂为两个政治实体,即实行民主自由体制的台湾地区以及实行社会主义制度的大陆地区。"[①]因此,两岸协作是复杂的未型态的法律关系,即既非国际协作亦非纯粹一国内部政府间的行政协作。

第三,两岸协议的签署主体之法律性质为何?其组织设置和地位的合法性依据何在?其适用范围如何?协议生效的法律表征是什么?协议应如何分别适用到整个台湾地区与大陆地区?如何保障其法律效力?协议的责任归属及其效力是什么?等等。诸如此类问题,由于两岸未明的法律状态,需要在两岸互动的现实经验基础上,于行政法学的理论创新中逐步回答。

---

① 陈少廷:《评"两岸关系说明书"》,载台湾《自立早报》1994 年 7 月 11 日第 9 版。

第二节　困境与突围：新公共管理理论可能提供的理论支持

一、后现代行政活动的"非国家化"：两岸政治统一前行政协作的可能空间

我们需要承认两岸是一种新型的社会结构的变迁,不是传统意义上的国家社会形态。两岸行政协作及其协作方式尚且缺乏统一国家权力的基础、缺乏统一的国家法律制度体系或者是互认合法的法律体系,即使在各自法域内也欠缺直接的法规范依据。传统的法学理论基于传统的国家构式逻辑而形成适用性的社会秩序规则,鉴于两岸特殊情境我们需要突破这种框围,以一种开放的、改革的新公共行政,在空间和时间上适应目前两岸社会结构的治理需求。

其一,两岸协作在突破存在困境的传统的国家主义法律观及其转型之中存在空间。传统意义上公共行政如何运作,与国家的角色以及国家如何介入、何时介入有着极大的关系。有国家就有行政,国家通过民主立法,行政负责执行法律取得正当性,其合法性受到司法的审查约束,行政主体只能依据法规范办事,离开法规范的"自己决定"因缺乏合法性支持只能"自己负责";在政治层面而言,政治通过其政策影响立法或者直接影响行政。"伴随着开放的公共管理与广泛的公众参与整合而成的公共治理模式的兴起,国家管理模式渐成明日黄花,国家—控制法范式陷入难以自拔的困境之中。法律之治要回应公共治理的现实需要,就得从单方面控制的国家—控制法范式向激励和制约统筹兼顾的公共治理法范式转换,从压制型法或者自治型法向回应型法转变。"[①]由于公共治理模式正在发展成为一种全球性的普遍治理模式,因此,与此相应,从国家主义法律观向公共治理法律观的转换,不仅弱化了法的"国家性",还同时弱化了法的"地域性",由此观察,两岸协作存在宽广的治理空间,即使在国家主义治理之下,也存在其认可或者默认的非国家式的或者社会的或者市场的治理空间。两岸行政协作可以搁置国家主义,关注的应是两岸社会公共治理的正面价值,追求的法益是协作关系中的两岸共同利益。

其二,两岸协作在开放并改革的新公共行政之中存在空间。从现状来看,大陆处于向法治转型的社会,行政主体执法活动还是大量依赖政策导向,对社会及时作出灵活应变的调整。台湾是一个相对成熟的法治社会,台湾的行政主体主要是援引法律的规范。但此一做法,在公共行政领域适用并不总是合乎自然理性。比如:对待从未发生的重大事件处理,大陆以政策或人的理性为导向可以得到及时、妥善的处理,而台湾可能因为缺乏法规范理性而无所作为,这种法治僵化的做法显示了政府在社会和市场公共管理与服务中的失灵,也相应失去其实质合法性。传统上,按条文办事是僵化的,但出现在司法审查中是"合法的"。新公共管理改变传统法律理念,对"自己的决定自己负责"持否定态度。[②] 新公共管理提出了以目标为导向的原则,允许变通,人性化的"自己决定"属于合理的裁量权,是合法性的。这种正当性理念支持下的新公共管理,管理实务以人的正义理性作为首要价值取向,而代表国家

---

① 罗豪才、宋功德:《软法亦法》,法律出版社 2009 年版,第 12 页。

② 廖义铭:《行政法基本理论之改革》,翰芦图书出版公司 2002 年版,第 3 页。

法律的司法性审查或者评估成为第二位取向。从经验来看,两岸在经济交往和人员往来中早已突破两岸之间管制边界的限制,这一事实与后现代主义的理念是吻合的,新公共行政给予两岸可以避开国家和法律层面纠缠的一席空间,在现实的共赢利益追求层面上实现协作之可能。

其三,两岸协作在突破传统法治理性之中存在空间。行政法体系与基本理念,是以理性为基础的合法性统治。按照韦伯的理性论,法律理性统治以法律为治理社会的依据,反对情感的或随机应变的行为。法律规则基于有利权衡或者价值的合理性,经由协议或强制建立,要求这种统治型下的所有居住民受其组织管辖并服从其权力,忠实于法律并只对法律负责,把合法性建立在一切人与理性法律的关系上。尽管依赖于协议的道德力执行的两岸协议的制度化有着法律理性的正面价值,但两岸目前的协作缺乏共同的法律认同基础、缺乏共同的服从、缺乏共同的强制,两岸协作不能完全适用于行政法形式理性主义。法律理性是一种非人性化的法制关系,伴随而来的是人性失落。① 由此反思,两岸的特殊协作情境可以从后现代主义找到回答,即可以吸收人治的优点,由人的理性主宰在变通中的两岸协作关系,并在人性化执行中得以实践。两岸社会存在共赢的协作空间和统一的利益,有符合人的理性的共同的目的,两岸潜存合目的性的需求共识,在难以即行构建两岸法律体系下,可以回归人性化运作,在两岸关系应变之中弹性化协作,遵循应时的灵变的协作进程。

二、公共行政形式的"多样化":当前两岸行政协作活动的可能方式

行政活动的正当性,必须理解成积极地达成目标的最适当化要求,因此在合理正当的行政目的的追求下,行政可以就其行为形式作最适当、最合目的性的考量,即容许在法秩序的界限范围内行政有所谓行为形式的选择自由。两岸协作的行为形式需要一种社会与政治组织的人性操控,作为两岸实现公共任务的特殊形式。近代以来西方国家的先例实证了行政活动为达成公益任务采用法律或者事实的手段,呈现了多元化的形式。如出现行政公法与行政私法、公法行为与私法行为、公私混合的行政法人制度等,其中德国、法国、日本、英国、美国行政法人制度可以为此提供一种范式思考。借鉴新的公共治理范式,两岸需要选择以创新、弹性、有应变能力的协作方式。其一,非典型非敏感的具有公法权能的行政法人之协作,例如,台湾的行政法人制度和大陆的事业法人制度在法律性质上比较类似,两岸可以调整政府角色,将部分技术性、服务性的两岸公共事务从政府部门移出交由此类行政法人执行,先行通过此类法人扩大两岸的交流协作。其二,公权认可或者默示的民间组织团体之协作,譬如海基会、海协会在两岸政治实体的支持和帮助下,作为民间团体签订委托契约,处理有关两岸谈判对话、文书查验证、民众探亲、商务旅行往来纠纷调处等,涉及公权力之相关业务。两岸通过这种默认的协作,已经在两岸社会公共治理中实现了应有的政治权能和行政管理功能,这种协作是有效的,是理性的协作方式。其三,公私混合式共治的协作,对于两岸目前语境,不必要厘清公权行为与私权行为,面对两岸社会治理目标,公权和私权在授予、认可、默认、契约或者其他互动形式中共同发挥两岸社会公共治理的功能性作用。从经验来看,尽管 1998 年之后多年时间,两岸两会制度化协商管道形成僵局,民间交流却不受影响。

---

① 廖义铭:《行政法基本理论之改革》,翰芦图书出版公司 2002 年版,第 49~51 页。

因此，两岸公权部门即使无法直接互动，公权部门可以借由行政契约、公法认可、默示认同等多种形式，委托民间团体或者私法人等，居间协助"政府"处理两岸交流等衍生的各类问题。在两岸"官方"局部互动实现协作之情景，也需要此类私域的辅助。

两岸尚未统一，根本上讲是尚未产生一个共同意志的"国家意义上的合法性代表"，因此存在各自管辖一方的两个治权主体。两个治权主体依自己的方式，或者本法域内法律直接授权或者认可民间团体的方式，或者以财务、人员等组织控制下的授权、认可、默示等民间团体的方式，借助于民间的"桥"多元性融合交流将两岸组构成形如"哑铃"的一体，"两侧主体"是经组织的代表两岸民意的官方意图；中间的"连接桥"便是在淡国家化、去政治化、非法律化的语境下以民间形式实现互通融合。两岸行政协作以此人性化地采用事实的手段追求两岸社会公益任务的实现，随着两岸民意协作累积的量变，必然递进到政治、法律层面的融合质变，并逐渐发展至统一的主体力量。

三、两岸"互利共赢"之目的：两岸行政协作扩展深化的时代契机

国家的行为必须通过公共目的加以正当化，但合乎公共目的的正当化行为不一定是国家行为形式，两岸协作符合两岸民生之公共目的，从新公共行政面向可以避开国家行为的协作形式。两岸有着统一的民族价值目标和共同利益的功利目标，这两个目的已经足够构建一种统一的新型的社会组织和政治架构，建立一套统一的制度体系，也为未明国家下的协作提供动力和价值基础。统一是两岸人民的共同利益和权利，两岸有着共同的语言、文字、历史、文化，两岸民族有着追求和平人本的统一思想，这些是两岸协作的共同价值基础。

从有利权衡的目的性来讲，两岸互动为两岸创造更大的经济利益，具有正义的价值。两岸经济的一体化走向，还有两岸经济行政目标的趋同化和透明化，例如两岸在检验检疫方面目标、原则是一致的，这些显示两岸协作的重要价值。在全球化背景下追求经济正义，是两岸共同经济目标。经济效率是经济制度追求经济正义的基本价值维度，两岸经济的互动与协作，必然扩充两岸区域的经济自由度，增益经济活动空间，满足一个国家内经济自由的内在要求与习惯法则，提高两岸经济体的经济效率，实现两岸共同体更大层次的经济正义。从国际实践看，两岸合理的经济行政协作安排，可以创制平等的机会规则，为两岸社会促成经济分配的公平正义。两岸签署《海峡两岸经济合作框架协议》体现了两岸共同的理性目标，并标志着两岸区域协作法律化进程走向。两岸协议在两岸共同体内部协调利益冲突、调整利益流向、调和竞争关系、平衡利益的互补分配中发挥法律的社会功能作用，构建和平友好的利益共同体，形成和谐的两岸区域社会，符合中华民族共同的正义要求。

第二章 功能主义理论视角下两岸行政协作之可能

第一节 "功能主义学派"与两岸行政协作的"软法之治"

英国著名公法学家马丁·洛克林教授在总结英国公法思想传统时所使用的"规范主

义—功能主义"二分法,具有普适性和优越性。马丁·洛克林指出:"公法中的规范主义风格的根源在于对分权理想以及使政府服从法律的必要性的信念。这种风格强调法律的裁判和控制功能,并因此而关注法律的规则取向和概念化属性。规范主义基本上反映了一种法律自治的理想。相反,公法中的功能主义风格将法律视为政府机器的一个组成部分。其主要关注点是法律的规制和便利功能,并因此而注重法律的意图和目标,并采取一种工具主义的社会政策路径。"①

洛克林教授将功能主义归纳为社会实证主义、进化论的社会理论和实用主义。功能主义体现着一种进化式变迁的理想,功能主义风格拒斥形而上学的假定,致力于用科学方法来解决政府和法律中的难题,对于解释两岸行政协作进程具有特殊的适用性。当然,规范主义与功能主义只是一种便利认识与研究的理想类型的划分,两者之间并非截然对立,比如即使是典型的功能主义者,仍然具有底线式的规范主义特征。由于功能主义采取了一种目标取向的思维模式,本身具有超越规范主义的优势,因而可以基于法律之外的理由为中央或地方的政策试验进行辩护,两岸协作"先行试验区"和"先试政策"的现实经验也证明了功能主义理论支持的正确性,是对两岸行政协作应变中大量存在"软法之治"的实在应用和具体应验。

从功能主义学派的目标思维模式,可以正确回应两岸特殊行政协作"软法之治"合理应用的正当性。软法研究者将传统的"法"修正为"体现公共意志的、由国家制定或认可、依靠公共强制或自律机制保证实施的规范体系"。基于这一概念内涵,结合两岸行政协作特殊的政治与法律条件,从两岸协作的功能需求和经验现实看,两岸协作现状或预期发展尤其适合采纳"软法之治"的理念。

一是就法体现的意志而言,两岸尚未形成共同认可的国家,尚无共同的国家意志,但顺应两岸公共治理的需要,两岸协作存在着公共意志,包括政治组织和社会共同体的意志,这种两岸"公意"恰恰是"软法之治"之概念前提。

二是就法的形成方式而言,"软法之治"的法将国家认可由直接认可和明示,拓展至间接认可和默示。历史上两岸几十年政治对立与隔离,犹然存在局部的两岸行政协作,但并无统一的规制法律,这种行政协作行为的运作并无法律上的明确依据,在两岸社会确实实在的默示运行。近10多年,两岸协作主要呈现单方面地突破本域法律界限的"先行先试政策"式的协作,依然缺乏共同的法律依据,但其功能目标是对两岸有益的,实质上是两岸社会共同的间接认可或默认。

三是就法的实施方式而言,"软法之治"将传统法概念中"依靠国家强制力保证实施"修正为"依靠公共强制力(包括国家强制力与社会强制力)与自愿服从两种类型"。两岸社会并不存在共同的国家强制力,行政协作的运行需要两岸政治组织以"转化法"的方式在单区域内强制力执行,这种强制力本质上来源于社会道德、政治诚信和共同利益等,更多的明示或默示的行政协作主要依靠两岸社会的强制力,以两岸社会为面向,无论是前者或是后者的强制力实质上都是一种自愿服从,两岸协作尚不存在国家意义上的强制威慑、制裁和执行力。比如,对待两岸突发应变的事务性行政行为,由于各自法域内实在法自身的或者时变的滞后性,两者之间可能发生冲突和矛盾,出于两岸社会共同利益的功能性需要,这些应急性行政

---

① [英]马丁·洛克林:《公法与政治理论》,郑戈译,商务印书馆2002年版,第85~193页。

协作行为根据情况需要，往往突破"法律"的原有约束性而使两岸协作处于"软法之治"的"软性管制"之中，以实现共同的利益目标。

四是就法的功能意义上讲，两岸协作的"软法之治"在功能上，可以矫正各自域内硬法规范的固有失灵，填补两岸协作共同法的空白，应对两岸社会治理多变的情境，拓展两岸法治社会的疆域，为促成两岸新型的法治社会提供思路。

第二节　分裂国家模式与两岸行政协作框架之构想

两岸的法律地位虽然未明，但对于一国的认知是一致的，大陆作为唯一的合法政府代表的地位在国际上已经取得绝对多数国家的有效承认。尽管两岸分裂与国际上分裂国家有此等质的区别，但两岸的治权状态近于类似。学者张五岳比较分析提出了分裂国家模式理论，笔者赞同该模式提出的正视现实、和平解决，并将两岸定位于"属于特殊性质的内部关系"，其中部分关系之处理可以借鉴国际法规范。笔者认为，第一，参照国际法的有效原则，两岸正视现实，承认对方在管辖区域内的有效治权，承认对方享有有限制的主权，对方的治权是一个完整国家主权下的分配治权，这种分配虽然未经两岸人民的共同同意，但在其辖制的区域内以各自的民主政治方式取得区域自治权的合法性，只要其对对岸区域不造成重大权力和利益的冲突，不会招致对岸人民的反对，因此治权的分配可以取得两岸人民反向一致的认同，而使分配和自治权有了正当性。第二，两岸在尚无法实现统一法治情境下，秉持后现代主义的理念，参照新公共行政理论，两岸互动可以取人治与法治结合的进路，即人性化的政策安排、特殊行为形式的行政协作，而后递进建立形式上为制度化、法制化的关系以规范双方的互动与交流，又能人性化地根据两岸实践变相执行既成的两岸制度。第三，以造福于两岸人民福祉作为两岸互动安排的合法性目标，以两岸整合有利为价值权衡实践两岸互动协作。第四，两岸签署协议蕴意两岸对对方经济秩序治权的认同，两岸行政主体先行间接协商协作去政治化的功能性和事务性的问题，再引入直接的行政协作机制处理各类实务问题。

第三节　"整合理论"与两岸行政协作框架之构想

两岸开启"三通"交流和经贸、科技等紧密协作，之所以在两岸政治隔阂下依然得以良性发展，从整合理论的面向可以为两岸的互动关系提供解释依据。欧洲整合是当今发展最成功，且为唯一真正具有实质超国家特质之整合体。[①] 整合理论以欧洲统合模式为主要经验，研究"二十世纪以来经济与科技快速的发展究竟对国际社会成员间的互动产生何种影响"。[②] 整合理论以功能为取向，可以分为三个主要流派：功能主义、新功能主义和联邦主义。不同学者对于整合有着不同的概念解释。笔者认为，对于两岸互动关系面向及其发展可以综合借鉴功能主义和新功能主义的部分观点：一是在广义上理解整合的内涵，即相对分离的组织体通过系统不同层面的同化连接归于整体统一的过程。基于整合"不是一个点而

---

① 蔡生当：《两岸交流与管理》，黎明文化事业股份有限公司2007年版，第28页。

② 包宗和、吴玉山：《争辩中的两岸关系理论》，五南图书出版公司1999年版，第3~39页。

是一条进路"之概念,协作寓于整合过程之中,在协作中整合,以整合渐进引致走向统一。二是从功能性主义观点出发,可以搁置政治,在非政治化或弱政治化领域先行开展经济、科技等行政协作,扩大两岸功能上的相互依存度,增强其深度和力度,形成整合势能力。从实证来看,大陆对台湾的经贸优惠协作安排一方面可以争取民意,另一方面可以提高两岸依存指数,促进两岸整合。三是从新功能主义观点看,政治力确实对于他领域的协作发生作用,但笔者不认为是决定性作用,在两岸政治分歧、内战分裂到两岸模糊对立的年代中,两岸自然存在的民间交流协作成了两岸协作的经验法则,"存在的就是合理的",说明了两岸交流整合的自然民意。因此,政治力的背后是民意力的潮流,不可逆势,政治若仅以阶层利益为权衡而阻止协作趋势,本身就有合法性存亡的危机。新功能主义将协作与整合割裂欠缺科学性,但其整合的"扩散效应"过程理论对两岸渐进协作进程有指导意义。四是笔者认为,功能性的整合在两岸关系的任何阶段都是自发的民意力和政治理性力的结合,对两岸关系的发展是有益无害的,因此不需要讨论功能整合是什么或者为了什么或者预测将来,关键是我们应以正义的需求即两岸民生利益作为出发点和衡量的标准,绕开两岸争议问题,理性引导功能整合。五是两岸存在着经贸和交流互补的功能依存要求,引导两岸政治实体自觉的人性化调整政策,促进在互动关系中扩大功能整合的广度和深度,形成不可分离的功能"连接桥"。从功能主义或者新功能主义的面向,功能的整合会逐渐外溢到政治、法律的整合,对政治、法律产生反致力。因此,两岸政治实体政策所为的是确定功能整合及其先后顺序,在满足两岸民生自愿的情况下由简单到复杂、由低政治到高政治的自然递进,铺设两岸关系变迁合乎理性的路径,实现两岸关系运转的正当性。

欧洲整合实证了行政协作的区域一体化,比如海关关税、检疫审批、出入境手续等实现了等同于一国的治理方式。借鉴整合理论及欧洲统合经验,两岸之间的协作可以优先在特定领域进行协作实现功能性整合,使两岸功能性交流走向常规化,参与的组织、团体和人越来越多,协作涉入的程度越来越深,使各个方面的融合逐渐形成自动趋势。先由技术和经济的整合开始试点,从简单到复杂,不断扩大范围,不断地延伸到各个部门,进而促动政治的整合。出入境检验检疫实务具有科学技术性、经济的属性和社会公益性,存在非政治领域的功能整合空间。从实证来看,双方相互尊重在各自法域内履行公共管理职能的执法主管机关,其功能性协作效果明显,促成两岸检疫准入的特别开放、疫情信息的相互通报等。协作呈现出正面效应。随着情势的变化,扩大协作范围和调整协作方式,推进两岸多方位多层面整合,形成不可分割的两岸区域一体化利益。通过两岸经济的整合,两岸各个领域的主管机关协作的广度和深度不断扩大,取得更多的共同认识,从而在经济层面、科技层面或者管理层面都构成有机的系统结合。两岸的政党、利益团体或者舆论的认知将随之转变,化约为两岸区域福利机会和民意需求,给予统一派政治体更为稳固的正当性支持,以自觉行为配合实现一国主权下的分配治权模式,即在一国多法域的国家,由统一国家中央授予独立法域"分配治权"而取得有限主权,这种有限主权是完整主权的重要部分,具有统一主权之下的司法权、终审权、行政管辖的自主权,国家仅仅控制代表一个国家的对外交往及全国性事务等部分主权。

第四节 "民族融合"与两岸行政协作之前景

两岸行政协作与两岸民意共识互为条件、互为推进,如同两岸经济和文化交流之功能,不需要政治的强制,可以引致两岸社会民意集中、趋同和融合之势,使两岸社会民族互相接近、互相影响,自然走向合二为一的"民族融合"之前景。

笔者基于社会实证的观察,试将理性分为三个层次:一是规定法的形式理性,它具有国家意义上的合法形式,国家通过形式的民主包装,使其具有形式的正当性,但并不全部具有实质正当性,比如恶法遭到普遍的反对、拒绝甚至颠覆。二是实质的理性,现实中的民众以"普遍的做法或者认同"、"大家都这么说了这么做了"就认为是合法的,这种实践中的实质理性是民意的正当性,因为民意的支持取得实质的正当性,但其不一定代表真理,也不一定符合国家形式的合法性。三是真理之理性,由于民众受到科技手段等客观限制,而且不可能都是人杰精英,其认知理智只能是片段的、历史的、人性的及其群居社会特殊环境下的观识,难以在现实时间空间揭示真理,真理往往在少数人身上并且是事后发现的。任何一种统治秩序最终必须取得"人"化的正当性,即人心民意的正当性,这种制度才是有效的。基于以上认识,笔者继而认为"普遍的认同是实质的正当"而且可以是非国家形式,可以撇开讨论国家形式的合法性问题,基于两岸政治分裂之现实,两岸尚未实现国家统一组织的民意,但两岸社会自然蕴藏统一的民意共识,两岸协作可以"社会大家都看到这么做了"取得两岸社会民意的实质正当性和实质的合法性。

从实证分析,笔者认为,民意是国家权力的原初力,是第一性权,国家意志权力是第二性权,行政权来自于国家立法,是第三性权。法治理性的民主国家,其政治不外乎造就一个民意代表的组织,或是国家或是政权都是民意的符号。两岸社会,一个国家或者一个政权或者一套法律的形式符号尚未经过统一取得合法性,但是,两岸社会公共民意的支持可以直接为两岸协作提供最原始最高级别的授权,具有最合理的正当性。两岸社会的公共利益就是一种民意,和平互利的共同利益和应时解决两岸民生中的诸多问题就是两岸近及长远的公共利益,基于实现此利益任务的目的性,两岸的协作成为两岸社会主流民意的共同追求。两岸尚不具有跨法域的制度决议形式上的正当性,对于以实现两岸公益任务为目的的协作制度安排符合两岸民意要求,从而具有实质的正当性,取得通行于两岸的合法性,进而取得运行于两岸社会中的道德力和间接强制力。

两岸签订《两岸经济合作框架协议》取得台湾 70% 左右民众的支持,获得台湾主流民意和大陆各界主流民意的认同;反证来看,台湾民进党组织反对 ECFA 不能取得多数民意而丧失正当性。就出入境检验检疫管理而言,在 ECFA 协议之前两岸就已经先行达成相关约定,签署了《海峡两岸食品安全协议》、《海峡两岸农产品检疫检验协作协议》、《海峡两岸标准计量检验认证协作协议》,这些协议的签订反映了两岸共同促进农产品贸易、保障两岸食品安全、简化出入境检验检疫管理环节、促进便利化贸易的目标,这些共同权衡的利益追求维系两岸民生利益,符合两岸人民的共同意志。

第三章　两岸行政协作的制度框架及其发展进路

第一节　两岸行政协作之理性反思

后现代时期,19 世纪韦伯所提出的传统法律模型之形式理性已经转型到实质理性的法律理论,形式理性主义已经转型为:对于结果的实质理性和以程序为导向的参与体制和组织的反思理性。在笔者看来,程序的过程管制目的也是引导结果的实质理性,因此反思理性本质上也是实质理性,不过更加强调程序的作用。社会的变迁引发对法律的需求,后现代时期我们不得不主要从实质理性的层面认知和应用法律,以促动制度的合理安排与设计,适应新型社会和新型行政管理的需要,后现代行政管理在其法律方法上注重从直接调整到间接调整的引用转变。实质理性的目标在于"具体环境下的特定目标",实质理性下的行政法因应了两岸社会特定环境下的目标需求。

一是两岸行政协作制度的正当化理由应建立在社会协作的协商式迂回决策方式上。两岸社会的行政协作在国家统一前主要是基于自发的、社会化的、非强制性的协作,具有明显的社会自主性,在非政治干预领域协作是两岸社会一种自然的秩序,实质理性的法律理念支持这种社会自主的良性协作,在政治未能和谈、法律未能统一的状态下,两岸社会默契地协作存在一种"看不见"的"法律"机制,这个机制就是给予一定程度的两岸社会自由状态的协作,这个所谓的"法律"机制是拟法律化行为,它不是形式意义上的法律,但实现了法律的功能,在实践中经常表现为不作为的行为形态。当协作成为两岸社会实质理性的需求压力,就会促使反思性法律的构建,即两岸的法律制度设计可以不需要直接约束或者规范协作的具体行为,只需要规范两岸社会良性协商协作实现自主管理的法律环境。

二是新型理性的法律并不完全依赖自然的社会秩序,通过组织性和程序性规范,设计自我管制的社会系统,达到"管制上的自主性"。① 从这一理性反思,讲究在满足实质理性需求下,去中央化的参与式管制,注重在大方向上管制两岸协作,恰恰符合两岸社会协作的特殊要求。两岸目前通过民间形式的协作,属于两岸社会的自主性协作,例如,两岸出入境检验检疫实验室通过检验结果的实验室比对,进而实现两岸的检验互认,方便两岸贸易,这种科学的宽松式协作管理既满足管制上的实质理性的要求,又可以由社会完成自主管理。

三是新型的法律理性,是在促进功能分殊化的社会内部整合,其促进社会整合的方式并非以威权的方式来设定社会整合的方法,而是通过在自主的社会次级系统间,支持其整合的机制,来建构分权式的社会整合结构。两岸社会目前未能有统一的威权,需要一种去政治化的制度设计,以"授能与促进"为方法,支持两岸社会自主性协作的法律环境,不妨碍两岸社会良性协作的内在趋势。

四是法律内在理性不再是运用精确界定的形式规则体系,或将目的取向融入实质标准

---

① 　廖义铭:《行政法基本理论之改革》,翰芦图书出版有限公司 2002 年版,第 288 页。

之中,而是有赖于程序性规范,规范程序、组织和权利与功能的分配。两岸社会对于共同的形式规则制定属于共同立法,尚未能实现,另外,过于明确的统一之目的尚未取得政治上认同,更不可能以之作为明确的立法目的确立两岸制度标准,因此,通过协商、制定规划等,在程序性、技术性方面先行安排协作,以间接形式实现实质理性之目的。两岸的有关协议授权两岸的主管部门开展联络,两岸社会就此通过协会团体的民间形式开展疫情控制信息相互通报的协作,就是这一新型理性反思的功能体现。

五是以出入境检验检疫法律制度为例,两岸在产品质量安全的管制或者是疫情疫病传播的管制方面,基于形式理性由刑法和庞大的管制行政法构成法律体系,主要以机关设立、制定标准、设定禁止性规则、设定审批等命令式义务并设定了制裁措施等,两岸都就此设立了形式不同的主管机关及其庞大的管制机器。这种以行政管制为主导的因应模式并不能解决复杂多变的质量安全、技术更新、疫病变化等问题。因此基于实质理性,出入境检验检疫需要转向多元因应阶段,行政的管制退位至行政监督,替代其责任的主体则是企业、行业自律协会以及官方监督或者认可的技术机构、认证机构等,这些非官方、非政治化、去中央化的自治性组织之间,因应两岸社会理性需求之压力及其自身利益,实现了协作,成为无障碍的自然结合,而官方的行政仅仅在程序性引导、信息舆论监督等方面发挥了促进作用,但却达成了管制的实质目的,又实现了便利两岸社会、造福民生之功能。

第二节　两岸行政协作之制度框架

R. Pitschas 提出了当今法治国"走向情况性之法治国",强调视情况而定之"权变",立法者倾向制定开放性之规范,此类规范相当于法律的原则性依据,而不是解决个案的规范单元。① 两岸关系中层出不穷的协作个案问题,难以找到准确的"准法律依据",但两岸行政协作具备了开放性制度之框架,并可以此为原则确立宽松式管制规范。

一、两岸互涉立法

两岸由于无法实现共同立法,但两岸交流交往的事实产生诸多的关系调整问题,需要在两岸法律社会中解决。因此,两岸出现了单方面的互涉立法,体现了法律的规范和社会调整功能。大陆主要运用政策调整两岸民生中的有关事务,也制定了一些法律;台湾主要以法律制度调整两岸事务。这些单方面的制度规定,因为缺乏两岸的协调协作有着明显的局限性,如不能实质上适用于对岸,不能离开片面性和区域性利益解决民生问题,不能解决两岸制度的冲突,不能保证权益调整的公平、公正和有效性,不能提供可靠的预测功能,不能明确两岸交际的合法权益等,不能保障权益实现等,但制度本身作为事实手段发挥了法律的部分功能性作用,为两岸互动协作提供参考思路和方向。两岸在各自的法域内制定了一些管理实务的制度,体现了两岸在有关的立法精神上,不得不顺应两岸社会实在要求,以制度的协调和行政协作支持两岸社会的交流融合。

---

① 廖义铭:《行政法基本理论之改革》,翰芦图书出版有限公司 2002 年版,第 314 页。

二、两岸域际协议

自 1987 年台湾开放民众赴大陆探亲以来,两岸经贸关系发展密切,自然衍生出许多问题需要双方协商解决,两岸的政治阻隔无法阻却绝大多数台湾民众要求两岸协商的强烈诉愿。两岸的政治实体未能在政治、法律协作方面直接接触,而是通过海基会和海协会民间形式进行行政协作,签署了有关协作协议,为两岸社会提供福利,获得了两岸民众和国际社会的支持。通过两岸不同法域之间的协议,可以明显看出两岸合目的性协作的功能性效果,而且作出了允许由双方对口的行政主体在技术、专业和事务性领域直接接触的制度安排,尽管这种接触沟通仍然是以民间团体的名义进行来往。例如,两岸签署 ECFA 的主要目的,就是降低关税与排除非关税贸易障碍、增进双方经济协作、对两岸经济发展有利。根据 ECFA 协议规定,两岸指定的代表成立"两岸经济协作委员会"负责处理协议执行等相关事宜,协议相关的业务事宜由双方业务主管部门指定的联络人负责联络。《海峡两岸食品安全协议》、《两岸农产品检疫检疫协作协议》和《两岸标准计量检验认证协作协议》都规定,双方业务主管部门相互联系实施协议的议定事项,建立会商、研讨、互访、考察及技术协作机制,成立工作小组开展检疫检验专项领域技术协作研究,明确双方主管部门在标准、计量、检验、消费品安全、认证认可、信息交换等 7 个领域的交流协作。这些两岸共同协议与其他多项两岸协议重大的区别是,规定了两岸的业务主管部门直接交流协作的规范,授权双方在出入境检验检疫领域启用先行的行政协作形式,为两岸出入境检验检疫行政协作提供直接的法律依据。

三、世界贸易组织规则与两岸行政协作

从国家经济的统合主义看,WTO 法正在引致区域乃至全球的经济行政法统合,各成员的经济行政法可以称为是 WTO 法的具体化。[①] 两岸同为 WTO 成员,WTO 规则成了两岸共同的国际法。WTO 规则是两岸通过国际社会形成的同时规制两岸社会的完全法律制度,WTO 规则相当于两岸的经济基本法,而且是唯一的具有完全合法性的两岸共同遵守的法律制度,具有完整的法律发生、运行及其保障机制。《两岸经济合作框架协议》已经将 WTO 作为基本原则,两岸应朝向符合 WTO 法规定的方向实施协作。

按照《WTO 协定》第 12 条第 1 款的规定,享有充分自治权的单独关税区是成为 WTO 成员的先决条件,台湾就此与中国大陆同为 WTO 成员,但因其属于一个主权国家之内不同关税区成员之间的特殊经贸关系,WTO 对此类之间的贸易安排并无相关的约束规定。因此,两岸享有在遵守 WTO 原则下最充分的自由安排两岸之间的协作关系,CEPA 或者 EC-FA 都区别于 WTO 一般成员之间的关系,这一特殊模式是一个主权国家之内区域一体化的紧密贸易安排。在执行 WTO 规则方面,出入境检验检疫行政实务是两岸经济协作中最主要的最直接的共同事务。从与香港的先例经验看,两岸的主管机关可就技术性贸易措施、原产地规则、合格评定程序、检验检疫通关便利、技术标准协调、检疫准入和认证认可等进行交流协作,以实现减除非关税壁垒和贸易的便利化。

---

① 廖义铭:《行政法基本理论之改革》,翰芦图书出版有限公司 2002 年版,第 63 页。

第三节 两岸行政协作之发展进路

笔者认为，对于两岸协作宜应变地综合运用以下策略，兼取政策的应变性、法治的稳固性、措施的灵活性和社会的自律性等优势机能。

一、以政策为导向调控机制

由于传统理性主义存在着严重的缺陷：经验主义、教条主义和形式主义，如果直接又简单地照搬传统理性主义来解释两岸协作无疑是条死路。就韦伯的观点而言，现代政治是法制型，人性的影响被减至最低，因法律是非人性的，形式理性的官僚造成了毫无生气的"秩序人"，掏空了政治原型的人性发挥和人性保障。当代公共行政，越来越重视直觉、感性等非理性成分的重要性，Peter M. Senger 也提出直觉在管理上的有效运用。后现代公共行政的目标是：远见、弹性、感性与新的知识形态，反思性法治观吸收后现代哲学的启发认为人治是不可避免的、全然的法治是不可能的。长期以来，两岸无法形成法律意义上的共同规矩，大陆对台工作主要依靠政策，政策起到不成文法的效用，对于两岸社会目标追求，作出指导性、号召性、激励性等导向政策，调整着两岸近、长期事务，而且根据两岸情境变动，临机进行政策应变与两岸社会情境实现互动，优越于纯粹法律的功能。从实践上反思，两岸的政治精英发挥其政治智慧和创造力，扬弃刻板的纯科技主义或纯法律主义式思维，从社会、政治、文化、经济、科技等变迁面向，通过动态的政策规范设计，灵活对应两岸社会的变化，实质上推动实现其造福两岸人民的政治抱负。两岸协作关系的发展需要克服传统的法治僵化，依赖于人性化政策的灵变引导。

二、以法律为理性规制机制

我们提出政策的不可或缺，需要重视非理性的人性成分，但并不拒绝理性的优点，而是对于法律理性规制形成合理补充，法律治理的规制对于两岸社会仍是主导。尽管反思传统法治理性的作用力有其局限性，但基于两岸社会追求法治、民主的共同意志，以及台湾社会相对法治化和大陆的法治化走向，两岸协作主要应由法治化的规制运作。两岸的协作从默契的不成文的协助惯例到授权民间形式的商谈，最终需要以开放式制度推行公共管理权能，也为两岸经济贸易和人员往来提供实在的、可预见的、包容的法律环境。两岸社会法治需要以两岸社会公共利益作为目标导向，达成实质理性需求之目的。从反思行政法的反思理性面向，出入境检验检疫行政管制的主要职能应转变为鼓励、引导和监督企业主体自律，主要的管制权及其责任由企业及其半官方中介组织自治完成，在此官民共治的模式下，两岸适宜以开放性的制度为原则，以便利两岸贸易为价值目的，以功能性整合为内容，顺应两岸社会之自然趋势和民意的压力实现协作，通过出入境检验检疫管制的多元主体实现交流，即直接管制责任主体，即两岸跨域企业、大陆的技术机构事业法人和台湾的半官方的财团法人等；或者间接管制责任主体，即两岸的对口主管部门。就此，两岸的行政协作有了良性的自然的协作连接桥，这种非政治化、非法律化、非中央化的多元主体形式协作实质上具备了法律意义上行政协作的全部内涵和目标。

三、以社会自治规范为内在驱动机制

后现代社会,国家的角色发生转变,最突出的就是国家权力的退缩,表现在:一是国家权力与责任在水平方向或者功能性的重新分配,权力从中央政府的官僚体系,转移到工会、协会、企业或其他如海协会、海基会等特殊法人。二是国家权力的垂直下放,去中央化的分配给自治团体、地方政府和公民社团等。三是权力的私有化与市场化转移。四是政治的全球化,国家权力与责任转移至如 WTO、WHO 等超国家团体。基于此,国家强制性管理功能转由社会自主性管理为主的弹性管制,反思式出入境检验检疫制度管制目标在于既要保护生物体健康安全又要促进贸易便利化,行政部门在后方通过政策原则诱导和计划管理机制,前推企业和中介组织的自我管理,将高度技术性、高度专业化、高度市场性管理交由社会应变自治并由社会予以回应,虽非是法律上的、自愿的但实质上具有社会的强制性等效用,行政的管制仅仅以监督、观察和评价作为其拘束力。两岸在此非官非法情境下就有更多的共性空间进行协作,成为两岸社会的整合体。

四、以"人性化执法"为强化机制

无论是政策规范的、法律规范或者社会自治规范的执行,都需要执行者的感知、理解和解释,进而判断作出决定。先验的规范无法准确预知事后的行为现象或者个案,在后现代行政法治观看两岸的管制政策或者制度只能是原则性的、开放式的。出入境检验检疫管制,如转基因产品安全的控制管理至今还未能从科学上论证其危害性或者无危害性,因此在交由人执行时,其包含了专业理性和非专业理性、一般理性和非理性,这些理性与非理性共同型构人的灵性执行模式。对于纷繁变化的社会现象,其管制实务需要人的灵性感触并随机应变地执行,而不能是理性主义所倡导的机械性执法,走向细腻的、非单纯的、综合考察各种因素的酌情式执行,如在出入境检验检疫管制中,两岸都运用了企业的体系能力评估、诚信等级、产品分类管理、产品反馈信息和社会评价报告等工具,采取分等管理的管制措施,就是人性化执行的体现。

第四章 作为"协作范例"的出入境检验检疫行政协作

第一节 两岸检验检疫行政协作之法律内涵

两岸出入境检验检疫协作涉及公权管理,需要两岸尊重其政体,并以技术协作为先、管理协作为后,在两岸民主制度背景下累积民意取得合法性。

一、基本概念

我们对于两岸出入境检验检疫相关概念的解读或论述较为鲜见。首先,"出入境"之内

涵可以从多重角度理解。一是从征税和属地治权边境管理角度看,指两个独立关税区的关境之间的进出,即大陆关境与台湾关境之间的进出;二是从法律管辖区域看,指两个相对独立的法域管辖的治理边界之间的进出,即大陆法域与台湾法域之间的进出;三是从传染病检疫控制角度看,指在台湾与大陆作为相互隔离的存在传染病传播流行可能波及的完整地理区域时,两岸的疫区之间的进出。这些境线有时是一致的,有时是不一致的,比如疫区从法律适用的地理区域标志而言,台湾本岛是疫区,金门岛可能就不是疫区,大陆的东部是疫区,其西部可能就不是疫区;台湾自治区域全部是疫区时,疫区的境线就与其关境线、法域边界线重合。其次,检验检疫主要指两岸相关的行政主管部门根据法律的规定,以检验和检疫为技术方法,以安全卫生环保等为法规标准,通过行政确认、行政许可、行政处罚、行政监督等行政手段,准许人员、货物及其交通工具在两岸之间出入境的一项管理制度。两岸出入境检验检疫协作主要指两岸之间在进出口商品检验、消费品安全、进出境人员及其货物的检疫,以及共同应对技术性贸易措施、共同致力于减少非关税贸易壁垒等问题进行的协作、协调和互助活动。

两岸出入境检验检疫协作调整的是一国国内不同法域的区际检验检疫业务协作关系,可以参照如环境保护、知识产权的国际协作,但又不同于大陆内部同属一个法域一个关税区内的区域协作如珠三角的区域协作。两岸的这种法律性协作可称为域际协作,与区际协作不尽相同,后者可以是一个法域内的区际或不同法域的区际,一个地区可能有两个法域,一个法域内可以有不同地区。域际着重于法律管辖意义上的区域划分,区际着重于一个主权国家之下的物理划分。

二、互惠并非两岸行政协作的必要条件

笔者认为,两岸的协作有三种情形。一是履行共同协议义务之协作。即按照"约定必须遵守"普遍法则,无论是何种形式的共同协议,只要是两岸社会公认的,两岸政治体都必须认同,若不遵守就要承担不义的后果。二是互惠之协作。即在没有共同约定义务的请求下,在特定领域的相互需要、相互满足引致的相互同意、相互提供协作便利,这种互惠取得双方一致的真实意思表示,主要表现为默示,如两岸早期存在的停战默契、红十字会之间的救助协作、民间往来等。互惠原则可以在非政治语境下完成,可以突破两岸共同协议需要的复杂组织性、有限事务性等缺陷,更加满足两岸协作处境,国家海西战略和检验检疫领域可以在互惠原则下先行先试。先行先试可以促成个案变成通案,促进共同协议也促进已有共同协议在实践上应变实施。三是非互惠非协议的协作。即使在国际上,没有条约或者互惠原则依然存在两国之间的协作空间,或者是利己主义,或者是无害原则,或者是不违法的宽容原则。两岸属于特殊关系,一国的法理和一个民族的情理成为自然法则,以共同提高中华民族在全世界竞争力为目标,因此不总是以协议或者互惠原则为前提,不总是以短期利益或者厘清利益界限为出发点,造就两岸之间无偿让利的协作。比如两岸 ECFA 协议的早期收获计划,大陆方面对于给予台湾方面很大的让利;在检验检疫方面,比如大陆对台湾开放 22 种水果的检验检疫市场准入和甲鱼卵检疫协作入境便利等都是一种让利式的协作。

三、两岸行政协作的界限

首先在于管理权的协作边界,即两岸的协作存在着行政权行使限制的法律边界。两岸

在有限的分配治权空间内协作,其治权是相互独立的,行政公权的让渡协作仅在于协商一致的范围内。两岸的协作给予对方取得一种代行权代位行使部分行政职能,即使从国际领域协作的先例来看,通过公约达成的国际行政协作其行政权行使也是受限制的,两岸协作行政权不具有在对方法域的直接强制力。因此,两岸协作的管理边界就是两岸独立治权协商一致的授权区间,比如对需要实施隔离控制的人或其物,入境一般采取拒绝入境措施,而不能直接采取强制措施,除非采取两岸协作的授权方法。

其次是利益的协作边界,即两岸利益协作存在着受限制的法律边界。两岸的协作以互惠互利为原则,双方协作优惠安排存在法律的边界,即其利益最大化区间:最低要求是双方共同遵照 WTO 规则,实施应以最小贸易限制为尺度,确保在与 WTO 成员的贸易中技术法规、标准与合格评定程序不会造成不必要的障碍;最高要求应该以"无损他人"为原则。国际经济法学者杰克逊指出:"一般认为,关税同盟或者自由贸易区,在其成员间相互贸易中消除壁垒,是朝着普遍的贸易自由化迈出的一步,只要其特惠安排无损于非成员的贸易,就应允许。"[①]从两岸的特殊关系角度看,双方的常规协作应以"参照对内、借鉴对外"的原则,两岸按照基本理性原则认为是必需的,互为透明的技术措施,并取得两岸共同认可。因此,两岸出入境检验检疫协作优惠措施的法律边界就是按照一国内部的区域协作关系,参照大陆、低于大陆或者超出大陆国民待遇,但以"无损他人"为境界。

第二节　两岸检验检疫协作之制度模式

一、检验检疫协作的制度框架

(一)协作的目的

"现代法治可以说是从自治型到回应型法的转变,不仅注重法律规定的规则性,也绝不忽视法律社会目的的实现,使法律取得开放性和灵活性。"[②]两岸出入境检验检疫主管部门是两个不同政治实体下不同的公权力管理协作,其共同法益是为了两岸社会的公共利益,为了中华民族的利益,同时又相互照顾各自的治权利益。双方协作的宗旨也就是两岸 ECFA 达成的共识,即"遵循平等互利、循序渐进原则与考虑各自的经济要件,逐步减少或取消彼此间的贸易与投资障碍,创造公平的贸易与投资环境"。

(二)协作的前提

一个完整主权是两岸协作的根本前提。参照国际法,主权可以通过协作的精神来行使,两岸共同维护一个国家之主权及其独立、完整和安全是共同的义务、共同享有中华民族一个国家主权之利益,在两岸之间是在一个完全主权之下的分配治权。两岸在各自独立法域内分配的司法权、行政权和立法权有其专属性,互相不干涉,涉及域内事务具有独立的自治处理权。对于跨域的事务可以采取自愿的或者社会协作方式取得共赢,是一种治权的自动延

---

① 杜玉琼:《区域经贸协作的法律问题研究》,四川大学出版社 2008 年版,第 83 页。

② [美]P. 诺内特、赛尔兹尼克:《转变中的法律与社会》,张志铭译,中国政法大学出版社 2004 年版,第 7 页。

伸和转移,互惠双方均为民众创造更多利益机会,推动两岸之间建立紧密协作新秩序。

（三）协作的形式

两岸协作形式可以是主管部门之间的直接协作,可以是主管部门授权的民间形式的协作,或者是官民共治机制下的协作,或者是纯粹民间形式的协作。其中官民共治形式是两岸检验检疫工作机制的共性,在去政治化情境下有着灵活便捷的协作路径。大陆的检验检疫技术和认证工作已经主要交由社会事业单位承担,台湾主要交由财团法人、社团法人等承担,两者都具有官民共治的特点。另外,随着经济的全球化和自由化,行政任务出现民营化,国家监督越来越多被企业的自我监督替代,即解除国家管制而由国家行政契约取代行为规制的法规,国家与企业缔结"企业的自我限制协定",以公私合营等多元形式同样达到行政目标,如在检验检疫执法任务中大陆实行的分类管理和台湾实行的分等管理,因此两岸协作形式具有共性基础。

双方的交流与协作从间接到直接,协作对象从点发展到面,在制度层面从框架到细则,业务主管部门的协作,从程序到实体、由浅入深,协作的程序由自然的协作、复杂的制度化安排到简单的经验诚信安排。早期的协作主要是间接形式,主管机关不直接接触或者表现为非官方途径的协作,协作程序较为复杂,在两岸互信之后程序趋于简单化。总体上就是两岸在利益和意识的趋同下,分四个阶段的发展顺序:由民间自发协作、到半官方的协议协作、到官方的法律制度协作,最后形成开放性原则下的诚信协作。

（四）协作范围

两岸检验检疫管理协作主要体现在履行其公共管理与服务职能之特性上,以克服司法障碍和管辖权障碍,采取行政措施促进个案在程序事项或者实体事项的解决,落实业已签署的共同协议得到真正实施,或者通过直接交流便利今后案件的处理,使协议得到有效执行。协作范围主要在于消费品安全检验控制、食品安全控制、卫生检疫、动植物检疫、装运前检验、原产地规则、农业的技术性措施保护等。协作内容主要在交流协作、法律程序协作和实体执行协作三个方面。

第一,程序事项的协作,如文书送达、调查取证、查明法律、查明证书,标准的备案、免予认证、风险评估。

第二,实体事项的协作,如管理实务上的协作,行政执行协助,技术法规的协调、标准的协调统一、收费的追缴、违法案件的查处、争端的协商机制以及自由贸易制度下的检疫市场准入相互开放和诚信管理等。两岸在检验检疫管理实务上的合作,如交换信息、交流经验、互相访问、培训人员、法律建议、法律咨询、代收费用、诚信评估、分类管理、登录验证。可表现为:其一,两岸共同打击违法犯罪,维护两法域的法律权威。两岸在打击走私犯罪方面已经实现了协议上的合作,出入境检验检疫方面的违法犯罪往往也是跨区域,只有合作才能实现行政管辖权的延伸,增强法的威慑力;在两岸检验检疫行政强制措施等方面开展合作,提高法的被执行力。其二,管理上的合作,如两岸农产品检疫合作、食品安全合作、检验合作和标准计量认证的合作,两岸已经先行签订了有关的协议,在落实协议中需要两岸同时进行实体的安排,实现实务性的合作,如技术方法、标签和证书的统一与认证,标记的统一,集装箱封签标识协作。其三,维护有关当事人合法权益的合作。如病人的救助、传染病的预防控制、产业转移货物进出的特别安排、消费品安全标签。其四,技术的合作、方法的合作,减少重复的检验和研究,开展评估合作,共同实现科学高效的管理。其五,事务性合作,双方代为履行送达、通知、调查等事务性工作,开展信息情报的交流共享,提高资源的利用率,降低工作繁杂程度,提高依法行政效能。两岸执行协助如特殊人员的遣返、隔离、控制,病人的安排、有害生物处理、特别货物的控制、追溯和处理等。

第三,交流的协作,检查、检测、技术的交流、电子信息互通与共享、技术资源的互补、技术结果的交流与互信、法律咨询、宣传与培训教育、数据信息统计、法律情报提供、信息的通报、基础情况的提供等协作。

(五)协作的方法

大陆是一个法域,台湾也是一个法域,各自代表整个法域进行协议协作,在执行中对对方整个法域有效,除非协议明确限定了适用区域,比如仅针对法域内某个疫区。两岸出入境检验检疫协作制度属于特殊范围下并合法域的法律制度,双方互相尊重对方自治、尊重对方立法与执法;协作的出发点是实现两岸的贸易便利和互惠共赢,满足民生需要、保护民权利益;协作在双方联系活动中执行,以程序和技术领域先行协作,双方优先相互尊重对方的技术行为,简化协助的程序,如实行登记备案方式、简化审查环节、缩减协助时限,直接予以认可或协助。

两岸特殊经贸关系决定了两岸协作方法的灵活性和特殊性,对外两岸都是独立的关税区在国际市场上维持其正常的对外贸易关系,对内在外贸管制中存在对抗、协作与统一的问题。两岸可以设立诸如技术措施贸易管制委员会的机关,处理双方在检验检疫协作中联络机制、制度规范、疫区确认、检验技术、监管措施、信息交换等共同事务,包括建立两岸技术措施争端解决机制、协调解决两岸技术性贸易措施争议等问题。在通关便利方面,两域可以尝试打破行政壁垒,实行通关的统一标准和检验检疫的统一规则;在推行透明度规则、实现信息交换方面,建立"两区信息化对接平台"。根据台湾地理、生态系统、流行病监测、疫情分布特点以及技术性措施的效果,对台湾及其离岛按照疫区大小界限科学对待,不粗暴地将台湾作为整个疫区实施监管,有的放矢实施"科学的必要"之管制,这种做法也同理适用于台湾对大陆的对待措施。双方可以共同出版合格评定程序及有关法规、技术措施、标准以及执行涉及的产品名录通报文本,服务于两岸贸易。双方可以承认同类技术机构的试验结果、检验、检疫与认证证书,对于检验或检疫进口产品的优惠条件、方法程序、检疫准入、许可审批、检验时限、检验费用以及技术保密、检验地点、抽样规则等开展实体协作。双方的协作,应共同确保出口合格评定机构或者出口检疫机构的技术管理权的法律地位,并在法律层面规范并保障其强制检验或检疫行为。双方开展技术援助与互补,促使出口合格评定机构替代对方进口合格评定机构的管制功能,出口检疫替代进口检疫保护的功能;共同应对外方市场的贸易壁垒和技术措施,共同拟定并通报技术性措施,共同开展相关法规、技术措施和人员的培训宣导。双方在发生安全、健康或环保等紧急措施问题时,可以启动个案式特别机制,采取双方的直通式协作。

二、检验检疫协作之互涉立法

两岸特殊政治和法律背景下的协作是一个渐进过程,遵循从政策到法律,先个案后制度,先原则后细则,先程序后实体的一个立法推进。两岸双方从默许协作,制定单边政策、默契的政策协作、单边立法、单边立法互融（互涉特别法）、签署两岸协议共同法、两岸公权协作，这是一个由两岸自然民意推动的循序递进结果。两岸协作主体的公权力机关，仅有在其法域内的合法性，不具有跨域的执行力，因此借助于公权机关的认可执行、协助执行，或者法律授权其委托民间组织开展有权协作，才能保证协作实质效果。两岸协作立法出发点：两岸是一种特殊性质的一国内部关系，类似准国际关系，即两岸之间各种关系的调整规范既非国际法所调整也非两个法域内业已存在的某一完全域内法所调整的范畴，两岸尚未完成统一的共同基本法或者规范两岸互动与交流的根本法；两岸互动交流不应被视为一般外国之间的关系，部分领域可准用国际法规范如 WTO 规则等，也不应简单地按照国际经贸关系的管理规则进行安排，双方共同构建两岸制度化、法制化的正常关系以规范双方的互动与交流，致力于两岸的事务性、功能性的管理，致力于两岸福祉的法益。两岸协作立法目的：正视两岸行政互助、诚意解决共性问题、维护两岸法律制度、兼顾各方权益。两岸检验检疫协作立法的原则，在于推动两岸关系发展原则、维护两岸人民正当权益原则、规范两岸贸易关系原则，保护其边界安全卫生限制主权原则，公权协作公共秩序保留原则。

三、检验检疫协作之多元互动

现代法定权力运作的特征，是司法行政化和行政司法化，两者在一定意义上都是属于执法活动。无论是执法活动或者是立法活动，都与两岸协议的落实紧密相关，都需要一种协作才能确保实施。在立法意义上，两岸对共同协议的理解认知后在域内进行相关的立法或者转化，随之而来的行政执行判断或是司法的裁决，都需要在两岸的共识下进行。后现代主义下，国家对于能交给社会完成的赋予社会完成管理，公权并没有也无法事无巨细地全部进行干预管理，社会的民间参与行政实务成为必然，因此两岸民间协作成为两岸社会中的重要力量。在检验检疫技术领域存在财团法人、社会法人、半官方或者纯粹的民间检验机构进行的技术协作，也为协作执法活动提供技术先决条件。两岸协作是多元的，在立法、司法、行政与民间多位交错结合中互动协作实现两岸法益，在检验检疫领域中如对于疫情传播犯罪的认定、进口固体废物的检验定性、销售假冒伪劣商品的危害跟踪、退货的协作处理、疫病控制的强制隔离等。

第三节　两岸检验检疫行政协作之发展进程

一、地方与部门先行：两岸检验检疫协作的发展步骤

两岸事权属于两岸政治中央，在中央与地方关系上笔者主张授权地方先行发展非法律性的协作关系；两岸行政协作属于总体事权，笔者主张功能性凸出部门先行试验性协作。两岸区块的合作模式，宜从地缘上两岸既有共性充足的地方作为先行地区，譬如，金门、马祖与大陆福建厦门在地理上连为一体，有着"小三通"统合的充足经验，积累了丰富的民意和协作共识，已经从经济、文化、法律等全方位实现了功能性互动并融合之态势。两岸协作事务均属两岸政治组织的"中央"事权，适宜由"中央"放权、授权、让权或委托等方式允许特别的地方对一些两岸事务"自己决定"或"自己试验"，利于地方"自己决策"部分两岸事务，先行区可

就近临机应变有效治理、分摊治理之公务,促进地方民意认同,活络两岸政治、经济、社会和文化在地方上的纵深协作,同时也为两岸协作的总体运作提供先行实证。

两岸的协作功能回应两岸社会共同需要之目的,满足两岸公益性之社会需求。随着两岸贸易的自由化和中华区域经济的一体化,两岸都存在按照 WTO 规则通过立法和执法设置壁垒对外贸实施进出口管制,出入境检验检疫管理因其作为主要的非关税壁垒成分成为两岸贸易关系协调中的主要问题。从法的最基础的社会功能看,两岸出入境检验检疫涉及的卫生检疫、动植物检疫、消费品安全和食品安全检验等法律制度,都是为了管辖区域内具有世界性普遍意义的公共事务的需要,即被 WTO 认可的合法目标。两岸出入境检验检疫协作的功能,是通过技术法规、标准、合格评定程序以及标签标志制度等技术措施的协调和执行协助,最大限度地遏制以歧视性的技术要求为工具进行隐蔽的贸易保护主义,最大限度地减少和消除两岸贸易中的技术壁垒,实现 WTO 所规定的目标:互惠互利以及经济贸易的自由化和便利化。

由此看来,出入境检验检疫法律制度在两岸单一法域或者协作的共同法域中实质上功能是共性的,管理关卡的政治性意涵最低,关涉的是两岸共性的民生利益管理事务,涉及贸易便利化和 WTO 的多项规则,也是 ECFA 协议的主要协作内容,同时又具有技术性执法的特征。因此,具有自然先行的整合性,对于推动两岸行政协作有着实在性功效和潜在性意义。两岸协作早期,事实上签订了多项相关出入境检验检疫业务的协议,经验上体现两岸功能性协作交流的先行特点。

两岸出入境检验检疫管理制度是不同政治法人下的两种"政府治权"的部门公权制度,涉及的两岸技术法规的法律属性是强制性的。两岸行政协作涉及国际法、行政法和经济法的特性,两岸以诚信为基础建立协调机制,这种协调需要法律转化而不能直接适用强制,效力范围不跨法域,无共同强制力。因此,两岸的行政协作需要法律与政治环境的支持,先法律后政治。检验检疫协作具有功能性整合的先行特点,两岸有共同的 WTO 规则、共同的协议和共同的法律功能,在共同的法律基础下双方可优先尊重或默认法律性实务和程序为原则,进而授权双方有关部门开展行政协作,并以协商公信力和信守惯例为执行力。

二、"人性化"交流:两岸检验检疫协作的发展策略

无论是事还是人的监管,在两岸之间流动并且不断的变动,这种管理需要高度的配合,才能确保管理或者服务的有效性。两岸的密切配合协作,对于打击违法行为,便于追踪到位,提高两域法的威慑力;对于服务对象,便于服务到位体现公益的保护;对于管理措施,便于前后衔接,实现管理效果。由于两岸法系的差别、法律制度的差异,行政管理实务的理解和执行容易发生歧义和冲突,因此需要开展人性化交流、个性化协作、灵活性运作,才能确保配合协作的程序连接。两岸之间需要建设一个平台,交换意见和看法,取得谅解和共识,采取共同的立场和措施解决两岸之间衍生的问题。比如两岸在检验检疫方面都涉及刑事犯罪的打击、行政违法的查处,管理实务上的退货查询、证书核实、销毁、假冒伪劣的追溯、食品安全的跟踪、风险的评估方法等等涉及管理程序细节,需要在交流中实现对接,配合应变式管理需求。

三、技术互认与合作:两岸检验检疫协作的发展基石

(一)检验检疫协作的技术性协调

两岸的协作协议或者是将来的政治协定都需要两岸在技术方面协定的支持,要消除两岸之间一些不必要的对外的技术性贸易壁垒,首要的是两岸实现技术性措施的协调统一。两岸在同时采用国际标准领域,与其他 WTO 成员间的关系及其技术协调协作是一致的。除此之外,两岸有其自身的协调特性,比如两岸在地理上同属一个地带,基本气候因素或地理因素是相同的,可以此共同制定对外的措施而对内是统一的;再如两岸同属中华文化,有着许多共性的中国特色的标的(如豆腐乳、药材、中文标志),两岸可以借此制定两岸共同标准甚或推广至国际标准。与此同时,两岸可以共同对外提出以满足中国人的特殊要求的产品技术法规。

(二)检验检疫协作的技术性互认

两岸的出入境检验检疫管制以科学的必要性作为先决条件,即本着科学管理的目的、通过科学的风险评估、适用科学的方法、采取必要的法律措施在边境线实施合理的监管,这种行之有效的监管其法律目的因具有科学的必要性,在两岸看来具有目标及其法律效果的等效性。两岸出入境检验检疫管制共同目的,如共同执行 WTO 规则、保障民生、保障人与动植物生命、健康与安全、保障进出秩序、便利贸易、便利人员交流等。两岸的管制目标等同的共同意思及其效果的等效性,取得互相的谅解与协作具备了理性的主观条件。双方以尊重科学原理为基础,共同接受对岸的具有科学依据的技术法规措施;同时对对岸合格评定机构或者检疫机构的技术资格进行相互考察认可;双方可以协商作为两岸同一市场的共同检测机构及其技术领域的分配行为;双方共同参与建立跨区性认证制度或者构建两岸共同的技术体系,进而双方可以取得在检验、认证等方面一次性实质完成,以认可对方检验替代必要性的装运前检验,也避免重复检验,提高管理效率,减轻外贸企业的负担。

根据《TBT 协定》第 5 条、第 7 条、第 8 条的规定,双方尽可能在合格评定方面采用通用的国际规范或者两岸共同规范,尽可能承认对方的合格评定结果;双方可以构建共同认可的实验室;对于特殊性质的产品实现特别协作,比如对于跨区域的两岸公司的同一产品,可以共同采用一次性合格评定活动。根据《SPS 协定》第 4 条的规定,双方对于对方采取的出口检疫措施,客观上达到了进口的检疫保护水平,就以等效性评估为依据协商接受该措施,采取必要的检查方式替代进口的检疫保护。两岸双方在协作中不仅需要取得原则性协作的应然效果,更加需要务实的实然后果,实质促进两岸利益。

结　语

两岸因为社区共治的民生利益需求功能,存在整合的必然性。以公法上功能主义学派中衍生出来的"软法之治"理念为指导,从"新公共管理"实践中,我们可以合理地诠释两岸行政协作的"合法性",从而解除其中存在的法律困惑,力促两岸协作发展的美好愿景之实现。进而言之,两岸行政协作以中华民族之整体利益、正义与公道精神为实质正当性基础,不固

化于两岸法域现行规则，采取多元化的行政活动方式，以两岸民生利益为行政协作之价值目标，在实务中诸如按照"科学的必要"为原则协作实施检验检疫边界管制、协调互融，以持续性、功能性的交流协作促成中华民族的重新融合，将大有裨益于两岸人民。

我国明码标价制度研究

高碧芬*

引　言

当前,在社会上随处可见各种价格信息和促销信息。许多人受其吸引而进行消费,却往往在交易之后才发现被暗地里宰了一把,或成交价远高于别处,或所得的优惠与经营者所宣传的不一致,颇有上当受骗之感。

诸如"限时抢购"、"现场抽奖"、"消费多少返购物券"等广告随处可见,而真正消费之后才发现大都是噱头。商家为了吸引眼球、制造气氛,不惜采用极端夸张的手法,即利用海报、告示的视觉效果打擦边球,市场上随处可见"跳楼价"、"大出血"等促销字样。与商家卖力广告形成对比的,是不少顾客在心里筑起了一道墙。很多人对商家缺乏诚信不满,对价格信息的真实性持怀疑加警惕态度。

这些价格信息和促销信息与人们的生活息息相关,通过日常生活的潜移默化,在一定程度上已经成为社会诚信度的晴雨表。2010 年,上海市政协社会和法制委员会组成的课题组所做的调查显示,有 44.2% 的人认为,相比 5 年前人与人之间的诚信状况,现在的诚信水平下降了。诚实守信在相当一部分人的心中可能是"无用的别名",甚至有 90.2% 的人认为诚实守信在不同程度上会吃亏。[①] 有专家认为,这种错位认识的出现,与目前商业活动中不同程度存在的唯利是图的社会风气相关,诚信缺失本身就是社会道德水平下降的标志,再加上惩处不力、管理不严,导致诚信仅仅停留在口头上或宣传上。因此,社会诚信建设的方式和路径亟待探索突破。[②]

而在实践中,这些价格信息和促销信息得以盛行于世是有一定的原因的。由于经营者在交易前标示了价格,因此经营者拥有自主定价权。讨价还价是自由行为,许多人虽然觉得有问题却无法从法律途径中找到解决之道。这是困扰许多消费者、价格执法部门乃至部分经营者的难题。

笔者基于日常工作中的实践与思考,试图分析当前我国明码标价制度所存在的问题,并

---

　*　高碧芬:厦门大学法学院 2007 级法律硕士,厦门市物价局副主任科员。本文略有删改。

　①　刘建:《上海市一项调查显示九成市民认为诚实守信等于"吃亏"》,载《法制日报》2010 年 6 月 25 日第 4 版。

　②　刘建:《上海市一项调查显示九成市民认为诚实守信等于"吃亏"》,载《法制日报》2010 年 6 月 25 日第 4 版。

借鉴国内外有关经验,提出一些解决之道。

第一章 明码标价制度概述

第一节 明码标价的定义

《关于商品和服务实行明码标价的规定》(以下简称《明码标价规定》)将明码标价的含义定为:经营者收购、销售商品和提供服务前,按照规定公开标示商品和服务价格等有关情况的行为。实行市场调节价、政府指导价或者政府定价的商品和服务均应按规定明码标价。

从字义上看,"明码标价"四个字中,"码"是指"代表数目的符号";"明"即明示,指与价格有关的基本指标和数据必须明白表示;"价"指"价格";"标"指"标示"。换言之,明码标价就是要求经营者所标示的价格必须是在真实明示的商品或服务的各项指标基础上的价格。

明码标价的对象是商品价格和服务价格。所谓服务,是指不出售实物,而以一定的设备、工具和服务性劳动,提供某种服务以满足消费者或经营者的需要。服务价格通称收费,是服务或劳务交换价值的货币表现形式。[①]

明码标价是经营者应当承担的法定义务,它要求经营者在收购、销售商品和提供服务之前,对消费者明确告知包括价格在内的有关商品或服务的基本情况,其目的是让消费者在交易前对被交易对象和交易内容有一个最基本的了解,做到交易行为的公开化,以贯彻诚实信用等基本原则。

第二节 明码标价的内容和方式

一、明码标价的内容

明码标价的总体要求是做到价签价目齐全、标价内容真实明确、字迹清晰、货签对位、标示醒目。根据商品和服务的特点,按经营类型的不同,经营者的标价义务也不同。如从事零售业务的,商品标价签应当标明品名、产地、计价单位、零售价格等主要内容;对于有规格、等级、质地等要求的,还应标明规格、等级、质地等项目。各类商品专业交易市场,如开架柜台、自动售货机、自选市场等采取自选方式售货的,经营者应当使用打码机在商品或其包装上胶贴价格标签等。对需要实行行业统一规范标价方式或增减标价内容,以及不宜标价的商品和服务,由国务院价格主管部门和省级人民政府价格主管部门认定或确定,经营者不能擅自决定。

---

① 在我国的价格史上还存在"行政性收费"这一项目。这是一种特殊的价格形式,其收费主体是国家机关。《价格法》规定,国家行政机关收费的具体管理办法由国务院另行制定。但随着《行政许可法》的出台,许多国家机关收费项目被取消或得到严格控制,"行政性收费"逐渐淡化。本文在此不加以赘述。

二、明码标价的方式

按照规定,明码标价的标价方式由省级人民政府价格主管部门统一规定,县级以上地方人民政府价格主管部门的价格监督检查机构对标价格式进行监制。

目前,主要标价方式有标价签、价目表、价目簿(册)、电子屏幕等,其中以标价签和价目表最为常见。按功能区分,标价签最常见的是正价标价签(价目表)和降价标价签(价目表)。降价销售商品和提供服务必须使用降价标价签、价目表,如实标明降价原因以及原价和现价,以区别于以正常价格销售商品和提供服务。经营者应当保留降价前记录或核定价格的有关资料,以便查证。另外有些特色标价签,按规定须由县级以上地方人民政府价格主管部门认定。

第三节　明码标价制度的立法目的、基本原则和法律属性

一、明码标价制度的立法目的

按照《价格法》和《明码标价规定》,明码标价制度的立法目的有四个:规范价格行为,维护正常的市场价格秩序,促进公平、公开、合法的市场竞争,保护消费者和经营者的合法权益。[①]

二、明码标价的基本原则

经营者实行明码标价应当遵循公开、公平和诚实信用的原则,遵守价格法律、法规。这些基本原则与立法目的相一致,是整个明码标价制度的基石,对明码标价制度的实施起到基础性的指导作用。

三、明码标价制度的法律属性

在实行市场经济的国家,几乎都将明码标价作为政府管理的一种行政强制措施。明码标价既是我国价格领域中的一项强制性行政管理措施,也是我国价格管理最基本的形式和内容之一。从市场规制法原理而言,明码标价制度属于市场规制法。

市场本身固有的机制是调节经济结构和运行的基础性因素,但市场机制也存在缺陷。漆多俊教授将其归纳为三个方面,其中一个就是"市场障碍"[②]。市场规制法实际上是一种"市场障碍排除法",国家制定和实施这种法律是为了排除市场障碍,维护和促进充分和公平的竞争,以让市场机制充分发挥其调节经济的作用。[③]

从立法目的来看,明码标价制度就是一种市场规制法。它通过规范经营者交易前的价格行为,达到规范市场交易的目的。可以说,明码标价制度是一种事前防范的制度,而反价

① 国家计委价格监督检查司:《明码标价实用手册》,中国物价出版社2002年版,第38～41页。
② 漆多俊:《经济法基础理论》,法律出版社2008年版,第12、185页。
③ 漆多俊:《经济法学》,武汉大学出版社1998年版,第117页。

格欺诈、反暴利、反垄断、反不正当竞争等法规则是事后防范制度。正是通过这样一种脉络，把整个市场价格秩序纳入管理体系内。从这个角度而言，明码标价的基础性作用凸显，明码标价制度的重要性就毋庸置疑了。

第二章　明码标价制度中的核心问题剖析

定价权与标价义务的区分、明码标价之"价格"是否应当真实、明码标价与讨价还价的关系，是明码标价制度中的三个核心问题。这三个问题是明码标价制度中应当标示实价还是可以标示虚价的争执点，也是引发一系列问题的根源。

第一节　定价权与标价义务

定价和标价是两个完全不同的概念。定价，即制定价格，是由有权制定价格的主体根据商品和服务的价值、供求关系等因素制定价格。经营者的自主定价权不是绝对的和无限扩张的，必须受到法律等因素的制约。经营者定价的基本依据是生产经营成本和市场供求状况。市场调节价要求价格在市场竞争中形成，经营者获利必须选择的是：将市场可销价格作为上限，将生产经营成本作为价格下限，同时必须遵循社会主义条件下合理的价格竞争原则，抛弃不择手段的价格竞争方式，综合这些因素进行定价。因此，经营者获取合法最大利润的唯一途径是努力改进生产经营管理，降低生产经营成本，为消费者提供价格合理的商品和服务。

标价，即标示价格，是指经营者在交易前公示价格，它是价格公示制度的重要组成部分。我国实行明码标价制度。

在实践中，往往有消费者质疑政府主管部门不对价格高的商品实行定价等干预手段，这其实是对我国基本价格制度不了解和对这两者概念加以混淆的表现。

从主体来看，标价主体不一定是定价主体，定价主体也不一定是标价主体。目前，我国商品和服务的定价形式，按照定价主体和形成途径的不同而划分为政府定价、政府指导价和市场调节价。其中市场调节价在市场价格机制中占主导地位。[①]　政府定价，是指依照《价格法》的规定，由政府价格主管部门或者其他有关部门按照定价权限和范围制定的价格，对这一价格的形成经营者无权干预。政府指导价是一种具有双重定价主体的价格形式，即由政府价格主管部门或者其他有关部门按照定价权限和范围规定基准价及其浮动幅度，指导经营者据以制定的价格。市场调节价是通过市场竞争机制的作用，由经营者自主制定价格，政府无权随意干预。换言之，有权制定价格的主体有两类：一类是政府主管部门，另一类是经

---

① 　根据统计，国内市场中 95.6% 的商品和服务是市场调节价。《发展改革委谈严厉打击价格串通等违法行为》，http://www.gov.cn/zxft/ft38/wz.htm，下载日期：2010 年 8 月 22 日。在实践中，实行政府定价和政府指导价的商品和服务，标价一般比较规范，容易产生问题的是实行市场调节价的商品和服务。因此，本文的分析着力点在后者。

营者。而标价的主体只有一种，那就是经营者。

从性质来看，定价和标价也不同。根据《价格法》的规定，经营者对于实行市场调节价的商品和服务有权自主定价。自主定价权是经营者在市场经营中的基本权利之一；而标价是一种义务，根据明码标价制度的规定，经营者在实施交易之前必须履行这一义务。

在对于明码标价是否该标实价这一问题的争议上，反对标示实价者多数以经营者自主定价权来反驳。因此其立论的基础多为价格执法部门无权对经营者的定价进行审查，经营者标价只是形式上的义务，只要经营者按规定标示了价格即履行了明码标价的义务。也正因为如此，反对标示实价者对虚高标价问题该如何解决一直无可奈何。笔者认为，这也是将定价与标价相混淆的表现。标价是定价的一种表达形式，定价必须借由法定的形式进行表达。法律正是通过强制性的规范化要求来促使经营者的定价围绕市场规律进行，标价必然影响定价的过程。而这种影响正符合立法的目的，是应当遵循和倡导的。明码标价制度必然制约经营者的定价权，促使经营者依法定价、合法经营。因此，将明码标价制度与经营者定价权相对立，是违背立法本意的。

第二节　明码标价之"价格"辨析

围绕明码标价该标实价还是可以标虚价的问题，许多人一直存有争议。有人认为，市场经济，经营者有自主定价权，经营者爱怎么标价就怎么标价，法律不应该干涉，否则就是侵犯经营者的自主定价权。同时，如果明码实价，在交易过程中，交易双方就无法进行讨价还价，而在实践中这是不可行的。这种观点在实践中得到多数人的认可，也正因为如此，现实中各种虚高标价乃至价格欺诈现象一直成为价格管理中的难点。在对此问题进行反思过程中，有人把矛盾的根源指向讨价还价。[①] 有人对标价可还价提出了质疑。[②] 也有人认为，经营者标示实价才是解决问题之道。[③]

本节从价格的定义和运作机制入手进行分析，从而阐明明码标价之"价格"应当是实价的观点，并对实价进行定义。

一、价格的功能与制定

（一）价格的含义与功能

价格是商品、服务或生产要素同货币交换比例的指数，是商品交换的产物，是价值的货币表现。

从一般意义上讲，价格主要有传递市场信息、激励市场竞争、决定并优化资源的配置等功能。要实现上述功能，就必须有如下五个条件：(1)各经济单位能够自主地根据价格变动

---

①　陈国光、陈宪光：《讨价还价是产生价格歧视、价格欺诈的温床》，载薛竹主编：《厦门经济特区价格研究》，厦门大学出版社 2000 年版，第 580 页。

②　甘家林、林京：《"标价可还价"论点质疑》，载《价格理论与实践》2000 年第 12 期。

③　薛竹：《论明码标价制度》，载薛竹主编：《厦门经济特区价格研究》，厦门大学出版社 2000 年版，第 618 页。

调整生产,以适应市场需求从而维护自身利益;(2)(市场体系健全和完善;(3)有发达的市场组织制度;(4)有有效的市场竞争;(5)市场供求大体平衡。[①] 换言之,价格反映价值和供求变化,同时优化资源配置,但价格的功能要得到充分的发挥,需要有健全的市场作保障。因此,排除市场障碍的市场规制法对价格上述功能的实现起到很大的保障作用,而且,价格真实地体现市场需求和商品价值是市场经济的内在要求。

(二) 价格的制定

影响价格形成的主要因素有成本、供求关系和国家经济政策等。"价格要等于边际成本"是经济学中一条十分重要的定理。这样的价格才能导致资源的最优配置,才能实现社会财富的极大增长。[②] 但是,在实际生产销售过程中,生产者(假设也是销售者)为了实现利润的最大化,在价格谈判时总是极力隐瞒自己的生产价,并以其为底线试探顾客的需求价。这种行为,显然违背了微观经济学中使社会效益最佳的边际成本定价原则。而采用明码标价制度,从理论上看,生产者(销售者)就不敢将价格定得太高。为了招徕顾客,他会把价格定得比竞争者定的价格略低,其他竞争者也会奉行同样的策略。因此,彼此竞争的结果将使定价下降到成本线上。"这样的竞争结果,就会促进生产者改善企业内部的经营管理,降低成本。这样,市场竞争才能在良性轨道上运行。"[③]

在营销学中,价格理论是最为成熟的领域之一。从营销学的角度看价格的制定,实质上是从实践的角度看问题。从营销角度来看,定价决定因素是价格反应函数、成本函数和目标函数。价格反应函数不仅由厂商的价格营销活动因素决定,而且由市场和竞争性因素决定。成本函数把成本和产量联系起来。长期利润最大化是最重要的目标函数。[④]

理论和实践均说明经营者定价不能随意定价、漫天要价。在这里,企业自主定价是市场形成价格的前提,而市场对价格的最终形成起了决定性作用。正是由于集合在市场上的商品供给者和商品需求者,所形成的两股不同力量互相影响而导致价格的形成。在这个意义上,经营者又是市场价格的接受者。

换句话说,定价者的定价权必然受到限制。而这个限制,是市场作用的表现。当市场朝良性方向发展的时候,这种限制能够促使经营者自觉地把价格制定在实际成本的附近。如果市场朝恶性方面发展,则这种限制的力量将变弱。这也是市场管理的理论依据——通过政府等部门的外力作用来规范市场行为。在这种情况下,明码标价制度的良性规范意义凸显,当然这是以这一制度的良性为前提的。

二、明码标价制度之"价格"

从消费者角度看,明码标价是保护消费者知情权的必要途径。按照知情权理论,享有充分占有信息的知情权是进行理性抉择及实现平等的基础。这是消费者把自身从被动、受摆

---

① 汪洋主编:《价格知识问答》,中国市场出版社 2005 年版,第 1~5 页。
② 茅于轼:《价格应该等于边际成本》,载《大经贸》2002 年第 5 期。
③ 茅于轼:《为什么商品要明码标价》,http://blog.sina.com.cn/s/blog_49a3971d0100hzbe.html,下载日期:2010 年 3 月 17 日。
④ [德]赫尔曼·西蒙:《价格管理》,宋耀鼎等译,南开大学出版社 1993 年版,第 13 页。

布或蒙昧的客体地位摆脱出来,回归平等主动和真正自由主体地位的必经之路。① 而要求经营者标示相关的价格和产品信息,正是保护消费者知情权在价格法中的体现。

从经营者角度看,明码标价制度有利于促进交易的公平,维护交易的公开、公正性。市场经济要求经营者能够公平地参与竞争。公平有序的市场竞争环境,使遵纪守法的经营者可保持合理利润并健康发展,从而维系市场机制正常运行。但市场中也存在一些不法分子,他们通过虚假标价、价格欺诈、价格垄断、价格歧视等不正当价格竞争行为来牟利,扰乱市场秩序,若任其泛滥将引起市场的混乱,进而破坏市场的良性平衡。通过建立明码标价制度,交易的主要内容呈现在阳光下,一些不法分子违法经营的事实将无所遁形。这是为保证交易公平而在交易前设置的第一层保护屏障。

从作用上看,完善的明码标价制度能够规范价格行为,从而达到保护消费者和经营者的合法权益的目的。同样的,明码标价制度如果不完善,将对市场的公平产生反作用,并对市场的存在本身产生危害。因为其不但无法对经营者危害市场的价格行为进行规范,也将让消费者和守法的经营者产生不信任感,而市场的信任基础一旦被打破,其杀伤力是远大于人们所能够想象的;所以,明码标价制度应当体现出市场经济的正确导向。从这一角度来看,明码标价所标示的应当是真实的价格。

从原则上看,明码标价应当遵循公开、公平和诚实信用的原则,遵守价格法律、法规。诚实信用原则要求经营者必须提供货真价实的商品。而公平原则也要求标价必须标示真实的价格,因为虚假的价格容易导致在交易过程中产生价格歧视。比如零售商通过讨价还价对相同商品索取不同的价格以获取更多的利润,从而导致价格歧视,实施的是较为"软性"的市场分离。这种软性的市场分离在日常经营中十分常见,主要就是通过不明码标价或虚高标价等方式来实现。② 因此,明码标价制度中的"价格"应当是真实的。

三、价格真实的含义

所谓"价格真实"有两种含义:一是指该价格应当是体现价值和供求关系的价格,而不是随意标示的价格;二是指这些标示的内容必须明白无误、真实准确,是属于与价格有关的基本指标和数据。《明码标价规定》第 9 条规定,明码标价应当做到"标价内容真实准确"的含义正在于此。

同时,我们必须看到,由于利润空间的存在,使得价格是有区间的。因此,属于市场调节价和政府指导价所体现的价格无法限制在一个固定的价格中,这与政府定价是不一样的。换句话说,这个价格有一定的区间,不能将其固定化。具体来看,政府指导价通过政府制定涨、降幅度来控制这个价格区间。而市场调节价的价格区间,则须由市场决定。

但是,在市场调节的价格中,这个区间不是必然存在的,就像讨价还价不是必然存在一样。其范围大小带有偶然性,很大程度上取决于经营者的定价策略和交易双方的信任度。从营销角度来看,价格的特点还主要体现在:(1)价格弹性比广告弹性大。(2)价格变动的销

---

① 韦群林、沙晓静:《论消费者知情权及法律保护》,http://vip.chinalawinfo.com/newlaw2002/slc/SLC.asp? Db=art&Gid=335582271,下载日期:2010 年 5 月 30 日。

② 刘鹏:《讨价还价与价格歧视》,载《市场与价格》2004 年第 2 期。

售效应表现得相当迅速。（3）定价活动是最便利的营销措施，不需要很多准备活动；价格的应用是唯一不需要起始时支付资金的营销手段；价格是唯一的在战略计划概念中起主要作用的营销手段。[①] 正是这些特点的存在使价格的变动十分频繁和不易控制，为价格偏离价值提供了便利。而且经营者总是追求利润的最大化，因此其总是努力促使这个价格区间最大化。

市场规制的目的就是将这个区间限制在合理范围内，使价格真正体现供求关系和商品价值。

现实中，由于成本的不确定性和利润率的无限制性，使得人们对这个价格区间有多少"真实"产生了疑问，从而质疑标价"真实"的可行性。笔者认为，这是操作上的问题，但这不能作为可以标示虚价的合法理由。相反，我们应当积极寻找促使市场标示真实价格的办法，而不是去支持这种标示虚价的行为。另外，我们可以从标示虚价可能表现出来的标价形式这一角度反其道而行之，实施限制性或禁止性规定，从而起到矫正作用。

总之，无论是从明码标价制度的设置目的及标价原则来看，还是从市场对价格的内在要求来看，明码标价所标示的价格都应当是真实的。这是我们必须正视的问题。只有正视了这个问题，我们才会积极寻找促使这个价格真实的方法和途径。

第三节　明码标价与讨价还价

从前面的论述可以看出，明码标价所标示的应该是"实"价。既然是明码"实"价，有没有讨价还价的可能和必要？讨价还价的法律基础是什么？本节将回答这些问题。

一、讨价还价的动因与存在基础

从前述可知，明码标价所标示的价格有一定的区间，这个区间为讨价还价的存在提供了可能。

但是，讨价还价的动因是什么呢？分析认为，讨价还价的动因主要在于：（1）商家和消费者存在绝对性的价格分歧，因此讨价还价是一种必然的客观经济现象。（2）讨价还价可以促成商家每次交易利益的最大化。由于商品交易双方所掌握的信息量不对称，双方的谈判基础也不对等，只要存在价格谈判，商家就有可能获取超额利润。（3）不能确定固定价格对未来商品销售量的影响时，商家就不会放弃讨价还价策略。[②]

笔者认为，首先，讨价还价不是交易的必然过程。如果消费者对经营者的报价是信任的，讨价还价就不会产生，反之，消费者在不信任报价的情况下，讨价还价极可能存在。其次，讨价还价是合意的过程。由于前述价格区间的存在为讨价还价提供了可能，而且如果经营者不标价或者虚高标价，就可能扩大这个价格区间，并使消费者的不信任感增强。一旦消费者对经营者的报价持不信任态度，这个过程就变得十分必要，因为只有如此才能消除双方

---

① ［德］赫尔曼·西蒙：《价格管理》，宋耀鼎等译，南开大学出版社 1993 年版，第 3 页。

② 吕春晓、徐青川：《商家讨价还价的动因及对交易信任的影响分析》，载《价格理论与实践》2001 年第 3 期。

的分歧,找到合意的契合点。消费者总是希望成交价格尽可能接近成本价,而经营者总是希望成交价格尽可能高于成本价。在价格区间存在的情况下,讨价还价为双方提供了合意的桥梁,这是交易成功的重要途径,因此讨价还价有了存在的基础和必要。这于交易双方皆有利,也是其存在的根本原因。最后,讨价还价是无法根除的。我们无法消灭这个价格区间,因此根除讨价还价是不可取的,只能通过调控的手段,促使经营者缩小这个价格区间,以取信于消费者,减少讨价还价的产生动因。

二、从法律性质看,明码标价是要约,讨价还价是反要约

一个完整的交易行为可以分解为以下几个步骤:(1)经营者把商品或服务的价格及相关基本信息公之于众,吸引潜在消费者的眼光,以期招来明确的消费者与其进行交易。(2)潜在消费者根据自己的需求,并就市场上这些信息加以比较和判断之后,选定其认为适合的商品和服务。(3)潜在消费者就该商品和服务与经营者进行一个合意的过程,合意围绕经营者之前的公示内容进行。此时经营者把自己放在合同一方当事人的位置上,而潜在消费者变成明确的消费者,是交易合同的另一方当事人。(4)最终双方达成一个买卖合同并实施交易。而在整个交易过程中,经营者从步骤(1)开始就受到原先其所公示的内容的制约,不能随意进行更改。

那么,明码标价这种价格公示的性质是什么呢?笔者认为,从交易行为的整个过程上看,明码标价行为是一种要约。

按照大陆法系,合同被定义为当事人的"合意",要约则一般被定义为"以一定契约之成立为目的之确定的意思表示",或者"是当事人一方向另一方提出合同条件,希望另一方接受的意思表示"。在英美法系,合同则被定义为"许诺"或者一系列的"许诺",要约也被视为或者被定义为当事人所作的一种允诺。按照我国《合同法》的规定,要约构成要件有三个:一是要约是一种意思表示;二是内容具体确定,要约的内容必须具备足以使合同成立的主要条件;三是表明经受要约人承诺,要约人即受该意思表示约束。

首先,从行为性质上看,明码标价行为是一种符合要约构成要件的特殊的意思表示行为。经营者进行明码标价,把自己期待与他人进行交易的意思公之于众,等待消费者上门。鉴于法律法规的规定,这种意思表示的内容、公布方式等都必须按特定的要求进行,而正是这些特定的要求使明码标价行为所实现的意思表示符合要约的构成要件。

其次,明码标价的内容完全具备使合同成立的主要条件。一项要约的内容可以很详细,也可以较为简明,一般法律对此并无强制性要求。合同的基本条件也没有必要全部确定,只要能够确定就可以。一般而言,商品标价签上标示的内容,完全可以构成一个合同的基本要件。从交易过程来看,在双方达成合意的过程中,双方商讨的内容或者说加以确定的合同内容往往是价格和数量,而价格和数量在这个交易过程中只是进行变更,如果消费者没有异议,合同完全可以马上成立并履行。换句话说,明码标价之后,合同的价格和数量已经可以以计价单位为基数进行确定,消费者如果增加数量或改变价格,只是一个反要约的过程。如果消费者没有议价的过程,那么只要消费者付款整个交易就宣告完成,这在超市购物中尤为明显。

我国台湾地区"民法典"第154条第2款规定:"货物标定卖价陈列者,视为要约。但价

目表之寄送,不视为要约。"①在1995年1月的"合同法(建议草案)"中对要约的形式是这样表示的:"商品带有标价陈列,自动售货机的设置,投标书的寄送,视为要约。"②虽然"合同法"最后删除了这一条款,但这恰恰表明了明码标价内容的明确性已经具备了使合同成立的基本条件,起码在一定程度上符合要约的构成要件,并曾经引起立法部门的注意。

复次,从明码标价的效力上看,经营者完全要受其标价行为的制约,符合要约的构成要件。在其后的缔约过程中,经营者不得提供与标示内容不符的商品或服务,同时在双方合意和完成交易的过程中,要时刻遵守其原先所公示的内容,除非在合意过程中双方就有关事项进行了变更。经营者标示的内容要真实,不能提供虚假的陈述以诱导消费者,否则将受到法律的制裁,这一规定本身就是价格公示效力的体现。

最后,明码标价的内容与寄送的价目表是完全不同的。寄送的价目表是由经营者自己制定的,目的是招徕顾客,其内容具有随意性的特点,因此寄送的价目表,无论在大陆法系还是在英美法系国家,都认为是要约邀请。而由于立法上将价格公示作为一种行政强制措施,行政权的介入使得价格公示的内容十分规范和完善。正是这一点,使得价格公示的内容明确,并具备使合同成立的基本条件。

根据要约和承诺制度理论,在交易过程中,交易双方可以进行要约和反要约的过程,这是消费者和经营者进行讨价还价的理论基础。换句话说,经营者和消费者在交易过程中可以议价并不是经营者行使自主定价权的表现,而是一种要约和反要约的合意过程,这一过程不是必然存在的。同时,根据要约理论,经营者在价格公示过程中必须如实标示价格信息和商品的相关信息。因此,有关虚假的公示行为必须得到制止。

总之,经营者和消费者在交易过程中可以议价并不是经营者行使自主定价权的表现,而是一种要约和反要约的合意过程,这一过程不是必然存在的。而正因为经营者标示的价格与其成本之间存在一定的价格区间,在交易双方存在不信任的情况下,讨价还价就有了存在的基础。我们无法消灭这个价格区间,因此消灭讨价还价是不可取的。唯有通过市场规制,将这个价格区间控制在合理的范围内,促进交易信任的产生,才能减少讨价还价的可能,促进市场交易的公平和效率。

三、从经营模式看,明码标价能减少讨价还价

如前所述,明码标价的目的不在于消灭讨价还价,而在于规范价格行为,维护正常的市场价格秩序,促进公平、公开、合法的市场竞争,保护消费者和经营者的合法权益。从经营模式而言,明码标价利于大规模经营。通过对原生态商店经营的分析,有学者指出:"在商店里公示商品的价格能废止顾客在赊账和价格方面与店员讨价还价的行为。"③原生态下产生的明码标价,由于能够降低管理成本和交易成本而受到经营者的青睐,而讨价还价是费时费力

---

① 全国人大常委会法制工作委员会:《中华人民共和国合同法释义》,法律出版社2009年版,第41页。

② 陈国光、陈宪光:《讨价还价是产生价格歧视、价格欺诈的温床》,载薛竹主编:《厦门经济特区价格研究》,厦门大学出版社2000年版,第583页。

③ [日]菊池敏夫:《战时上海的百货公司与商业文化》,陈祖恩译,http://www.chinese-thought.org/shgc/002986.htm,下载日期:2007年1月11日。

的事情,与大规模经营不相适应,自然会遭到抛弃。因此有学者认为,在原生态下,明码标价产生的经济学原理很简单,那就是在成本与利润关系中,降低成本会增加利润。①

换言之,明码标价与商业经营规模是相适应的。在大规模经营中,明码标价制度比较容易得到推广,而且在推广过程中,利润的驱动使讨价还价的经营模式自然淘汰。

明码标价制度在强制推广过程中出现了三种情况:一是明码标价且不讨价还价,这是最理想的状态,也是大规模经营和部分原生态下产生的效果。二是明码标价但可以讨价还价,这主要表现于小规模经营中,经营者迫于法定义务才进行标价,但强制的后果是标价容易流于形式,实质上还是口头交易。三是不标价格而进行讨价还价,这也主要集中在小规模经营中,是明码标价工作的主攻点,但效果并不理想。② 在现实生活中不难看到,在一些小摊点和集贸市场中,讨价还价时有发生。而在大型超市中,商品明码标价,并不允许讨价还价,但其经营规模之大、效率之高也是前者所无法企及的。其道理正在于此。

综上所述,定价权与标价义务是完全不同的概念,明码标价应当标示"实价",明码标价与讨价还价是要约与反要约的过程。只有厘清这三个问题,我们才能走出误区,真正看清明码标价制度中价格的本质,真正走上诚信之路。

第三章 我国明码标价制度的现状及存在的问题

第一节 我国明码标价制度的现状

一、我国明码标价制度溯源

我国明码标价制度的推行已经有 30 年的历史。1982 年,国务院发布的《物价管理暂行条例》,首先将明码标价列为价格管理的一项制度。1985 年,国家物价局发出《关于健全和坚持明码标价制度的通知》,使明码标价制度在全国普遍推行起来。随后,又几经修改。2000 年 10 月,原国家发展计划委员会修订了《明码标价规定》,进一步明确明码标价的含义和范围,对原有的制度进行完善,并细化了法律责任。同时增加规定了经营者不得利用标价进行价格欺诈、增设了降价标价签和价目表等内容。③ 这是最近一次的修改。

二、我国明码标价制度的主要内容

目前,我国明码标价制度主要依托《中华人民共和国价格法》和原国家计委颁布施行的部门规章《明码标价规定》及一系列规范性文件而建立。在我国明码标价制度中,对明码标价的概念、适用范围、经营者实行明码标价应遵循的原则、明码标价工作管理及监管机构、法

---

① 段振辉:《关于明码标价问题的探讨》,载《中国价格监督检查》2009 年第 2 期。
② 段振辉:《关于明码标价问题的探讨》,载《中国价格监督检查》2009 年第 2 期
③ 汪洋:《价格监督检查实务》,中国物价出版社 2002 年版,第 256 页。

律责任等均加以明确规定。可以说,我国的明码标价制度已经相对完备。

第二节 我国明码标价制度存在的问题

虽然明码标价制度在我国已经实行 30 年,但该制度执行中的问题反复存在,反暴利制度形同虚设,虚高标价现象突出,不诚信的标价已经成为社会信任危机的重要表现之一。本节中,笔者将结合实践经验及典型案例对这四个问题展开论述。

一、明码标价制度执行中的问题反复存在

商品和服务流动性和变动性都很大,标价工作要经常进行,但由于各种行业人员素质参差不齐,对该规定的执行并不一致,导致商家的明码标价工作经常出现问题。这也是几年来,某些地方虽然出现明码标价率达 100％,①却总是有问题存在的原因。从实践来看,明码标价制度执行中的问题反复存在,主要有以下几个方面:

第一,许多商家守法经营的意识仍不强。监管部门一严打效果就好,一放松问题就突出。在许多商家的意识形态中,并未将明码标价作为一种健康的经营模式,而是基于应付和受强制的心理来遵守该项制度。

第二,有些商家标价不规范,甚至借助标价进行欺诈等活动。目前,不规范标价、价签和货物张冠李戴等问题仍然十分突出。有些商家不标价,甚至乱标价,故意遗漏某些标价内容以便于自己进行诱导或欺骗消费者。

第三,该制度在推广过程中发展不平衡。从行业看,有的行业,如烟草行业及大型国际连锁超市,明码标价工作普遍做得比较好;有的行业,如服装零售业,该项工作普遍做得很差。从地域看,明码标价工作在重点街区做得比较好,非重点街区问题较突出,但是城市比农村规范。

二、反暴利制度形同虚设

我国目前的反暴利立法主要是 1995 年原国家计委第四号令《制止牟取暴利的暂行规定》。根据该规定,商品和服务的市场平均价格、平均差价率、平均利润率及其合理幅度由省级政府价格主管部门会同有关业务部门测定。现在的市场,商品和服务数以千万计,要求省级部门都进行测定是不现实的。而且《价格法》只规定价格主管部门对重要商品和服务的价格变动进行监测,并未规定对所有的商品和服务进行监测,因此反暴利的规定一直难以得到实施。从《明码标价规定》也可以看出,该规定明确了经营者利用标价进行价格欺诈的处罚依据,但并未提及经营者利用标价获取暴利的行为该如何处理。这也使得明码标价这一价格公示制度处于十分尴尬的地位:即使规范了价格标示行为,对于不良商家虚高标价的行为也始终无法进行监管,反而使该制度形同虚设。

---

① 淑霞:《我省明码标价普及率和合格率均达到 100％》,http://www.qh.xinhuanet.com/2005-10/28/content_5455045.htm,下载日期:2010 年 8 月 10 日。

三、虚高标价现象突出

(一)虚高标价披上合法的外衣

在市场经济中,经营者有权依法对属于市场调节价的商品进行自主定价。但为了追求利润的最大化,在实践中,经营者将这一权利行使到了极致,于是各种问题层出不穷。

[**案例1**]一件貂皮大衣标价68.8万元,实际成交价15.8万元①

2010年初,海宁中国皮革城裘皮广场"宫廷贵族"里的镇店之宝——一件紫貂裘皮大衣标价为68.8万元,吸引了不少顾客的眼球。最后,该大衣以15.8万元的价格出售。根据商店负责人的介绍,其标价68.8万元是有原因的。由于该店的大衣基本上都是2.5折,要卖到店家希望的价格的话,算起来就要标示到该价格。

按照该商店负责人的解释,该商店对于这件紫貂裘皮大衣的目标售价是17.2万元,为了达到该店以2.5折出售商品的目的,该大衣只好被标到68.8万元。而在实际销售过程中,顾客可能与其进行过一番讨价还价,所以最终以15.8万元成交,成交价是标价的23%(即2.3折)。

那么,既然该商店对于这件紫貂裘皮大衣的目标售价是17.2万元,为什么不直接标示17.2万元,而要标示68.8万元呢?原因在于,这两个价格带给消费者的信息不同,可能带来的交易概率也不同。在消费者的思想意识中,一件标价68.8万元的商品和一件标价17.2万元的商品,其商品的价值是不可同日而语的。

第一种情况:该大衣被标价68.8万元,在消费者心目中,其传递的信息是该大衣价值60多万元,这给消费者带来的心理上的震撼力是很大的。因此,该大衣在店中展出之时起,即引起了轰动。该大衣打折出售,而且折扣是2.5折,消费者会觉得优惠的力度非常大,所谓物美价廉,消费者的购买欲望很容易被挑起,一旦有这个购买力,其购买的概率一下子提高很多,而且在议价过程中其心理承受的价位也会比较高。经过一番讨价还价,商家又"优惠"了2个百分点,于是消费者在求廉和求质中找到了心理的最佳平衡点,自然爽快购买了,而此时消费者的心里仍然将该大衣的价值界定在60多万元的范围内。

第二种情况:该大衣被标价17.2万元出售,在消费者的心里,其传递的信息是该大衣价值10多万元,于是消费者的心理承受价位就限定在10多万元的范围内,明显会低于前一种情况中的心理承受价位,而且消费者的购买欲望也比前者低。即使经过讨价还价之后仍然以15.2万元的价格成交,消费者也仍会认为该笔交易中其享受到的优惠比较少,而在消费者心目中大衣的价值也只有10多万元而已。另外,由于消费者心理承受价位比前者低,消费者愿意支付的价格很可能低于15.2万元,因此在实际交易中最后成交的价格很可能低于这个价格。

可见,对于同一种商品和同样的目标价格,不同的标价导致消费者的购买概率不同,消费者心理承受价位不同,乃至成交价格不同。而从理论上看,价格总是要围绕价值上下波动。无疑,第二种情况中,标示价格和成交价格均比较接近商品价值,更有利于市场的健康发展。在这个案例中,经营者利用标价搞促销的手段非常明显,就是通过虚假的优惠折扣来

---

① 陈强:《貂皮大衣标价68万多元 被人以15万多元买走》,载《南湖晚报》2010年1月6日第14版。

招徕顾客,促成交易。但是,由于这种标价方式表面上符合明码标价的要求,具有很大的迷惑性,如果经营者没有打出折扣的信息而只是在与顾客讨价还价过程中进行优惠折扣的宣传的话,在实践中往往不会受到干预,因为从表面上看,最后实际成交的价格是讨价还价之后的结果。

这是一起典型的虚高标价、以虚假优惠吸引顾客的行为。这种行为在德国称为"月亮价格"(Moon Price),是严令禁止的。[1]

一个标价签中,经营者按要求标示了商品的价格、品名、产地、规格、计价单位等信息之后,这种价格公示就是完整的。在标价签必须标明的信息之后再采用折扣的形式进行销售,其实暗含了一种"原价"和"现价"的对比。而这种对比,正是所谓优惠折扣的真正作用所在。也正因为有此对比,所谓"7折"、"8折"、"5折"才有存在的意义。通过折扣的对比,经营者实际上向消费者传递了两种价格信息:一是原价就是标示的价格,这个"原价"虽然没有被明确写出来,却是一种潜在的价格信息,很容易让人理解为商品原来交易过的价格就是这个标示的价格;二是折扣后的价格,这是消费者根据经营者的标示而接收到的商品潜在的实际标价。换句话说,消费者根据经营者的标示信息得知,如其想要进行交易,折扣后的价格将是经营者愿意实际成交的价格。这将给消费者两个心理暗示:一是该价格经过优惠了,是比较实惠的价格,该商品是物美价廉的;二是该价格是让利后的价格了,消费者如果要议价,减低价格的可能性或幅度是比较小的。这样,消费者的心理承受价位就在一定范围内受到限制。总之,经营者在标价行为之外加入了折扣信息,改变了其标价行为的性质。但由于其标价形式符合明码标价的形式要求,这种行为的违法性具有很强的隐蔽性,在实践中很难受到查处。

[**案例2**]中关村电子商品价格全虚标[2]

在北京中关村,虚高价格宰客的现象时有发生。为此,北京市海淀区发改委与中关村电子产品贸易商会联手推行明码标价制度,却遭遇电子产品的价格虚标。根据记者的调查,在一家数码相机的专售柜台,佳能850的标价是3150元,而现场的导购员却提示记者,上面的标价是媒体报价,该款相机实际销售2150元,两者相差1000元。而同样一款联想X60KFC的笔记本电脑,既有标价12980元,也有标价11999元,最后报的"实价"都在万元左右。根据记者追访,海淀区发改委负责人表示:商品价格属于市场定价范围。明码标价规范的是商户标价的行为,而不是具体定价的多少。价格不实和明码标价是两回事儿。于是,记者提出疑问:明码标价距明码实价有多远?

记者的这一疑问,也是许多消费者和价格行政执法工作人员的疑问。从记者的报道中不难看出,这些虚标价格的经营者表面上符合明码标价的要求,却暗地里搞花样,通过与消

---

① 方晓:《试论我国零售业价格监管体系建设》,载《首都经济贸易大学》2006年版,第18页。所谓的Moon Price,指的是制造商故意通过将价格标高形成强烈优惠的对比,设置模棱两可的价格以向潜在客户推销的一种俗称。(a colloquial name for deliberate super elevates set noncommittal price recommendations of the manufacturer, by whom the manufacturers want to give the possibility to the trade-with help of strong undercutting-the impression expressed favorable prices to arouse.),参见 Moon Price 词条,http://www.economypoint.org/m/moon-price.html,下载日期:2010年8月30日。

② 罗德宏:《明码标价距明码实价有多远》,载《北京晨报》2007年7月21日第5版。

费者讨价还价来获取最大的收益。千元之间的报价差距,经营者的利润空间无疑很大。有人认为,经营者已经按照明码标价的要求进行了标示,若其欲让利销售是可以的,因此这种行为并不违法,而且消费者可以议价。议价能力弱的消费者,可能看着标价再讨价还价一点或者不敢讨价还价;议价能力强的消费者则可能在现场导购员的实际报价中再打个折扣进行交易,这些都是可能和允许的,毕竟经营者有自主定价权。上述发改委负责人的观点就代表了很多执法人员的观点,即使觉得不合适,也找不出执法的依据。于是,在现实生活中许多商家采用这种销售模式,但执法部门又无法干预,商场中各种虚高价格琳琅满目,自成一种风景。

(二)明码标价制度遭遇的理论困惑

这种虚高标价的问题在实践中并不少见。① 又如,同一种商品在相同条件下价格悬殊得离谱;同一商品对不同的顾客索价不同;要价的根据既不是商品价值也不是供求关系,而是"看人下菜碟";等等。②

在上述两个案例中,经营者的标价行为在实践中很难得到查处,其原因在于经营者的标价符合明码标价制度的形式要求。既然符合这种形式要求,经营者自主定价权又是法律赋予的,执法者就不能轻易干涉。于是在实践中,消费者往往对明码标价制度提出质疑,而在这种情况下,执法者的解释总是显得苍白无力。因为在这里,明码标价制度遭遇了理论上的困惑。

一方面,按照市场经济理论,价格要围绕价值上下波动。因此,价格应当是反映价值的。而虚高标价无疑是与此相背离的。明码标价制度是市场经济的产物,自然要反映市场经济规律,因此明码标价制度应当要求价格真实地反映价值。

另一方面,按照明码标价制度的要求,经营者有权自主定价,其只要履行明码标价这一价格公示的法定义务即可,而这种公示义务只是一种形式上的义务,执法部门无权对其定价进行干预,而反暴利规定又难以执行。换句话说,经营者有权自主定价,即使标价高得离谱,只要消费者能够接受,双方达成合意即可。在交易前,经营者只要按照规定的内容和方式进行标价就是履行价格公示的法定义务,价格主管部门无权进行干预。这也是标价之后交易双方可以再进行议价的基础。而在实践中,由于不同的消费者对商品或服务的了解不同,因此对其价格信息的敏感度不同,议价的能力不同,导致成交的价格不同。在这种情况下,虽然消费者事后满腹怨愤,但只要经营者按规定进行了价格公示,消费者与经营者在讨价还价中达成了合意,即使成交价格高出成本许多,执法部门也很难对经营者进行查处。

这是明码标价制度在实践中遭遇的理论困惑,这在实践中并不少见。这种困惑导致许多问题无法得到查处和取得法律上的解释与支持。也正因为如此,虚假标价问题始终无法解决。

四、不诚信的标价成为社会信任危机的表现之一

首先,明码标价制度执行中存在的各种问题,使消费者普遍对标价产生不信任感。许多

① 蒋晨:《明码标价水分多》,载《北京工商管理》1997 年第 6 期。
② 李光茹、曹健、李烽:《明码标价人心是秤》,载《企业研究》1994 年第 10 期。

消费者在消费过程中,如果没有进行议价是不会进行交易的。这种不信任感促成了讨价还价的产生,而讨价还价的产生又加强了这种不信任感。[①] 其次,由于很多经营者进行虚高标价,对于那些老实的经营者而言,不这样标价的人就认为很吃亏,因为别人的促销力度大,销售灵活,不但可以多得利润而且销售量大,这对于那些不想如此标示价格的经营者而言,非常打击其按照价值规律进行定价的积极性。最后,执法部门无法及时查处,或找出纠正这些行为的依据,无形中对这些行为起到了放纵和保护的作用。于是,经营者随意标价、利用标价进行欺诈等行为越来越泛滥。如此恶性循环的后果是市场标价的混乱和由消费不信任感而引发的社会不信任感的增强。如前文所述,有 90.2% 的上海人认为诚实守信在不同程度上会吃亏,"诚信作为社会行为中最重要的准则,在具体的经济和社会交往中并未得到肯定,反而成为'吃亏'的代名词"[②]。

第四章　完善我国明码标价法律机制的设想

在本章中,笔者就前述的几个问题,结合实践经验,提出完善我国明码标价法律机制的几点设想。

第一节　立法方面的建议

一、强调明码实价

如前所述,明码标价所标示的价格应该是实价,明码实价是明码标价应有之意。应该强调价格诚信和公平原则、强调明码实价,改变人们对明码标价的误解,这有利于打击明码虚价行为,维护市场价格秩序。强调明码实价是对诚实信用和公平的定价原则的回归。强调明码实价,对经营者的定价进行价值上的引导,引导经营者规范定价,从而规范价格市场,为经营者提供一个健康、有序的竞争环境,进而树立人们对诚实信用的社会风气的信心。在实践中,有企业因为推行明码实价而赚足信誉,从而得到长足发展。[③] 有些地方执法部门提出了明码实价的设想并加以实施,取得良好的社会效果。[④] 这说明明码实价不是高不可攀的。我国已经实行明码标价近 30 年,很多地方明码标价率高,有些省的城乡明码标价普及率达

---

① 吕春晓、徐青川:《商家讨价还价的动因及对交易信任的影响分析》,载《价格理论与实践》2001 年第 3 期。

② 刘建:《上海市一项调查显示九成市民认为诚实守信等于"吃亏"》,载《法制日报》2010 年 6 月 25 日第 4 版。

③ 河北省黄骅市物价局专题调研组:《黄骅市信誉楼明码实价制度调研》,载《中国价格监督检查》2006 年第 2 期。

④ 《山西祁县全面推行明码实价》,http://www.sdpc.gov.cn/jggl/scjg/t20081031_244015.htm,下载日期:2010 年 4 月 30 日;边慧夏:《倡导价格诚信,推进明码实价》,载《中国价格监督检》2010 年第 4 期。

到 95％,某些商业区明码标价普及率甚至达到 100％。① 这也为推行明码实价提供了基础。

二、对明码标价制度进一步修改

对明码标价制度的进一步修改,包括以下两个方面:

第一,对明码标价的内容进行限制性规定。《关于商品和服务实行明码标价的规定》对价格公示的内容主要进行列举式规定,如零售商品标价签必须标明品名、产地、计价单位、零售价格等主要内容。从前述案例中,我们不难发现,经营者正是通过在价格公示的内容中,或显性或隐性地加入折扣信息,才导致价格信息的虚假。因此,笔者认为,如果这些增加的内容能够被加以限制,可以阻止很多这方面的问题。具体而言,作如下建议。

首先,在规定中,对于使用正价标价签的商品,明令禁止增加其他与价格相关的信息,同时要求与价格相关的信息只能在商品的标价签或价目表中体现。将价格信息集中起来,有利于阻止经营者通过增加其他优惠信息来干扰消费者。比如前述案例中,如果经营者无法将折扣信息加在价格信息中,则虚假优惠将不存在传播途径。

其次,扩展商品标价签和价目表的功能和形式。随着社会的发展,在实践中各种价格公示形式层出不穷。除了商品标价签和价目表以外,商场 POP 广告也掺杂了很多价格信息。这表明,随着社会的发展,商品价格的广告宣传作用增加,传统的正价商品标价签、降价商品标价签的简单分类,已经无法满足市场的需求。因此符合规定的个性标价签应当允许。比如美国,其商品标价签就存在类项价签、区域性价签、广告式价签、优惠式价签、共性与个性价签等多种形式,其相应的功能也多种多样。如类项价签,主要起导购作用,除了每件商品上都有价签外,在较大的商店,还按同类商品和系列商品在货柜(架)上用大号价签列出类、项的价格或是价格幅度范围。总标价与分标价是共性与个性的反映,目的是使顾客有一个全局与局部概念。某些商品有一个大范围的、总的、概括性标价,但具体到每一件商品时又分别有具体标价。② 这种区分有利于引导经营者按功能寻求适合其经营的价签,避免其随意自创价签形式和格式。在一定程度上,可以规范价格公示的内容,又可以满足市场的需求。

最后,拓展明码标价方式。除标价签、价目表等外,允许经营者因地制宜地进行明码标价,只要格式符合规范即可。如法国,其明码标价方式很丰富,标价签也形式各异,但在标价上充分体现以人为本、买卖双方信息对称。价格一般在商店的橱窗里对外标注,行人不用进商场就可以看到价格。而餐饮店一般采用价格本和灯箱标价的方式。③

第二,重点规范带有促销信息的标价签和价目表。虽然经营者标示的价格可能虚高,但由于竞争的存在,其总要通过一定的形式回落,如以折扣、优惠等形式使价格回落。因此对带有促销信息的标价签和价目表的规范可以起到事半功倍的作用。我们应当积极研究经营

---

① 淑霞:《我省明码标价普及率和合格率均达到 100％》,http://www.qh.xinhuanet.com/2005-10/28/content_5455045.htm,下载日期:2010 年 8 月 10 日。来建强:《福建城乡明码标价普及率高 价格监管监督创新多》,http://finance.sina.com.cn/roll/20090227/1601 26999 54.shtml,下载日期:2010 年 8 月 10 日。

② 虞怀平:《美国明码标价启示》,载《价格理论与实践》2001 年第 9 期。

③ 周大庆:《法国的明码标价形式一瞥》,载《北京物价》2001 年第 4 期。

者可能利用促销信息做哪些形式的宣传，然后反其道而行之，进行约束。比如英国，《消费者保护法》和《价格标示法令》对"价格比较"进行了比较细致的规定。《价格标示法令》规定，经营者的价格比较是与自己先前的售价进行比较。而此售价应当是经营者在同一经营场所6个月前最后一次出售该商品的价格（食品、饮料、易腐烂商品除外），且6个月前至少连续28天内以此价格销售此商品。[①] 这一点上，我国的规定显得比较欠缺。建议如下：

首先，在前述扩展商品标价签和价目表的基础上，重点规范特殊标价签。这种特殊标价签样式可以多样，主要用于带有促销信息的商品和服务中，包括原有的降价标价签。除了明令降价销售商品和提供服务必须使用降价标价签、价目表以外，对于所有带有促销信息的商品和服务，均需使用特定的标价签和价目表。通过对这些特定标价签内容的规范，要求经营者集中公布相关的价格信息，以免通过其他增加的信息误导消费者。

其次，必须对经营者促销信息的时间和空间进行限制。经营者总是以一定的价格为对比的基础进行促销，如果这个价格的时间和空间范围得到有效界定的话，其定价的随意性将受到一定的限制，而这种限制，将有效地促使经营者的定价行为围绕特定的市场供求进行。可以说，在实践中，主管部门对此已经有所考虑。比如，在国家发改委的解释中，"原价"指"经营者在本次降价前七日内在本交易场所成交的有交易票据的最低交易价格；如前七日内没有交易价格，则以本次降价前最后一次交易价格作为原价"。"虚假优惠折价"是指"经营者标示的价格等于或高于本次优惠折价活动前七日内，在本交易场所成交的有交易票据的最低交易价格"。这些解释对价格的时间和空间范围都作了限制性规定。但是，这些解释是针对《禁止价格欺诈行为的规定》作出的，是事后规范的措施，如何在价格公示制度中加以体现是值得研究的问题。因为毕竟带有比较性质的价格信息，如果存在欺诈嫌疑，往往需要消费者经过交易发现受骗之后进行举报，才能被监督部门得知。如果事前在价格公示的内容中加以明确，则可以阻止很多不必要的受骗行为的发生，毕竟消费者选择投诉的概率和事后查处的概率是远低于实际数量的。又如，应当细化对"原价"的界定。目前的规定中，由于"原价"只要求存在1次交易即可，可能存在票据造假的问题。我们可以借鉴英国的做法，要求所谓的"原价"是与自己先前的售价进行比较，而此售价（食品、饮料、易腐烂商品等除外）应当是从最近1次交易起连续7天（甚至可以像英国那样，要求达到28天）的售价，并且是有交易票据的最低价格。另外，可以在明码标价的规定中增加对"月亮价格"的规定，将其表现形式进行列举并实行禁止性规定。

三、加强对价格欺诈行为的处罚并进行刑事立法

实践中，利用标价进行价格欺诈的行为不胜枚举。我们应当积极研究和借鉴国外对价格欺诈行为的认定，进一步细化价格欺诈的类型并加以打击。

如借鉴德国的做法，将"月亮价格"列入价格欺诈的标价行为并对该行为进行行政处罚；借鉴英国的做法，对"价格比较"进行规范。价格信息中存在的"价格比较"，往往是促销的一种手段。如果"价格比较"的方式和渠道得到规范，就可以加强事前的防范。英国在这点上

---

① 北京物价局赴英考察团：《英国明码标价法规的制定与实践》，载《北京物价》2002年第7期。

做得不错,《消费者保护法》和《价格法令》对"价格比较"都进行了详细的规定。[1] 同时,英国也根据市场变化,在法令的框架下,不断完善有关规定。[2] 而我国在这方面相对滞后。《明码标价规定》这一部门规章已经实施了近10年,但这10年中对此规章并未修改过,虽然在反价格欺诈方面做了很多努力,但这两个规章始终未在条文层面上进行配套性梳理。

另外,我国对价格违法行为并未规定相应的刑事责任,这对打击价格违法行为是十分不利的。[3] 应当进一步研究可能存在的严厉的价格欺诈行为,通过刑事立法,加大惩处力度,以震慑违法者。

第二节 执法方面的建议

第一,执法部门应当将明码标价工作作为一项长期的、基础性的工作来抓。检查实务中不难发现,明码标价具有易反复、难持久的特点。[4] 因此,执法部门要善于总结明码标价工作的特点,教育与查处并举,做好此项基础性工作。

第二,执法部门应当重视对违反明码标价行为的查处。推行明码标价制度是一项基础性的工作,不容易出成绩,但又非常重要。明码标价工作做得好,无疑为市场价格秩序先提供了一道屏障。因此执法部门应当重视对违反明码标价行为的查处工作,坚持不懈地进行规范。

第三,研究行业特点,积极出台行业统一规范的标价方式。实践证明,实行行业统一规范的标价方式,是推行明码标价制度的一种有效形式。而要落实这一点,需要执法部门的配合,积极从监管经验中寻找行业特点。如2011年3月11日,国家发改委多方征求意见之后颁布了《商品房销售明码标价规定》,并随即开展专项检查,取得了良好的监管效果。[5] 这种监管方式值得肯定并推行。

余 论

明码标价工作是一项长期性的基础性工作。这个工作关系到整个市场秩序和社会信任

---

① 北京物价局赴英考察团:《英国明码标价法规的制定与实践》,载《北京物价》2002年第7期。

② 从其政府网站上可以找到很多相关的规定,内容分门别类,涉及广告、促销等多方面。如以price marking为关键词可以查找到18个记录,以price为关键词可以查找到68个记录,内容涉及现行和已废止的规定,这些记录完整地反映了标价规定的逐步完善的过程。这也反映了英国政府对市场监管的态度:严谨和灵活并存。http://www.legislation.gov.uk,访问日期:2012年9月14日。

③ 高碧芬:《浅析价格违法行为的刑事立法》,载《发展研究(纪念价格法颁布实施10周年特刊)》,第37~41页。

④ 张连娣、黄红莉:《当前明码标价存在的问题及治理对策》,载《北京物价》2003年第4期。

⑤ 关于发布《商品房销售明码标价规定》的通知,http://jjs.ndrc.gov.cn/zcfg/t20110322_400516. htm;《12家企业违反商品房明码标价规定受到处罚》,http://jjs.ndrc.gov.cn/gzdt/t20110627_419533. htm,下载日期:2012年8月7日。

感的问题,应当引起各方面的重视。

本文的不足之处在于,对于国外有关方面的研究仍然比较欠缺,对一些明码标价制度相对完备的国家,如英国、德国、美国等国家的借鉴比较少。明码标价制度要完善,非一夕可成,需要有关学术界、职能部门予以重视并加强研究。

我们应当强调价格诚信,强调明码实价。从明码标价制度与反价格欺诈、反垄断制度的衔接上入手,通过对整个制度框架的梳理,从细节上进行研究,从而对现有的制度进行修改和完善。唯有如此,才能重拾消费者和守法经营者对市场的信心,维持良好的市场价格秩序,为社会主义市场经济的良性运行提供保障,促进社会的可持续发展。

新闻真实性的法律思考
——以《厦门晚报》新闻侵权纠纷为分析基础

廖桂金[*]

引　言

近年来，新闻侵权诉讼呈现风起云涌之势，几乎都是关于新闻真实性的问题，而且多以媒体的败诉而告终。《厦门晚报》创刊 15 年来，遇到 15 件新闻官司，[①]其中 14 件是涉及新闻报道的真实性问题。

《厦门晚报》被频频诉之法院，有媒体及记者本身违反新闻操作规程、报道的事实出现偏差的原因，也有媒体及记者缺乏证据意识，未注意保存相关证据和材料导致诉讼中陷入被动境地的。重要的是，笔者发现司法实务界与新闻实务界存在较大的理念分歧，而法律对此规定又不够明确。

为此，笔者专门到厦门两级法院收集了《厦门晚报》创刊以来遇到的全部新闻官司。本文拟通过对这些案例进行总体统计、个案分析，并结合国内外对新闻真实性问题的论述、观点，探讨新闻真实性的含义和要求，寻求新闻真实性的判断标准，寻找预防新闻失实的方法和解决新闻纠纷的对策。

第一章　新闻真实性原则概述

真实是新闻的生命，是新闻工作的首要标准，离开了真实，也就无所谓新闻了。坚持新闻的真实性原则是任何一家媒体、一个新闻工作者都必须坚守的职业底线。

全球最著名的报人、普利策新闻奖的创始人普利策一再告诫记者要"准确、准确、准确"，"必须把每一个人都与报纸联系在一起——编辑、记者、通讯员、改写员、校对员——让他们

---

[*]　廖桂金：厦门大学法学院 2006 级法律硕士，厦门晚报社要闻中心主任编辑。

[①]　特别说明：《厦门晚报》在 2009 年 1 月 1 日前不是独立的法人，故诉讼主体只能是其主办单位厦门日报社。本文统计的都是 2009 年之前《厦门晚报》报道引发的新闻官司，不包括《厦门日报》的。为了叙述方便，本文均称为《厦门晚报》涉诉的新闻侵权纠纷。

相信准确对于报纸就如贞操对于妇女一样重要"。①

但是，新闻不但要求"准"，而且还追求"新、快"，必须把最新发生的信息以最快的方式传达给读者，满足读者的知情权需要。时效性的要求制约着新闻的真实性。

第一节　新闻真实性原则的概念

一、什么是新闻

什么是新闻？国内新闻界常引用的是陆定一的新闻定义："新闻是新近发生的事实的报道。"②美国《独立新闻工作手册》对什么是新闻的说法是，新闻就是新消息，指刚发生的事件，即"报道最近发生的事件或过去不为人所知的信息"③。如今，随着现代电子技术、通信技术和卫星传输技术的飞速发展，新闻的定义变成"正在发生的或新近发生的选择事实的报道"④。

其实，新闻实践已经突破了"新闻是正在发生的或新近发生的事实"的概念，对于一些社会关注度大的事件，媒体在其未发生之前，往往就展开预测、分析和解读。比如，2009 年 7 月 22 日发生的日全食事件，在此前的一个多月里，全球媒体就展开了有关日全食的预测、回顾、分析，这类信息同样引起极大的社会关注度。笔者认为，预测、分析类信息是"新"的信息，是社会大众同样很想了解的信息，符合新闻的特点，应该纳入新闻的范畴。

当然，全世界每天发生的事件绝大多数都不会被报道出来。会被公之于众的新闻须具备时效新、事件影响大、与读者距离感近、产生的争议性强、人物知名度高或事件奇特等因素。

因此，笔者认为，新闻应该是对正在发生、新近发生的或者即将发生的事件的选择性报道。

二、什么是新闻的真实性

新闻报道的基本要求有许多，而真实性被几乎所有的新闻学理论及新闻实务界奉为"帝王法则"："新闻真实性具有重要的伦理价值，世界各国报业及新闻媒介工作人员，都以维护新闻真实性原则为新闻职业道德规范的核心和基础。"⑤《中国新闻工作者职业道德准则》第 4 条也是"维护新闻的真实性"。

新闻学意义上的新闻真实性，有诸多表述。新闻理论界对新闻真实性的看法亦有一定的差异，概括起来，主要有以下几种观点：

一是客观真实说，国内老一辈的新闻工作者和学者对新闻的真实性问题基本以新闻报

---

① 刘海贵、尹德海：《新闻采访写作新编》，复旦大学出版社 1992 年版，第 2 页。
② 谢建晚：《陆定一的新闻定义及其他》，载《采·写·编》2004 年第 3 期。
③ 德博拉·波特：《独立新闻工作手册》，美国国务院国际信息局翻译，http://www.xici.net/b6775/d37372621.htm，下载日期：2006 年 5 月 3 日。
④ 尹韵公：《试论新闻的真实性原则》，载《现代传播双月刊》2006 年第 5 期。
⑤ 胡华涛：《新闻真实性原则的伦理悖论》，载《传媒观察》2009 年第 5 期。

道是否与客观事实相符合作为标准,认为"新闻真实可以定义为新闻报道与客观事实真相相一致"①。

二是整体真实论,即指新闻报道应该从总体和整体上去观察、反映和报道事实,使得报道的事实与这类事实的整体要一致。②

三是相对真实论,即新闻传播达到的真实是有限度的。持这个观点的人认为,真实乃是认识论意义上的概念,是主观认识与客观存在的一种吻合程度。然而由于种种原因,记者的报道不可能完全再现客观事实,更不可能都与事实的本真完全吻合。③

从辩证唯物论的立场、观点出发,结合新闻的作用和特点,笔者赞同相对真实论的观点。

新闻是对事实的报道,是一个人为的、加工信息的过程,是记者对客观存在事实的一种主观反映。记者的采访过程、认识水平及编辑的整编,以及媒体所持的新闻观,媒体以什么立场审视、以什么角度报道、运用什么样的观点和倾向阐释,等等,都会导致新闻报道与事实真相有一定的差距,甚至完全不同。同时,新闻报道有其自身的特点与规律,它追求"新、快",要求以最快的时间把信息传达给读者。这就决定了新闻是"进行时",新闻报道是一个逐渐靠近"准",接近"事实真相"的过程。另外,"新闻记者也不拥有任何行政的、司法的强制力量和穷究事实真相的侦查手段,无法对每一个事件做到逐一核实"④。因此,要求新闻报道"完全真实",与客观真实完全一致是非常困难的。

另外,著名民法学专家、中国人民大学法学院教授杨立新认为,新闻的真实报道还必须考虑到社会的妥当性问题。所谓社会的妥当性,就是报道出来是否符合社会公众利益的要求,是否有利于像青少年这类特殊社会群体的健康成长,是否适应现代社会对尊重人性、人文关怀和保护弱势群体的良好氛围等。报道出来如果负面效应越大,新闻对社会妥当性所应承担的责任也就越不够。比如,对暴力、凶杀、色情场景的过于渲染和描述,在报纸上刊登血淋淋的、极其残忍的图片,在电视上播放过于暴露的色情镜头,其实都是不合适的,毕竟媒体面对的受众,不仅仅是成年人,还包括那些未成年人。⑤ 也就是说,从社会责任的角度考虑,新闻报道也未必越真实、越客观地反映社会真相就越好。

总之,我们对于新闻真实性的问题要有一个实事求是的认识。对新闻人而言,完全真实的境界虽不能至,但心向往之;对整个社会来说,则宜持相对宽容的现实态度,以相对符合事实真相的要求,来看待新闻报道的真实性,并允许新闻报道逐步靠近真实。"只有新闻自律与社会宽容的良好配合,才能更好地拓展新闻报道的空间,充分发挥新闻对保证民众知情权、监督社会生活的作用。"⑥

---

① 张达芝:《新闻理论基本问题》,陕西人民教育出版社 1990 年版,第 41 页。

② 转引自李鹏、成英玲:《浅谈事实客观性与新闻真实性的再解读》,http://www.studa.net/xinwen/090701/14462385.html,下载日期:2009 年 7 月 1 日。

③ 吴元栋:《也谈新闻的真实性问题》,载《新闻记者》2009 年第 6 期。

④ 吴元栋:《也谈新闻的真实性问题》,载《新闻记者》2009 年第 6 期。

⑤ 赵金、杨立新:《公众人物与"媒体暴政"》,载《青年记者》2004 年第 9 期。

⑥ 吴元栋:《也谈新闻的真实性问题》,载《新闻记者》2009 年第 6 期。

第二节 新闻真实性的法律规范

从 1985 年爆发第一例新闻官司起,我国的新闻侵权诉讼已经发展了 20 多年,对新闻真实性的立法,也经历了一个从无到有的过程。司法对新闻真实性的判断思维演变,则是通过案件的审理来推动的。司法实务界对新闻真实性的理解,开始向新闻规律慢慢靠拢,更多地尊重新闻自由,并考虑公民的知情权需要。

一、立法对新闻真实性的规范过程

我国的新闻侵权诉讼,是随着我国的第一部《刑法》和《民法通则》的颁布实施而发生的。

1979 年《刑法》第 145 条规定了侮辱罪、诽谤罪。1982 年《宪法》第 38 条规定了公民的人格尊严不受侵犯。禁止用任何方法对公民进行侮辱、诽谤和诬告陷害。

1987 年 1 月 1 日实施的《民法通则》第 101 条规定,公民、法人享有名誉权,公民的人格尊严受法律保护,禁止用侮辱、诽谤等方式损害公民、法人的名誉权;第 120 条规定,公民的姓名权、肖像权、名誉权、荣誉权受到侵害的,有权要求停止侵害,恢复名誉,消除影响,赔礼道歉,并可以要求赔偿损失。法人的名称权、名誉权、荣誉权受到侵害的,适用前款规定。民法通则的这些规定,成为审理新闻侵权纠纷的主要法律依据。

之后,最高人民法院对新闻真实性问题作出了一系列规定。1988 年最高人民法院《关于侵害名誉权案件有关报刊就应否列为被告和如何适用管辖问题的批复》中规定:"报刊社对要发表的稿件,应负责审查核实。"这个批复被认为是我国媒体对新闻真实性负有义务的主要法律来源。[①]

2000 年 3 月,新闻出版总署又以部门规章的形式明确规定,媒体原创及转载作品负有真实性审查的义务,"报刊摘转新闻报道或纪实作品等稿件应坚持真实性原则。对其摘转内容的真实性负有审核责任。摘转正式出版物的稿件也应核实真伪"。

1993 年最高人民法院发布的《关于审理名誉权案件若干问题的解答》第 8 条,明确规定了文章是否构成侵权的判断依据:基本属实。至今,这三项规定依然是法院审理新闻侵权案的基本依据。这三项规定是:(一)文章反映的问题基本真实,没有侮辱他人人格的内容的,不应认定为侵害他人名誉权;(二)文章反映的问题虽基本属实,但有侮辱他人人格的内容,使他人名誉受到侵害的,应认定为侵害他人名誉权;(三)文章的基本内容失实,使他人名誉受到侵害的,应认定为侵害他人名誉权。至于"基本属实"是个什么概念?其标准和范围又是什么?主要靠司法实务者自己把握,"在审判实务中较难把握,增加了案件审理的难度"[②]。

1998 年,最高人民法院出台《关于审理名誉权案件若干问题的解释》第 6 条规定,新闻媒体因为报道国家机关职权行为和文书而不承担名誉侵权责任的"特许报道权"。

① 刘海涛、郑金雄、沈荣:《中国新闻官司二十年》,中国广播电视出版社 2007 年版,第 148 页。
② 王敏、龚德家:《权利的冲突与衡平——从民事审判的视角看新闻侵权与舆论监督》,王利明:《判解研究》,人民法院出版社 2003 年版,第 68～69 页。

自 2001 年以后,我国在媒体侵权领域再没有新的规范出台。

二、司法实践对新闻真实性判断标准的推进历程

根据《中国新闻官司二十年》一书披露,在我国司法实践中,司法对新闻真实性的判断思维演变是通过数起案件的审理来推动的。① 从实际的案例中,我们也可以看出,一些司法实践者对新闻真实性的判断,已逐步开始考虑新闻规律和民众的知情权需要。

新中国第一起新闻官司是刑事自诉案,即《二十年"疯女"之谜》诽谤案,新闻真实性问题首次提交法庭讨论。新闻发表时间是 1983 年,提起刑事自诉在 1985 年,终审判决是 1988 年,2 名涉案新闻记者因为报道的新闻失实,被判诽谤罪,分别被处有期徒刑 1 年 6 个月和 1 年。有人说,如果民法通则早颁布一两年,这 2 名记者或许可以免予刑罚。

2003 年 7 月,张铁林状告周璇、《成都商报》社侵害名誉权案,引发了对新闻真实性求证的思考。在这起案件中,第一被告周璇言论所指向的对象"皇阿玛"张铁林属娱乐公众人物,媒体对相关言论的报道在交代了"新闻来源"和忠实于周璇的言论本身,并未夸大、扭曲的情况下,媒体报道最终被法院认定符合法律意义上的"基本真实"。最终成都商报社被判无须承担侵权责任,但是作为言论提供者——周璇被认定侵权,需承担相关法律责任。②

2004 年夏天发生的华侨房屋开发公司诉《中国改革》杂志社侵害名誉权一案,其判决书备受著名学者贺卫方教授推崇。法院根据新闻规律强调了可合理相信的消息来源对于界定新闻真实的重要性。因此,有评论认为,从《中国改革》杂志社新闻侵权纠纷案件的判决要旨来看,司法对媒体报道的真实性要求采用了"来源真实"和"确信真实"原则,为司法认定新闻事实标准提供了一个里程碑式的导向作用。③

三、域外立法与司法的启示

在美国新闻真实性的判断标准中,最著名的莫过于"确有恶意"原则。"确有恶意"是美国最高法院在 1964 年审理沙利文诉《纽约时报》一案中作出的意义重大的裁决原则。后来,美国最高法院把"公共官员"的概念扩展为"公众人物"。④ "确有恶意"原则的内容是,凡对公众人物的活动展开批评,即使失实,只要不含恶意,即不是明知内容虚假而为之,或不是有意忽视材料的真假而轻率发表,就不能构成诽谤。⑤ 对媒体提出有关诽谤或名誉侵权的指控,原告在举证事实错误的同时,还必须证明言论是出于恶意。

何谓"公众人物"? 美国最高法院在 1966 年的"格兹控威切案"中给公众人物定义为:公众人物是指该个人在社会中的角色有独特的显著性,有些人从任何角度来看,都有相当的权力及影响力。⑥ 公众人物大致包括两种:一种是那些具有一定名声而被大众看作公众人物的人,如公众选举的官员,影视、体育明星等。另一种是自己原来并不出名,但因某件事引起

① 刘海涛、郑金雄、沈荣:《中国新闻官司二十年》,中国广播电视出版社 2007 年版,第 148 页。
② 刘海涛、郑金雄、沈荣:《中国新闻官司二十年》,中国广播电视出版社 2007 年版,第 625~632 页。
③ 刘海涛、郑金雄、沈荣:《中国新闻官司二十年》,中国广播电视出版社 2007 年版,第 148~149 页.
④ 李亚虹:《美国侵权法》,法律出版社 1999 版,第 173~174 页。
⑤ 汪露:《美国的新闻监督制度》,载《海外传媒》2005 年第 4 期。
⑥ 李瞻编译:《传播法——判例与说明》,台湾黎明文化事业公司 1992 年版,第 163 页。

社会公众注意而成为公众人物的,如政治运动领袖、一夜暴富的彩票得奖者等。① 布伦南大法官在沙利文案之后的另外一个案件的判决中又提出了一个更为宽泛的规则。他说,即使是普通百姓,如果他对起诉某一"讨论公共利益或普遍关注"的问题进行陈述时,那么他也应该被要求履行沙利文判例的检验标准。② 也就是说,只要你卷入某种公共事件,你都可能是"公众人物"。

美国最高法院在司法实践中如何认定"确有恶意"? 据我国学者任旭辉介绍,具体的操作标准有五条:(1)消息来源——是来自有一定权威性的部门、人士还是纯属道听途说? (2)新闻时效性压力——所报道的新闻是否热门新闻? 记者是否有足够时间查证? (3)新闻采写过程——是否符合新闻工作常规? 是否有人提出质疑而记者却不加以理睬? (4)事实可信性——依常识判断这件事情是否有可能发生? 是否需要进一步查证而记者却不注意? (5)报道动机——报道者同被报道者是否有恩怨纠纷? 报道者有没有其他不纯动机?③

如今,确有恶意原则成为一项国际通行的做法,即对于涉及公共利益的新闻报道,只要不是明确虚假的情况下发表,或者根本不顾它是否虚假的情况下发表,即视为事实性舆论监督。④

美国有关新闻真实性的司法原则还有"公正评论"原则。在美国诽谤法中,只要被告能证明被指控的内容是对公众关注的问题所作出的真诚的、没有恶意的评论,即使这些评论在某些人看来是夸大的、固执的或持有偏见的,但只要它们是出于公益的目的和诚实思考的结果,被告就可以免责。⑤

另外,美国诽谤法还有一个"特许权"制度。特许权是指为了保护公共利益和个人合法权益,发表诽谤性言论可不受诽谤指控或不承担诽谤责任。新闻媒介享有的特许权主要是指报道官方的、公共团体的或其他公共会议提供的材料,不承担诽谤责任。⑥

第二章 对《厦门晚报》新闻官司的实证分析

确保新闻报道的真实性是对媒体和记者的基本要求,报刊对发表的稿件有审核其真实性的义务,基于这样的新闻要求和法律依据,"对媒体证明新闻真实性的义务要求一直是司法实践的主流观点"⑦。

---

① 李亚虹:《美国侵权法》,法律出版社 1999 年版,第 173～174 页。

② 杨琳:《公众人物的名誉权问题》,http://www.lunwentianxia.com/product.free.2080.1/,下载日期:2007 年 11 月 22 日。

③ 任旭辉:《新闻官司应注重主观观察——兼论舆论监督的司法保护》,载《新闻采编》2000 年第 2 期。

④ 王敏、龚德家:《权利的冲突与衡平——从民事审判的视角看新闻侵权与舆论监督》,载《判解研究》2003 年第 3 期。

⑤ 汪露:《美国的新闻监督制度》,载《海外传媒》2005 年第 4 期。

⑥ 刘迪:《现代西方新闻法制概述》,中国法制出版社 1998 年版,第 110～111 页。

⑦ 刘海涛、郑金雄、沈荣:《中国新闻官司二十年》,中国广播电视出版社 2007 年版,第 84 页。

《厦门晚报》创刊以来,涉及 15 例新闻官司,只有 1 例是晚报的报道被抄袭,引发著作权纠纷,其他都是因新闻报道引发的名誉侵权纠纷,提起诉讼的当事人均诉称新闻所报道的内容部分不真实或者严重失实,侵犯原告的名誉权。其实,"综观我国法院对新闻官司的审理,几乎无一例外地以内容真实与否作为断案依据"①。这样的观点一直以来被新闻界议论和批判,但这并没有改变司法界一以贯之的思维模式。"②

第一节 新闻真实性的真实度问题

一、司法实践要求的基本属实

依据 1993 年最高人民法院发布的《关于审理名誉权案件若干问题的解答》(以下简称《1993 年解答》),文章"基本属实"、没有侮辱他人人格的内容,就不应认定为侵害他人名誉权。但问题是,究竟什么是"基本属实"? 什么是"严重失实"? 解答并没有明确规定。具体到每一个案件,不同的法官、律师、学者和新闻从业人员都有自己的认识标准,实践中也常因此产生争议。

笔者研究发现,一些传统法官往往把媒体行使言论自由权等同于一种普通的民事侵权行为,要求媒体刊载的文章的每一句话都须"言之有据,铁板钉钉",否则就推定为"言论失实",侵犯他人名誉。个别法官甚至认为"只要与事实有出入就是内容失实"。在这种理念下,法官在审案时,往往要求论证新闻报道每一句话的真实性。

"假法官"案③就是一个典型案例。2006 年 9 月 24 日,《厦门晚报》刊发一篇《假扮法官撬门讨钱 手脚哆嗦露出马脚》,被报道的"假法官"提起名誉侵权诉讼。经调查,这篇新闻报道有些瑕疵,比如文章所指的为首的男子(系人民陪审员)身穿法官制服,其实他穿的并非法官制服,而是很像法官制服的灰色西服;他也没说是××区法院的法官,而是说"我是××区法院的"。一审法院因此认定新闻报道的内容基本事实失实,在公众中造成了原告假扮法官的印象,损害了原告的名誉。

但是,当我们深入地对事件整个过程进行分析之后,会发现原告自称其是××区法院的,且身着与法官夏季制服相近似的服装……。从常识分析,原告如此自称和着装,目的何在? 显然是想让相对人产生一种感官上的误解,即我是法院的。在这个感官的基础上,虽然在法院内部,有法官、书记员及其他工作人员的分工,但社会上约定俗成地将在法院工作的人员统称为法官。这个新闻的标题和内容准确地将事件的性质揭露出来,符合新闻真实性的要求。

---

① 刘海涛、郑金雄、沈荣:《中国新闻官司二十年》,中国广播电视出版社 2007 年版,第 151 页。

② 刘海涛、郑金雄、沈荣:《中国新闻官司二十年》,中国广播电视出版社 2007 年版,第 84 页。

③ 2006 年 9 月 24 日,《厦门晚报》刊发一篇《假扮法官撬门讨钱 手脚哆嗦露出马脚》,报道称××区法院一名人民陪审员冒充××区法院的法官,带领一群人,手拿锤子,撬门、逼债。"假法官"把《厦门晚报》的主办单位厦门日报社告到法院,称晚报的报道失实,侵犯其名誉权。一审法院认定新闻报道的内容基本事实失实,在公众中造成了原告假扮法官的印象,损害了原告的名誉。二审时,经法官的调解,被报道的"假法官"同意撤诉,不再纠缠此事,而报社也就个别用词欠妥向被报道的"假法官"口头致歉。

司法实务界抱持的这种新闻真实性思维，其实对司法和新闻领域都有掣肘：一是大量的时间、财力都消耗在新闻内容真实性的考察上，使法院审理难度大大增加，当事人的诉讼成本也跟着加大；二是把记者的采访活动等同于司法机关的办案活动，忽视、违背新闻规律。如此一来，新闻媒体为了追求客观真实，不得不放弃新闻的时效要求，忽视公民的知情权需要。同时，亦会导致媒体对舆论监督的忌怕，抑制媒体对新闻监督的主观能动性。

二、新闻真实性的举证责任向媒体倾斜

在诉讼法上，占主导的是"谁主张，谁举证"——既然原告要起诉媒体侵犯名誉，他就必须证明名誉有受损的事实，而这个事实是因为媒体的言论所致。

在名誉侵权诉讼中，提起诉讼的一方一般主张的是"新闻失实"，对立的媒体一方则需证明"新闻属实"。按照法官的要求和法律的规定，媒体须竭力证明尽到了"审核"的义务，所报道的新闻达到证据证明的真实。"谁主张，谁举证"的举证责任实际上演变成"谁报道，谁举证"。[①] 在《厦门晚报》涉诉的侵犯名誉权案件中，除了来自权威消息源及被告在开庭前撤诉的案件外，作为被告的媒体无一例外被要求举证新闻报道的真实性。

至于原告有没有证明自己的名誉受损，法官往往没有实质的证据要求，而是凭司法经验甚至习惯作出推定。"按照法律规定新闻侵权不属于特殊侵权行为，应适用过错归责原则，而实际上在案件的审理中，法院对被控侵权人均适用过错推定归责原则。"[②]

笔者认为，"谁报道，谁举证"的举证倾斜，对媒体不公平。从上述分析我们知道，新闻真实与客观真实是有差距的，而新闻的特殊规律决定很多时候达到新闻真实的报道，是无法都能有证据证明的。比如新闻报道披露某单位的错误行为，报料人来自该单位的内部或者知情人士。一旦被报道的单位提起名誉侵权诉讼，媒体要想证明自己报道的事实达到法官要求的确有证据证明的"属实"，往往要到原告那里去搜集原始证据，这在现实中是很难做到的，而单位内部人士及知情人通常也不太可能冒着得罪自己单位或关联单位的危险而为媒体提供证据。

一旦被告的媒体不能按照法官的要求，证明自己的新闻报道"属实"和对方"无损害"，法院即以"言论失实"推定过错和损害的存在。这种举证责任倒置和"过错规定"、"损害推定"显然有利于原告，使被告媒体处于劣势。多年来，关于媒体举证的利弊争论不休，有评论说，"我国新闻侵权诉讼中媒体败诉率高达70%，主要原因是举证责任的分配不利于媒体"[③]。

"谁报道，谁举证"的法律渊源，有研究者认为是1988年最高人民法院《关于侵害名誉权案件有关报刊社应否列为被告和如何适用管辖问题的批复》，[④]即"报刊社对要发表的稿件，应负责核实审查。"该司法解释颁布之后，徐良诉《上海文化艺术报》、赵伟昌侵害名誉权案即确立了媒体对新闻真实性的负责义务，由此开启了媒体在诉讼中承担举证义务的先河。而

---

① 周甲禄：《论新闻侵权诉讼中的举证责任分配》，载《新闻记者》2004年第12期。

② 佚名：《新闻侵权纠纷中的权利冲突与衡平》，http://wenku.baidu.com/view/92860586bceb19e8b8f6ba55.html，下载日期：2009年4月2日。

③ 佚名：《新闻侵权纠纷中的权利冲突与衡平》，http://wenku.baidu.com/view/92860586bceb19e8b8f6ba55.html，下载日期：2009年4月2日。

④ 刘海涛、郑金雄、沈荣：《中国新闻官司二十年》，中国广播电视出版社2007年版，第86页。

2000 年新闻出版总署规定报刊对摘转新闻文章的内容的真实性负有审核责任，进一步明确了媒体对所发表稿件的审核责任。[①]

三、新闻真实与客观真实的差别

笔者认为，在"假法官"案中，一审法院因某些字眼与事实有误或不够准确，从而判媒体败诉，法官对新闻真实性的判断思维，其实适用了严格意义上的客观标准：因为案件中原告的确没有说自己是法官，而媒体却说他假扮法官，所以认定报道的内容基本失实。

客观真实是指客观存在的真实，不依赖主观意识而存在的事物和状态，是一去不复返的，不能还原的事实。在学理上，客观真实观是一种形而上的本体论思维模式，其本质决定了它不具备实用性、操作性，无法在司法实践中得到真正的实施，片面地追求更是有害无益。[②]

诉讼中的真实，一般指法律真实，其并不排斥客观真实，它和客观真实的最大差别就是："它是靠证据支持的，并且须达到诉讼要求的证明标准。"[③]不同的诉讼有不同的证明标准，比如民事诉讼的高度盖然性证明标准、刑事诉讼的排除一切合理怀疑的证明标准等，法官还有自由心证的权力。同时，诉讼的举证还有时效性的要求。由此可见其复杂性、主观性、时效性。[④] 而新闻真实包括有证据支持的和没有证据支持的。在我国司法实践中，法官认为真实的东西，要求以法律能够认定的证据为基础。

在某些情况下，新闻真实也可能达致客观真实。但绝大多数情况下，新闻报道与客观事实是存在误差的，因为新闻报道是新闻思维加工信息的一个过程，是对客观事实的选择性报道，与客观事实之间几乎必然存在着误差；而新闻报道追求"新、快"，要求以最快的时间把信息传达给读者，满足读者的知情权需要。新闻规律和新闻报道的特点决定新闻报道"只是与部分客观事实相吻合的有限事实"[⑤]。新闻的真实，很可能只是暂时的真实，比如记者在事件现场发回的报道、记者根据目击者所说采写的报道等，这种真实往往是凭记者的职业素养、人格诚信而达到的真实，以后随着采访的不断深入，最后事件的真相也许与最初的报道并不相符合，但我们不能说新闻报道就不真实。

在"假法官"案中，报料人证实，其确实曾经告诉媒体记者，"假法官"身穿法官制服，记者也赶到现场进行了采访，随后记者还追踪到羁押"假法官"的派出所，采访处理事件的办案警察，问道："那人是法官吗？"警察回答说不是。记者再问："他为什么穿着法官服？"警察回答："讨债嘛。"报料人还说，"假法官"声称，"我是××区法院的法官"。在当时的情况下，记者所能采访的新闻事实只能是这些，虽然最后查明记者的报道有出入，但当时凭着记者和现场目击者的经验判断，足以误以为此人确系冒充法官，记者的报道完全符合新闻真实性的要求。

新闻真实不同于一般意义上的客观真实，"新闻真实只是一个相对的真实。无论是法律

[①] 刘海涛、郑金雄、沈荣：《中国新闻官司二十年》，中国广播电视出版社 2007 年版，第 84~85 页。

[②] 刘玉田：《论"法律真实"的合理性及意义》，载《法学家》2003 年第 5 期。

[③] 吴元栋：《也谈新闻的真实性问题》，载《新闻记者》2009 年第 6 期。

[④] 郑和香：《新闻真实与法律真实》，载《岭南新闻探索》2007 年第 5 期。

[⑤] 吴元栋：《也谈新闻的真实性问题》，载《新闻记者》2009 年第 6 期。

还是社会,对新闻真实的要求都是相对的"①。要求新闻报道与客观真实完全相符,是背离现实的,也是根本"不可能"的。杨立新教授认为,"只要新闻报道符合新闻行业的特点、程序、规律,即使内容与客观事实有一定偏差,仍视为报道属实"②。而且,新闻真实也"不可能像司法真实那样更接近于事实本质,除非让新闻单位像司法机关那样也拥有调查的权力、手段和相关的司法程序"③。如果要求每一个新闻报道都有证据证明,显然是不切实际的,更不符合新闻规律的要求。因此,新闻真实要达到"基本属实",达致盖然性占优势的证明标准即可。

四、新闻真实未必就不侵权

事实上,新闻失实未必就侵权,越真实的报道也有可能越侵权,比如在隐私问题报道中。

按照我国法律,侮辱也是侵犯公民名誉权的一种方式。《1993 年解答》第 7 条规定:"以书面或口头形式侮辱或者诽谤他人,损害他人名誉的,应认定为侵害他人名誉权。"侮辱往往是以粗俗、下流的语言或者图像等指向特定的人,使人蒙受耻辱。在这一过程中,侮辱的言辞可能与事实的真伪无关。按照《1993 年解答》,即使事实完全真实,也并不能保证媒体完全免责。如果争议文章中使用了侮辱人格的言辞,并且这些侮辱言辞使原告的名誉受到损害,那么媒体同样可能被判决要求承担名誉侵权的责任。

"真实"的抗辩不可以免责的另外一种情况是涉及隐私侵犯的时候。根据《1993 年解答》第 7 条规定:"对未经他人同意,擅自公布他人的隐私材料或以书面、口头形式宣扬他人隐私,致他人名誉受到损害的,按照侵害他人名誉权处理。"在涉及当事人的隐私的时候,真实反而是侵权的证据,不真实的信息反而不构成对他人隐私权的侵犯。④

不过,什么是隐私?是否允许公之于众?本身也是一个见仁见智的话题。比如说婚外恋,当事双方当然不愿意为外人所知,但从夫妻忠诚义务角度考虑,婚外恋本身是一个违背社会伦理道德的行为。然而,婚外恋能否被公之于众,却仍有争议。

---

① 《法学专家阐释新闻真实性问题》,载《新闻与写作》2002 年第 8 期。
② 王强华:《舆论监督与新闻纠纷》,复旦大学出版社 2000 年版,第 15 页。
③ 赵金、杨立新:《公众人物与"媒体暴政"》,载《青年记者》2004 年第 9 期。
④ 任旭辉:《新闻官司应注重主观观察——兼论舆论监督的司法保护》,载《新闻采编》2000 年第 2 期。

第二节　通讯员稿件的真实性审查责任

农妇名誉侵权案①是《厦门晚报》创刊以来遭遇的第一例新闻侵权诉讼,也是唯一一例被判决败诉的。

在这个案例中,引起诉讼的稿件来自通讯员。在《厦门晚报》刊登的稿件中,通讯员来稿占不小的一个比例。由此引发一个话题,对于通讯员来稿媒体能否要求"文责自负"? 新闻的真实性责任该由谁来承担? 媒体的审查核实义务有多大? 尤其是当新闻稿件来源于相关职能部门的通讯员时,能否减轻媒体的审查核实义务?

一、"文责自负"并非媒体免责的抗辩事由

通讯员和其他自由撰稿人是新闻传播活动中的主体之一。在这一环节的新闻行为发生过错,构成新闻侵权的可能性还是比较大的。②

所谓通讯员,一般指的是积极为新闻媒体写稿、投稿的作者。③ 他们有业余和专业之分,业余的大多是在从事本职工作的同时,出于热爱或者工作需要而为各家媒体写稿、投稿;专业的则是以此为职业,也就是通常所说的职业撰稿人。

对于外来稿件,在新闻界有着"文责自负"的说法。马克思和恩格斯就曾经主张"撰稿人应该对他们所报道的事实的准确性负责"④。

何谓"文责自负"? 较为普遍的理解是:"作者对文章内容的正确性以及在读者中发生的作用承担责任。"⑤持这种观点的人认为,作品是作者依据自己的意愿创作的,作品的内容表达的是作者的创作思想、创作情感和创作意图,责任和义务当然应该由作者负责。⑥ 但是这一观点并未被立法认可和司法实践所接受。

1988年最高人民法院《关于侵害名誉权案件有关报刊社应否列为被告和如何适用管辖问题的批复》(以下简称《1988年批复》)明确提出,媒体对所刊发的稿件需要承担审查核实责任。发表后侵害了公民的名誉权,作者和报刊社都有责任,可将报刊社与作者列为共同被

---

① 案情简介:1999年9月15日,《厦门晚报》刊登一篇××区检察院两名检察官合署的来稿《为霸女婿借钱款 逼债太急儿子亡》。文章称,已为人祖母的汪××(注:文章称已丧偶,实际上汪的丈夫在世),自女儿蔡××与陈××结婚起,便与女婿通奸,长期与女儿、女婿同睡一床。汪××甚至怂恿女儿与陈××离婚,以达到长期霸占陈×的目的。女儿蔡××指责母亲,汪××恼羞成怒,指使儿子多次纠集他人殴打和逼迫陈×还债。7月31日,陈×气急之下,持刀、棍将小舅子打死。文章见报后,汪××以《厦门晚报》的主办单位厦门日报社、赖××、吕××报道失实,侵犯其名誉权为由,向开元区人民法院提起诉讼。据查,除了陈××杀死小舅子这一情节外,报道内容主要来自陈×的前妻,即原告汪××的大女儿蔡××投送到检察院的举报信。由于汪××拒绝把女儿列为本案的共同被告,蔡××所举报的内容无法查实,最终两级法院判决厦门日报社及两名检察官败诉,登报向汪××道歉,各赔偿汪××15000元。
② 陈珣、乔思文:《关于新闻侵权主体的若干思考》,载《中国人民大学学报》1995年第6期。
③ 杨卓光:《通讯员队伍建设之我见》,载《新闻窗》2008年第6期。
④ 周泽:《新闻官司媒体为何多喊冤》,载《人民法院报》2001年12月21日(正义周刊)。
⑤ 周立华《不是卸责更非抵赖——试论"文责负责"与媒体的责任》,载《新闻记者》2005年第5期。
⑥ 周立钢、李士峰:《"文责"何以"自负"?》,载《大学出版》2003年第3期。

告。不仅如此,为了强调媒体在新闻侵权中的责任承当,《1988年批复》同时赋予了法院追加报刊社为被告的权利。

不过,对于被侵权对象来说,尽管可以将作者和新闻媒体同时告上法庭,但毕竟应该享有选择被诉主体的权利,因此最高人民法院1993年在《关于审理名誉权案件若干问题的解答》中对原来的规定做了一些修改,以原告的选择确定被告。

因此,根据我国现行的法律规定,新闻媒体对于发布在自己媒体上的稿件,承担着审查核实其真伪性的责任,媒体不能以"文责自负"作为免责的抗辩事由。

司法实务要求媒体对所刊登的新闻稿件,尽的是审慎核查的义务。在农妇名誉侵权案中,二审判决书是这么记述的:"厦门日报社作为《厦门晚报》的主办单位,对所刊登报道的文章尤其是涉及他人名誉的内容理应慎重核查,在确定内容属实且不涉及他人隐私的情况下,方能予以登载。但其未尽审慎核查之义务,具有明显过失……"①"判决表明,文责自负是不能让媒体免除审核把关之责的。"②

笔者所接触的许多民事法官都认为,媒体对新闻稿件的审核义务,除了法律明确规定外,还在于媒体掌握着新闻传播活动的主动权,对于一般的新闻报道,想发表什么与不发表什么以及如何发布,媒体有着控制权,并享有按照自己的编辑方针和形式进行编辑的权利。媒体在行使对发布稿件的编辑审核控制时,承担因编辑审核的失误而导致的后果也是理所当然的。"这种把关人的作用,并不仅仅是校对错别字就可以了事的。对事实的核实、对观点的锤炼,以及对政治导向的把握,同样应该在'把关人'的职责范围内。"③

二、媒体该自负多少"文责"

媒体对刊发文章的审查核实义务究竟要达到什么程度?承担的责任该有多大?法律并没有明确规定,新闻界、学术界及司法界有多种说法。有采用"编辑主责论"的,也有"文责共负论"的。

"编辑主责论"即出版物是一种特殊商品,出版单位在获得垄断出版权的同时,也获得了无可争辩的审查责任,出版人在出版活动中对作品注定不能逃避其责任。④

"文责共负"即"文责"应由作者与出版者或编辑共同负责,并要求以"文责共负"代替"文责自负"。理由是:首先,出版者或编辑和作者是法理上的合伙人,出版或发表的作品是作者与出版者或编辑共同合作的结果。其次,一旦出版或发表的作品产生了不良的社会效应或有侵权问题,两者往往共同作为被告承担赔偿责任,而并不只是由作者来承担责任。⑤

笔者不赞同完全意义上的作者"文责自负",因为在我国现行的法律体系和出版管理制度中,"出版人实际肩负着宣传、导向、优化和价值判断等社会责任"⑥,作为媒体,一度被认为是党和政府的喉舌,一定程度上代表着社会公共利益,其担负的社会责任不言而喻;而且,

① 引自(2000)厦民终字第397号《民事判决书》。
② 刘海涛、郑金雄、沈荣:《中国新闻官司二十年》,中国广播电视出版社2007年版,第365页。
③ 彭福元:《牢牢把握好导向是媒体把关人的重要职责》,载《声屏世界》2005年第1期。
④ 周立钢、李士峰:《"文责"何以"自负"?》,载《大学出版》2003年第3期。
⑤ 王国红:《文责共负论》,载《湖北师范学院学报》(哲学社会科学版)2007年第4期。
⑥ 周立钢、李士峰:《"文责"何以"自负"?》,载《大学出版》2003年第3期。

消息、通讯、报告文学、读者来信等作品"在一定程度上不仅反映了新闻事实，而且代表了报刊社的观点和倾向"①，所以，媒体审查、核实新闻作品真实性，不论从法律上还是从新闻职责上，都是其应尽的义务。

杨立新教授认为，"通讯员写的文章，给媒体投稿，媒体采用，这里说文责自负，有一定的道理。但媒体要承担事实真实性的审查义务，应尽的审查义务没有尽到，该稿件的事实失实，构成侵权时，报社应该承担责任。"②

但是，笔者也不赞同不论青红皂白的"编辑主责论"。③ 因为媒体与通讯员的关系，不同于媒体与记者的关系。通讯员与新闻单位没有工作上的隶属关系，二者仅仅是作品的使用与被使用的关系。通讯员的投稿，享有一定意义上的署名权和获得稿酬权，从权利与义务对等的角度考虑，通讯员理应承担相应的新闻真实性的义务。从新闻真实性的相对原理，媒体应尽的审查义务也是有一定限度的。通讯员在采写新闻作品中发生的过错，不能完全转嫁给使用其新闻稿件的报刊社，而要视其过错的具体情况，确定该承担的责任。对于媒体的责任，应以过错为限，如编辑稿件时对侮辱性言辞的不当处理、配发不当评论、常识性错误没能予以处理等，并因此导致新闻侵权，媒体才应承担相应的责任。另外，从新闻规律的角度考虑，要求新闻单位对所有稿件都投入大量精力进行"确保无误"的审查，肯定也是不现实的，也不利于新闻媒体实现其快速报道信息的需要。

现实中，许多通讯员来自相关的职能部门或单位，他们掌握着各单位的新闻发布权。比如《厦门晚报》被诉的这起农妇名誉侵权案中，投稿者来自检察机关，该检察机关是新闻所报道的女婿打死大舅子案的审查批捕部门。投稿的第一作者是该检察机关负责新闻宣传的人，第二作者是负责接待来访的检察官。但是，在名誉侵权案件发生后，该检察机关以新闻作品未盖公章为由，不承认检察官的投稿系职务行为。据笔者了解，对于这篇来稿，《厦门晚报》的相关编辑对案件涉及的事实进行了询问和了解，投稿者声明稿件确系来源于其所在的检察机关所办的一起刑事案件。

鉴于投稿者的特殊身份，笔者认为，媒体已经不可能尽更多的审查核实义务。事实上，媒体即使去审查核实，所能了解到的情况，与通讯员的报道也是一样的。这种由"权威机构或者人士提供的"稿件，是与工作任务有关的，甚至还经过主管的部门负责人认同的稿件，即使没有加盖公章，也应该等同于因职务行为而产生的新闻稿。"如果新闻单位尽到了审查核实责任，比如采访并发表了各有关单位的意见，或得到了有关权威部门或领导的审查属实意见，就不存在过错。"④如果新闻稿件最后经核查确系失实，媒体所应尽的是"更正"的义务。

---

① 李瑾、甘勇：《通讯员来稿与文责自负》，载《新闻前哨》2006 年第 12 期。

② 杨立新：《论中国新闻侵权抗辩及体系与具体规则》，http://www.civillaw.com.cn/article/default.asp? id＝42271，下载日期：2008 年 12 月 25 日。

③ 这里主要谈媒体与通讯员关系，不包括创作作品与出版单位之间的关系。

④ 于国军、徐凤美：《新闻侵权的抗辩事由》，载《青年记者》2008 年第 3 期。

第三节　如何行使新闻真实性审查的"免检权"

假冒金门高粱案①是《厦门晚报》牵涉的新闻官司中打得最轻松的,尽管原告口口声声指责媒体报道失实,但是应诉的媒体以"报道根据的是工商部门的职权行为,客观准确",赢得官司。晚报的多起新闻侵权诉讼,包括金鹭岛案②及网络情色小说案③,"权威消息来源"成为新闻报道的"防弹衣"。

在媒体的新闻报道中,记者往往需要凭借各种消息来源挖掘和完成新闻报道。而在众多的消息来源中,国家机关的职权行为和公开法律文书是媒体可以凭借的一个非常重要的消息渠道。根据 1998 年《关于审理名誉权案件若干问题的解释》(以下简称《1998 年司法解释》)第 6 条的规定:"新闻单位根据国家机关依职权制作的公开的文书和实施的公开的职权行为所作的报道,其报道客观准确的,不应当认定为侵害他人名誉权。"这一新闻媒体因为报道国家机关职权行为和文书而不承担名誉侵权责任的"特权",学界称之为据"权威消息来源"④或者"官方消息来源"⑤而免责的特权。笔者称之为"免检权",新闻报道无须审查消息本身的真实性,即使最后确定权威消息与事实不符,媒体也无须承担侵权责任。

---

① 案情简介:开元工商分局于 2000 年 11 月在厦门市经协大厦上园旅社查获了 5964 瓶所谓的台湾"金门高粱酒"。同年 11 月 7 日,该局发给《厦门晚报》和《厦门商报》稿件,晚报记者经修改后,发表在 2000 年 11 月 9 日的《厦门晚报》上,标题是《假冒金门高粱原来出自山西》。紧接着,工商部门进一步发现,举报者就是仿冒"金门高粱"的责任人之一——台商林某。2000 年 11 月 27 日,《厦门晚报》再次发表文章《"合作"不成告你假冒》。之后,台商林某及代理销售这批假冒金门高粱的梅醉贸易公司,一纸诉状将发表文章的《厦门晚报》的主办单位厦门日报社和厦门商报社都告上了法庭。一审时,法院以媒体报道根据的是工商执法部门实施的公开的职权行为,报道的主要内容客观准确,未有失实之处为由,确认报道属于正常的舆论监督,不构成对原告名誉权的侵害,驳回了对原告的诉讼请求。案件后来一波三折,最终以原告撤诉而告终。

② 案情简介:"金鹭岛"系个体工商户,非法从事职业中介。2000 年 8 月 10 日,市劳动监察大队突击检查了莲坂一带的职介机构,其中就有"金鹭岛"。第二天,《厦门晚报》在头版刊登了题为《非法职介,非割不可的毒瘤》的报道。9 月 26 日,晚报记者又展开追踪报道。为此,该公司负责人一纸诉状,将《厦门晚报》的主办单位厦门日报社等三家新闻媒体告上法庭。一审开元区法院认为,三家新闻机构根据执法部门实施的公开的职权行为及其依职权制作的公开的文书所认定的事实而作出的报道,主要内容客观准确,未有失实之处,属于正常的舆论监督,不构成对原告名誉权的侵害。"金鹭岛"未上诉。

③ 案情简介:"早安厦门"(网名,男)与柯某(女)是网友,生活中曾经是朋友。2007 年 6 月,"早安厦门"在"天涯社区"发表名为《走出欲海》的情色小说。柯某认为小说写的女主角就是自己,以"早安厦门"侵犯自己的名誉权为由,将"早安厦门"告到法院。"早安厦门"两审均败诉。在一审判决后,《厦门晚报》依据判决书和庭审情况,并在电话采访双方当事人的情况下,刊登新闻报道。"早安厦门"认为报道部分内容失实、欠妥,将柯某及《厦门晚报》的主办单位厦门日报社告上法庭。最终,一、二审法院认定判决依据法院判决,内容属实,不存在虚假报道,驳回"早安厦门"的诉讼请求。

④ 杨立新:《新闻侵权抗辩 22 个关键词》,载《检察日报》2008 年 8 月 27 日第 7 版。

⑤ 翁秀琪等:《新闻与社会真实建构:大众媒体、官方消息来源与社会运动的三角关系》,载张锦华:《大雅丛刊(1)》,台湾三民书局 1997 年版,第 45 页。

一、权威消息源包括哪些

在《厦门晚报》所牵涉的这3起官司中,"金鹭岛案"的新闻报道根据的是厦门市劳动监察大队的执法活动的信息,"假冒金门高粱案"文章本就来自工商部门,而网络情色小说源自法院的判决书。毋庸置疑,这些消息源都是《1998年司法解释》所称的"国家机关依职权制作的公开的文书和实施的公开的职权行为"。

但是《1998年司法解释》中指的"国家机关"究竟指的是哪些单位?权威消息来源包括哪些?有多种说法。

如果从字面上去理解司法解释,权威消息源只包括党政机关、司法机关及行政机关的公开职权行为及所制作的公开文书。具体包括党和国家机关等权威部门正式提供的材料,如党政机关提供的关于党务活动的材料;法院宣布的判决、裁定,各种行政机关按其职责所作的执法行为;各正式授权部门对有关交通、医疗、生产事故的鉴定;法律规定必须由某部门统一发布的新闻;等。①

而加盖党政机关、司法机关和行政机关公章的新闻通稿,算不算权威机关发布的公开信息呢?如果媒体根据这些公开信息所作的报道,能不能免责呢?在刘张雄诉榆林日报社侵害名誉权案中,当地一、二审法院均认为,佳县县委提供并加盖公章的稿子属于权威消息来源,媒体无须承担审查的责任,榆阳日报社据此所作的客观报道,无须承担侵权责任。② 但是,也有的法院不支持这种观点。在全国著名的"冰岛罂粟花案"中,就没有认可加盖公安机关公章的稿子为权威消息来源,媒体败诉。③

有观点认为,我国对"特许权"的限定范围,与国外及台湾等地的诽谤法相比,范围还比较小。在美国的特许权制定中,除了包括司法人员、律师、司法程序之当事人、司法程序之证人、陪审员、立法者、立法程序之证人、高级行政人员等外,媒体为了保护公共利益和个人合法权益,发表诽谤性言论可不受诽谤指控或不承担诽谤责任。④ 台湾地区法律规定,因自卫、自辩或者保护合法利益而善意发表言论,不罚。⑤

在理论界,学者们提出权威消息来源应扩大范围。杨立新教授认为,权威消息来源包括政府机关、司法部门、政党团体公布的事实,⑥报道特许发言的范围是:(1)各级人民代表大会代表在人民代表大会上的发言;(2)各级政治协商会议委员在政治协商会议上的发言;(3)法官、陪审员、检察官、律师在法庭上的发言;(4)司法程序中的当事人、证人。对于这些发言,媒体进行报道,因为发言者享有特许权,新闻媒体因此对其报道也有了一个侵权责任的

---

① 于国军、徐凤美:《新闻侵权的抗辩事由》,载《青年记者》2008年第3期。

② 刘海涛、郑金雄、沈荣:《中国新闻官司二十年》,中国广播电视出版社2007年版,第676~684页。

③ 韦锋:《从"冰岛罂粟花案"看媒体的特许报道权》,载赵中颉:《法制新闻与新闻法制》,法律出版社2004年版,第358~365页。

④ 刘迪:《现代西方新闻法制概述》,中国法制出版社1998年版,第110~111页。

⑤ 骆汉城:《行走在火上——隐性采访的法律思考》,中国经济出版社,转引自刘海涛、郑金雄、沈荣:《中国新闻官司二十年》,中国广播电视出版社2007年版,第118页。

⑥ 杨立新:《新闻侵权抗辩22个关键词》,载《检察日报》2008年8月27日第7版。

"豁免权",任何人不得追究其侵权责任。① 另外,"新华社作为我国唯一的国家通讯社,其发布的消息和评论也应纳入权威消息来源之列"②。按照杨立新教授的理论,加盖公章的国家机关稿件,应该属于权威消息来源。有研究者认为权威消息来源的范围应该更大,比如公民、法人关于自身活动供新闻媒体发表的材料,主动提供消息来源的事件现场目击者的第一手材料等,都具有一定的权威度。新闻媒体得到这些具有一定权威性的人或机关的证实,就应认为尽到了审查核实的责任。③

笔者认为,除了杨立新教授认定的权威消息源外,从新闻实践看,企业、事业单位、社会团体机关等在职能范围内发布的信息,同样具有一定的权威性和可信度。比如一家企业宣布要推出某某新产品,一家事业单位宣称某某员工触犯某项纪律被企业作出何种处分。这类消息公开发布后,记者据此予以如实报道,在新闻报道中是常见也是被允许的。如果这些发布机关因此侵犯他人名誉权,其自身应当承担相应的法律责任。"只要发布消息的机关是权威的,就应当认为权威消息来源提供的事实材料达到可以确信的程度。因此,只要审查提供消息的机关的权威度,就可以确认是否构成这个要件。"④当然,对于这类"权威源",与国家机关的公开文书相比,应该有所区别,比如应当予以适当的审核,以确保新闻的真实性。

二、公开的含义

《1998 年司法解释》对媒体的特许权,要求的是"公开"的职权行为和公开的法律文书,究竟应该公开到什么程度? 司法界、学术界和新闻界讨论热烈。在"冰岛罂粟花案"中,该案庭审的焦点之一即是消息来源——刑事立案报告书、破案登记表、提请批准逮捕书等,这到底算不算"权威消息来源"?

《1998 年司法解释》所称"公开",学界认为,公开是指文书制作单位对外公开,对社会公开,让即使与案件无关的人也能合法地获得这一文书或者文书中所包含的信息。从另一角度说,"公开"就意味着不保密,文书信息传播的范围就不局限在文书制作单位内部。⑤

笔者赞同这个观点,公开是指对社会公开,社会第三人能够通过正常的、合法的途径获知的文书。而媒体或者单位,通过个人或者工作的关系,私自获取或者非法取得的国家机关的文书,不属于能够公开的法律文书。比如,公安机关、检察院、法院办理刑事案件所使用的法律文书,根据文书使用范围的不同,可以分为内部文书和对外文书两类。内部文书是指只在内部使用和只对相关职能单位使用的文书。比如"冰岛罂粟花案"所提到的立案报告书、破案报告书、提请批准逮捕书等文书不属于公开文书,媒体依据这些文书所作的报道不属特许报道。对外文书是指送达当事人、犯罪嫌疑人和被告人、律师、单位等的文书。这些文书不属保密文书,媒体根据这些文书所作的报道,应属行使特许报道权的行为。

另外,对于"国家机关实施的公开的职权行为",从字面上理解,就是国家机关实施的,对

---

① 杨立新:《新闻侵权抗辩 22 个关键词》,载《检察日报》2008 年 8 月 27 日第 7 版。

② 王利明、杨立新主编:《人格权与新闻侵权》,中国方正出版社 2000 年版,第 516 页。

③ 王晋闽:《新闻侵权的责任分担》,载《新闻记者》1991 年第 7 期。

④ 杨立新:《新闻侵权抗辩 22 个关键词》,载《检察日报》2008 年 8 月 27 日第 7 版。

⑤ 韦锋:《从"冰岛罂粟花案"看媒体的特许报道权》,载赵中颉:《法制新闻与新闻法制》,法律出版社 2004 年版,第 358~365 页。

社会公开而无须保密的职权行为。就公安机关而言,刑事侦查活动除了有法律规定需要保密或应该秘密进行的以外,都属于公开的职权行为,包括刑事拘留、逮捕、搜查、扣押、查询、释放、撤销案件、发还物品等,均属公开的职权行为。根据新闻出版保密规定,只有公安机关的侦破手段等属于新闻报道中需要保密的内容。当然,警察从事私人的行为,即使公开也肯定不是职权行为。

三、报道客观准确的含义

《1998 年司法解释》还要求,报道职权行为和公开文书时,报道必须客观准确。如何理解客观准确？是仅能报道国家机关的公开职权行为和公开文书吗？是否允许媒体在职权行为和公开文书的基本框架下,采访相关的当事人及市民呢？

在《厦门晚报》涉诉的网络情色小说案中,小说作者即原告"早安厦门"就认为,媒体的报道超出了法院的判决书,在采访另一被告(情色小说的女主角)时,其信口开河,提供了不实内容等,《厦门晚报》对此"不仅不加鉴别,还添油加醋作片面报道"[①]。

杨立新教授认为,"客观准确"是指"媒体报道时未添加其他不实事实或者诽谤、侮辱性文字,或者没有删减事实;如果在事实上进行删改、增减,致使发生侵权后果的,则构成侵权"[②]。

笔者认为,客观、准确的要求是,新闻报道的主要内容与权威消息所反映的事实相同,记者对当事人及办案人员的补充采访,只要在权威事实所反映的主体事实内,且没有较大偏差的内容及诽谤、侮辱性文字,即达到"客观、准确",细节的出入"无伤大雅",更无须"照抄"司法文书。

另外,媒体的新闻报道常常为了实现传播的目的,在采写职权行为或者依据司法文书进行新闻报道时,将贪腐罪犯称为"蛀虫"、"败类"之类的,这类词语算不算侮辱性文字呢,是否会构成侵权呢？

有观点认为,官方正式公开的文件对特定人使用的侮辱性语言,可以在批评报道中针对特定人引述。或者官方正式公开的文件虽未使用某一侮辱性语言,如"败类"等词语,但其论述足以推断出这样的结论。如生效判决确定某被告人犯贪污罪,可以推断出该人是干部队伍败类的结论。[③] 笔者赞成这种观点,新闻不同于司法文书、政府文件,干巴巴的、生硬的文字不利于信息快速、广泛传播。新闻报道要求在客观、准确传达信息的基础上,尽量把这些严肃的专业用语,转化成鲜活、生动的"新闻语言",以利一般民众的理解、接受。当然,这类用语的使用一定要准确,避免歧视和误导。

第三章　新闻真实性的法律规制

《厦门晚报》涉诉的 15 起新闻官司(其中一起是著作权纠纷,其余都是名誉侵权纠纷),5

---

① 引自(2008)厦民终字第 3922 号《民事判决书》。

② 杨立新:《新闻侵权抗辩 22 个关键词》,载《检察日报》2008 年 8 月 27 日第 7 版。

③ 林爱珺:《批评报道要避免使用侮辱性语言》,载《新闻记者》2004 年第 10 期。

起最终是判决媒体胜诉,8起原告撤诉或者双方和解,1起不了了之,只有1起《厦门晚报》是终审败诉。见图1。

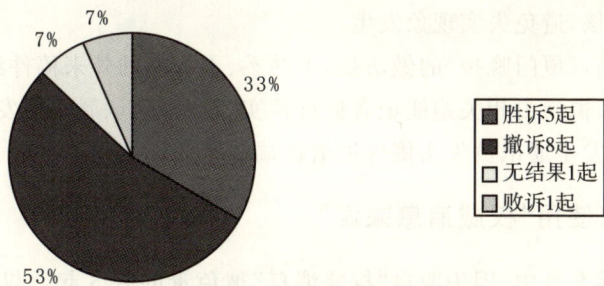

图1 《厦门晚报》新闻官司结果分析图

与全国媒体70%的败诉率相比,《厦门晚报》新闻官司的结果是让新闻人欣喜、宽心的。扪心自问,败诉率低,并非《厦门晚报》新闻报道都"属实",铁板钉钉,媒体本来就该赢。其中,有运气的成分、有对手的法律水平太弱的原因,更重要的是因为司法、行政机关和民间组织积极协调,促成和解。此外,还有媒体在纠纷发生后,主动做好善后补救工作等原因。

第一节 新闻媒体的自律和规范化

《厦门晚报》最终胜诉的原因:一是依据职权机关行为及文书被免责,共3起;二是报道基本属实判胜诉,也是3起;三是经做工作后双方和解和撤诉,达8起,另有1起不了了之。(见图2)

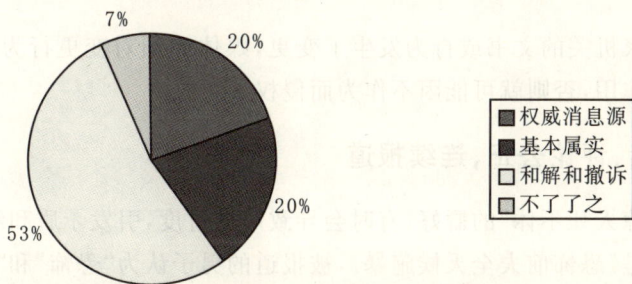

图2 《厦门晚报》新闻官司胜诉原因分析图

一、媒体的自律是避免新闻失实的关键

《厦门晚报》15年来,被判败诉的官司仅1起。主要原因当然是晚报长期以来对新闻采写、编辑、校对等各个环节严加管理,强化责任意识,在全体从业人员心中培养起"真实是新闻生命"的理念,"媒体自身的自律与新闻监督的规范是预防新闻侵权的首选措施"①。

对于记者,《厦门晚报》要求必须深入第一现场获取第一手资料,采写稿件全面、客观、公正,不偏不倚;从可靠来源获取资料,绝不允许道听途说,只听取一面之词(因为记者听取一

① 陈军、朱海燕:《从新闻侵权看媒体的自律》,载《新闻世界》2009年第10期。

面之词采写稿件,也曾经引发纠纷,甚至惹出一宗新闻失实官司,最终原告突然撤诉,原因不明)。对于编辑,严格执行编辑、部门负责人和值班总编三级审核签发稿件的制度,各司其职,发现问题及时审核,避免失实现象发生。

对于通讯员来稿,《厦门晚报》的做法是,不熟悉、不可靠的外来稿件绝不使用;长期合作的、可靠的通讯员,来稿须由相关跑线记者进行核实、改写,确认属实后发表。近几年来,《厦门晚报》基本没有再发生通讯员失实稿件见诸报端的事故。

二、合理、谨慎使用"权威消息来源"

《厦门晚报》胜诉案件中,因为源自"权威消息"被免责的有 3 起。权威消息源是媒体的"防弹衣",依据国家机关的公开职权行为和公开的法律文书写作的新闻稿件,媒体可以直接报道,不负核实事实的责任。

但是,媒体对于"权威消息来源"的题材,依然必须谨慎,尽量适应司法的要求。司法实务要求权威消息来源是"依职权制作的公开的文书和实施的公开的职权行为所作的报道",而且报道"客观准确",即报道的基本内容不得偏离文书和职权行为的范围。笔者的经验是,当消息源自权威机构时,写稿前与这些机构的主办人员作适当沟通,了解相关的禁忌性规定,以免误入"雷区",造成新闻失实,或者违反法律法规或政策的规定。

"在实践中,还应注意区分哪些是权威的消息来源,国家机关及有影响的社会团体都是具有权威性的。但是,权威性是相对而言的,对于不属于本职范围内的事项,它们也不具有权威性。"[①]如对某人犯罪的批评报道,如果是根据法院的生效判决而写的,文字用语可以采取肯定式;如果是根据纪检、检察、公安等部门的消息,报道的时候就必须注意语气,切忌越权定性。

另外,如果国家机关的文书或行为发生了变更,媒体必须对变更行为作相应报道,达到更正、澄清事实的作用,否则就可能因不作为而侵权。

三、用词有度,评论公正,连续报道

新闻人"语不惊人死不休"的癖好,有时会导致用词过度,引发矛盾和纠纷。《厦门晚报》有一篇报道,标题是《恐怖前夫全天候施暴》,被报道的男子认为"恐怖"和"全天候"的说法失实,不依不饶,提起名誉侵权诉讼。

记者在无法对某个事件作出肯定的调查结论或者未经权威机关定性前,切忌以肯定式、结论式的语气对事件抢先定性。这时,记者宜以客观、中立、公正的立场,陈述所见、所闻、所想,记者尽量不要以自己的视角来代替当事人的视角,在写作稿件中尽量不要添加记者个人的感情色彩,不用刺激性的语言。在"假法官"名誉侵权案中,一审法官指出:如果文章换成客观的写法,比如以报料人和被讨债当事人的语气写,"××说,一男子身穿法官制服,自称是××区法院的法官……",目击者怎么表述,警方的说法如何,媒体被判侵权的可能性就小得多。

媒体在进行舆论监督时应抱持"帮助事件解决",而非"火上浇油"的态度,写稿时注意平

---

① 万晋:《从新闻真实走向法律真实》,载《青年记者》2007 年第 1 期。

衡,兼顾各方说法,对当事人之间的争议把握不太准的情况下,应充分交代双方的陈述理由,不对被批评一方作过分的指责。"批评某人的错误的同时,可以适当点出这个人的长处或对他有利的某些细节,这样被批评者感受到记者和媒介的善心诚意,会更顺当地接受批评,纵使报道小有失实之处,被批评者提起诉讼的可能性也不大。"①

另外,新闻的时效性要求和媒体调查权的限制,决定新闻报道往往很难一步到位。因此,新闻报道应该随着事件的发展,紧密跟进,连续报道。"连续报道,是新闻侵权的抗辩事由,被多数学者所接受。"②杨立新教授认为,连续报道应该作为新闻侵权抗辩的事由。司法实践中,一些法官认同这种观点,认为媒体的连续报道可以作为侵权诉讼的免责理由。

四、新闻工作者应增强证据意识和法律意识

记者除了有新闻意识外,还要有法律意识,做到依法采写和报道新闻。在采写、编发一些有可能涉及侵权的新闻时,记者可多向新闻界、法学界及相关单位的同志探讨、请教。

同时,记者在采写新闻时,应该时刻有证据意识。《厦门晚报》有一篇报道,题目是《集大一超市太黑 千名学生网上声讨》,惹出侵权纠纷。应诉时,晚报的代理人发现,由于记者证据意识薄弱和时过境迁,已经很难找到相关的证据来证实报道的真实性:"网上千人声讨"的帖子已经被删掉,"价格太高"、"商品质量过期"之类的证据已经灭失,记者曾经采访的学生也无从寻找。

证据保全很重要,记者应该把采访本、采访录音、采访依据的材料,都尽量保留起来。比如,记者根据网站的流行帖子整理出新闻,得把网页下载下来;热线记者赶到现场,先把场面拍下来,然后再采访;采访时尽量把被采访对象的姓名、单位、电话记下来。如今,《厦门晚报》要求每一个记者须配备录音笔,在采写舆论监督报道时,一定要注意同步录音。

另外,还有一个需要特别提醒的是证人问题。现实中,当发生侵权纠纷时,提供线索或接受采访的就是证人。一旦他们矢口否认或者查无此人,媒介和记者往往别无他法。因此,记者在采访时一定要注意留下证人的姓名、联系方式。对于敏感问题的采访,注意录音录像,最好要求他们在采访笔记上声明"看过采访笔录,与我所说无误",并签上名字和日期予以确认。

上法庭后,媒体可以予以抗辩的理由很多,比如读者的知情权,基本属实权,公正评论权,公众人物、权力机关必须受到监督权,等。③

第二节　构建新闻侵权纠纷的 ADR

新闻侵权诉讼往往耗时耗力,据中国新闻侵权案例精选与评析课题组最近公布的数据,

---

① 佚名:《新闻侵权纠纷中的权利冲突与衡平》,http://wenku. baidu. com/view/92860586bceb19e8b8f6ba55.html,下载日期:2009 年 4 月 2 日。

② 杨立新:《新闻侵权抗辩 22 个关键词》,载《检察日报》2008 年 8 月 27 日第 7 版。

③ 杨立新:《新闻侵权抗辩 22 个关键词》,载《检察日报》2008 年 8 月 27 日第 7 版。

这类官司"平均结案时间长达 12 个月,远远高于普通侵权案件"①。对纠纷双方来说,马拉松式的诉讼经历,都是一个痛苦的过程。

15 年来,《厦门晚报》涉诉 15 起新闻侵权诉讼,其中 8 起以双方和解或原告撤诉而结案,占全部案件的 53%。笔者认为,在矛盾和纠纷发生时,引进对话、和谈、调解等多元化纠纷解决机制,促成矛盾双方和解,应该是今后媒体处理新闻纠纷的重要手段。

一、ADR 的概念和特征

ADR 即非诉讼纠纷解决方式,又称代替性纠纷解决机制。ADR 源于美国,现在已经为世界各国普遍使用,它是指民事诉讼制度之外的非诉讼解决纠纷的机制或方式。② 近年来,ADR 也成为我国大力推广的解决纠纷的机制。

ADR 具有程序上的灵活性,当事人可视争议的具体情况来选择合适的解决方案和程序;当事人具有高度的自主性,可以设计自己想要的处理纠纷的程序和方式;纠纷解决过程和结果的非对抗性,不像在法庭诉讼中双方唇枪舌剑、剑拔弩张;广泛适用性,可以单独使用,也可以在诉讼和仲裁中使用。

二、ADR 在新闻侵权纠纷中的应用

新闻报道的辐射面广、影响力大,而新闻的时效压力、媒体记者不掌握公力调查权等特点,决定媒体被投诉、被诉是一个永远无法回避的问题。新闻侵权诉讼往往争议大,持续时间长,耗费成本高,一些学者认为,"新闻纠纷的特殊性使其可以纳入非诉讼纠纷解决机制中"③。

《厦门晚报》曾经因为报道一起装修公司服务质量低劣的新闻,被装修公司诉之法庭。报道这条新闻的陈姓记者没有回避,而是积极与这家装修公司的负责人沟通、和谈,听取他的辩解,也指出其管理方面的问题。之后,这家装修公司迅速撤回起诉。

陈姓记者有意无意中使用了 ADR 中的和谈、对话机制。在通常情况下,被报道者如果认为媒体报道失实或者有损其名誉时,都会先与媒体联系,或去信或上门反映。媒体和记者须高度重视,认真对待,耐心倾听,尽快查清事情的原委,如果事件有新进展,记者应该迅速跟进作追踪报道;确属报道的事实有出入,该更正的要更正,该道歉时要道歉,消除不良影响。有些当事人就是因为不被理睬或遭敷衍,矛盾激化,才诉之法院的。当然,如果媒体的舆论监督是正确的,对于当事人的无理纠缠,或者寻衅滋事,媒体也不必委曲求全,而应充分发挥媒体舆论监督的功效。

纠纷诉诸法院后,媒体应该抱持"能调则调"的心态。在案件尚未裁决之前,媒体可以利用其人脉资源,借助律师、警察、政府机构,或者对方当事人所在的居委会、村委会等组织,积极展开对话和协调,也可以求助法官,开展调解工作。笔者曾参与多起案件的调解工作,发现其实蛮不讲理、滥用诉权的当事人极少,一些人是认为受到侵权,或者被曝光后遭他人歧

---

① 《新闻侵权:能否入法? 如何入法?》,载《检察日报》2009 年 10 月 26 日第 5 版。
② 崔祥翠:《新闻侵权纠纷中的 ADR 构建》,载《华章》2009 年第 13 期。
③ 崔祥翠:《新闻侵权纠纷中的 ADR 构建》,载《华章》2009 年第 13 期。

视、讥笑,于是想借助司法求个"说法"。这时,如果媒体或记者能够将心比心,借助第三方的力量做调解工作,双方往往能化干戈为玉帛,握手言和。

第三节 亟待解决的法律问题

目前,我国处理新闻纠纷的法律尚不完备。有学者认为,"20多年来,民法通则对中国媒体侵权问题的治理基本成功,但现在的法制确实不适应"①。自2001年以来,我国在媒体侵权领域再没有新的规范出台。虽然"两会"中常有代表或委员提出制定新闻法或舆论监督法的议案,但由于种种原因,一直是"千呼万唤不出来"。中国政法大学传播法研究中心执行主任徐迅认为,"目前我国现行法律规定较为原则,法官自由裁量权过大,致使媒体行业完善立法的呼声愈加强烈"②。立法的缺陷和目前法律、法规对新闻真实性判断标准的模糊性,导致法官在判案时,不时会陷入两难的境地。一些法官接受了被学术界和新闻界视为规律、国际通例的做法,但一些法官不能理解和接受,"因为并不是每一个法官都熟悉和了解新闻的特殊运作规律,而法律又没有对这些东西作出界定"③。结果是,相似的案例出现截然不同的结果,"较为严重的'同案不同判'现象呼唤媒体侵权法进一步细化"④。或者一些案件的判决由于缺乏合理性,引来学者和媒体的热烈讨论。

要不要制定新闻法或者新闻侵权法,目前依然争论不休。但笔者认为,有关新闻纠纷的一些具体问题,急需立法或者司法界作出明确的规范和具体的界定。中国国际广播电台法律顾问高芳认为,"虽然我们的行业协会已经制定了一些行规、道德规范准则,但还是不够的。将一些成熟的意见纳入法律,对指引整个媒体行业形成良好秩序,引导全社会形成尊重人权、尊重人性的氛围具有现实意义"⑤。司法界一些有识之士甚至提出,"人民法院在面对我国立法不完备的情况下,应该勇于探索,大胆借鉴外国相关法律或判例的先进经验,为未来的立法打下良好的基础"⑥。

一、以"基本属实"和"媒体与记者确信真实"作为判断标准

公民的人格权保护与媒体的舆论监督是现代社会的产物,也是社会文明的重要标志,但两者有时会发生矛盾和冲突。如何平衡两者的冲突?如何判定新闻真实?学界和司法实务界有不少人主张借鉴国际通行的"确有恶意"原则,尊重新闻规律,"降低对报道真实的评判标准"⑦。

---

① 《新闻侵权:能否入法? 如何入法?》,载《检察日报》2009年10月26日第5版。
② 《新闻侵权:能否入法? 如何入法?》,载《检察日报》2009年10月26日第5版。
③ 周泽:《新闻业亟待法律关照——对一起新闻官司的思考》,http://www.legaldaily.com.cn/gb/content/2002-04/23/content_35783.htm,下载日期:2002年4月23日。
④ 《新闻侵权:能否入法? 如何入法?》,载《检察日报》2009年10月26日第5版。
⑤ 《新闻侵权:能否入法? 如何入法?》,载《检察日报》2009年10月26日第5版。
⑥ 佚名:《新闻侵权纠纷中的权利冲突与衡平》,http://www.eduzhai.net/lunwen/64/85/lunwen_178956_2.html,下载日期:2007年9月25日。
⑦ 刘海涛、郑金雄、沈荣:《中国新闻官司二十年》,中国广播电视出版社2007年版,第93页。

笔者认为,应该采取"基本属实"和"媒体与记者确信真实"的双重标准来判定新闻的真实性。

真实是新闻行业的基本准则,客观真实是新闻人的追求,因此新闻媒体和新闻记者应该谨慎对待每一条新闻,力求每一则报道都"属实"。法律上,则应以"基本属实"而非"客观真实"的标准来判断新闻真实,只要报道的主要过程、主要内容和所反映的主题基本属实,即认定新闻真实。允许媒体的新闻报道有适度的、不影响事件性质的偏差。

同时,应该充分考虑新闻的特殊规律和新闻报道实现公众实现知情权、表达言论自由的作用,以及对于监督社会生活、扬善抑恶具有不可替代的作用,对新闻真实还应该采取"记者与媒体确信真实"的证明标准,尤其是新闻报道在开展舆论监督和报道影响公共利益的事件时,法律和司法应该对媒体予以适当倾斜,一定程度上降低对新闻真实性的评判要求。

判断"记者与媒体确信真实",可以考虑的因素包括:(1)消息来源——是来自有一定权威性的部门、人士还是纯属道听途说?(2)新闻采访、写作是否符合新闻行业的特点、程序、规律;(3)事实可信性——依常识判断这件事情是否有可能发生?是否需要进一步查证而记者却不注意?(4)报道动机——新闻媒体进行的报道和批评是否具有善良的目的,而不具有侵害他人人格权的恶意和重大过失?著名律师浦志强等人组成的课题调查组发布的《新闻侵害名誉权、隐私权新的司法解释建议稿》中,课题组成员则专门针对公众人物所提起的名誉权诉讼,提出了证明媒体"主观恶意"的举证标准:(1)索取或收受物质利益、受人指使或涉嫌报复;(2)明知内容虚假,或者理应对内容抱有怀疑,但仍轻率发表。如果原告不能对以上一项举证,被告能够对以上第二项举证而足以抗辩,则不能认定被告存在主观恶意。①

当前,中国司法实务界也有人在尝试适用"确信真实"原则。在华侨房屋开发公司诉《中国改革》杂志社侵害名誉权案中,判词中就使用了"确信真实"的概念。在这起案件中,"确信真实"概念的适用,受到许多学者的认可。在中央电视台被诉的"毒毛巾"一案中,法院则参照美国司法界的观点,使用了"实际恶意"的说法。

另外,司法实践中应防止"媒体与记者确信真实"原则被滥用或者利用。应把握的宗旨是,新闻媒体作为社会生活的部分,同样不得随意侵犯他人的人格权,"人权保障是最基本的,新闻机构不能超越"②。不可否认,当前有个别媒体为了追求发行量和商业利益,个别记者为了达到一己私利,违背新闻职业规范和要求,滥用新闻采访权和监督权,比如凭空捏造、诋毁某个人、单位,或者夸大某个人、单位的某项错误、问题,导致新闻报道失实,侵犯他人名誉权。笔者认为,对媒体和记者这类怀有"不良目的"的行为,新闻界不应该允许存在,司法实践中也不能适用"确信真实"原则。

美国在1974年的格茨诉韦尔奇公司案后,一些地方法院对沙利文案后确立的"确有恶意"原则有所松动。"美国的一些州出台了一些折中性的法律:如果媒体被控凭空诋毁某人或社团法人,媒体应及时印发撤回声明,此声明要与原报道同样显著和引人注目。那么,这

---

① 徐迅、黄晓、王松苗、浦志强、富敏荣:《新闻侵害名誉权、隐私权新的司法解释建议稿》,载《新闻记者》2008年第1期。

② 江平:《在厦门演讲"中国六十年法治进程再思考专题讲座"》2009年10月31日。

个撤回声明将可以作为以后诉讼中免除惩罚性赔偿的一个有力根据。"①

二、平衡诉讼双方的举证责任

对新闻侵权诉讼的举证责任分配,笔者认为,应该从新闻规律、诉讼公平等角度出发,具体问题具体分析,合理安排双方的举证责任。

首先,原则上还是实行"谁主张,谁举证"的原则。提起诉讼的当事人诉求媒体侵犯其名誉权,其应该而且能够证明的事实是:自己的名誉有受到一定的损害。至于损害的大小,在现实中确实较难定量衡量,这时可以允许法官利用自由裁量权来推定。同时,原告还必须证明新闻的报道内容与损害后果之间确实存在必然的因果关系,自己的名誉受损确实是因为新闻报道所致。作为被告的媒体,应该证明所报道的新闻"基本属实",或者媒体和记者尽到了审慎的责任,确信报道是真实的。

其次,司法应该考虑证据的远近来分配举证责任,如果被报道方对报道与自己的实际情况是否相符更为了解,则应分配其承担相关的举证义务。比如在媒体揭露某法人问题引起的名誉侵权诉讼中,能够证明事实真伪的原始证据往往都掌握在原告手中,原告可以有选择地举出对自己有利的证据,甚至可能制作对自己有利的证据,隐瞒或销毁对自己不利的证据。作为被告的媒体基本上无法获得对自己有利的证据。在这种情况下,举证责任分配给原告显然更合理。

最后,慎重适用受害人损害推定原则。著名学者、中国人民大学教授王利明在讨论侵害名誉权案件的举证责任时说道:"受害人应提供证据证明针对自己的诽谤和侮辱性内容已经为自己以外的第三人所知。在这个基础上,法官提供一般的经验法则推定必然产生损害结果。这种推定属于事实推定的范畴。"②学者张新宝教授则更细化了推定的范畴,"推定损害事实是指人格方面的损害或者说外部名誉的损害,而不包括对精神损害之存在的推定"。"受害人应当对自己受到的精神损害予以举证和证明。"③比如亲友、同事的证词,精神、心理方面专家的帮助、咨询或者治疗等。受害人只有通过为法律所认可的方式(即举证和证明)将精神受损的情况表示出来,才有可能获得相应的救济。

另外,我国当前的舆论监督机制尚不完善,新闻媒体揭露黑暗、腐败现象的报道往往遭受重重阻力。有观点认为,在此情况下,人民法院应该通过司法判例鼓励新闻媒体及其从业者大胆行使舆论监督权,加强舆论监督的力度。④ 笔者认为,在涉及国家利益和社会公共利益的新闻报道时,司法应该对舆论监督采取优先保护措施,适当减轻媒体的举证义务,促进新闻监督的健康发展。

杨立新教授还主张,在诉讼上可以形成诉辩交锋,让法官兼听则明,通过对案件进行全

---

① 任东来:《美媒体中的诽谤诉讼:新闻自由与个人名誉的艰难平衡》,http://hi.baidu.com/likai_1968/blog/item/2024e8f80712de0fd9f9fddb.html,下载日期:2007年1月9日。

② 王利明等主编:《人格权与新闻侵权》,中国方正出版社2000年版,第578~579页。

③ 张新宝:《名誉权的法律保护》,中国政法大学出版社1997年版,第139、142页。

④ 佚名:《新闻侵权纠纷中的权利冲突与衡平》,http://www.eduzhai.net/lunwen/64/85/lunwen_178956_2.html,下载日期:2007年9月25日。

面审查、准确认定案情提供基础,对案件作出正确裁判。[①] 否则,只要媒体无法从证据上证明报道属实,即使原告所述与客观实际完全相悖,法官也予以支持,显然也有损法官的形象,也不利于媒体的健康发展。

三、对公众人物与普通人"区别对待"

目前,我国法律尚未有"公众人物"的概念,也没有与"公众人物"相关的法律规定,但"公众人物"应忍受公众批评和评论的理念,已为人们广泛接受。目前,几乎所有关于新闻侵权与人格权保护方面的著作,对此都有论述。法院在司法实践中,比如足球明星范志毅诉《东方体育日报》侵害名誉权案中,在国内的司法判决书中首次提出了"公众人物"的概念。

在新闻报道侵害名誉权的案件中,对原告作公众人物与普通民众的区分,是有道理的;对公众人物提出的诽谤诉讼,由原告证明自己受到被告言论不实的损害,并证明被告具有"实际上的恶意",也是非常合理的。因为公众人物或因掌握公共权力,或者具有较高的社会知名度,或者拥有其他社会公共资源,具有广泛的社会影响力,而公众人物拥有的公权力和社会影响力都可能被滥用,因而民众有必要对之保持警惕,进行监督。

结　语

新闻是对最近发生、正在发生和即将发生的事实的一种报道,时效性与真实性一样,成为媒体的基本要求。尤其是在当今的信息时代,传统媒体、网络、手机报、电子图书激烈比拼,如何更快捷地传达信息? 成为媒体,尤其是传统媒体亟待解决的问题。立法、司法如果以"客观真实"的标准和"充分确凿"的举证责任来要求媒体,则新闻快速传达信息的功能将会受到影响,表达言论自由的空间会受到抑制,监督社会、抑恶压丑的作用无法进一步发挥。当民众表达思想、了解信息的渴望遭到阻滞,在当今的网络、高科技时代,势必会转向寻求非正常的途径,比如采取网络骂街、谣传信息等方式,容易混淆是非,对社会的安定和谐、国家的长治久安造成不利的影响。

笔者认为,立法、司法应当更多地考虑信息时代的新要求,尊重新闻的特殊规律,顺应国际潮流,明确新闻真实性的"基本属实"标准,以"媒体与记者确信真实"的原则来衡量新闻报道,只要新闻报道符合新闻行业的特点、程序、规律,主要经过、主要内容和客观情况基本属实,媒体与记者"确信真实",报道具有善良的目的,即使内容与客观事实有一定偏差,也应认定符合新闻真实性的要求。同时,平衡新闻侵权诉讼双方的举证责任,以"更靠近"的标准来分配双方的举证责任,查明事实的真相。

另外,媒体自身应该进一步规范新闻采写活动,尽量适应司法的要求,强化记者、编辑的证据意识和诉讼意识。一旦纠纷产生,媒体和记者应该积极应对,采用多元化纠纷解决机制,与纠纷对方和谈、协商,并求助民间、行政或司法力量进行调解,防止矛盾恶化。

---

① 杨立新:《论中国新闻侵权抗辩及体系与具体规则》,http://www.civillaw.com.cn/qqf/weizhang.asp? id=42269,下载日期:2008 年 12 月 24 日。

浅谈人肉搜索的法律规制问题

庄俊彬*

引　言

"如果你爱他就把他放在人肉搜索上去,你很快就会知道他的一切;如果你恨他就把他放到人肉搜索上去,因为那里是地狱……"科技的进步与网络的普及,产生了"人肉搜索"这个新名词。这一便捷的搜索引擎方式迅速在超过 2 亿中国互联网网民中迅猛发展,对人们的生活产生了深远的影响。"人肉搜索"一方面通过网络对社会生活进行有力的道德规范、舆论监督;另一方面,在高举正义大旗的同时,也显现出双刃剑的属性,衍生出大量的法律问题,亟待相关法律的制约。

在西方也有人肉搜索,他们对于网络上个人数据及隐私的保护,除了业界自律外,更多的是政府进行立法介入。如美国的《联邦电子通讯隐私权法案》、《公民网络隐私权保护暂行条例》,欧盟的《欧盟个人数据保护指令》,都从立法上保护了公民的隐私权、名誉权合法权益。在我国,人肉搜索在我国法律领域还是一个全新的事件,其名称、概念还没有统一认识,立法还没有对其进行规范,如何在现有法律框架内对其进行规范,使其能更好地发挥积极作用,成为一个全新的课题。

有人说,人肉搜索是言论自由的体现,是宪法保护下公民民主权利的行使。但是人肉搜索在互联网上的快速传播,由此产生的案例增多,如何处理公民隐私权保护和言论自由的冲突、怎样寻找平衡点,成为本文的出发点。因此,对人肉搜索在法律适用中如何规制的探讨,厘清法律适用上的脉络,为司法实践提供理论指导,形成良好的网络秩序,是研究该议题的现实意义。鉴于此思路的指引,本文将采取历史研究、比较研究、实证分析研究等方法,在本文的前半部重点阐述"人肉搜索"现象的产生背景、发展过程、正负面影响等,后半部着重对"人肉搜索"现象涉及的法律问题以及如何进行法律规制进行探讨,提出构建隐私权和言论自由良性互动的和谐、健康网络体系的构想。

第一章　人肉搜索的概念和影响

随着科技进步与网络发展,网络应用、网络搜索成为人们生活、工作、学习、娱乐的重要

---

* 庄俊彬:厦门大学法学院 2007 级法律硕士,厦门市思明区人民检察院。

手段之一。随之出现了有中国特色的"人肉搜索"这个新名词,每一个上网的网民都可能成为"人肉",人肉搜索深刻影响着人们的生活,并由此引发了一系列法律问题。

第一节　人肉搜索的概念

　　"人肉搜索"是猫扑网(mop)首创的一种搜索方式,该网上经常有人发帖提问,并用"猫扑"网上的虚拟货币(mp,"猫皮")来奖励提供信息者。网友看到帖子后就会去寻找线索,然后把找到的答案回帖邀功(猫扑网上叫"赏金猎人"),这就形成了最初的"人肉搜索引擎机制"。对于"人肉搜索"至今没有严格、权威的定义,笔者认为,"人肉搜索"是指利用成千上万网民从不同途径对同一个目标进行搜索,在网上提供该目标的信息的行为。由于网络的海量信息汇集,很快能够获得关于该目标的一切信息,这个目标往往是个人,而这些信息往往涉及个人隐私。

第二节　人肉搜索的影响

一、人肉搜索对人们网络生活的正面影响

　　1.道德审判

　　社会上有些行为违背了社会道德,但是不违反法律规定,很难受到应有的惩罚,网络和人肉搜索就充当了道德审判法庭。例如 2006 年的黑龙江"女护士虐猫事件",由于我国没有《动物保护法》,当事人残忍地将猫踩在脚下虐杀,无法受到法律制裁。2008 年汶川地震后的"辽宁女事件",5 月 21 日国外最大视频网 YouTube 上出现一段长 4 分 40 秒的视频,在视频中一名女子身处网吧,用很轻蔑的口气大谈对四川地震和灾区难民的看法,她对地震表示有幸灾乐祸的感觉。上述事件,当事人并没有触犯相关法律法规,无法予以法律制裁,但是其行为做法是违反道德良心的。经过网络论坛的发布转载,启动了人肉搜索。通过人肉搜索,找到了当事人,无数网民打电话谴责,只是最后的事态发展,超出了当事人承担的责任范围。通过著名的"香水门事件",可以看出"人肉搜索"强大的网络道德审判,弥补了现实社会的无奈。最终被搜索者 YY 迫于网民强大的"通缉"压力,不得不向淘宝网香水店店主云海支付了第一笔香水货款 318 元,并退回第二批香水。问题如此迅速解决,是采取人肉搜索之前很难实现的。

　　2.舆论监督

　　由于网络的迅猛发展,人人都可以自由发表言论,对社会、政府行使监督权。对于丑陋现象、贪污腐化予以曝光,因网络曝光、人肉搜索而落马的官员日渐增多。"天价香烟案"主角南京市江宁区房管局原局长周久耕就是因"人肉搜索"而落马。2008 年 12 月 10 日,周久耕与部分媒体见面,他在会上声称"低于成本价卖房将被查",激怒了网民,随即被"人肉",很快被搜索出其开会抽的香烟是 1500 元一条的"九五之尊"、左手腕上所戴手表是"江诗丹顿"名表,价值 10 万元。很快周久耕被移送司法机关,查出其贪污受贿数额高达 200 万元,后被判刑 11 年。轰动 2010 年的"局长香艳日记门"主角广西来宾市原烟草专卖局局长韩峰亦是

因为人肉搜索而下马,最后被判刑。①

3. 寻人工具

寻人,是人肉搜索引擎的一个主要功能。在 2008 年汶川 5·12 大地震发生后,人肉搜索发挥了重大作用,跨越时间空间限制,协助很多灾区人民亲友团聚。谷歌于 5 月 16 日凌晨紧急推出了"亲人搜索"的新服务,人肉搜索引擎开始发挥正义的力量。

二、人肉搜索的负面影响

人肉搜索是一把双刃剑,虽有善的一面,但是摆脱不了其本质的"恶"。

1. 侵犯个人隐私

在网络社会,每个人都能凭借互联网成为信息的接受者和传播者,彰显出平民力量和社会正义的同时,人肉搜索又恰恰成为导致权利滥用、个人隐私被侵犯的工具。来自五湖四海的网民通过不同途径从不同角度对同一个人进行搜索挖掘,很快就能掌握这个人的所有信息。"网络侦探"在寻找事实真相的同时,往往也公开了当事人的照片、地址、电话、身份证号码等更多个人隐私。在人肉搜索的过程中,其不可控性和强大威力往往会超越事件本身,一些无辜的人也可能成为搜索的"猎物"。

2. 催生网络暴力

当社会发生不道德事件后,网友们站在所谓正统道德立场对该行为进行谴责和讨伐。网络监督一旦超出了公共事务的范围,即使初衷是出于高尚的目的,后果仍可能是侵犯了公民的合法权利,甚至演变为网络暴力。当网民利用网络的虚拟化、隐蔽性等特点而不用对自己言行负责时,理性就可能偏离正常轨道,原本正常的争议和批评就有可能演化为语言暴力,网络便成为宣泄的工具,谩骂、造谣甚至恶意中伤。越来越多的人肉搜索事件发展到最后,都演变成网络暴力,大有蔓延之势。

3. 可能成为犯罪工具

人肉搜索的威力巨大无比,更为可怕的是人肉搜索开始沦为犯罪分子的犯罪工具。女大学生周春梅的死就是与网民缺乏理智地进行"人肉搜索"、助纣为虐有关。杀人犯林明因被害人周春梅提出分手,断绝一切联系,心有不甘,通过网络,虚构周知恩不图报、抛弃恋人的帖子,谎称自己已身患白血病,恳求网友热心相助使其在生命最后一刻能见这女孩一面。这个没有经过任何考证的帖子,迅速在多家网站流传开来。短短几天后,周春梅的学校、家庭住址、照片、手机号、QQ 号甚至寝室号等个人详细资料均被"热心"的网民公布了出来。林明借此顺利地找到了周春梅,并于 2008 年 10 月 22 日将其杀害。②

4. 对当事人的伤害巨大

人肉搜索的直接后果是其道德审判力度可能大大超过当事人所应承受的惩罚,让被搜

---

① 2010 年 2 月 28 日,网友"含仙子"在天涯社区发帖"局长香艳日记",日记涉及局长和几个情妇的性事,还有贪污腐败行为。广西烟草专卖局立即对韩峰进行停职检查,并由纪检监察部门进行立案调查。2010 年 9 月 2 日韩峰因涉嫌受贿 101 万余元被提起刑事诉讼。

② 《人肉搜索做过杀人帮凶》,http://news.sina.com.cn/o/2009-02-25/021915213505s.shtml,下载日期:2009 年 2 月 25 日。

索者遭受更加严厉的惩罚。如果没有人肉搜索,虐猫事件中的女护士,不至于因为虐猫而丢掉工作;辽宁女也不至于因为发表对汶川地震的不良言论而受到治安拘留。

第二章　人肉搜索涉及的法律问题

人肉搜索是信息时代信息社会的新生事物,由此引发的新问题折射出法律的漏洞与盲区,带来诸多法律问题。如何处理好人肉搜索过程中的权利冲突成为法律面临的新问题。

第一节　人肉搜索是公民政治权利的实现方式之一

一、言论自由权

在法治国家,言论自由是公民的一项基本权利,是民主和法制的基石。《宪法》第 35 条规定:"中华人民共和国公民有言论、出版、集会、结社、游行、示威的自由。"我国公民的言论自由权是作为基本政治自由权利被宪法所明确规定的,公民有权在公共场合、电视、报纸杂志等媒体上发表个人的正当言论。随着网络技术的发展,网络成为公民自由言论的另一个绝佳平台,使得言论自由跨越了时空限制,变得更容易实现,人们足不出户就能与全球任何角落的其他用户进行讨论交流,可以自由地接收和发布信息,充分发表自己的言论。但是网络言论自由不是无限制的,我们每个人都是生活在特定的群体和社会中,必须遵守公认的道德标准和法律确认的行为准则。因此,无论是各国宪法还是国际公约在宣告言论自由为一项基本人权并以法律保障的同时,都对言论自由这项权利的行使作了相应的限制性规定。

人肉搜索形式的言论影响力巨大,破坏力也可能超强。人肉搜索是网络言论的最强形式,五湖四海的网民通过人肉搜索引擎自由发布信息,由不特定的多数人对某个特定当事人发起"网络通缉"。但这些不特定多数人的言论并非就一定是正确的。即使被搜索的当事人其行为对他人或公共利益造成了损害,也并不代表其他人可以采取私设"道德法庭"的方式来对其进行裁决。由于人肉搜索具有匿名性和隐蔽性,使得虚拟社会中的网民具有极大的言论自由,如果滥用这种自由,缺乏必要的道德规范和法律制约,其造成的恶果必然会从网络延伸到现实,造成网络暴力,甚至犯罪。

二、知情权

目前学界一般认为,知情权的概念有广义与狭义之分。广义知情权是指知悉、获取信息的自由与权利,包括从官方或非官方知悉、获取相关信息;狭义知情权仅指知悉、获取官方信息的自由与权利。知情权也是公民基本的政治权利,我国法律虽未明确对知情权作出规定,但从宪法的已有规定中足以认定该项权利是有宪法基础的。目前学界对知情权有"五权说"和"三权说"两大主流观点,笔者比较赞同"三权说",即知政权、社会知情权、个人信息知情权。知政权,是指公民依法享有的知悉国家事务、政府行为以及国家机关工作人员的活动,了解国家政策、法律法规的权利。社会知情权,是指公民依法享有的知悉其所感兴趣的社会现象和社会问题,了解社会发展变化的权利。个人信息知情权,是指公民依法享有了解涉及本人的相关信息的权利。①

人肉搜索中的知情权不是完全意义上的知情权,它涉及知政权、社会知情权两个部分内容,即对于公共管理信息的获取和对于社会信息或他人信息的获取。公民有权知晓政府行为、政府官员活动的信息。如果社会信息是关于他人进入公共领域的新闻性信息,那么公民是享有知情权的,他人对于该公民个人信息的搜索是行使知情权的体现,因为知情权的内容包括了解社会信息的内容,被搜索者与发帖者的关系已经成为一个社会事件,该事件构成社会信息的一部分,知晓社会事件中的个体的信息就是知晓该社会信息的一部分,体现了知情权中对于社会信息的获知权。②

三、监督权

我国《宪法》第 41 条规定:"中华人民共和国公民对于任何国家机关和国家工作人员,有提出批评和建议的权利;对于任何国家机关和国家工作人员的违法失职行为,有向有关国家机关提出申诉、控告或者检举的权利,但是不得捏造或者歪曲事实进行诬告陷害。"宪法明确规定了监督权是公民的基本政治权利,这里的监督权是特指公民直接行使的监督权,主要包括五项内容,即批评权、建议权、申诉权、控告权、检举权。

人肉搜索是公民监督权中的批评权、建议权、检举权在网络上的体现,是公民实现宪法权利的一种全新方式。在我国,由于网民在网上将涉嫌违法、违纪或道德败坏的人和事件及其相关信息公布在网上,进行评判,如果其他网民跟帖评判适当合理,无疑会促进信息交流,有利于社会进步,也有利于公共利益的实现和维护社会正义、伦理道德。《人民日报》与人民网曾于 2009 年 1 月联合进行网上调查,参与调查的网民有 87.9% 非常关注网络监督,当遇到社会不良现象时,93.3% 的网民选择网络曝光。网络监督已经成为畅达民意、维护权益、鞭挞腐败的便捷而有效的手段。③

人肉搜索从某个方面来说,已经成为网络时代的反腐利器。在反腐机制尚未健全、腐败行为屡禁不止的背景下,人肉搜索的民间通缉力量某种程度上已成为一种威慑力量,约束着一批官员、公众人物的行为举止。人肉搜索对政府部门、政府官员来说,不失为一种快捷、极具杀伤力的新型舆论监督方式。人肉搜索可以集中网民力量在极短的时间内,迅速人肉出被检举贪污腐败的官员,曝光其详细信息。许多官员的落马和人肉搜索密不可分,没有网络的强势介入,有关部门可能还没有发觉他们的问题;没有人肉搜索,他们的腐败问题还将继续掩藏着。有了人肉搜索这样的全新监督方式,某些官员的丑陋现象能迅速在网络上现形,有图作证据,这是现实社会所无法比拟的。

第二节　人肉搜索侵犯的公民权利

我国《宪法》第 51 条规定:"中华人民共和国公民在行使自由和权利的时候,不得损害国

---

① 曲直:《知情权——阳光下的觉醒》,中华工商联合出版社 2004 年版。
② 许文义、高燕:《论"人肉搜索"中隐私权与知情权的冲突问题》,载《法制与经济》2010 年第 1 期。
③ 程少华、博丁根:《网络监督:蓬勃中呼唤规范》,载《人民日报》2009 年 2 月 3 日第 8 版。

家的、社会的、集体的利益和其他公民的合法的自由和权利。"作为法治社会的公民，我们必须意识到，任何权利都伴随着义务，任何自由都附带着责任，在行使言论自由、批评建议、控告举报的前提下，不要妨害其他公民的合法权利。同时《宪法》第 38 条规定："中华人民共和国公民的人格尊严不受侵犯。禁止用任何方法对公民进行侮辱、诽谤和诬告陷害。"这就对人肉搜索等网络行为作出最基本的法律限制。不当的人肉搜索可能侵犯到公民的人身权，主要是人格权，包括隐私权、名誉权、安宁权等。

一、隐私权

何谓隐私？从法律上讲，隐私是指公民与公共利益无关的个人私生活秘密，具体包括私人信息、私人活动和私人空间。[①] 隐私的产生和发展与人类的文明进程密不可分，当我们的社会发展到信息社会，隐私权的提出也就是必然的了。早在 19 世纪，美国就诞生了隐私权的概念。他们认为，隐私权本质上是一种个人对其自身事务是否公开给他人的权力，保护个人的隐私就是保障个人的"思想、观点、情感"不受他人打扰的权利，保护自己人格不受侵犯的权利。但是在我国现行法律中，没有像欧美国家那样形成一套完整的隐私权法律保护体系。现行的《民法通则》并没有直接规定隐私权的保护，只是一般性地规定公民的人格尊严受到法律保护。2001 年 2 月 26 日，我国最高人民法院发布的《关于确定民事侵权精神损害赔偿责任若干问题的解释》规定："违反社会公共利益、社会公德、侵害他人隐私或者其他人格利益，受害人以侵权为由向人民法院起诉请求赔偿精神损害的，人民法院应当依法予以受理。"这是我国第一次以法律文件形式对隐私和隐私权予以明确保护。[②] 虽然司法解释有了这样的规定，但哪些属于个人隐私、什么情况下构成隐私侵权以及个人隐私与个人信息的区别，尚无明确规定。

信息社会使得个人的信息能够在极短的时间内被收集到，因而我们比任何时候都强调隐私的价值，即保护公民的隐私权。在现实中，我国网民数量庞大，人员素质相对较低，个人隐私的保护意识远远不及欧美国家。更严重的是，大多数人漠视他人的隐私权，抑或只是将其看作道义上的尊重，而非法律上的责任。在这种背景下，中国的人肉搜索世界第一，也就不难理解了。面对强大的"人肉搜索"，公民的隐私权毫无立足之地。

2010 年 7 月施行的《侵权责任法》第 2 条第 2 款明确应当承担侵权责任的民事权益包括隐私权，从而在法律上真正确立了对隐私权的保护。该法把隐私权作为一种独立的人格权进行保护，是一个重大的突破。但是，因其没有明确隐私权的保护内容，在司法实践中如何执行，可能需要司法解释予以规定。因此，在经济全球化、社会信息化、生活网络化的条件下，尽快出台一部专门的《隐私权保护法》是非常必要的。[③]

二、名誉权

《民法通则》第 101 条规定："公民、法人享有名誉权，公民的人格尊严受法律保护，禁止

---

① 杨立新：《隐私权，不容侵犯》，载《人民日报》1999 年 9 月 8 日。
② 梁慧星：《隐私的本质与隐私权的概念》，载《人民司法》2003 年第 4 期。
③ 林玲玲：《论"人肉搜索"中个人隐私权保护》，载《宁德师专学报》2010 年第 2 期。

用侮辱、诽谤等方式损害公民、法人的名誉。"最高人民法院《关于贯彻执行〈中华人民共和国民法通则〉若干问题的意见（试行）》第140条、《关于审理名誉权案件若干问题的解答》第7条等相关司法解释规定，披露、公布、宣扬他人隐私，致其名誉受损的，认定为侵害名誉权。也就是说，在披露他人不良信息导致其名望、声誉、地位、评价降低的情形下，可能构成对名誉权的侵犯。名誉直接关系到公民在社会上的地位，以及其他社会成员对该公民的信赖程度。从有关名誉权的法律规定中可以看出，只有网民使用"侮辱"、"诽谤"等语言，在网上公开披露被搜索者的个人隐私，致使社会评价降低，才构成对名誉权的侵犯。

在"人肉搜索第一案"中，原告王菲在被"人肉搜索"后，网友对他的攻击和谩骂显然已经给他的生活、工作造成了恶劣影响，受到公司同事、周围邻居的指责，不得不辞职在家，遂而王菲以被告张乐奕和三家网站侵犯自己名誉权向法院起诉，这是与法律规定相符合的一种民事侵权诉讼。之后该案正式进入了司法程序，成为人肉搜索第一案。最后法院认定，被告张乐奕的披露行为对原告的影响已经从网络发展到现实生活中，不仅严重干扰了原告的正常生活，而且使原告的社会评价明显降低。这种侵害结果的发生与知情人的披露行为之间存在直接的因果关系，因此，应当认定知情人以披露原告隐私的方式造成了对原告名誉权的侵害。①

三、安宁权

人肉搜索可能侵犯公民的人格权，笔者以为还应该单独列出安宁权，作为一种单独的具体人格权加以保护。所谓安宁权，即公民有权维护个人空间不受他人不当干涉、侵扰的一项人格权益。安宁权包括生活安宁权和精神安宁权。生活安宁权是指主体为维持正常、安静的生活环境所享有的不受非法干扰的具体人格权。精神安宁权是指公民的自由、安宁、尊严等精神利益不受非法侵害的权利。② 安宁权的概念最早是在美国被提出的，之后开始被世界各国立法所承认。我国的现行法律中尚无明确的体现和依据，对于安宁权的保护处于一种比较模糊的状态，公民遇到侵权需起诉时，只能以最接近的人格权如隐私权来起诉。由"人肉搜索"延伸到现实中的侵扰，大都扰乱了当事人的正常生活安宁，还常常伴随着严重损害公民的精神安宁。例如"人肉搜索第一案"中，被告披露、转载王菲和"小三"及其父母的个人信息，导致众多网民密集的、长时间的、指名道姓的谩骂，将人肉搜索升级为网络暴力，并有网民相互号召，跑到当事人王菲及其父母的住所、工作单位进行滋扰，严重地扰乱了相关当事人王菲及其亲属的正常生活，使当事人承受极大的痛苦。这种侵权行为已经超出了隐私权的保护范围，延伸到现实生活中的"人肉搜索"侵扰了当事人的私人生活安宁，都没有相关的法律予以规制。

第三节　人肉搜索引发的权利冲突问题

人肉搜索的出现引发了法律主体民事权利的冲突问题。公民在网络上自由行使言论自

---

① 乔新生：《"人肉搜索"案暴露出民事立法之不足》，载《检察日报》2008年12月25日第10版。
② 方乐坤：《论精神安宁权的界限及其构成》，载《河南社会科学》2007年第4期。

由权、知情权、监督权的同时,如果没有道德约束和法律规范,就可能侵犯其他公民的隐私权、名誉权或安宁权。正如美国法理学家博登海默所说,如果一个社会为发挥个人的积极性和自我肯定留有空间,那么在相互矛盾的个人利益之间肯定会有冲突和碰撞。① 因此在民主法治国家中,解决权利冲突问题必须要依靠法律规制。

一、公民言论自由权与隐私权、安宁权的冲突

公民的言论自由权、知情权受到我国宪法的保障,并且作为公民的基本政治权利来保护,相对公民隐私权来说处于强势地位。而我国法律对公民隐私权并未作具体界定。人肉搜索的兴起把个人的私有空间压缩到了极点,并引起了被搜索者的强烈反对和社会各界的忧虑。执行"人肉搜索"的"网络侦探"往往是借着"行善、道德、寻找真相"的名义去追究他人的过错,却在这一过程中超越了道德界限,侵犯了公民的隐私权、安宁权。

任何权利都有一定的限制,任何人都不能超越限制做法律禁止的事。人肉搜索中行为人在合理行使该权利的同时,必须注意保护公民的个人隐私,不能随意搜索、传播个人的私人信息,否则就构成侵权。行为人对于他人私人信息的无情挖掘和传播必然超出法律所许可的言论自由范围;被搜索者在这样的群体行为中的个人隐私被无情地暴露,势必会造成被搜索者的精神伤害或财产损失,而这就是人肉搜索侵犯公民隐私权、安宁权的直接结果。

二、监督权、知情权与官员、公众人物的隐私权冲突

监督权的对象是特定的群体,即政府部门和政府官员。人肉搜索的出现,成为网络监督的强有力形式,成为网络新时代的反腐利器。在当前监督系统不健全的情况下,有一定的补充性、积极性。对于正在发生的人肉搜索事件,公民也享有知情权,有权了解正在发生的社会事件及政府行为。

监督权、知情权的好处不言自明,那么在监督、了解事件的同时,作为政府官员、公众人物的隐私权是否受隐私权保护?有人认为,政府官员、公众人物没有隐私,可以将其相关信息公之于众。这种看法是片面的。实际上,官员和公众人物也有隐私,只不过他们的隐私因涉及公共利益的需要而被限制,内容和范围比普通人小一些。但对于涉及官员违法犯罪的不愿公开的个人信息,则不能当作隐私问题来对待。

官员、公众人物与法律、道德无关的私生活材料,任何人和媒体都不得擅自将之公之于众,因为官员、公众人物首先是人,他们毫无疑问地应该享有隐私权,只是其隐私权受到了一定的限制。

三、言论自由权与名誉权的冲突

在人肉搜索过程中,的确存在着滥用言论自由的可能,这是因为网络中的言论自由缺乏有效的控制和规范,极易造成言论失实,且由于这种强大的搜索会带来海量个人信息的复

---

① [美]博登海默:《法理学:法律哲学与法律方法》,邓亚来译,中国政法大学出版社 2004 年版,第 413 页。

制,其中很多是以讹传讹,会给当事人带来巨大的影响和伤害。① 随着人肉搜索的迅猛发展,不可避免地出现了公民言论自由权与名誉权的冲突问题,两者的冲突是很难平衡的。在现实中,言论是侵害名誉权的最常见方式,一方名誉权受到贬损时,总是有另一方在行使其言论自由权。言论自由是宪法赋予公民的基本权利,而名誉权是民事法律关系主体的一项重要人格权。言论自由的主旨在于保障言者尽可能畅所欲言,充分地表达其思想,包括对社会其他人的看法、态度、批评。而名誉权所保护的客体是名誉,本质上是一种社会评价,是公众对其的认识、评价,约束公众不至于揭露他人隐私、发表不正当评论。

在人肉搜索中,一些发帖者言辞激愤,肆意辱骂当事人,不是根据事实本身进行评判,而是对当事人的人格进行侮辱,这种"诽谤"、"侮辱"行为已经侵害到当事人的权利。在"人肉搜索第一案"中,二审法院认为,王菲遭受侵害结果的发生与张乐奕披露王菲个人信息行为之间存在直接的因果关系,认定张乐奕亦构成名誉权的侵害。法院的这一判决,在网络侵权中,对公民名誉权的保护有指导意义。当言论自由权与名誉权冲突时,笔者主张更多地向公民名誉权保护方面倾斜一些,名誉权对抗于言论自由权相对弱势,有必要对网络言论作出一定的规范和限制,使言论自由权和名誉权得到相对合理的平衡。

第四节　人肉搜索侵权的法律责任问题

人肉搜索的侵权行为大多是在网络空间实施,部分行为延伸到现实生活中。和普通的民事侵权行为相比,有一定的特殊性,是一种新型的侵权行为,是不同侵权主体的共同侵权行为。人肉搜索侵犯的客体相对单一,主要是公民的人身权益,包括隐私权、名誉权、安宁权等(前文已重点论述)。下面着重分析人肉搜索侵权主体的界定和侵权主体的责任认定。

一、人肉搜索侵权主体的特点

侵权责任主体是指民事法律关系的主体,依我国民事法律规定,包括公民、法人及其他组织。人肉搜索侵权主体和普通侵权行为主体有很大的不同,其范围很大,涉及面很广,包括信息发布者(即发帖者)、信息搜索者和信息提供者(即参与搜索者)、网络服务提供者(网站、论坛等服务商)。因此决定了人肉搜索侵权主体的特点有隐蔽性、多样性、广泛性、复杂性和不确定性。

由于网络的匿名性、隐蔽性,使得人肉搜索的侵权责任主体具有一定的隐蔽性。在许多网络论坛、聊天室等开放式空间,网络用户都是以虚拟的网络身份参与网络社区活动,与现实身份有很大程度的分离,使得网络用户身份变得异常隐蔽,只有符号、代码。因而人肉搜索容易脱离法律和道德的约束,造成一定的侵权。

二、人肉搜索侵权责任的认定问题

由于我国法律对言论自由与隐私权等权利之间的权衡缺乏明确的界定,在网络侵权问题上的法律规定不足,以及当前并未对网络用户要求实名制,当发生网络侵权时取证困难可

---

① 江滢:《论网络言论自由的法律界限及侵权责任的承担》,载《贵州教育学院学报》2009 年第 11 期。

想而知,使得对于人肉搜索所引发的网络侵权责任的认定相对复杂。网络侵权的认定是过错责任原则,即由于网络用户和网络服务提供者的过错,利用网络从事侵害他人权益的,应当承担民事责任。可以说人肉搜索中的侵权行为侵害的客体是他人的人格权,直接责任人要对其侵权行为承担责任。网络用户和网络服务提供者的侵权责任要区分情况进行认定。

(一)网络用户所承担的责任

《侵权责任法》对于网络用户在侵权行为中所必须承担的责任表述过于笼统,没有明确细化什么样的行为具体该承担什么样的责任、如何具体认定等。在人肉搜索中,对网络用户的规制适用一般性侵权。即只要存在侵权行为和损害结果且两者有因果关系,那么就可以认定侵权行为。人肉搜索,一般是不特定的多人共同实施或分别实施了对被搜索者的侵权行为,属于共同侵权行为,而被害人有时无法确定侵权的行为人,导致搜集证据和证明加害行为困难。网民的侵权行为是作为的,如主动在网上发帖、披露被侵权人的个人隐私等。

人肉搜索大多直指被搜索对象的隐私和名誉,致使被搜索对象的人格利益受到侵害,造成精神上的痛苦。精神损害赔偿虽有司法解释,但精神损害本身在范围和大小的判定上要考量诸多法定与酌定的因素,具有不确定性,较难用一般物质性损害的计算方法得出明确的损害结果。对于受害人造成的直接经济损失较少,间接物质利益损害较多,损害程度也较难确定,认定加害行为对受害人造成的经济损失也就比较困难。[①]

(二)网络服务提供者所承担的责任

《侵权责任法》第 36 条第 3 款规定:"网络服务提供者知道网络用户利用其网络服务侵害他人民事权益,未采取必要措施的,与该网络用户承担连带责任。"在法律条款中第一次明确了网络服务提供者在网络侵权中必须承担的连带责任。笔者认为这一要求对网络服务提供者苛以过高要求,承担责任过重。因为网络服务提供者具有一定的中立性,并且其提供的服务大多是免费的,并没有从中盈利(对于有盈利性质的人肉搜索另当别论)。如果对其要求承担连带责任,网站为了不担责,必须对于可能侵权的"违法内容"进行认真审查,加重其审查义务,不利于网络的发展和公众言论自由。因为如果要担责,网站管理者就会在网民发表信息之前对信息予以人工审查,这样一方面会阻塞网上的言论,妨碍言论自由的实现;另一方面因为网上传播的信息量非常庞大,会使网站的管理成本激增,无法要求网络服务提供者对其网上的信息进行完全监控。只能在事前进行技术把关,例如加强网络技术上的程序过滤字段,虽可以减少运营成本,但却可能更大程度地限制了言论自由。就事后义务来说,网络服务提供者在"知道"其网络上存在侵权信息时,需要承担相应的制止、删除和避免进一步扩散的义务。[②]对于"网络服务提供者知道网络用户利用⋯⋯"中的"知道",不少专家也提出质疑。清华大学法学院副教授程啸认为,条文中的"知道"一词的界定,究竟是指"应知而未知"还是"明知故犯",目前还比较模糊,需要在日后的法律实践和法理研究中进一步完善。笔者也认为"知道"的不明确界定,加重了网络服务提供者的责任,对于海量网络信息,网络管理者不可能人工全程监控,只能是通过技术手段进行关键性过滤,屏蔽一些涉及政治、宗

① 杨晓萍:《"人肉搜索"的形成机制与侵权特点》,载《人民论坛》2010 年第 3 期。
② 张虹:《网络服务提供者的民事责任问题浅析——以欧盟电子商务指令中的相关规范为中心》,载《河北法学》2005 年第 1 期。

教等敏感话题,对于侵犯个人权益的信息无法完全审查。

对于网络服务提供者的侵权责任认定,只能是不作为的,即网站没有尽到事前或事后审查义务,导致行为侵权损害事实的发生。如果网站在侵权行为发生后,及时审查,进行删除、屏蔽、断开链接等积极措施,那么就可以免责。对于《侵权责任法》第36条第2款的规定,即属于事后审查,是比较合理的。第2款规定:"网络用户利用网络服务实施侵权行为的,被侵权人有权通知网络服务提供者采取删除、屏蔽、断开链接等必要措施。网络服务提供者接到通知后未及时采取必要措施的,对损害的扩大部分与该网络用户承担连带责任。"在网络信息传播方面,网络服务提供者处于被动地位,即"不告不理"的地位,只有被侵权人向网站投诉了,网站才会积极主动介入,采取必要的措施,终止事态发展。但是这一条款又引发了一个新问题,就是:对于检举揭发某位政府官员的贪污受贿行为,该官员看到网上的发帖后,认为发帖者侵犯了自己的隐私权、名誉权,向网站投诉,要求删除该帖。对于这样的问题,网站该如何处理?如果按照《侵权责任法》的规定,网站经过核实,确实系涉及该官员的内容,那么就应该立即删除帖子,这样网站就不必承担任何法律责任。网站的此类审查行为,必然和公民的言论自由权、知情权、监督权等宪法规定的权利相冲突。这不仅是民法问题,首先是宪法问题。从法律位阶来看,宪法的位阶是最高的,高于民法。从公民政治权利和公共利益的角度上讲,政府官员的隐私权在涉及公共利益的时候要遵循可克减性原则,对于公众的批评负有一定的容忍义务。对于此类法律问题,《侵权责任法》或其他相关法律法规应该再细化,明确具体责任,否则不利于网络发展与公民权利的实现。

三、人肉搜索侵权的法律责任

在人肉搜索侵权案件中,主要侵犯的是公民的隐私权、名誉权等人格权,和普通侵权行为案件所承担的法律责任具有一致性。网络用户和网络服务提供者两个主体所进行的是共同侵权行为,因此共同对受害人承担相应的法律责任,主要是民事方面的责任。对于部分行为超出民事调整范围的,可能触犯刑法的,应承担相应的刑事责任。

(一)民事责任

1.停止侵害。停止侵害是指侵权人停止正在进行的侵权行为。对被侵权人而言,制止正在发生的侵权行为远比侵权后果发生后获得损失赔偿更为重要。因为在很多情况下,被侵权人的隐私权、名誉权等人格权利的损害是无法用金钱来衡量与弥补的,网络环境下的人肉搜索更是如此。由于网络传播范围之广和传播速度之快,停止继续侵害成为一种重要的侵权责任承担方式。如果一味地按照诉讼程序来执行判决结果,那么只能在案件审结后才能承担停止侵害的民事责任,这样可能导致被侵权人遭受持续的侵害。作为网络服务提供者,可以在案件进入诉讼阶段之时,知道被侵权人的侵害事实后,立即采取删除、屏蔽、断开链接等必要措施,停止网络用户对被侵权人的侵权行为。

2.消除影响、恢复名誉。消除因侵权行为给他人造成的不良影响,在一定范围内恢复被侵权人的名誉。消除影响的范围,应与侵权所造成的不良影响的范围相当,即侵权行为在一定范围和一段时间内进行的,应当相应地在一定范围和一段时间内消除影响。司法实践中已经出现了网上侵犯名誉权后判决如何消除影响的案例,按侵权人在网上实施侵权行为的实际时间长度计算,判决其以相同的时间连续发表声明,以消除影响。在人肉搜索第一案中,法院判决被告于本判决生效后 7 日内在网站首页上刊登向原告王菲的道歉函,刊登时间不得少于 10 天,道歉函的内容由法院核定;否则法院将本案判决书主要内容刊登于其他媒体上,费用由两被告承担。

3.赔礼道歉、赔偿损失。赔礼道歉是由加害人向受害人承认错误,表示歉意,以求得谅解的责任方式。赔偿损失是侵权人支付一定的金钱或者实物赔偿侵权行为所造成的损失。这两种是直接侵权责任人(网络用户)承担的主要民事责任之一。网络服务商一般承担连带责任,赔偿数额相对于网络用户更少。在目前我国网络刚步入良性发展阶段,网络服务商需大力扶持的情况下,沿用传统民法的补偿性原则较为适宜,不宜对网络服务商进行惩罚性赔偿。具体赔偿金额按照被侵权人因侵权行为所遭受的实际损失进行计算,该实际损失包括直接经济损失和预期应得的利益。在司法实践中,此类赔偿数额一般不高,大多是象征性的赔偿,这并不是公民维护名誉权、隐私权的主要目的。

(二)刑事责任

如果网民在人肉搜索中杜撰事实在网上造谣,恶意中伤、诽谤被搜索者,情节严重的,可以适用诽谤罪;对于在网上或网下进行辱骂、骚扰等侵权行为,情节严重的,可以适用侮辱罪;对于人肉搜索中侵犯他人隐私权,造成当事人自杀、自残或者精神失常等严重后果的,可以依据相关刑法条款来制裁,如故意杀人、故意伤害等罪名。

1.诽谤罪

诽谤罪是指故意捏造某种事实并加以散布,公然损害他人人格和名誉,情节严重的行为。本罪的客体是他人的人格与名誉权。《刑法》第 246 条规定:"以暴力或者其他方法公然侮辱他人或者捏造事实诽谤他人,情节严重的,处三年以下有期徒刑、拘役、管制或者剥夺政治权利。"犯诽谤罪,告诉的才处理,但是严重危害社会秩序和国家利益的除外。[①] 从这一规定来看,如果利用"人肉搜索"在网络上侮辱他人或者捏造事实造谣中伤、诽谤他人并造成严重后果的,可以"侮辱诽谤罪"处置。虽然"人肉搜索"属"网络暴力",可以勉强理解为"其他方法",但是一旦出现严重情节,定罪是没有太多异议的。近年国内有几起轰动全国的网络诽谤案件,如陕西西安鑫龙公司副总经理韩兴昌诽谤案,河南青年王帅诽谤案,山东青年段磊诽谤案,福清严晓玲案外案的范燕琼、游精佑、吴华英诽谤案等。前 3 个案件最终都未获罪,因为此罪属于自诉案件,最后公诉机关都撤案了。第 4 个案件范燕琼、游精佑、吴华英诽谤案,由于严重危害社会秩序,列入公诉案件,由福州市人民检察院公诉机关提起公诉,最后3 被告人均被判有罪,成为第一个获罪的网络诽谤案。

2.侮辱罪

侮辱罪,是指使用暴力或者以其他方法,公然贬损他人人格,破坏他人名誉,情节严重的行为。[②] 本罪同样也是《刑法》第 246 条规定的,本罪侵犯的客体是他人的人格尊严和名誉权。必须是公然侮辱他人的行为,且必须达到情节严重的程度才能构成本罪。此类事件在网络暴力中越来越常见。

---

① 陈立、黄永盛:《中国刑法》,厦门大学出版社 2000 年版,第 310~311 页。
② 陈立、黄永盛:《中国刑法》,厦门大学出版社 2000 年版,第 311~312 页。

3. 沦为故意杀人或过失致人死亡罪、故意伤害或过失致人重伤罪的工具

2008 年 10 月之前的人肉搜索未曾涉及沦为刑事犯罪的工具，其引发的侵权行为都属于民事责任范围。2008 年 10 月河南科技学院服装表演系大一女生周春梅成为因人肉搜索被杀的第一人，虽然只是个案，但是也引起了法律界、网络界人士的深思，一个良好的初衷怎么会酿出杀人凶案？人肉搜索的网络暴力性开始向现实世界渗透，成为故意杀人或过失致人死亡、故意伤害或过失致人重伤等刑事犯罪的工具，恶性暴力犯罪开始和人肉搜索联系在一起，这是人肉搜索发展的新问题之一。强大的搜索引擎，对于被搜索者的侵犯，不仅停留在虚拟网络世界，停留在民事侵权领域，开始向刑事侵权领域发展，这是一个可怕的信号，必须引以为戒。对于新时代、新社会的犯罪分子来说，他们也深深懂得人肉搜索的威慑力，一旦找不到犯罪目标，就有可能借助于人肉搜索寻找到犯罪目标，实施犯罪。对于这样的人肉搜索，虽然众多参与搜索者不知道该搜索的最终目的，被表象所迷惑，在不知不觉中沦为犯罪的工具，成为片面共犯。

第四章　法律对人肉搜索的规制

冲突与纠纷解决的制度化而非任意化，正是法治社会的最基本特征，也是文明与野蛮相区别的根本标志之一。如果网络上的道德审判替代了现实中的纠纷解决，那么我们每个人都将生活在不稳定与不安全的社会之中。[①] 随着网络人肉搜索的迅猛发展，借助网络恶意造谣、诽谤、曝光隐私等一些非理性的侵权行为日益增多。人肉搜索不能再游走于道德的边缘，必须接受法律的规制。

第一节　规制人肉搜索的立法现状

一、我国规制网络侵权的立法现状

在我国，互联网发展相对较晚，有关互联网的立法相对滞后，1997 年之后陆续出台了一系列与网络侵权、信息安全有关的法律法规，在一定范围内约束了网络侵权行为。但由于这些法律法规没有形成体系，规定过于笼统或滞后，无法真正规制人肉搜索这一新现象。此类法律法规的形式大多是"办法"、"决定"等，立法层次不高，而且具体的救济措施也很欠缺。

（一）国家立法

1. 行政法规。近年来，国家立法机关和政府部门先后出台了一些涉及网络空间个人隐私权、名誉权、个人信息安全的法律保护规定。例如，1997 年 12 月 8 日国务院信息化工作领导小组审定通过的《计算机信息网络国际联网管理暂行规定实施办法》第 18 条规定："不得在网络上散发恶意信息，冒用他人名义发出信息，侵犯他人隐私。"1997 年 12 月 30 日公安部发布的《计算机信息网络国际联网安全保护管理办法》第 7 条规定："用户的通信自由和

---

① 胡健：《"人肉搜索"必须接受法律的规制》，载《法制资讯》2008 年第 7—8 期。

通信秘密受法律保护。任何单位和个人不得违反法律规定,利用国际联网侵犯用户的通信自由和通信秘密。"2000年10月8日信息产业部制定的《互联网电子公告服务管理办法》第12条规定:"电子公告服务提供者应当对上网用户的个人信息保密,未经上网用户同意不得向他人泄露,但法律另有规定的除外。"2000年12月28日通过的《全国人大常委会关于维护互联网安全的决定》规定:"利用互联网侮辱他人或捏造事实诽谤他人及非法截获篡改、删除他人的电子邮件或者其他数据资料,侵犯公民通信自由和通信秘密的,可以构成犯罪,依刑法追究刑事责任。"但是,关于如何追究刑事责任,均未作出明确规定。可见,在我国现阶段还没有关于网络隐私权、名誉权、个人信息安全等方面比较成形的法律,仅是在一般性规定或部门规章中有所涉及。

2. 刑法。2009年2月28日正式通过的《中华人民共和国刑法修正案(七)》,虽没有将"人肉搜索"纳入刑法的调整范围,但对隐私权间接侵权主体泄露或非法窃取个人信息的行为进行了相关规定,增加了"非法泄露公民个人信息罪",该规定为:"国家机关或者金融、电信、交通、教育、医疗等单位的工作人员,违反国家规定,将本单位在履行职责或者提供服务过程中获得的公民个人信息,出售或者非法提供给他人,情节严重的,处三年以下有期徒刑或者拘役,并处或者单处罚金。窃取、收买或者以其他方法非法获取上述信息,情节严重的,依照前款的规定处罚。"这一规定有力地保护了公民个人信息安全,但还是无法规制利用网络空间侵犯个人信息安全及隐私权、名誉权等行为。

3. 民法。2009年12月26日第十一届全国人民代表大会常务委员会第十二次会议审议通过了《侵权责任法》,2010年7月1日开始实施,这是我国基本法律首次对人肉搜索的侵权责任的规定,是目前规制人肉搜索最有力的法律。首次提出了"网络用户、网络服务提供者利用网络侵害他人民事权益的,应当承担侵权责任"。这意味着有关人肉搜索的监管已经正式入法。这部法律的通过是一个时代进步的象征,是我国网络侵权立法上的一大进步。该法的施行,有力地保护了公民的网络隐私权、名誉权,规范了普通网络用户的网络行为,明确了网络服务提供者的审查义务,有助于规范今后的人肉搜索行为。

(二)地方性立法

近些年来,国内发达地区也相继出台了一些针对人肉搜索的禁止性法规,一定程度上约束、规范了本地区的人肉搜索侵权行为。例如广东省于2008年4月1日开始实施的《广东省计算机信息系统安全保护条例》规定,在网上假冒他人名义发送信息、窃用QQ号、传播恶意软件造成恶劣影响的行为,最高可被罚款15000元。这一条例是我国首次立法保护普通网民的合法权益,填补了国家的法律空白。再如江苏省徐州市人大常委会法工委2009年1月制定了《徐州市计算机信息系统安全保护条例》,明文禁止了非法的人肉搜索,引起轩然大波。根据这一条例规定,未经允许,擅自散布他人隐私,或在网上提供或公开他人的信息资料,对发布者、传播者等违法行为人,最多可罚款5000元;情节严重的,半年内禁止计算机上网或停机;一些违法的单位,还可能面临吊销经营许可证或取消联网资格的处罚。2010年5月27日浙江省公布了《浙江省信息化促进条例(草案)》,第39条规定:"采集社会组织或者个人的信息,应当通过合法途径,并依法合理利用。任何单位和个人不得在网络与信息系统擅自发布、传播、删除、修改信息权利人的相关信息。"这是继徐州条例的又一针对人肉搜索的省级法规。

第二节　规制人肉搜索的法律完善

目前我国法律规范对于公民网络隐私权、名誉权等人格权利的保护散见于宪法、民法、刑法、部门法规等领域。但几乎所有的规定均未能预见网络环境下侵权行为的特殊性，导致在法律适用上的不准确。我们应该调整自己的视角，从传统观念中超越出来，分析网络环境和现实生活的不同，制定一套适应于网络的新规则，以有效调整发生在虚拟环境中的各种关系和行为。构建起一个以网络基本法律为主干辅之以行政法规、部门规章、司法解释为延伸的网络法律规范体系，这对于防止网络立法规范的相互冲突，统一规制网络侵权行为，公民行使正当权利、履行法定义务无疑具有十分重要的意义。

一、完善隐私权立法

人肉搜索问题的核心是隐私权。要真正解决人肉搜索的问题，必须通过关于隐私权的立法进行完善。只有让网络用户、网络服务提供者知道什么是隐私、什么情况下属于侵犯隐私，应在全社会建立一个公共标准，才能在维护网络自由的同时保护公民的合法权益。

在我国，目前还没有针对个人隐私保护的专门立法，并且在其他的法律法规中对隐私权的规定也很笼统，尤其是对网络隐私权的保护，尚处于开创阶段。这些规定的保护力度不是很强硬，所以在信息社会中建立一套详尽的、能有效保护网络隐私权的法律是刻不容缓的事。网络隐私的立法，已引起了我国学界和政府的高度重视。我国在新的《民法》草案中，专门设立了《人格权法》篇章下的《隐私权》一节，明确规定了一般人格权即人格尊严，承认隐私权是一项具体、独立的人格权，并增加了对侵犯公民隐私权的民事责任的规定，对有效规制人肉搜索具有积极意义。我们还可以借鉴美国、英国、瑞士等国家建立完善的个人信息立法，对于言论自由与隐私权的关系进行协调。通过立法从法律上确立网络隐私权保护的各项基本原则和各项具体的法律规定、制度，明确互联网上个人隐私的界定范围和标准。这类法律的出台将有力推进公民个人隐私保护的进程，并促进言论自由与隐私权保护界限的合理划分，为人肉搜索中的权利冲突问题提供一定的法律依据。[①]

通过强制性的立法介入网络言论的管理并不是解决问题的最佳方式，但在目前网络侵权日益严重的情形下，完善隐私权立法还是非常必要的。只有条文明确网络隐私权，才能使权利人的合法权益得以及时、有效地得到保障和维护。例如要重点规定网站经营者的义务与责任、网络用户的权利以及网站经营者的免责条款等。我们要完善对个人的网络隐私权的保护，建立我国隐私权保护的立法体系，构建一个隐私权和言论自由以及网络健康发展、和谐相处、良性互动的网络新平台。

二、尽快出台《个人信息保护法》

个人信息是指可以直接或间接地识别本人的信息，如个人的姓名、性别、年龄、血型、健康状况、身高、人种、地址、头衔、职业、学位、生日、特征。虽然部分个人信息，即敏感信息可

---

① 牛江彬：《人肉搜索的弊端分析及策略探讨》，载《信息技术》2010 年第 1 期。

能涉及隐私,但个人信息与隐私无法等同。从法律性质上看,个人信息属于人格利益的一种,是人格权的客体。从现有法律来看,我国对公民个人信息的保护还停留在各行业内部的规范上。随着信息网络的发展和网络侵权事件的增多,个人信息的保护越来越得到大家的关注和重视,为了规制人肉搜索等网络侵权行为,当前最需要的是加紧推动《个人信息保护法》的立法工作,尽快颁布实施。

三、进一步细化《侵权责任法》

2010 年 7 月 1 日开始实施的《侵权责任法》是我国法律首次对网络侵权承担责任的明确规定,但是只有"第 36 条"是不够的,还需要更细的规定,一些责任界定问题、界定的尺度还不明确,实际操作性还不强。

第 36 条的规定难以界定侵犯隐私权的主体责任,如何界定责任主体是网络侵权责任的关键问题。网络作为新兴的媒体,具有其独特的信息传播特点。网络的即时性缩短了信息传播的周期;网络的分散性、高速运转性,导致很难确定人肉搜索中披露他人隐私信息的网络参与者;网络的不可控性、不确定性,使得其责任的承担也与传统侵权责任承担不同;网络的匿名性,使得人肉搜索的责任主体在现实生活中具体为何人难以界定。现在的上网用户所分配的 IP 地址也大多是动态的,即不是固定的 IP 地址。一旦发生侵权行为,想通过唯一的线索——IP 地址来准确定位行为人,有一定的难度,取证相当困难,或者不经济。

我们可以在《侵权责任法》的基础上、在实践中总结各种司法执法的经验后,再提出专门的网络侵权责任法的立法建议。我们现在有一个总的原则,首先认定了网络使用者和服务提供者,如果侵权就构成责任,然后再分几种情况,这样几个层次就已经分出来了。在实践中如何落实?如何区分各种情况?这一系列问题还要逐步细化,争取由一部法律来完全规制网络侵权行为。可以进一步细分、明确不同的网络侵权行为所要承担的不同法律责任;细分几种侵权责任主体及其所承担的相应责任;进一步明确网络服务提供者的义务与责任,明确其免责的事由。中国政法大学传播法研究中心执行主任徐迅教授提出建议,在《侵权责任法》"第三章 不承担责任和减轻责任的情形"中增加一条:"符合公共利益的、负责任的属实的信息传播和意见表达,不承担责任。"[①]这一条的增加可以很好地解决保护隐私权与言论自由、知情权、监督权的矛盾,公民在保护好其他用户的隐私前提下,对于政府官员、公众人物的部分隐私可以在网上传播或表达,这符合公共利益、社会利益。前文已阐述过,政府官员、公众人物的隐私权是有限制的,有别于普通人的隐私保护。增加了这一条免责条款,就能杜绝因法律法规限制,而全面摧毁、扼杀人肉搜索,可以让人肉搜索在法律法规的规范引导下,发挥阳光的、积极的作用。如果增加这一条,就能给司法解释提供一个依据与框架,给各种表达(传统媒体、互联网)确立自律规则以指引,传统媒体侵犯人格权诉讼缺少抗辩理由的问题也可一并解决。

---

① 《"人肉搜索"他人承担侵权责任》,http://legal. scol. com. cn/2010/07/01/20100701635153992522. htm,下载日期:2010 年 8 月 18 日。

四、人肉搜索的刑事规制与入罪问题

（一）刑事规制

任何借由网络实施侵犯他人权利的行为，理应受到法律的规制。将人肉搜索的威力约束在法律的框架之中，并非一味地否定人肉搜索本身，而是为了更好地发挥其积极的社会作用。我国现行法律对人肉搜索涉及的社会关系更多是在民事领域予以调整，其侵权行为大多适用民法上的规定，但是对于因人肉搜索引发的严重后果，如造成受害人自杀或精神、心理疾病，就必须采用严厉的刑法进行规范，让侵权人承担相应的刑事责任，这样能起到较好的引导与威慑作用。目前我国刑法没有关于这方面的专门条款，只能按照最接近的《刑法》第246条规定的侮辱罪、诽谤罪提起自诉，严重危害社会秩序和国家利益的属于公诉案件。（关于"侮辱罪"、"诽谤罪"具体论述见本文"第三章人肉搜索涉及的法律问题"中的"第四节人肉搜索侵权的法律责任问题"第三个问题"人肉搜索侵权的法律责任"）

我国刑法学家陈兴良教授认为，"运用刑法手段解决冲突，应当具备以下两个条件，其一，危害行为必须具有相当严重程度的社会危害性。其二，作为对危害行为的反应，刑罚应当具有无可避免性"。而所谓刑罚之无可避免性，则是指立法者对于一定的危害行为，如果不以国家最严厉的反应手段——刑罚予以制裁，就不足以有效地维持社会秩序。就人肉搜索而言，根据发动者和参与者的主观用意、对公民个人信息泄露范围的控制以及实际造成的权益侵害程度不同，其处理也是不同的：轻者属道德领域的问题，应当接受社会舆论的公开谴责；严重的构成违法或者犯罪，其中属于民事侵权的承担民事责任、行政违法的接受治安管理处罚，但如果没有相应的刑法规范，就意味着"人肉搜索"任何时候都不需要承担刑事责任——这显然是和罪责刑相适应原则相违背的。[①]对于人肉搜索的严重侵权行为，已经无法用民事法律来调整，必须苛以严厉的刑法才能有力地规范网络行为、有效地维护社会秩序。如果没有严厉刑法的惩戒，侵权行为人对法律没有敬畏感，对于法律禁止行为无所谓，甚至是随意践踏，那么侵权行为就可能随处发生。因此，笔者认为，在人肉搜索的规制法律中，刑法是不可或缺的，刑法是保护公民隐私权、名誉权等公民权利的最后一道防线，刑事责任则是对侵权行为人最为严厉的惩罚，是公民维护自身合法权益的最为有力的武器。所以，在刑法所保护的社会关系遭受严重损害或者严重损害威胁时，就必须发挥其应有的规制作用。我们不应该等到发生人肉搜索流血事件后，再来考虑刑事规制。某些侵权行为的严重后果，是可以预见的，也是可能发生的。所以笔者认为针对现行人肉搜索的暴力性，应该引入刑法规制。

（二）入罪问题的探讨

人肉搜索的侵权行为，对于受害人打击沉重，社会影响特别恶劣，甚至可能造成当事人自杀、自残，这种行为与情节严重诽谤、侮辱社会危害程度相当，理应用刑罚的手段来对付。[②]

笔者以为人肉搜索是否入罪，主要是看其行为有没有社会危害性，其危害性的程度如

---

① 赵秉志：《刑法修正案（七）（草案）的几点看法》，载《法制日报》2008年9月21日。

② 齐晓伶、张训：《"人肉搜索"与刑法规制》，载《贵州社会科学》2010年第5期。

何。人肉搜索侵犯他人隐私造成严重后果的,需要追究刑事责任,且应该作为公诉案件来处理。现在学界一般观点认为,若其入罪,和侮辱罪、诽谤罪的性质是一样的,应该属于自诉案件,只有告诉才处理。笔者以为涉及网络犯罪的取证工作极其困难复杂,单独依靠受害人自行取证是根本不可能的,必须由公安机关、公诉机关介入,才能真正维护受害人的权益,达到惩治犯罪,预防犯罪的目的。

对于人肉搜索定罪的新罪名设定,建议可以是"侵犯隐私罪",或"侵犯网络隐私罪"。将利用网络工具(包含人肉搜索)侵犯公民隐私权情节严重的行为规定为犯罪。对通过网络散布他人裸照、性生活、生理缺陷等与人格尊严有关的个人信息的行为,不适用《刑法》第 246 条规定的侮辱罪、诽谤罪和第 364 条第一款规定的传播淫秽物品罪,必须有一个新的罪名,才能做到"罪刑相适应"。

第三节　规制人肉搜索的其他方法

除了法律的规制,对于人肉搜索还应该多管齐下,从多方面予以规制,尤其是要发挥政府职能,进行政府规制、行业监管、制定行业规范、实行网络实名制。同时网民要提高自身素质,增强网络道德自律,提高个人信息保护意识与保密意识、法律意识。

一、加强行业监管,制定行业规范

在法律并不完善的情况下、在现有的法律法规框架下,通过行业自律来规范人肉搜索行为就越发显示出及时性和紧迫性。可以借鉴西方国家经验成立行业自律性组织,[1]如美国的"行业自律协会"、英国的"新闻评议会"和瑞典的"新闻业公共委员会"等,由一个协会或委员会统一监管,加强网站之间的相互监督。同时制定行业技术规范,加强对网络运营商的管理,从技术安全层面加以规范。

网络服务商也应不断提高网络技术,尽量使事前审核变得更智能化。行业监管机构要经常检查服务商的网站是否强制安装和运行过滤系统,对不符合要求和规范的网站予以罚款或某些权利的取缔,如禁止开设论坛、BBS 等容易泄露隐私、用于交流的版块。

二、实行网络实名制

在人肉搜索中,当个人的隐私信息被人在网上披露后,出现了很多跟帖者,包括真实信息的提供者、虚假信息的提供者以及纯粹跟帖看热闹发表自己意见的人。正是由于这几种人同时存在,如何去管理规范发帖者变成了一个相当棘手的问题。针对网民对于自己的网络行为的放任现象,我们可以借鉴一下韩国的经验实行网络实名制,规制网络秩序,保障公民的隐私权。实名制的主要功能在于,它建立了网络虚拟身份与真实身份的对应机制,培养了网络世界中人们的自尊、自律、相互尊重等重要价值观念,导入网络实名制,可以树立起网

---

① 杨立新:《解决"人肉搜索"中的违法行为关键在于依法规范网络行为》,载《信息网络安全杂志》2009 年第 2 期。

民的责任感和自律意识,而自律才是网络管理的核心与根本。① 实行网络实名制的意义是多方面的,它有利于加强网络管理,减少威胁、中伤、诽谤、猥亵或其他有悖道德或违反法律的行为,有力地保护了个人隐私权,减少网络暴力。

但是实名制意味着每个上网者要提供自己真实的实名信息,这直接涉及公民个人自身的信息安全问题,本来虚拟的身份对应上真实身份,更容易被人肉搜索,一旦被不法分子利用实施犯罪,后果更加严重。如何对这些信息进行保护和有限制的使用还是个大问题。笔者认为,目前实行网络实名制,只能应用于网站后台,就是用户在注册时必须提供真实姓名和身份证号(已注册用户必须更新个人资料),经过系统验证一致后给予注册放行,该用户在论坛上的发言 ID 还是自定义的,不是真实姓名,真实姓名只是在后台管理系统中,这样可以一定程度上保护网民个人信息。如果实行实名制之后,对于网站及其管理员的要求更高,必须承担保密用户资料的义务,非法提供给他人的按照《刑法修正案(七)》增补的"出售、非法提供公民个人信息罪"进行严厉处罚。因此网络实名制必须配合相关法律法规的约束与保护,才能真正发挥其作用。

三、加强公民网络道德自律

在人肉搜索风行,网络侵权增多,法律法规不够健全的情形下,需要通过社会的道德标准来约束个人行为,加强网民的网络道德自律。网络服务提供者应通过发挥网络管理员、社区论坛版主、知名网民等人的正面引导作用,积极营造好网络虚拟社区健康向上的舆论气氛。网络服务提供者可以制定一些行为规范来约束网民,通过自律引导网民走向理性,树立良好的网络道德。

四、提高公民个人信息保护意识与法律意识

我国的人肉搜索发展迅猛,形成强烈的中国特色,远远超过欧美国家的同类行为,这与我国国民的个人信息保护意识、保密意识、法律意识不强大有关系。政府相关部门、网络服务商应花大力气去维护公民的个人信息安全,普及法律知识,提高公民隐私权的重视程度,加强学习网络安全使用知识。为防止个人信息泄漏造成的不良影响,网民应具有自我信息保密的意识和为他人保密信息的意识。②

结　语

人们在网上的权利也应该是有边界的,有约束的。由于网络的传播面大,人肉搜索的网络侵权行为往往比现实侵权给受害人造成的伤害更大,不能仅靠人的道德来保证它不伤人,更应通过法律予以规范。

如果"人肉搜索"加以有效引导和法律约束,会发展成为一种非常高效有益的网络互助

---

① 郭涛:《人肉搜索的侵权法规制》,载《法制与社会》2009 年第 9 期。
② 陈娟:《浅议"人肉搜索"》,载《新闻界》2008 年第 5 期。

模式，同时成为一种舆论监督利器；但如果过度放任，甚至纵容针对个体的暴力行为，必然会恶化网络环境。同时也希望"人肉搜索第一案"给参与人肉搜索者和所有网络用户一个警醒：言论自由的边界就是他人的合法权利，发表言论的同时必须要承担起相应的责任，"道德审判"必须止步于个人隐私，让位于公力救济。希望在我们的网络世界充满和谐、温馨、互助、友爱。

当前司法实务中农村征地补偿款
分配纠纷若干问题探讨

黄鸣鹤[*]

前　言

近年来,随着我国工业化、城镇化建设步伐的加快,农村特别是城乡接合部的农民集体所有的土地被征用的数量日益增多。因征地补款而引发的争议也随之增加。越来越多的纠纷诉至法院,但是由于我国相关的立法相对滞后,在审判实践中,对于相关纠纷是否属人民法院受理的民事案件范围、诉讼主体如何确定、争议如何处理等方面,分歧较大,裁判结果也不尽相同。2005 年,厦门市翔安区法院对辖区内征地补偿款分配进行专题调研并形成报告;2006 年,福建省厦门市中级人民法院对厦门市两级法院审理征地补偿款案件进行专题调研并形成报告,之后又根据调研报告制定了《厦门市两级法院审理农村征地补偿款分配纠纷若干问题的指导意见》。但是,在审理涉及征地补偿款纠纷的案件中,新现象、新问题仍然不断地出现,在给办案法官提出新挑战的同时也丰富着我们的研究样本。

此文主要以厦门地区两级法院在审理相关案件时碰到的问题及解决的思路为依据结合案例进行思考。本文的案例主要是厦门地区两级法院的一些案例,也有个别从新闻报道中获得。为节约文字,案例介绍时重点突出与本文有关的法律争点,并略去当事人具体自然情况。当然对于许多纠纷的认识,在指导思想及裁判尺度的把握方面,无论是理论界还是实务界,仍然无法达成一致,在写作时,笔者在兼顾各方观点的同时对自己的认知进行了论述。

第一章　征地补偿款分配纠纷所涉及的
诉讼程序问题

一、人民法院是否应受理征地补偿款争议

村民与村集体经济组织因征地补偿款分配所发生的纠纷,是否属于法院受案的范围。长期以来,司法界莫衷一是。一种意见认为,此类纠纷属村民自治领域,应该通过村民代表

---

* 黄鸣鹤:厦门大学法学院 2005 级法律硕士,厦门市中级人民法院法官。

大会以民主表决的方式协商解决。而按照《村民组织法》和《中华人民共和国土地管理法实施条例》的相关规定,市、县和乡(镇)人民政府应该对相关工作予以指导、支持和帮助。另一种意见认为,此类案件是集体经济组织对集体所有的实施土地经营、管理和收益分配,属民事行为,其引发的纠纷属法院民事诉讼的受案范围。

自1994年至2004年10年中,最高人民法院对于此类纠纷的处理态度,也处于逡巡犹豫的状态。最高人民法院业务庭就村民征地款分配纠纷是否属于人民法院受案范围,先后作了以下复函或答复。

1. 最高人民法院[1994]民他字第285号《关于王翠兰等六人与庐山区十里黄土岭村六组土地征用费纠纷一案的复函》,其主旨是不予受理。

2. 最高人民法院法研[2001]51号《关于人民法院对农村集体经济所得分配是否受理问题的答复》,其主旨是受理。

3. 最高人民法院法研[2001]116号《关于村民因土地补偿费、安置补助费与村民委员会发生纠纷人民法院应否受理问题的答复》,其主旨是受理。

4. 最高人民法院[2002]民立他字第4号《关于徐志君等十一人诉龙家市龙渊镇第八村委会土地征用补偿费分配纠纷一案的复函》,其主旨是不予受理。

5. 最高人民法院[2004]民立他字第33号《关于村民请求分配征地补偿款纠纷法院应否受理的请求的答复》,其主旨是不予受理。

6. 最高人民法院于2005年9月1日施行《审理涉及农村土地承包纠纷案件适用法律问题的解释》,明确农村土地征收补偿款分配纠纷属人民法院民事纠纷的受案范围,而在这个司法解释出台之前,厦门地区的法院已经在审判实践中探索了几年时间,审理了大量的相关案件。

我们可以发现,在2005年之前,最高人民法院对于征地补偿款纠纷的处理态度都是以答复或复函的方式作出,而在三个主旨为"不予受理"的答复,作出单位是最高人民法院立案庭,而两个主旨为"受理"的答复中,作出单位是最高人民法院研究室。这除了说明最高人民法院在司法解释方面的不统一①外,也说明不同的部门基于不同的考虑而作出不同的解释。立案部门更多的是担心法院过多介入政策性太强而可依据的法律法规相对缺乏的领域而导致工作上的被动,而研究室则基于"有权利就应该有救济"的法理。

二、征地补偿款案件诉讼主体问题

(一)原告的诉讼主体问题

农村土地承包经营一般是以户为单位与村集体签订土地承包合同。当家庭承包的土地被征用而与村集体在征地补偿款分配方面发生纠纷时,原告诉讼主体该如何确认,是以承包经营户的户主个人名义,还是以权益受侵害者的个人或者该经营户的全体承包人确认,在实践中存在不同的看法。但在实践中,由于考虑村小组或村民委员会在发放征地补偿款时,是以个人为单位进行发放的,如果权益受损,以个人名义作为原告起诉较妥。

---

① 2007年4月1日起实施的《最高人民法院关于司法解释工作的规定》,该文件对司法解释的立项、起草、审查、审议、发布有了明确的程序规定,可以避免因政出多门而导致的文件冲突。

（二）被告的诉讼主体问题

村民委员会、村民小组依法享有诉讼主体资格，也就是说，村民委员会、村民小组可以作为原告也可以作为被告。在实践中，村民委员会、村民小组作为原告的案件较少，但也有例外，如海沧东孚镇某村村民小民在换届后，新选举的村民小组长认为原征地补偿款分配方案存在问题，使无集体成员资格的人分得征地补偿款，遂以"不当得利"为由向法院起诉，要求被告返还征地补偿款。但大部分情况下，村民委员会、村民小组是以被告的身份出现在诉讼中的。

对于如何确定被告，一般把握的原则是：（1）村民与村委会签订土地承包合同的，但土地属村民小组所有且补偿款分配方案由村小组作出的，若当事人只起诉村民小组，应追加村委会作为被告；（2）征地补偿款由村民委员会持有并由村民委员会制订分配方案的，以村民委员会为被告；（3）征地补偿款由村民委员会持有、分配方案由村民小组制定的，以村民委员会和村民小组为共同被告；（4）征地补偿款由村民小组持有并由村民小组制订分配方案的，以村民小组为被告。

第二章　征地补偿款分配纠纷的主要类型及其审理

一、因新生人口要求分配征地补偿款引发的纠纷

新增人口指的是村集体最后一次土地承包关系调整时，尚未出生的人口或户籍虽落户于村庄但父母的集体所有制成员身份存在争议的新生人口。对于这部分人口，由于其未与村集体签订土地承包合同，一些村集体在分配征地补偿款时往往与其分配土地为由不予分配或少分配。

对于此类纠纷，人民法院审理的裁判标准为：父母均为本集体经济组织人员的新生儿且出生后户籍落于该村集体，其原始取得集体经济组织成员身份并无异议。父母一方为集体经济组织成员，另一方为城镇居民的，父母一方具有集体经济组织成员身份并主要在本集体所在地生产、生活且依法将出生户口申报在本集体所在地的，自出生之日起取得集体经济组织成员资格。

[**案例1**]李甲的户籍原系L县农民，1970年一家人（包括妻子和2个儿子）迁入厦门海沧区东埔村，当时与村委会签订一份寄户协议，表明李甲只是将户籍寄放于该村，不得向该村要求承包土地。在该村生活数十年后，李甲的2个儿子各育有1子。2006年，该村发放征地补偿款时，李甲以2个孙子在当地出生且户口申报在村庄中，应享有分配参与权。

在村民的观念中，李甲一家是外来户，虽然在村庄生活期间也参与村庄的红白喜事及修路等公共开支的分担，但当年的协议已经明确表示其一家人并未与村集体建立土地承包关系，故其一家人包括其2个孙子都无权参与分配。在这起案件中，法院判决支持了2个新增人口的分配参与权，事实上也是确定了他们集体经济组织成员身份。李某一家离开原先的村庄已经30年，无论是生活基础、户籍、承包地都与原集体经济组织解除了关系，而2个孙子是在新生活地出生并落户于此，结合户籍和主要生活地原则，李某一家是否可以在村庄实

际生活建立的权利义务关系取得集体经济组织成员身份尚有待商榷,但新增人口的权利应该得到保障。

[案例 2]李某系厦门集美区某村村民,1985 年在与他人非法同居期间生育 2 子,2000 年在与男方解除非法同居关系后,带 2 子回娘家生活,母子三人户籍均迁回该村,该村在分配征地补偿款时,以李某 2 子并不是出生于该村且没有与村集体签订土地承包合同为由,拒绝承认其集体经济组织成员身份。

法院判决认为,李某原系该村村民,所生 2 子虽系非婚生子女,但我国婚姻法规定非婚生子女享有与婚生子女同等的权利,李某在解除非法同居关系后回原籍生活,其集体经济组织成员身份自然恢复,未成年子女随其生活,且户籍及生活基础均在该村,理应成为该集体经济组织成员。故判决支持原告的诉讼请求。

二、因婚姻而引起集体所有制成员身份变化引发的纠纷

(一)外嫁女的分配参与权保护

对于外嫁女的分配参与权保护在司法实践中已经基本达成共识,即按《中华人民共和国妇女权益保障法》第 32 条①及第 33 条第 1 款②之精神,主要以户籍所在、土地承包关系、实际生活地、征地补偿款的社会保障功能几个因素综合评定。

另外,根据 2003 年 3 月 1 日正式实施的《农村土地承包法》第 30 条的规定:"承包期内,妇女结婚,在新居住地未取得承包地的,发包方不得收回其原承包地;妇女离婚或者丧偶,仍在原居住地生活或者不在原居住地生活但在新居住地未取得承包地的,发包方不得收回其原承包地。"根据这一规定,被征地村集体不得以村规民约的形式剥夺出嫁女的征地补偿款分配权利。农村妇女结婚后在原户籍地生活的,村集体不得强迫其将户籍迁出,也不得以村规民约或民主公议的方式剥夺或限制其分配参与权。外嫁女到夫家生活的,如果在夫家未获得新的承包地,原村小组或村委会不得收回原承包土地。外嫁女将户籍迁到夫家并在夫家实际生活,但由于在夫家无法获得新的承包土地,原承包地未交还村集体期间,土地被征用的,有权参与征地补偿款的分配。

应该指出的是,外嫁女在要求参与征地补偿款分配时,必须证明其在夫家或娘家从未参与征地补偿款分配,也只能选择一方参加征地补偿款分配,不得重复获益。有隐瞒实情重复参加分配的,后分配一方的村集体可以不当得利为由起诉要求返还。

(二)男方到女方落户的分配参与权保护

《中华人民共和国妇女权益保障法》第 33 条第 2 款③规定了"男方到女方落户时男方及其子女"分配权的问题。但这一条款在现实操作中存在较大的困难。

水往低处流是自然规律,而人往高处走却是趋利避害的"经济人理性"所决定。由于不

---

① 《中华人民共和国妇女权益保障法》第 32 条规定:"妇女在农村承包经营、集体经济组织收益分配、土地征收或征用补偿费用使用以及宅基地使用等方面,享有与男子平等的权利。"

② 《中华人民共和国妇女权益保障法》第 33 条第 1 款规定:"任何组织和个人不得以妇女未婚、结婚、离婚、丧偶等为由,侵害妇女在农村集体经济组织中的各项利益。"

③ 《中华人民共和国妇女权益保障法》第 33 条第 2 款规定:"因结婚男方到女方落户的,男方和子女享有与所在地农村集体经济组织成员平等的权益。"

同的集体经济组织成员身份权的含金量的不同,这也就引起"磁场"效应,即在结婚后依习惯应该将户籍迁出的外嫁女拒绝将户籍迁出,反而想方设法将丈夫的户籍迁入并将新生儿落户于该村。

首先这种行为是合法的,根据《中华人民共和国婚姻法》第9条之规定:登记结婚后,女方可以成为男方家庭的成员,男方也可以成为女方家庭的成员。但男方是否因落户行为自然成为女方所在村集体经济组织成员呢?这是一个有待商榷的问题。农村集体所有制是我国社会主义公有制的重要组成部分,从法律上具有资合和人合的特征,也是基层民主自治重要的载体。集体所有制成员身份的取得,应分为原始取得和加入取得两种。原始取得主要为出生取得,而加入取得,必须经过原集体组织成员通过民主会议表决通过取得。《中华人民共和国妇女权益保障法》第33条第2款的规定事实上直接确认了男方到女方落户时,男方及其子女的集体组织成员身份。其子女因出生而直接取得其父母一方所在集体组织的成员身份符合原始取得的定义,但在女方落户的男方在未经村民民主自治程序表决或村规民约规定的情况下,是否可以依法律的规定直接取得集体经济组织成员身份呢?此点在国家法律与村规民约冲突的部分我们还将展开讨论。

(三)离婚或丧偶后回娘家生活之妇女及由其抚养的子女的分配参与权保护

农村妇女离婚或丧偶后,可能在夫家继续生活,也可能回娘家生活,那么,该如何确定其属哪一个集体所有制组织的成员呢?为了保护农村妇女的合法权益,首先,其基于婚姻关系而取得的夫家的集体经济组织成员身份并不因为离婚或丧偶而当然丧失。离婚或丧偶妇女回娘家生活的,无论其户口是否迁回,应以其实际生活地作为确定成员资格的标准,其婚生子女随其生活的,也应参考此标准。但离婚或丧偶妇女及其子女与夫家所在集体经济组织仍存在土地承包关系,且当事人选择在夫家参与征地补偿款分配的,法院应予支持。

三、因户籍迁移变化引发的征地补偿款纠纷

(一)在校大中专学生、服兵役人员作为当事人时

[**案例3**]沈阳市郊某村村民英子于2002年考入大学,按照户籍管理规定和学校的要求,户口从当地派出所迁入学校。2006年,英子又考取了母校的硕士研究生。2006年,因城市建设需要,英子所在村庄的部分土地被征用了。在分配征地补偿款时,村委会以英子户籍已不在村庄且已经吃上商品粮,拒绝给予分配征地补偿款,英子遂将村委会告上法院。

[**案例4**]林某等3名中专生系海沧区东埔村村民,3人考上中专后,他们所承包的土地被村集体收回。3人毕业后未找到工作,遂将户口迁回原籍,但仍是城镇居民户口,3人要求村委会重新分配其承包地,但村委会表示无地可分。2008年,村庄部分耕地被征用,在征地补偿款分配时,村小组民主表决同意3位返乡中专生参与分配,后村小组换届,部分村民在查账时提出异议,认为3人属居民户口,不能参加分配,村小组遂以不当得利为由向法院提起诉讼。

在案例3中,法院判决支持了原告的诉讼请求。理由是原告虽然户口已经迁移到学校并转为居民户口,但作为一名在校学生,学校户籍只是一种基于方便管理的临时性户籍,原告尚未就业,也未进入城市居民社会保障系统。而征地补偿款的目的是解决失地农民的生活保障问题,因此,原告有权参与征地补偿款的分配。

在案例 4 中,司法判决确认了返乡自行就业的大中专学生的分配参与权。其基本的价值理念是:征地补偿款分配不仅仅是集体财产的分配,更多的是一种基本生活保障权的实现。判定的标准应该结合户籍所在地、土地承包关系、生活基础进行全面考量,救济的标准为当事人不应双重享受权利,也不应因为社会转型期间法律法规的不衔接而被实际剥夺这项权利。也就是说,在校大学生与农村籍义务兵虽然户籍分配时户籍已不在农村,但在校大学生一般没有独立的经济来源,农村义务兵在服完兵役后国家并保障就业,其征地补偿款的分配权不因户籍及土地承包关系的变化而变化。在大学生就业形势严峻的社会背景下,鼓励大学生回乡创业有利于提升农村的文化水平,在案例 4 中,3 位中专生并未进入城市社会保障体系,也未享受政府给予城市低收入群体的最低生活保障,其户籍、生活基础仍在原村庄,征地补偿款于他们仍有社会保障的功能,所以法律应当保护他们的分配权。但实践中也存在不同的认识,有人认为,在目前就业形势严峻的情况下,一些大学生选择"先就业再择业"的方式,虽然在城市落户,但并未参加城市的社会保障。有些城市允许毕业学生先落户再择业,但无论是哪一种情形,这些大学生虽然户籍已经离开原籍,却仍然未实质性就业或获得城市最低生活保障,如果参照上面的标准,他们已经失去了农村征地补偿款分配的参与权。这也是一种现实中的不公平。

(二)劳改劳教人员的分配权保护

劳改劳教人员虽然因为违法或犯罪行为被判处一定期限的自由刑,按照户籍管理规定,其户籍可能被强制迁往服刑地,但其集体经济组织成员的身份并没有被同时剥夺,即使是被判处剥夺政治权利的两劳人员,其征地补偿款的分配参与权应当受到法律保护,其基本法理同上。特殊的理由是,保证两劳人员在释放后行为矫治期间的基本生活保障,防止刑满释放人员重新走上犯罪的道路。

(三)因外出经商、务工人员户籍变化而引发的纠纷

经济的发展必然带来人口的流动,城乡二元户籍管理体制并不能阻止农村人口流向城市和小城镇。那么,对于因购房或其他原因将户口迁入城市的农民,是否当然视为放弃农村集体经济组织成员的身份呢?笔者认为,应该区别对待。按农村集体土地使用权家庭承包的规定,承包方全家迁入设区市并转为非农户口的,其承包地应该由发包方收回。但迁入小城镇或不设区的市的,承包地可自愿交回,也可流转。农村集体经济组织成员身份也应该按此标准进行判断,但也不是绝对的,比如李某户口迁入小城镇后,其在原村庄的承包地并未交回,但李某所在的单位按照城市居民身份为其缴纳了社保费用,李某就不应该参与其所在村庄的征地补偿款分配。

(四)因其他原因导致户籍迁移变化

因为政策性原因(如知识青年上山下乡政策、归国华侨的安置)、国家重点工程建设需要(三峡工程移民)、乡村重新规划所带来的村组调整,都可能造成城乡之间和不同级别、不同地域的集体经济组织间成员的流动。审判的思想是:国防建设需要或者其他政策性原因依法登记为农村集体所在地常住户口,并在农村集体所在地生产、生活的,自政令颁布之日起具有本集体经济组织成员身份。

四、因计划生育政策引发的征地补偿款纠纷

(一)计划外生育子女分配权的问题

计划外生育子女指的是违反计划生育政策的超生人口。对于超生人口是否享有征地补偿款的分配权,存在两种不同的观点。

一种观点认为,计划外生育的违法主体是超生人口的父母,超生人口是被带到这个世界的,无论是否符合计划生育政策,出生后即具有不可剥夺的生存权,在办理户籍登记后也因为其父母集体经济组织成员的身份而原始取得成员身份,对于具有基本生活保障功能的征地补偿款,有着分配参与权,且不应以是否缴交社会抚养费为前提。

另一种观点认为,法律如何保障计划外生育子女参与征地补偿款的分配将导致一种恶劣的价值导向,因为在厦门的一些乡村,征地补偿款的人头数额远远超过超生罚款,一些村庄通过民主程序议定的分配规则中,同意超生子女参与分配,却拒绝执行《福建省人口与计划生育条例》的"独生子女与两女结扎户在分配集体经济收入、享受集体福利、划分宅基地时,可增加一人份额"的规定,造成了遵纪守法的人利益受损而违反国家政策的人却得到好处的荒诞现实。

(二)对《福建省人口与计划生育条例》第35条的理解与执行

[**案例5**]2005年11月,厦门市翔安区人民法院审判委员会经过讨论后形成一致意见:由民事审判庭裁定驳回吴进阶等人的起诉,告知他应该向地方人民政府反映相关情况,并由地方政府责令村民小组改正。这也意味着,法院向独生子女户关上了司法救济的大门。而在厦门市中级法院《关于农村征地补偿款分配纠纷若干问题的指导意见》中,"请求落实计划生育奖励政策领取双倍补偿"被列入不属于民事诉讼受理范围。

在案例5中,生于1992年的原告是一名独生子女,其起诉的法律依据是《福建省人口与计划生育条例》(下简称《条例》)第35条第1款第1项,即:农村领取独生子女父母光荣证或已生育2个女孩并已绝育的家庭,在分配集体经济收入、享受集体福利、划分宅基地时,增加一人份额。但吴所在的村民委员会在制定土地补偿款分配方案时未按《条例》的有关规定给他增加一人份额,故吴将村民小组起诉至法院。

作为由福建省人大常委会制定的地方性条例,立法的本意在于奖励独生子女户。这种奖励除了这一项外,第36条还规定了农村生育2女已绝育的夫妻,应由地方政府发给不低于500元的奖励费,并说明这项奖励费从人口计划生育奖励专项经费中支付。

稍有乡村生活或工作经验的人马上可以判断出第35条的奖励在现实中根本不可能实现,抛开实际执行的难度不说,就立法的科学性而言,这一条款的制定也缺乏合法性依据。全民所有制与集体所有制虽然都是公有制的实现形式,但其主体范畴是不同的。理论上,全民所有制的所有权人是全体中华人民共和国公民,但所有权人空泛而无法具体分割;而集体所有制指的是特定的所有权人的集合,其所有权属性可以溯源到农村合作社时代,是明确而可分的。也就是说,虽然集体所有制也是公有制的表现形式之一,但国家并不能理所当然地行使占有、使用、收益、处分的权利,也正是这种区别,我们就很容易解释:为何国家征用同为公有制的集体所有的土地,仍需经过审批程序并必须予以合理的经济补偿。

那么,作为地方性法规的《福建省人口与计划生育条例》,在第35条中对集体财产进行

指令性分配,根本就是于法无据,或者说是以立法的形式处分了不属于无处分权的财产。

（三）司法机关对于计生政策引发的征地补偿款纠纷的态度

计划外生育子女是否有分配权? 地方性法规规定的奖励措施应否通过司法判决的方式实现? 这两个问题都是困扰基层法院的实质性问题。

面对这种两难选择,法官无论如何判决都难以平衡各方面的利益:依照条例判决支持独生子女户,不符法理情理,并将可能引发连锁式的反应;判决不支持,那等于变相宣布《计生条例》第35条是无效的,将影响到法律的严肃性。于是,法院采取一种规避的方法,以不属于法院受案范围而告知其应该转而求助于地方政府,其实际上也是拒绝作出裁判。而对于超生子女是否应该参与分配征地补偿款,则交由村民通过民主程序制定规则。而对于因此类原因提起诉讼的,法院则以"不属于人民法院民事诉讼受理范围"裁定不予受理。

实际上,即使当事人转而求助于行政救济,根据相关的法律法规,地方人民政府对于农村土地征用补偿款的分配,只能起"指导、支持和帮助"的作用。也就是说,即使地方政府按条例要求村民小组"责令改正",在缺乏强制措施的情况下,只是无法实现的正义而已。而现实生活中,各个村庄各行其是,分配规则的制定取决于超生户与计生户的表决力量的对比。

第三章　征地补偿款分配纠纷产生的根源探溯

一、农村集体经济组织成员资格认定的标准问题

（一）制定农村集体经济组织成员资格认定标准的必要性

司法实践中,人民法院将"起诉要求确认集体经济组织成员资格"案件列为"不属于民事诉讼受理范围",理由是我国法律目前尚未制定确认集体经济组织成员资格的单独的程序性规定。但是,另外一个悖论是,虽然法院拒绝受理"集体经济组织成员资格的确认之诉",但事实上,绝大部分征地补偿款分配纠纷案的审理,其裁判的基础原本就建立在对当事人是否属于集体经济组织成员身份的判断上,而国家法律法规在判决标准方面的缺失和各地农村土地承包情况的差异,再加上不同法官在对"法律诚挚的理解"后所作出的不同解读,也是判决无法统一的重要原因。

因此,通过立法制定"农村集体所有制成员资格认定标准"的法律是一项迫在眉睫的工作。而法院在审判实践中积累的案例可以为标准的制定提供最直接的研究样本。

（二）立法可以走一条"经验积累、循序渐进"的路径

1.地方性立法可以先行先试。农村集体经济组织成员资格认定仍无法制定一个全国性的标准,是因为农村集体所有制作为社会主义公有制的重要组成部分,其在宪法层面上因涉及国本而敏感。而在改革开放之后,包产到户和之后的农村土地承包权流转,已经使得农村土地的所有权和使用权相对分离,而经济发展与转型所带来的城乡间人口流动,使得许多农村居民的生活基础已经发生变化。婚配半径的增大也使得不同区域间的户籍迁移数量增大,使得农村集体经济组织成员资格确认的现实复杂性和区域特殊性,无法以简单的原则或规范涵盖所有的情形。以上的情况决定了相关立法只能走一条"试验田抓经验,最后推广"

的道路,在这方面,厦门经济特区拥有全国人大授权的特区立法权,可以结合地方实际、结合在审判实践中已经取得的成果,制定相关的地方法规,先行先试。

2.适当的时候可以由国务院制定行政法规。考虑到全国人大立法具有周期长和提前规划的特点,可以在时机成熟的时候由国务院制定相关的行政法规,法规可以包括集体所有制成员资格认定、农村集体所有制资产管理、征地补偿款分配的规范与监督等几个方面的问题,可以统一在同一行政法规中也可以成熟一个出台一个。在施行过程中可以发现问题,为之后的全国人大立法积累经验。

3.司法实践中的经验可以作为借鉴。纠纷往往先于立法而行,纠纷就是最好的问题样本,因此,司法机关对于涉及征地补偿款分配纠纷的审理,就是最好的研究案例和分析样本,而其中的经验积累,对于立法工作,都是最好的前期研究。

二、制定法与民间非正式规范的冲突及其解决

(一)法律所倡导的原则与民俗发生冲突时

[案例6]叶某娇系厦门某村村民,其与安溪某村村民蔡某结婚后,蔡某将户籍迁到叶某所在村庄,并以销售茶叶为生,生一子一女。该村发放征地补偿款时,村小组经民主程序研究决定:叶某娇并不符合"有女无作、儿子没有赡养能力"的招婿上门情形,决定不予分配征地补偿款,蔡某将村小组起诉到法院。

如果按照《中华人民共和国妇女权益保障法》第33条第2款之规定:"因结婚男方到女方住所落户的,男方和子女享有与所在农村集体经济组织成员平等的权益。"那么,法律必须支持蔡某的诉讼请求,但是,在实务中,法官并不这样认为。

村小组决定不予蔡某发放征地补偿款,并不是故意歧视上门女婿,[①]而是防止权利被滥用。征地补偿款含有土地征用补偿费和失地农民货币化安置两项功能,但其计算基数是被征用的土地而不是需要安置的劳动力,也就是无论参与分配的人有多少,可供分配的数额是恒定的,越多的人参与分配就意味着个体份额减少。《中华人民共和国妇女权益保障法》的相关规定是为了弘扬男女平等和社会主义新风尚,但现实中这一积极的规定可能用来掩盖个体的功利目的,对其他集体经济组织成员利益造成损害。因此,在实务中,法官一般尊重经过村民民主程序通过的分配规则,只要分配规则不违反法律公平正义的大原则,符合当地善良风俗,有其现实生活中的合理性,则司法判决不应给予过多的干预和调整。

(二)村规民约的司法审查:对多数人暴政的公权力干预

[案例7]翔安区甲村民委员会在2003年制定了征地补偿款分配方案,主要分配规则是按人口分配征地补偿款。2006年,该村村委会主任提出修改征地补偿款分配规则,按照"谁家承包地被征谁分得补偿款"进行分配,并提交村民代表大会讨论通过。之后,一些村民以合法利益受损为由,到政府信访。区政府在介入调查后发现,村委会主任提出修改征地补偿款分配规则的原因在于2005年其家中因变故减少3个人口。

对于分配规则的不合理变动,虽然少数村民强烈反对,但由于该村委会主任在村中属

---

① 当地村规民约规定,有女无子户可有一女招婿入门,新增人口可参与征地补偿款的分配;接脚夫(丧偶儿媳不回娘家,招婿上门,供养公婆)享有赘婚的权利与义务。

"大房头"(大姓宗族),宗族势力较强,再加上部分村民因方案变动后受益而支持该方案,修订后的分配方案"少数服从多数的原则"在户代表大会中被强行通过并执行。

对于集体经济组织经民主程序议定的分配规则、办法,人民法院是否应该对其合法性进行审查,审查的范围应该是该分配规则制定过程中的程序合法性,还是应该包括分配规则的实体合法性呢?在司法实践中存在不同的认识。

一种意见认为,审理集体经济组织成员征地补偿款分配纠纷案件,应该按照《中华人民共和国村民委员会组织法》的规定,尊重集体经济组织的自治权,只要集体经济组织成员在分配征地补偿款时,经过民主程序议定分配规则、办法或制定含有分配规则的村规民约,只要其内容不违反法律的禁止性规定,司法判决就应该予以充分的尊重。这种观点的核心在于司法对于分配规则的审查,只审查其程序上的合法性,并对明显违反法律禁止性规定的内容予以调整(如侵犯外嫁女的合法权益),而对未违反法律禁止性条款的内容则不加干预,认为其属于村民自治权的范畴。

另一种观点认为,在农村征地补偿款分配过程中,许多事实上的不平等实际上被隐瞒在程序合法的面具下,如案例 7,甲村村委会主任的行为事实上就是"根据自身利益最大化大原则"调整分配规则,侵犯了另一部分村民的合法权益。从民主表决程序看,前后两次分配规则的制定都由村民代表表决后以大多数通过。考虑到当前闽南乡土社会"大姓欺负小姓"的文化传统和第二次表决中的支持者基本为"新规则获利者"这一基本事实,第二次表决与其说是"民主的声音",不如说是政治学语境中的"大多数人暴政",不公正的产生被戴上了民主的面具。

那么,对于这种事实上的不公正,司法判决是否应该对其进行干预并予以调整呢?法院的认识是不一致的。有些法官认为,集体经济组织对于征地补偿款分配规则的制定,是基层民主自治权在经济领域的实现,司法权应该恪守本职不应随便干预,即使有明显的不公正存在,也应由政府根据《村民委员会组织法》予以指导和调整。也正是基于这种思路,在案例 7 中,一审法院在判决中认为分配规则的制定程序合法,驳回了村民的诉讼请求。

判决之后,失望的村民连同家属汇集到区政府进行信访,并怀疑法院的司法公信力,虽然之后在多方协调下,二审法院依法作出改判,维护了起诉村民的合法权益,但不良影响已然造成。

笔者认为,对于经过民主程序议定的分配规则,法院除了进行合法性审查之外,必要时还要进行合理性的审查,就案例 7 的个案而言,第二次分配规则从法理上也可以因"以合法的形式掩盖非法的目的"而被认定无效。

但是,司法对于分配规则的合理性审查应该有个限度,因为任何分配规则都不可能是绝对公平的,与生存在这块土地上的村民相比,征地补偿款分配的公平性,并不是简单的数学算术题。

(三)司法判决必须注意衡平:法官不能机械判案

[案例 8]翔安区郑坂村三组有一块地,由于盐碱化严重长期抛荒,但是由于计入政府登记的基本农田保护范围,在农业税未废除之前都是由村小组公摊这块地上承载的税费。该地块被政府征用后,村民公议的分配方案是扣除历史缴交的税费后再按人口分配,由于部分新增人口提起诉讼,法院判决的结果是将征地补偿款直接分配,新增人口享受权利却未承担

义务。村民意见强烈,认为法院的判决有失公平。

对于村民反映的意见,经办法官也有一肚子苦楚。1998年第二轮土地承包时,在落实国务院"延长土地承包期三十年"的政策时,各地的落实情况是不一样的。仅在厦门地区,不同的村集体就执行不同的政策:有将农田全部包产到户,并制定"生不增死不减"的村规民约的;有规定5年一次或10年一次根据人口变化进行调整的;有只是将口粮承包到户,而将其余土地由村集体公开发包的。由于风俗习惯的问题,有的村集体还预留机动地(作为村庄公共开支和五保户费用)和"红公地"(即闽南语中的"菩萨地",田租收入主要用于村庄祭神活动)。在审判过程中,翔安区人民法院的法官惊讶地发现,许多起诉的村民无法出示土地承包经营证来证明其与村集体的土地承包关系,因为村干部未为其办理,而村民法律意识淡薄,认为只要事实耕作即可。

在这种状态下,法官与村民对于公平的理解是有着视角上的不同的,村民是从村庄历史的视野动态地计算公平,而法官则从个案视角静态地评判公平,两者产生差距,也是正常的。

总体而言,对于分配规则的司法审查,更多的应该集中在民主议事程序是否合法、是否违反法律的禁止性规定、是否严重侵犯少数群体的合法权益,而对于分配中微观的差异,司法应该持谨慎克制的态度,将决定权交给村民自己。

第四章 治标抑或治本:解决问题的路径

法院对于征地补偿款分配纠纷案件的审理,实际上是一种治标不治本的工作,在耗费大量的社会资源和司法资源之后,因征地补偿款分配而引发的纠纷并没有明显下降的趋势。土地被重收完毕的村庄得到了暂时的宁静,而随着城市的向外拓展,相同的纠纷在另外的村庄上演。因此,要从根本上解决因征地补偿款分配而产生的纠纷,必须从根源上去寻找解决的思路。

一、以"二元制补偿体制"代替"一元制补偿体制"的思维路径

(一)当前"一元制补偿体制"中存在的缺陷

对于农村征地补偿款分配纠纷所带来的司法困境,学者纷纷开出各种药方,其中之一就是建立"二元制补偿体制"。持这种观点的学者认为,现行的土地征用补偿制度没有区分农村集体土地所有权和农村土地承包经营权两种不同的物权,而只是根据被征用土地的数量,对土地补偿费、安置补助费、地上附着物补偿费和青苗费进行"一揽子"补偿。

在这种分配方案下,集体经济组织成员无论其自家承包地是否被征用,均可参加征地补偿款的分配。而征地补偿款除了支付被征用土地的对价外,还对失地农民具有社会保障意义。"一元制"分配体系虽然对于政府而言简单快捷,却不利于对失地农民的安置和再就业的指导,将征地补偿款全部交由村民民主自治分配的话,通过"多数人暴政"的方式以"村规民约"制定分配规则,而权益受损者则求助于司法救济,司法判决以违反"法律强行性规定"的名义予以纠正,不仅耗费了大量的司法资源,也让失地农民的补偿量受到减损,这种"事后纠偏"的模式也使得诉讼的参加人对司法机关产生怨恨。

（二）"二元制补偿体制"的意义和优势

有学者建议，将"一元制"征地补偿体制升级为二级制"征地补偿体制"，即明确农村土地征收的客体包括农村集体所有制土地所有权和农村土地家庭承包经营权两项物权，在征收时分别补偿，即在补偿项目将从原来的四项（土地补偿费、安置补助费、青苗费、地上附着物补偿费）变更为六项（集体土地所有权征收补偿费、农村土地家庭承包经营权征收补偿费、安置补助费、青苗费、地上附着物补偿费、社会保险费）。其中，按照"谁征谁得"原则直接向被征地农户发放农村土地家庭承包经营权征收补偿费，集体土地所有权征收补偿费则归村集体。作为集体经济组织的一项收益，村民自治进行管理、使用和分配，对于这一块产生的纠纷，不再纳入人民法院民事诉讼受案范围，而更多的是交由村民自治、基层政府进行指导和矛盾化解。

"二元化"分配体系并不仅仅是将征地补偿费由原先的四项构成调整为六项构成，而应该是一个完整的体系：将安置补助费和社会保险费从征地补偿款中分离出来，成立专门的基金，由区镇一级政府统筹，专款专用；采取"土地换社保"方式，让符合退休年龄的失地农民全部进入社会保障体系，对未到退休年龄的失地农民则帮助其建立社会保障账户，一次性补缴失地前的社保费用；①对失地农民的再就业和转岗进行职业培训；政策引导农民进行固定资产投资；对招纳当地失地农民的企业予以补贴（比如社保费用补贴）等。

对于由村集体负责发放的征地补偿款部分，村集体提留部分不得超过30%；设立专门账户，作为专项公积金管理，用于村集体公共事务的开支或村民福利；禁止将征地补偿款用于清偿集体所负债务。

（三）作者的观点

笔者认为，"二元分配体系"的提出有其一定的积极意义。将征地补偿款根据被征收土地的数量直接补偿给村集体（村委会或村民小组），使得征地方有一个集合的谈判对手，避免房屋拆迁时因产权人众多且分散而出现"钉子户"现象。首先，在中国，农村集体所有制也是公有制的一种实现方式，但征地补偿款却包括地价、失地农民安置、失地农民社会保险费给付等多项功能，而这些功能，有些是政府本应承担的对于国民的生活保障和社会救济功能，并不能简单以货币支付的方式自我豁免职责。其次，从现实看，征地补偿款支付给村集体后，大部分以货币的形式发放给村民，所产生的一些社会问题证明货币补偿并不是最优的补偿方式。

其实，征地补偿款最主要的功能并不是地价补偿，而是政府对于未进入社会保障体系的失地农民的补偿与安置。虽然法律规定土地征收方对失地农民负有安置的义务，②因此，以

---

① 在现实操作中，"土地换社保"的政策受到了年纪大的农民的欢迎，因为符合退休年龄的农民就可以按月领取养老金，但中青年农民仍持排斥态度，因为在他们看来，20年后的承诺远不及现实到手的利益有诱惑力。

② 虽然政府积极推动失地农民安置工作，但由于企业招工自主权、失地农民的就业愿望与就业技能等方面的现实纠葛，企业吸收当地富余劳力的能力是有限的，再加上部分征地的用途是为了公共工程的建设，本身并不产生就业岗位。

货币方式对失地农民进行补偿仍然是主要的安置方式,但也产生了一系列的社会问题。①同时,征地补偿款的分配也给农村基层民主建设带来许多负面效应,在村居换届选举中,竞争最激烈甚至发生血腥冲突的村庄,往往是征地面积较多的村庄,而检察机关侦办的贪污或侵占征地补偿款的案件,也高发于这些村庄。而"二元制补偿体制"替代"一元制补偿体制",可以在一定程度上减少问题的发生。

二、农村集体资产的股份化运作的思维路径

(一)农村征地补偿款分配中出现的短期行为

农村集体所有制是社会主义公有制的一个重要组成部分,也是中国实现新农村建设的重要载体,但是,在市场经济导向的今天,农村集体经济组织也面临着种种问题,如村官贿选、集体资产流失和农村社区公共服务设施资金匮乏问题。

将征地补偿款以货币形式分发到村民手中,是目前对失地农民最重要的补偿与劳力安置方式。但征地补偿款毕竟是一次性补偿,而土地又是不可再生资源,也是集体经济组织最重要的资产,土地被征用后,集体资产的空洞化导致了农村一系列社会问题的发生。其中,最大的问题是,在过去的几十年中,农村集体经济组织作为计划经济时代重要的政治遗产,对于向工业化转型的中国起着稳定器或分洪区的功能,大批的农民工涌入城市,在作为世界工场的廉价劳力被榨取后,将养老的功能回吐给农村,而他们的子弟则接力进入生产流水线。随着土地被征用,农村集体经济组织正面临着解体的命运,而集体经济组织功能的弱化,意味着原先由集体经济组织承担的许多农村自我管理、自我疏导、自我建设②的功能将被废弃,要么由政府全盘接手,要么形成新的社会问题和不稳定因素。

另外,在调研中我们也发现,村委会换届选举贿选严重的原因在于其职业的寻租价值,而贿选成本与村集体的富裕程度成正比,村财好的村庄,贿选成本就高;村财差的村庄,贿选成本就低,甚至无人贿选。村集体最重要的收入,就是征地补偿款。在征地补偿款的发放和使用过程中,往往伴生着村干部的种种腐败行为,如贪污、受贿、侵占、挥霍及资金的不正当使用等问题。这些行为的高发,在于农村集体经济组织资产管理模式自身存在问题。

(二)农村集体资产股份化运作的意义和制度优势

农村集体资产的股份化运作,可以较好地解决上面所提到的问题。首先,股份化化运作使得农村集体资产产权明晰。股东身份明确到具体个人,解决了传统意义上的农村集体资产所有者虚位的问题,而股份的流转、质押和继承,激活了农村集体资产的内在价值。其次,股份化运作使得农村集体资产在管理和营运过程中引入了现代企业治理模式,增加了透明度和监督机制。最后,除了全体村民参股,股权收益可以作为村民福利之外,在农村集体资

---

① 在调查中我们发现,失地农民获得征地补偿款后,主要用于建房、娶亲等大宗开支,很少用于生产的投入,有些村民将征地补偿用于赌博(如六合彩)、挥霍(吃喝嫖),无所事事;一些村民将款项用于盖房出租,这又导致大量违章建筑的出现。

② 比如集体所有制对于"五保户"的供养,实际上替政府分担了许多优抚救济的任务,而村庄的公共建设,主要也是源自于集体经济组织的公共收入。

产的股份化运作中,还可以设计集体公益股结构。①

农村集体资产的股份化运作,也可以解决征地补偿款纠纷审判中集体经济组织成员身份确认的问题。农村集体资产的股份化运作的最重要问题是初始股东,即原集体经济组织成员身份界定的问题,虽然我国目前尚无界定集体成员可依据的相关法律,但在长期实践中,各地已经摸索出了一整套符合中国国情与传统的界定方法,而适时地将其上升到法律法规的层面,将有利于集体经济组织的健康发展。

农村集体资产的股份化运作,解决了集体经济组织成员身份模糊、产权不明的状态,经济组织成员可以通过股权实现自己对于集体资产的所有权,因这种所有权不会因身份的变化而变化,有利于鼓励农民居民城镇化发展。②

结　语

从法律上看,农村征地补偿款分配纠纷只是民事审判工作的一个组成部分,但从法社会学的角度看,它并不是简单的民事法律纠纷。我们可以把这类纠纷放在社会发展中审视,发现它事实上是中国社会转型期乡村社会嬗变的一个缩影,包含"公平正义、农民的社会保障制度、基层民主、城乡二元体制"等诸多关键词,也是"中国的新农村建设向何处去"这样的历史性大命题的重要组成部分。本文所阐述的,只是这个问题的一部分,或者只能作现象陈述,这也是本论文局限性所在。

在许多具体问题上,理论界和实务界仍无法达成统一认识。在司法实践中,我们解决了一些问题,却还有许多问题有待解决,这也是我们还须努力的原因。

---

① 山东济南市槐荫区的前屯村在集体资产股份化运作的过程中,规定了复合股的形式,除了村民持股外,还划分出具有特定功能的公益股,如划出 30% 的股份,其年底分红将用于村民委员会的日常开支及年龄超过 60 岁村民的养老费上。参见张民巍、王在水:《股份化改造能不能解决"村改居"面临的问题》,载《社区》杂志 2002 年第 13 期。

② 在农村集体资产股份化运作之前,集体经济组织成员可能因为上大学、迁移、婚姻等原因丧失集体成员身份,因此出现了农民居民考上大学后向学校要求不迁移户籍、大学毕业生到城市工作后仍将户籍放置于农村等待征地补偿款分配等荒唐却符合经济理性的现象。而股份化运作之后,股权治理的方式使得集体成员不会因为上述理由而丧失权利,同时也鼓励了村民的城市化进程。从社会学意义上看,携带股权进城的农民将更加自信和自力,更有机会发展为城市的中产阶级而不是贫困居民。

商业银行应收账款质押融资风险及防范

郭其洪[*]

引　　言

在《物权法》颁布之前，我国没有对应收账款质权的明文规定。《担保法》也没有明确规定应收账款质权，只是从第 75 条第 4 项"依法可以质押的其他权利中"找到模糊的依据。学者对应收账款的性质（动产还是债权？）、应收账款担保的性质（抵押、转让还是质押？）众说纷纭，莫衷一是。有的将应收账款视为"动产"，有的将应收账款担保的性质理解为"转让"。这些理论上的争论和理解上的混乱，一方面是立法的不明确造成的，另一方面是实践做法的不同导致人们对应收账款担保产生不同的认识。

2007 年 3 月 16 日，我国公布了《物权法》。《物权法》首次明确提出可以出质的权利包括应收账款，并在规定了以应收账款出质的设定要件及其设定后的转让效力，随后中国人民银行颁布《登记办法》，也为该业务明确了相关的质押登记机关和登记手续。这是我国物权担保法上的一大突破，为商业银行开展应收账款质权融资业务提供了法律保障，为中小企业利用应收账款融通企业所需要的资金、拓宽企业的融资渠道和开发金融新产品，提供了有益的新方式。

虽然出台的一系列法律法规均对应收账款质押融资业务提供了较为明确的规定，但是关于银行应收账款质押融资业务风险管理等方面的规定并不是很完善。如何防范应收账款质押融资业务的风险，便成为本文的主要研究内容。

第一章　商业银行应收账款质押融资现状

应收账款属于企业的流动资产。据统计，目前我国应收账款的总价值达 5.5 万亿元。[①]企业将其合法拥有的应收账款收费权向金融机构作还款保证获得信贷融资支持，但银行不承继企业在该应收账款项下的任何债务的短期融资。银行在借款人不能如期还款时可以对质押的应收账款进行折价、变卖，保证债权的优先受偿。当前，应收账款质押融资是我国解决中小企业融资问题的有效途径。现阶段，我国的银行等金融机构已开始尝试应收账款融

　＊　郭其洪：厦门大学法学院 2006 级法律硕士，兴业银行泉州分行综合部总经理。

　①　黄松有：《〈中华人民共和国物权法〉条文理解与适用》，人民法院出版社 2007 年版，第 145 页。

资业务并逐步完善。

第一节　应收账款质押融资概述

一、应收账款质押融资及其标的

应收账款质押融资，是指债权人将其对债务人的应收账款债权向银行等信贷机构提供质押担保并获得融资贷款的行为。应收账款质押融资的标的应收账款，是一种权利，属于无形物；而其他质押融资中，标的更多的是企业的有形的合法动产或者无形的合法权利。

在我国企业界，应收账款更多的是作为会计学上的概念在实务中使用，它是指企业因销售商品、产品或提供劳务等原因应向购货客户或接受劳务的客户收取款项或代垫的运杂费等。① 法律意义上的应收账款是一种债权，应收账款质押实质上是一种权利质押，其质押的标的是一项特殊的债权，它以出质人现有的或未来所有的债权为质物的一种质押方式。它与一般债权的区别在于：一般债权以书面凭证作为记载而具备了物化的性质，同时有稳定预期的未来权利；②而普通应收账款债权由于不存在权利凭证，在权利的公示、权利的期限及金额以及支付方式等要素方面仍存在很大的不确定性，从而在作为质押的标的方面存在一定的不足。③

《物权法》中的应收账款概念不等同于会计学中的"应收账款"，其不仅包括会计学意义上的企业间应收合同债权还包括权利人因基础设施项目、电信服务等而产生的对特定或不特定债务人的收费权。收费权本质上是未来债权，是一种未来应收账款；收费权质押实际上被包含在应收账款质押内。④ 各类经营性收费权，除在现实中法规已规定的公路、桥梁收费权，出口退税权，学生公寓收费权可质押外，隧道、渡口、电网、供水、排污处理、医院、公园等收费权，理论上也可以作为权利质权之标的。⑤

为进一步细化《物权法》的规定，中国人民银行《应收账款质押登记办法》（以下简称《登记办法》）规定了应收账款的含义和范围。应收账款是指权利人因提供一定的货物、服务或设施而获得的要求义务人付款的权利，包括现有的和未来的金钱债权及其产生的收益，但不包括因票据或其他有价证券而产生的付款请求权。包括销售产生的债权，即销售货物，供应水、电、气、暖，知识产权的许可使用等；出租产生的债权，即出租动产或不动产；提供服务产生的债权；公路、桥梁、隧道、渡口等不动产收费权；提供贷款或其他信用产生的债权。同一应收账款上可以设立多个质权，质权人应当按照登记的先后顺序行使质权。

---

① 中国注册会计师协会：《2005 年度注册会计师全国统一考试辅导教材》，中国财政经济出版社 2005 年版，第 250 页。

② 许多奇：《债权融资法律问题研究》，法律出版社 2005 年版，第 171 页。

③ 王敬华、邓念武：《对应收账款质押贷款的几点思考》，载《经济论坛》2006 年第 15 期。

④ 黄晓雯：《论应收账款质押》，载《法制与社会》2007 年第 9 期。

⑤ 全国人民代表大会常务委员会法制工作委员会民法室编著：《物权法立法背景与观点全集》，法律出版社 2007 年版，第 626 页。

二、应收账款质押融资的要件分析

（一）出质人应当是适格的主体

应收账款债权出质的民事主体必须具备法律所承认的提供担保的资格。银行在设定应收账款质押时应选取拥有独立法人资格、能够独立对外承担民事责任的企业法人的对外应收账款作为质押标的。

（二）选取符合条件的应收账款

应收账款既包括已发生之债，也包括将来之债，包括现有的和未来的金钱债权及其产生的收益，但不包括因票据或者其他有价证券而产生的付款请求权。

（三）签订书面质押合同

我国法律保护以书面形式订立的质押合同，依现行《担保法》第93条的规定，书面质押合同既可以是在被担保主债权合同之外签订的独立书面合同，即当事人之间就质押设定事项的来往信函、传真等，也可以是所担保主债权合同的一项或几项条款，即所谓的主债权合同中的质押条款。[①]

（四）获取债务人已经知悉质押事项的确认书

应收账款出质行为在知会应收账款债务人以前，不具有对抗债务人的效力，债务人仍然可以根据其与债权人关于应收账款支付方式和期限的约定履行支付义务而无须对应收账款的质权人负担任何责任。相反，如果应收账款债务人在确知质押事宜的情况下，仍基于故意或重大过失直接向债权人付款导致质权人的担保利益受到损害时，其支付行为已不能对抗质权人，由此给质权人造成损害的，债务人应当向质权人承担赔偿责任。

（五）向合法登记机关申请办理质押登记

办理质押登记是质权人就应收账款质押取得对抗其他第三人效力的关键。《物权法》规定"以应收账款出质的，质权自信贷征信机构办理出质登记时设立"。《登记办法》进一步明确中国人民银行征信中心是应收账款质押的登记机关，征信中心建立应收账款质押登记公示系统办理应收账款质押登记和查询。

第二节　商业银行应收账款质押融资的运用

一、现有应收账款质押融资和未来应收账款质押融资

根据融资标的的不同，应收账款融资业务分为现有应收账款质押融资和未来应收账款质押融资。前者又称特定质押融资，它是以特定的一项或多项应收账款作为质押物向金融机构取得借款。后者也称为总额质押融资，它是以企业的全部应收账款作为质押物向金融机构取得借款。当旧的应收账款收回后，新的应收账款可以继续充当质押物。[②] 在国外实践中，利用未来应收账款进行融资已经成为融资实践的常态，并且未来应收账款已然成为支

---

① 陈福录：〈应收账款质押探析〉，载《河北金融》2007年第7期。

② 陈刚、薛海荣、徐臆龙：《应收账款融资实务与风险控制分析》，载《现代金融》2006年第6期。

撑保理业务与资产证券化的中流砥柱,是国际利用应收账款融资的主流模式,不必在每一笔账款转让或出质时均签订合同和登记,在效率上更胜一筹,又可使企业一次性获得大量融资,可显著降低金融机构的风险。但在我国,由于应收账款融资业务才刚刚起步,并不具备成熟的技术和条件来采用这一模式,主要是以现有应收账款融资为主。

二、应收账款质押在银行其他信用业务中的运用

1. 保理授信业务中的运用。银行的保理授信业务,是指销售商将其现在或将来的基于其与购货商订立的货物销售与服务合同所产生的应收账款转让给银行,从而获得银行为其提供的商业资信调查、贸易融资、应收账款管理及信用风险担保等方面的综合性金融服务。[①] 实例分析:甲公司作为上游企业向乙厂供应原材料。由于资金短缺,乙厂长期欠甲公司货款,此时乙厂作为负债方承担应付账款,甲公司作为债权方而拥有应收账款。甲公司由于供货长期收不回货款而出现资金头寸不足欲向银行借款,银行要求甲公司以其应收乙厂的货款额即应收账款额作为质押,并由乙厂提供保证担保,按一定比例折扣后向甲公司授信贷款。

2. 企业间资金往来与拆借中的运用。目前在企业间资金往来与拆借的经济活动中存在以应收账款为质押标的的资金融通、货物调剂和商品贸易行为。但这些以应收账款为质押标的的资金融通活动还不规范:一是质权方必须与出质方和出质方的债务人联合签署协议,操作中容易出现法律瑕疵和失当行为;二是容易出现显失公平的情况。实践中,作为金融中介服务机构的担保机构便为解决这一难题架设了桥梁。

第二章 商业银行应收账款质押融资风险分析

我国《物权法》明确肯定了应收账款质押,但是仅有两条应收账款质押的规定,且过于简略缺乏可操作性,加之我国信用制度尚不健全、企业逃债时有发生,这些均给银行业开展应收账款质押贷款业务带来潜在风险,风险主要集中于客户主体方面的风险、银行业务操作上的风险、其他风险等。

第一节 客户主体方面的风险

一、应收账款债权人的风险

(一)债权人的收款风险

应收账款是一种债权,而债权具有平等性,当借款人有债务纠纷被法院查封户头,银行以应收账款质押作为还款来源的目的无法实现。为了防范应收账款质押贷款的风险,银行选择以应收账款质押发放贷款的中小企业,必须是自身债权债务非常清晰,未卷入重大诉讼

---

① 田天、王程:《关于应收账款质押问题》,载《财务月刊》(综合)2007年第5期。

和仲裁程序及其他法律纠纷。

(二)债权人管理不善的风险

因出质人的管理不善致使应收账款在法律上可能已不存在或出质价格比实际应付价格要高。一是债务人已清偿销售款,但销售人员未将该款项上交于单位,而是挪作己用,使应收账款"空挂"在账务上往往无法追回。应收账款可能在出质时已消灭,也可能在出质后消灭,但均使第二还款来源失去意义。二是如销售人员有一定的折扣浮动权,他按最低折扣销售却按全价或较高折扣上报销售额以获取更多奖金或其他利益,但出质人不知悉并以销售人员所报销售价格记账应收账款,以致出质价格高于实际应付价格将可能使第二还款来源价值不足。[①]

(三)债权人转让质押风险

一是再转让风险。如出质人将已出质应收账款再次转让,包括叙作保理,贷款银行质权实现是否受影响,值得思考。这也涉及出质登记对第三人(含债务人)效力问题。另外,如果受让人主观善意,其权益是否受保护,更值得思考。这些均使法官自由裁量存在较大空间(变数),给贷款银行实现质权(第二还款来源)带来潜在风险。二是"倒签"转让风险。"倒签"是国际贸易中的专门术语,一般是指相关单据等的形成时间被人为提前。如果出质人以"倒签"方式转让已出质应收账款,或叙作保理,将产生何种法律后果,无明确法律规定。笔者认为,这可能会被认定在质押合同签订之时,质押物已不存在,质押合同自始无效,从而使贷款银行失去第二还款来源。

(四)债权人放弃权利的风险

如果出质人在出质后放弃或赠与全部或部分应收账款权利,有何法律后果,《物权法》无明确规定。虽然对出质人放弃合同债权,贷款银行可依"撤销权",申请法院或仲裁机构撤销出质人的权利放弃行为,但若债务人主观善意,以及出质人将权利赠与第三人,法官可能出于保护债务人或第三人权益,认定质押合同全部或部分无效。同时,出质人放弃或赠与权利时间也存在"倒签"的可能,将会使所质押的应收账款不存在,导致质押合同自始无效,贷款银行无第二还款来源,或其价值不足。

二、应收账款债务人的风险

(一)债务人的偿付能力和信誉风险

尽管基础合同有效且出质人已经充分适当地履行完毕基础合同项下的义务,质权人能否就质押的应收账款最终实现顺利受偿,仍然依靠债务人的资信状况和偿付能力。另外,出质人与应收账款债务人有可能恶意串通,在设定质押后故意免除对方债务、提前支付有关应收账款或者改变支付方式以避开质权人监控,从而使质权人的担保权益悬空,此时质权人也只能通过司法程序要求赔偿,但质押担保的效果已经丧失。

(二)债务人的抗辩权风险

出质人对于应收账款的债权是建立在其已充分履行自身合同义务基础上的。对于根据基础合同出质人应当首先履行发送货物、提供服务或资产的情况,在出质人没有首先履行上

---

① 肖小瑜:《中小企业应收账款质押的风险特点及防范》,载《广西金融研究》2007 年第 3 期。

述义务的情况下,应收账款债务人依据《合同法》具有抗辩权;即使出质人已经发送有关货物,应收账款债务人也可以在合理的期限内对出质人交付货物瑕疵或者出质人不适当履行合同义务提出抗辩。基于上述原因,贷款银行的应收账款质权只在出质人已经充分履行合同义务后方得以确定。

(三)债务人行使抵销权的风险

即使在一切其他条件都完备,在应收账款债务人和出质人互负到期同种类债务的情况下,应收账款债务人可能随时主张将两个债权予以抵销,从而使设定质押的应收账款债权归于消灭。行使抵销权是一种单方法律行为,它不需要征得对方当事人的同意,因而对质权人而言具有不确定性。[①]

(四)债务人撤销、变更及解除合同风险

如果合同债务人因重大误解、被欺诈等而与出质人签订合同的,那么他可否依我国《合同法》第54条规定行使撤销或变更权? 如可行使则撤销后合同债权自始不存在,质押合同也自始无效。变更后的合同债权减少,质押物价值降低。而绝大多数收费权的行政批准色彩较浓,如公路收费权,受政策因素影响而易被取消。因此无论撤销或变更合同债权,还是取消收费权均使贷款银行面临无第二还款来源或第二还款来源价值可能不足。

出质后,当事人能否解除合同,《物权法》没有规定。笔者认为,限制出质人(合同债权人)的单方解除行为,具有合理性和公平性;但如限制债务人的单方解除行为,违背法理。然而,单方解除通知到达对方时,合同即解除。在无法律规定的情形下,法官将可能不会支持贷款银行任何限制出质人或债务人行使解除权的主张,双方协商解除合同亦如此。另外,解除时间也有"倒签"的可能。合同解除后,合同权利自始不存在,从而导致质押合同自始无效。

第二节 银行业务操作上的风险

一、开展业务起步较晚,缺少对应收账款价值评估的专业能力

由于银行与企业信息不对称,银行对于受让的应收账款价值很难评估,并且由于应收账款本身价值就具有浮动性,这就造成了银行既要审查转让应收账款企业的信用度,也要审查应收账款债务人的信用度以及有关应收账款的质量指标,银行的评估成本增大,面临的信用风险也加大。

银行目前开办应收账款融资业务最担心的问题是难以认定对应收账款项下交易的真实性及应收账款的实际价值。现阶段多数中小企业的财务制度不健全,银行缺乏规范的应收账款确认方式,应收账款的真实性和实际价值难以进行认证。另外企业的贸易伙伴往往多数处于异地,银行对这些异地应收账款情况的了解更加困难。

---

① 王敬华、邓念武:《对应收账款质押贷款的几点思考》,载《经济论坛》2006年第15期。

二、风险评估机制仍然不够完善

首先,对应收账款债务人信用情况难以了解。应收账款作为企业日常财务报表体现的一项数据,其作为抵押品与土地、房产或存单存折相比较,把握度和可控度较弱,不但需要考虑抵质押人自身的财务和信用状况,还需考虑形成应收账款的上下游客户资信情况,如何全面获取债务人的资信情况一直是银行难以解决的问题。其次,目前我国银行在实施应收账款融资业务时,具体的操作方法和有关规定不尽一致,导致把握风险的偏差比较大。

三、进行质押登记时存在风险

有关法规明确规定,登记机关对应收账款的质押登记采用形式审查方式,办理登记时需要提交的资料仅是当事人双方签订的协议,而登记内容则由出质人自行填写,登记机关只进行审查要素是否完备的形式审查。[①] 对应收账款的实质审查责任也就落到贷款银行身上,并由此产生以下两个问题:一是登记机关对质押登记错误不承担赔偿等法律责任;二是质押登记不具有公信力,当所登记的权利与真实权利不一致时,以真实权利为准。一旦所登记的应收账款出现不真实的问题,质押登记便失去了实际意义,贷款银行也就没有优先受偿权,就会面临潜在的风险损失。

第三节　其他风险

一、应收账款的标的瑕疵风险

第一,债权虚假风险。通常表现为虚构应收账款,或应收账款出质前已清偿但出质人未下账或以其他应收账款数据冒充出质应收账款;或者出质后出质人收取了清偿款项,但未提存或保管,用作其他目的。以不存在的应收账款质押,质押合同自始无效;质押物嗣后不存在的,质押合同可能会被认定为无效。

第二,应收账款价格虚高。通常表现为:出质人、债务人等串通虚报应收账款价格、合同价格,或者货物折扣销售且出库价与返还折扣双条线记账,使账务上的应收账款与最终实际应付价不一致,但出质人等故意隐瞒。[②] 不论哪种情形,出质人向贷款银行提供的价格均高于债务人最终应付价格,从而导致第二还款来源价值可能不足或明显不足。

第三,应收账款被限制转让。依我国合同法规定当事人可对合同作补充约定,若出质后出质人与债务人补充约定合同债权不得转让,是否影响出质效力无明确法律规定,另补充约定时间也有倒签的可能,这些情形增加了法官自由裁量的空间变数,影响第二还款来源的实现。

---

① 纪瑞朴、高旸:《应收账款质押贷款面临的风险及防范对策》,载《金融会计》2008 年第 10 期。

② 肖小瑜:《中小企业应收账款质押的风险特点及防范》,载《广西金融研究》2007 年第 3 期。

二、代位行使风险

债务人责任财产的多少,反映其偿债能力的强弱,并成正向关系。如果债务人怠于行使其债权,或者债务人其他债权人的债权人,代位向债务人行使其他债权人之债权,均可能会使债务人的责任财产减少,偿债能力减弱,进而可能影响质权的实现,给贷款银行的第二还款来源带来潜在风险。另外,出质人其他债权人依法可否代位要求债务人清偿应收账款,无明确法律规定。这也对贷款银行质权带来潜在风险。

三、诉讼时效风险

合同债权受诉讼时效约束,超过时效将丧失胜诉权,得不到法院保护或支持。收费权一般均有起止时间段,只有在该时间段的收费行为才依法受保护。在贷款未清偿前如出质人不行使或怠于行使,时效权利中断、中止将可能使合同债权发生超过诉讼时效的事实,除非债务人自愿履行,否则质权实现将发生事后不能。对收费权除关注收费期限是否已届满外,还需了解时间对收费权的重要意义,时间越长收费权价值将越弱,如对已收取费用无保管等监控措施的,将可能使第二还款来源价值不足。

第三章　商业银行应收账款质押融资风险防范

本章从完善相关法规建设、银行业务操作流程、完善相关的法律手续以及资产证券化等四个方面提出了防范风险的建议或措施,以期能对银行业开展此类贷款融资业务有所借鉴。

第一节　完善相关法规建设

一、积极推动立法,健全相关法律法规

(一)扩大登记效力范围

《物权法》仅赋予出质登记是应收账款质权设立的必要条件,但登记能否对抗善意第三人等均不明确。我们认为,既然质权有优先权那么就应赋予出质登记的完全效力。因此应当明确:一是一经出质登记,出质人不得将其转让、再质押、抵销、放弃等;二是须书面通知债务人,经通知的出质登记便对债务人有约束力,债务人不得接受出质人放弃的出质应收账款权利,也不得以该应收账款向出质人主张抵销,更不得恶意解除合同放弃债权等,未经质权人同意,债务人不得向出质人清偿;三是出质登记对第三人有约束力,第三人不得直接对出质应收账款享有或行使权利如代位权,但受让权利的第三人有涤除权即可以代替借款人偿还贷款使质权消灭,第三人在偿还后可以向出质人、借款人追偿。

(二)完善权利转移手续

以转让、抵押等方式转移或可能将转移应收账款的,应一并移交全部合同书或权利凭证,部分转移的应在全部原件上注明权利转移份额,然后将有注明内容的原件复印并移交复

印件。如不移交合同书或权利凭证及其复印件的,不发生转移效力以此防范倒签行为。

(三)核保约束债务人

负责任的贷款银行应当向债务人核实应收账款,银行界将此称之为核保。我们认为,规定债务人对其在核保时的"确认"行为负责,将有助于排除他的随意性,更可制止他的恶意行为。[①] 即债务人按其确认认可的应收账款数额在质权实现时向质权人承担责任。

(四)明确收费权的归属

应收账款是否包含各类收费权,《物权法》及司法解释均没有明确规定,由此导致司法界可能持肯定或持否定态度。这将使办理登记的当事人面临如下风险:一是如果其他法律未明确规定出质收费权的登记部门,若在信贷征信机构进行出质登记,能否获得司法支持,尚有不确定性;二是如果其他规定明确出质收费权的登记部门,当事人将面临登记部门的选择风险。如果法院否定当事人的操作或选择,那么将意味着应收账款质权无法实现。[②] 因此,对收费权或归属于应收账款或单列,要有明确规定,以便于实践操作,避免登记上的风险。

(五)代位行使他人权利

代位行使他人权利是指出质人或债务人怠于行使其权利损害或可能损害质权的,质权人直接代他们行使权利,并具有同权利人自己行使的法律后果,如代债务人追偿债权或代出质人向债务人主张权利以中断诉讼时效等,从而使质权人能够依法维护自己的合法权益。

(六)规定出质人破产时,质权人的别除权

根据《担保法》、《企业破产法》规定,如果抵押人、质押人破产,抵押权人、质权人可以主张行使别除权。但在应收账款质权中,出质人进入破产程序时,质权人能否主张行使别除权?目前我国法律没有明确规定。事实上,既然我国《担保法》及相关司法解释、《物权法》已经承认了债权质押的合法地位,也应当承认质权人对于已经设立质权的应收账款可以主张别除权。[③]

二、完善基础制度设施,健全风险评估机制和企业信用体系

(一)完善基础制度设施

2007年10月8日开始,应收账款质押登记公示系统在上海正式投入运行,[④]该系统基本可以满足应收账款融资业务登记和查询的要求,但是从《物权法》颁布到实施只有不到7个月的时间,受时间、配套制度和政策的影响,该系统的某些功能还没有开放。随着相关法律、法规不断健全,应收账款质押登记公示系统也将不断完善。

(二)建立健全相关风险评估机制

目前,我国银行在实施应收账款融资业务时,具体的操作方法和有关规定不尽一致,导致把握风险的偏差比较大。银行应该在借鉴国外金融机构经验的基础上,建立健全应收账

① 郝周:《新型的权利质押——应收账款质押》,载《当代法学》2007年第6期。
② 刘保玉、孙超:《应收账款质押的法律解读——兼评我国物权法草案的相关规定》,http//:www.civillaw.com.cnarticledefault.aspid=31483.html,下载日期:2009年10月1日。
③ 皱海林、常敏:《债权担保的方式和应用》,法律出版社1998年版,第174页。
④ 马宗文:《应收账款质钾制度合析与完善》,载《山东商业会计》2008年第4期。

款融资业务风险评估机制,不断改善内控机制,建立风险意识,提高风险管理技术,为应收账款融资企业发放贷款。在提高服务水平的同时,控制应收账款融资业务过程中的相关风险。

(三)建立健全企业信用体系,加强信用文化建设

质权能否实现与企业自身的财力和资信状况密切相关,质权人要更好地了解企业的资信,政府应该采取更加积极的措施完善对企业信用信息的管理,进一步开放企业征信和收账服务体系,提供全面、真实的咨询服务和专项信用调查,使应收账款转让及以应收账款质押贷款的买受人或贷款人能全面、真实了解应收账款的债权人和债务人的信用状况及企业信用等级,以便决定是否进行应收账款质押融资和降低信用风险。[①] 同时,银行可以利用其遍布各地的分支机构、广泛的信息收集渠道和专门的研究机构搜集整理所需要的最新动态资料,不仅对出质人,还应对次债务人进行评估,核定其信用额度,从而尽可能地降低由此产生的信用风险。[②]

第二节 完善业务操作流程

一、做好贷前调查工作

资信调查是银行确保应收账款质押贷款业务风险可控的关键。[③] 在当前法律规定不完备的情况下,在发放应收账款质押贷款时更应做好贷前调查。应收账款质押贷款的贷前调查涉及面较广、调查任务繁重。[④] 贷前调查工作主要包括以下几个方面:

(一)选择合适的出质人和合适的应收账款

凡经国家工商行政管理机关核准登记、办理年检、实行独立核算、建立现代企业制度的企业法人都可以作为应收账款融资业务的对象。但各家商业银行在办理应收账款融资业务时,应对卖方和买方提出具体要求,如符合国家产业政策、发展前景良好,在银行开立账户,买卖双方保持良好的合作关系,商务合同真实,无不良记录,卖方有明确的销售信用政策等。同时要尽可能选择权利清晰明确、相对更有保障、容易实现的应收账款用于设立质押。

(二)严格审查商务合同中的限制性条款

若买卖双方签订的商务合同含有一些限制性条款,就构成了应收账款先天缺陷,并在一定程度上影响应收账款的支付,也影响应收账款融资业务的开展。

商业银行须关心商务合同的真实性、合法性和有效性,但不应介入商务合同纠纷,以免陷入被动局面。商业银行可在融资协议中约定,买卖双方一旦对方提出异议、索赔或者毁约,卖方应立即回购应收账款。销售商应当维持贸易合同的有效性,在叙作应收账款融资之后,有关贸易合同的变更和终止应当征得银行的书面同意。

---

① 任兰英:《应收账款质押贷款的法律意义及其风险防范》,载《金融理论与实践》2008 年第 2 期。

② 许英:《商业银行发展国内保理业务法律问题探究———由"爱立信"倒戈引发的思考》,载《广东经济管理学院学报》2003 年第 4 期。

③ 王延明、谢小东、曾继霞:《论应收账款质押融资》,载《湖南财经高等专科学校学报》2008 年第 12 期。

④ 纪瑞朴、高旸:《应收账款质押贷款面临的风险及防范对策》,载《金融会计》2008 年第 10 期。

（三）贷前调查还应注意其他事项

贷款银行在贷前调查中还应注意审核应收账款能否转让或质押有无限制，是否有时效上的障碍；核查借款人和债务人的信用情况；核实应收账款是否存在，审视合同价款等是否正常与合理；了解出质人、债务人的资产负债状况，关注出质人对销售、资金回笼等的管理措施与水平，以及债务人的债权管理水平；应当要求出质人出具书面承诺，且应获得债务人对应收账款的确认函。

二、完善贷后管理工作

完善贷后管理工作就必然要求要有完善的贷后管理和风险预警制度；要密切关注出质人、债务人和与他们有关联的第三人的行为，防止质权受到损害或债务人责任财产减少；要监督出质人、债务人对合同约定的遵守与落实，及时制止或惩罚违约行为；要随时了解出质人、债务人的财产变化管理状况、诚信等情况，全面掌握影响或可能影响质权实现的各类信息，做到防患于未然。主要包括以下几个方面：

（一）对应收账款进行有效跟踪管理

一方面，质权人应当对产生应收账款的基础合同的履行情况继续进行跟踪，及时全面搜集出质人已经完全履行基础合同项下义务的有关证据，督促出质人及时请求付款，防止诉讼时效超期。若应收账款到账日期先于主债权期限的，应及时将到账款项转化为存单或者转入特定保证金账户，继续作为质押标的。在主债务到期未获清偿的情况下，应尽快与出质人、应收账款债务人协商，或者尽早采取措施以实现质权。另一方面，质权人应注意，在质权存续期间，出质人是否存在恶意放弃债权、减免债权或向第三方转让出质债权的行为。[①] 如果发现，应及时阻止，比如要求其提前清偿债务或提供其他担保。

（二）完善应收账款融资业务的授权流程和业务操作方案

商业银行应将对内授权、对外授信作为应收账款融资业务的管理原则。商业银行上级行应对下级行进行授权，实行授权管理，超授权应收账款融资业务由上级行审批。商业银行应根据卖方和买方业务规模及资信情况，在统一授信额度内核定应收账款融资额度。商业银行为客户办理应收账款融资业务，须制定较详细的操作方案，主要内容包括：买卖双方情况、应收账款融资业务操作流程、风险分析及控制等。

第三节　完善相关的法律手续

一、拟定有效防范风险的合同条款

在贷前调查的基础上依法在借欺合同、质押合同中明确约定风险防范措施，依靠合同条款明确质权人享有的权利和出质人应负的义务。应约定的主要条款有：

1. 全部合同原件应移交质权人占有。

2. 出质人不得有转让、叙作保理、放弃权利等行为，否则质权人有权予以撤销或可提前

---

① 唐松涛：《应收账款质押融资法律风险防范》，载《法学研究》2006 年第 11 期。

要求清偿债务及行使质权。

3.出质人要书面通知债务人并取得债务人向质权人的书面承诺函。承诺函内容包括：应收账款真实;债务人在出质期间不会有损害质权的恶意行为,不得向出质人清偿,但可向质权人直接清偿或予以提存否则要承担赔偿责任。

4.出质人怠于行使权利致使质权受到或可能受到损害的,质权人有权代出质人行使。该约定即为授权并在出质期间不得撤销或质权人有权提前要求清偿债务或行使质权。

5.明确提前清偿债务或行使质权的其他情形,如放弃权利、合同被解除、撤销或变更、权利抵销管理水平恶化和财务可能恶化。

6.对已实现的收费,要有监管或提存机制,避免收费权价值的贬损。

二、要求应收账款债务人签署有关确认书

银行或者借款人应当告知应收账款债务人并取得其知悉质押事项的确认书,付款方在承诺书中签字确认到期不付款的违约责任,以及如果在未告知质押权人的情况下,擅自支付,由此对银行产生的损失承担赔偿责任等,[1]同时要求其出具放弃因基础合同产生的任何抗辩权利的承诺,从而达到对抗应收账款债务人的效果。

银行应当要求出质人出具实现应收账款的书面授权委托书,并将该出质和授权委托事宜通知债务人,同时应要求出质人出具给质权人实现债权的授权委托书以便质权人实现质权。实现应收账款债权的授权委托手续应包括:

1.商业银行向买方即债务人发送附有应收账款质押文句的书面通知。

2.将出质人授权委托质权人实现债权的事实通知债务人,该通知一经作出即不可撤销。

三、办理有关质押登记手续

《登记办法》将应收账款质押登记的义务施加于质权人,银行应注重办理质押登记,并及时办理登记展期和登记变更等事宜。此外,对登记有错误的,可以依照《登记办法》的规定提出异议登记,并经相关诉讼或仲裁对错误登记进行修改。

首先,为完善质押登记,应进一步完善与出质人签订有关质押和登记相关协议。商业银行应根据《登记办法》修改和完善质押合同或者与出质人签署单独的质押登记协议,应明确质权人办理登记、登记展期和登记变更的权利。其次,应明确出质人提供相关登记信息的义务,并保证提供的信息准确、真实和完整,包括出质人法定注册名称、注册地址、法定代表人或负责人姓名。在出质人法定注册名称发生变更时应及时通知质权人。再次,还应在协议中明确出质人不及时提供信息或提供的信息不准确的,应承担相应的违约责任。

第四节　应收账款质押融资资产证券化思考

资产证券化是近30年来世界金融领域最重大和发展最迅速的金融创新工具。[2] 它是

---

① 徐廷尊:《应收账款质押的法律风险防范》,载《内蒙古金融研究》2008年第6期。

② 张三月、张立梅:《资产证券化在我国的实践》,载《经济论坛》2004年第14期。

把缺乏流动性但具有预期未来稳定现金流量的资产汇成一个资产包,将资产包转变为可以在金融市场上出售和流通的证券,借此方式进行融资。在国际上,证券化的应收账款已经覆盖了汽车应收款、信用卡应收款、租赁应收款、航空应收款、高速公路收费等极为广泛的领域。应收账款证券化是一种兼顾效率与安全的制度设计,因此可资我国引用与借鉴。这主要是通过真实出售和破产隔离的证券化结构设计,使用于支持证券资产的信用状况和发起人即应收账款的原债权人的信用水平实现了分离。即使发起人破产,该部分资产也不会被用于偿还发起人的债务。[①] 对银行来讲,应收账款质押融资资产证券化优势主要体现在以下几个方面:

一、可以加强流动性

应收账款质押融资资产证券化就是将质押的应收账款直接出售给专门从事资产证券化的特设信托机构(SPV),形成资产包。经过重组后,SPV根据所质押应收账款的信用等级、质量和现金流量大小确定所发行证券的价格,并以所质押应收账款为基础向资本市场发行有价证券。将应收账款出售给精通证券化的 SPV,还可以省去银行管理应收账款的麻烦、转移因应收账款而带来的损失风险。

二、可以降低管理成本

资产证券化可提高银行资产质量,减少银行管理成本。由于保险公司、共同基金和养老金基金等大型机构投资者都倾向于选择较高质量的证券,一般的公司债券难以获得这些机构的投资,而基于银行信誉而产生的应收账款质押融资业务证券质量较高,使得该类证券的销售变得较为容易。

三、可以降低资产风险

应收账款质押融资资产证券化由专门的机构进行,这些机构精通应收账款的管理。作为应收账款的质押权利人来说,银行只要将应收账款出售给这样的机构就可以免去对应收账款的跟踪、追缴之苦,减少坏账损失,从而大大降低银行经营方面的风险。

现阶段,我国推行应收账款质押融资证券化仍然处于摸索阶段,应从解决积极培育证券投资市场需求、加强对应收账款质押融资业务的管理、健全相关证券法律法规、培养专业化的金融人才等方面存在的问题,以适应应收账款证券化未来发展的需求。

结　语

综上所述,应收账款质押作为我国《物权法》确立的新的质押担保制度,无论对企业还是金融机构都带来了机遇和挑战。通过对应收账款的法律内涵、应收账款质押业务的风险防范措施等方面的分析和探讨,我们对该项质押担保制度有了初步的认识和理解。但作为一

---

① 　王小莉:《信贷资产证券化法律制度》,法律出版社 2007 年版,第 14 页。

项新的担保制度,应收账款质押法律制度需要质押登记系统的建立和完善,需要相关配套法律法规的进一步梳理和补充,更需要实践者对应收账款质押相关法律问题进行进一步的理论和实证研究,探索相关的风险控制措施,以使应收账款质押担保制度在我国发挥出其应有的作用。

劳动基准公益诉讼研究

姚 亮*

引　言

在商品经济背景下，受经济利益的驱使，许多用人单位并没有严格执行劳动法的规定，实践中，违反劳动基准、侵害劳动者权益的现象经常发生。现行的劳动法律救济机制，主要由劳动行政执法和劳动争议处理两种制度构成。由于劳动行政保障部门执法资源严重不足，获取信息的能力有限，在执行监管职能和制裁违法行为方面明显乏力，不能充分发挥对劳动权益的保障功能。而目前的劳动争议处理机制，严格遵循当事人适格理论，即要求原告必须与案件处理结果存在法律上的利害关系，这使得劳动者的诉讼请求只能局限在个人利益的层面而无法惠及劳动者的群体利益，即使劳动者一方胜诉，也难以改变群体利益受损的状况，其他劳动者要实现权利救济，仍必须重复"先裁后审，一裁两审"的冗长程序，劳动维权的成本与预期收益的比例不协调，抑制了劳动者通过法律手段维护合法权益的积极性。

目前，国内理论界和实务界已开始关注这个问题并尝试提出相应的解决方案。有学者提出，应实行"双轨制"，确立"或裁或审"的劳动争议模式，以方便当事人及时解决纠纷。① 也有学者建议，在劳动争议（特别是欠薪）的高发行业（如建筑业、制造业）试点推行工资保证金制度，可以在一定程度上降低劳动者的维权成本，提高维权效率。② 颜运秋教授认为，劳动基准具有公益属性，劳动基准纠纷的法律适用和纷争解决进入诉讼领域，会表现出强烈的公益性色彩，与公益诉讼有高度的契合性，应当构建劳动基准公益诉讼理论与制度，从而维护不特定多数劳动者的劳动基准权利。③ 笔者认为，无论是"双轨制"还是工资保证金制度，都不能从根本上解决目前面临的劳动基准争议的困境。在劳动争议解决机制中引入公益诉讼制度，强化社会监督力量，才是实现对劳动者弱势群体司法救济的有效路径。本文通过阐述劳动基准争议适用公益诉讼制度的理论依据和现实基础，较为系统地提出了劳动基准公益诉讼的具体应用问题，并对受案范围进行了类别化，有一定的理论价值和实践意义。

---

* 姚亮：厦门大学法学院 2007 级法律硕士，福建省厦门市湖里区人民法院法官。

① 周显志：《论我国劳动争议处理机制之完善》，载《中国劳动关系学院学报》2006 年第 20 卷第 1 期。

② 肖强、陈正华：《论我国劳动争议处理机制的优化》，载《天津法学》2010 年第 1 期。

③ 颜运秋、闵宁莉：《劳动基准与公益诉讼》，载《吉首大学学报》（社会科学版）2008 年第 29 卷第 1 期。

第一章 劳动基准与公益诉讼

第一节 我国劳动基准的现状

一、劳动基准的概念

劳动基准一词是从英文"labor standard"翻译过来的。"labor standard"最早见于美国1938 年《公平劳动标准法》（*Fair Labor Standard Act*，1938），1947 年日本国会通过《劳动基准法》后，将"labor standard"译为劳动基准，我国台湾地区在继受日本法制的过程中，也沿用了这一概念。[①] 我国现行法律规范体系中没有专门的劳动基准法，因此，对"劳动基准"没有法条上的权威定义。台湾学者陈建文认为，所谓劳动基准，意即为保障劳工权益以法律所制定之劳动条件为最低标准，举凡劳动契约之主要项目，诸如工资、工时、休息休假、劳动安全卫生、女职工和未成年工特殊保护等方面的最低劳动标准。[②] 也有学者从劳动基准的内容方面来界定，认为劳动基准是指法律规定的用人单位必须保障劳动者享有的最低劳动权利、劳动条件和劳动待遇，其内容应包括工资法、工时法和劳动保护法。[③] 归结起来，笔者认为，对劳动基准可以简单地定义为法律强制规定的最低劳动保护标准。

二、劳动基准的现状

劳动基准是劳动者权利的最基本底线，对维持其基本生活或保障其生命健康至关重要。改革开放以来，我国通过一系列的劳动立法，逐步建立起劳动基准体系（如《最低工资规定》、《关于职工工作时间的规定》）和劳动法律保障机制，并使之在劳动关系的调整中发挥主导作用。然而，劳动基准的实际执行效果并不理想，在很多企业经常得不到严格遵守，主要表现在：第一，劳动合同签订率偏低。一些用人单位为了规避劳动法律义务，降低用工成本，故意拖延或不与劳动者签订劳动合同。据劳动和社会保障部调查，农民工劳动合同的签订率仅占 12.5%。一些用人单位尤其是建筑企业往往把自己应该承担的法律责任推给包工头，给以后劳动者的维权制造困难。[④] 第二，随意延长工作时间。据国家统计局 2009 年所作的农民工调查报告，以受雇形式从业的外出农民工平均每个月工作 26 天，每周工作 58.4 小时，其中每周工作时间多于《中华人民共和国劳动法》（以下简称《劳动法》）规定的 44 小时的占 89.8%。从农民工集中的几个主要行业看，制造业农民工平均每周工作时间58.2小时、

---

① 林振贤：《劳基法的理论与实务》，捷太出版社 2003 年版，第 36 页。

② 陈建文：《台湾劳动基准法年资保护规定之研究》，载《中国法学会社会法研究会 2006 年年会暨海峡两岸社会法理论研讨会会议论文集》，第 457 页。

③ 颜运秋、闵宁莉：《劳动基准与公益诉讼》，载《吉首大学学报》（社会科学版）2008 年第 29 卷第 1 期。

④ 何延军、张建兵：《论农民工劳动权益保护与劳动法律的完善》，载《法学杂志》2007 年第 6 期。

建筑业 59.4 小时、服务业 58.5 小时、住宿餐饮业 61.3 小时、批发零售业 59.6 小时。平均劳动时间最长的是住宿餐饮业农民工，他们每周的工作时间超过 60 小时。[①] 第三，克扣或无故拖欠工资的现象较为严重。据国家统计局发布的《城市农民工生活质量状况调查报告》称，在被调查的农民工中，被克扣过报酬的占被调查总数的 20%，其中经常被克扣的占被克扣过报酬农民工的 8.81%，偶尔被克扣的占 81.19%。农民工被拖欠报酬时间最短 1 个月，最长达 8 年，平均拖欠 4 个月。被拖欠过半年以下的农民工占被拖欠总人数的90.49%。[②] 第四，劳动安全和卫生条件差，安全事故频发。据国家安全生产监管部门的一组统计数据，全国每年因工伤致残人员达 70 万人，其中农民工占大多数，工伤和职业病已经成为一个重大的公共卫生问题和社会问题。[③] 第五，社会保险的总体参保水平较低。据统计，2009 年雇主或单位为农民工缴纳养老保险、工伤保险、医疗保险、失业保险和生育保险的比例分别为 7.6%、21.8%、12.2%、3.9%和 2.3%。[④] 透过这些现象，分析其背后的原因，主要有以下三个方面：(1)行政执法不严。现实中的劳动关系广泛复杂，而劳动执法资源相对匮乏，执法部门获取信息的能力有限，查处违法案件的内驱力不强，加之执法理念上的偏差，要求其承担起保障劳动基准实施的重任，确实有些力不从心。(2)劳动争议处理机制不完善。现行劳动争议仲裁或诉讼程序，严格遵循"直接利害关系人"理论，裁判结果也不能超出当事人诉求的范围，这使得原告的诉求只能局限在个人利益的层面，即使劳动者一方最终胜诉，也难以改变劳动公益受损之状况。其他劳动者要实现权利救济，仍必须重复烦琐的争议解决程序，这使得劳动者的维权成本与预期收益的比例不协调，许多劳动者因此不愿意通过法律途径来保护自己的利益。(3)集体谈判机制不健全，在法律实践中收效甚微。企业工会组织的独立性缺失，职能弱化，不能有效地发挥监督企业和保障职工权益的应有功能。当前，因执行劳动基准引发的争议并未得到足够的重视，通常是按照一般劳动合同争议处理。但从以上数据不难看出，现行劳动法律保障机制在排解劳动基准争议和处理侵害集体劳动权益的行为方面明显乏力，司法救济本应具有的威慑作用和补救功能并未产生预期的效果，因此，亟须在现行法律体制外寻求更好的制度以保障劳动基准的贯彻落实。

第二节　公益诉讼与劳动基准的公益性

一、公益与公益诉讼

公益又称公共利益，是与私益相对的概念。美国学者约翰·罗尔斯认为："公共利益具有两个特点，即不可分性和公共性。亦即，有许多个人(可以说他们构成了一个共同体)要求

---

①　国家统计局农村司：《2009 年农民工监测调查报告》，http://www.stats.gov.cn/tifx/fxbg/tz0100319_402628281.htm，下载日期：2011 年 7 月 1 日。
②　梁世生：《透视农民工劳动权益的法律保护》，载《湖南行政学院学报》2008 年第 3 期。
③　国务院研究室课题组：《中国农民工调查报告》，中国言实出版社 2006 版，第 57 页。
④　国务院研究室课题组：《中国农民工调查报告》，中国言实出版社 2006 版，第 57 页。

或多或少的公共利益,但是如果他们都想享有它,那么每个人就必须享有同样的一份。[①] 也有学者分析指出,公共利益是一定的社会群体存在和发展所必需的,并能为他们中不确定多数人所认同和享有的内容广泛的价值体。德国公法学家 Leinser 认为,公益和私益之间有一个"不确定的关系"存在,多数人的私益可形成公益,因此公益由私益组成,不能绝对排除私益。[②]。Leinser 认为有三种私益可上升为公益:(1)"不确定多数人"的利益。(2)具有某些性质的私益等于公益。这种特殊的私益就是私人的生命及健康方面的私人利益,国家保障私人的生命财产及健康,就是公益的需求。(3)可以透过民主原则,使某些少数的"特别数量的私益形成公益",如工会的利益、贫民的利益。[③] 可见,对公共利益的认识角度、方法是多元化的,同时也要结合不同的语境加以考量,具有一定的不确定性。正如学者纽曼所说,公共利益是一个不确定的概念,即使是某一群特定多数人的利益在本质上还是私人利益。在笔者看来,判断某种利益是否为公共利益的标准,是看它是否涉及公共福利和社会的一般认同。只要具有社会认同的"公共性"表征,就符合"公共利益"的内涵和价值目标。

公益诉讼法律制度最早可追溯到古罗马时代。罗马法最早将诉讼分为公益诉讼和私益诉讼。公益诉讼源于古罗马程式诉讼程序时期,乃是以保护公益为目的的诉讼,除法律特别规定者外,凡市民均可提起,[④]以弥补对公共利益维护力量的不足。在诉讼法律关系上,一方面,主张权利的当事人往往是受侵害的多数普通公民,他们往往缺乏独立主张权利的资金、法律知识及诉讼经验;另一面,被告往往是行政机关或大企业、集团,拥有庞大的资源和经验,这些都是原告难以与之抗衡的。为平衡当事人之间的诉讼能力,避免出现不公的裁判结果,客观上需要对处于弱势的一方给予一定的制度倾斜。认识到权利被侵犯,却无法选择有利的法律救济途径,是社会弱势群体给现代司法制度提出的具体问题。而公益诉讼的最大优点是:它是对穷人、无文化者、无知者、残疾人和处于不利地位者最廉价、最快捷和最有效的救济方式,由司法机关创造,使社会的弱势群体能够接近司法、请求救济自己的权利。[⑤] 从这个意义上讲,公益诉讼是法律对社会弱势群体利益的司法救济的社会问题的一种回应,以实现更大范围内的司法正义和社会公正。

与传统的私益诉讼相比,公益诉讼具有四个方面的显著特征:(1)在诉讼目的上,强调对公共利益的保护,并以追求公共利益的全面化和最大化作为诉讼的宗旨。凡是侵犯公益的违法行为均在可诉对象之列,这是公益诉讼不同于普通私益诉讼的本质特征。(2)原告主体的多元化。意大利罗马法学家彼得罗·彭梵得指出,人们称那些为维护公共利益而设置的罚金诉讼为民众诉讼,任何市民均有权提起它。受到非法行为损害的人或被公认较为适宜起诉的人具有优先权。[⑥] 公益诉讼突破了传统诉讼"直接利害关系人"的原告资格限制,经

---

① [美]约翰·罗尔斯:《正义论》,何怀宏、何包钢、廖申白译,中国社会科学出版社 1997 年版,第 257 页。

② W. Leisner, Priuatinteressenal So Hent Iiehes Interesse,转引自颜运秋:《公益诉讼理念研究》,中国检察出版社 2002 年版,第 18 页。

③ 颜运秋:《公益诉讼理念研究》,中国检察出版社 2002 年版,第 19 页。

④ 周枏:《罗马法》,群众出版社 1983 年版,第 350 页。

⑤ 李卓:《公益诉讼与社会公正》,法律出版社 2010 年版,第 118 页。

⑥ [意]彼得罗·彭梵:《罗马法教科书》,黄风译,中国政法大学出版社 1992 年版,第 92 页。

法律授权的组织和个人都有权起诉违法者,以保护公共利益和公共秩序。(3)诉求内容的复杂性。这类诉讼案件,原告诉讼请求的内容具有广泛性,有时不仅是要求损害赔偿,还包括预防性停止,即禁止被告再从事有关活动。提起公益诉讼的前提可以是违法事实已经造成了现实损害,也可以是尚未造成现实损害,但有发生损害的风险。因此,公益诉讼对公共利益的保护更为周到,不仅可以实现事后救济,还能防患于未然,预防重大或恶性侵害公益事件的发生。(4)诉讼结果具有预测性。公益诉讼一方面给予加害者应有的惩罚,另一方面可以阻止将来再出现同样的违法行为,从而起到救济被害者的社会作用。因而从这种意义上讲,民事审判的作用不仅可以解决现实生活中发生的各种纠纷,而且对将来潜在性权利侵害的发生起到预防作用;不仅停留在解决纠纷或权利保护上,更重要的是可以维持和实现法的秩序。①

二、劳动基准的公益性

经济的发展造就了庞大的职业劳动者群体,他们不仅有共同的经济和政治地位,而且在劳动报酬、休息休假、劳动安全卫生、社会保障等方面有着共同的期待和利益诉求。这些期待和利益诉求虽然只涉及部分劳动者的群体利益,然而根据学者 Leisner 的观点,毫无疑问具有公益属性:(1)符合"不确定多数人"原则之要求。劳动基准规定的劳动基本条件作为"法律允许的最差企业对最差职工可以执行的最低标准",是法律给用人单位划定的最基本"底线",也是法律规定用人单位给劳动者最起码的待遇,反映了不确定多数劳动者的利益。② (2)劳动基准是法律强制规定用人单位提供给劳动者的最低劳动标准,对劳动者维持基本生活或保障其生命健康至关重要,符合"特别性质的私益就等于公益"的要求。(3)劳动基准保护的劳动者利益,可以透过民主原则形成公益,符合居于少数的"特别数量的私益"原则之要求,因此具有公益性。

既然劳动基准具有公益性,那么因执行劳动基准发生的争议当然是关乎公共利益的纠纷,完全可以运用公益诉讼制度加以解决。作为公益诉讼的一种,劳动基准公益诉讼具有公益诉讼的一般特征。有的学者对劳动基准公益诉讼作出如下定义,即指法律授权的主体根据法律的规定,对违反劳动法律法规、侵犯不特定多数劳动者及其家庭成员的利益,造成或者可能造成损害的用人单位的行为向法院起诉,由法院依法追究用人单位法律责任的诉讼活动。③

---

① [日]小岛武司:《诉讼制度改革的法理与实证》,陈刚等译,法律出版社 2001 年版,第 63 页。
② 李进:《劳动基准与劳动公益诉讼》,载《安康学院学报》2008 年第 20 卷第 1 期。
③ 青格勒图:《劳动公益诉讼若干问题探讨》,载《内蒙古大学学报》(人文社会科学版)2005 年第 2 期。

第二章 劳动基准公益诉讼制度的依据

第一节 劳动基准公益诉讼制度的理论依据

任何一种制度都必须有夯实的理论基础作为支撑。而劳动基准公益诉讼的建立,同样也有着深刻的理论基础。

一、尊重和保护基本人权的理念

"我们的时代是权利的时代。人权是我们时代的观念,是已经得到普遍接受的唯一的政治与道德观念。"[①]劳动权益与人权有着密切的联系,既包含人身权、财产权的内容,也包含政治参与权,涉及人权的各个层次。以人为本是现代社会法治精神的追求。用人单位对待劳动者应尊重其应有的人权,这不仅是其自身经济利益的需要,更重要的是一种社会责任的承担。借鉴其他国家和地区的经验,将公益诉讼制度引入劳动基准争议解决机制,对于劳动者人权的保护尤为必要,也是宪法确立的尊重和保障人权原则在劳动关系领域中的具体体现。

二、权力制衡原理与法治原则

现代意义上的权力制衡理论是在近代十七、十八世纪经由洛克、孟德斯鸠确立起来的完整理论体系,与现代法治有着紧密的内在关联。最早使用法治一词并给它以科学定义的是古希腊学者亚里士多德,他在《政治学》中指出:"法治应当优于一人之治。""法治应包含两重含义:已成立的法律获得普遍的服从,而大家所服从的法律应当是良好的法律。"[②]从法治的定义可知,法治必须依赖权力制衡的政治结构基础,才能符合现代民主的要求;反之,权力制衡必然依靠法治来保障和实现,所以权力制衡和法治互为必然,互为归宿。[③] 回到劳动基准争议的论题。当劳动公益受到侵害时,由于劳动者的个体力量难以与用人单位相抗衡或者基于某些现实原因无法通过传统诉讼模式得以救济,劳动者的权利无法制衡用人单位的用工权。将公益诉讼引入劳动争议解决机制,可以使劳动者借助法律授权组织的强大力量与用人单位抗衡和博弈,以制约用人单位的用工权,符合权力制衡原理。正如洛克曾经指出的,在一定情况和条件下,对于滥用职权的强力,真正的纠正办法,就是用强力对付强力。[④]劳动关系是一种特殊的民事关系。劳动者是用人单位的成员,必须遵守单位的规章制度,服从劳动管理,这种身份依附关系决定了劳动用工权固有的"权力"特征。为了防止用人单位

---

① [美]L.亨金:《权利的时代》,知识出版社1997年版,第1页。
② [古希腊]亚里士多德:《政治学》,吴寿彭译,商务印书馆1983年版,第167~168页。
③ 吴振钧:《权力制衡与民主法治关系的思考》,载《政法论坛》(中国政法大学学报)2007年第1期。
④ 鲍燕舞:《公益诉讼之法理分析》,载《企业家天地》2008年第7期。

把劳动用工权变成"凌驾于社会之上"的特权,必须建立权力制约机制,即以司法权制约劳动用工权,由代表国家行使审判权的司法机关依法对用人单位违反劳动基准、侵害劳动公益的行为作出裁决,以维护法律的严肃性和权威性。① 建立劳动基准公益诉讼制度,对用人单位侵害劳动公益的行为进行司法审查,是实现司法权制约劳动用工权的客观要求。

三、正义原则

正义是法律的价值,法律的目的之一就是追求公平正义。学者罗尔斯认为,正义的主要问题是社会的基本结构,或更准确地说,是社会主要制度分配基本权利和义务,决定由社会合作产生的利益之划分的方式。② 罗尔斯的正义论,体现了对"社会弱者"的关怀,为法律倾斜保护弱者提供了理论支持。在实现权利的过程中,由于权利主体的地位差异、认知差异、能力差异等因素的影响,权利在实现的过程中可能会偏离权利的设立目的。所以,加强对社会弱势群体的法律保护,其本质要求是加强权利的保护,重要的环节是权利救济机制的保护,这就是司法权救济的必要性。③ 罗尔斯讲的"社会弱者",在劳动关系中就是指劳动者阶层,由于在经济上处于劣势,因此很难公平地分享社会经济发展的成果,加之劳动就业竞争加剧,劳动者的谈判能力在减弱,单凭个人的力量,难以达到司法匡正的成效,起不到维护劳动公益的作用。而公益诉讼制度可以极大地拓宽劳动者群体获得司法救济的渠道,最大限度地实现自己的基本权利。

四、诉讼效益与效率价值

诉讼效益,是指在诉讼程序中当事人的开支、有关国家机关的人力与物质耗费与通过审判活动实现的当事人的权益以及社会正义之间的比例关系。劳动基准涉及不特定多数劳动者的群体利益,如适用私益诉讼程序处理,不仅不符合经济原则,也缺乏效率。劳动公益诉讼作为一种法律制度安排,在排解纷争中的效率性是无法比拟的。④ (1)违反劳动基准的行为具有侵害不特定劳动者利益的特点,决定了受害主体的众多性,运用公益诉讼,能够节省众多受害人的人力、物力和财力支出,使他们免受诉累。(2)可以简化程序。侵害劳动公益案件具有一定的共通性,合并在同一诉讼程序中加以解决,有助于查明事实、明断是非,以较小的司法投入保护更大范围的劳动者利益。(3)公益诉讼的成立和最终裁决,并不要求一定有损害事实的发生,只有存在违法行为并有发生损害的危险,即可提起诉讼,可以将对劳动公益的损害消弭在萌芽状态。这种预防功能直接体现了权利救济的经济性和有效性,从而阻却社会性的劳动者公众公益遭受无法弥补的危害。将公益诉讼程序引入劳动法律保障机制,可以有效地节约司法资源和社会成本,达到事半功倍的效果。

---

① 刘祥国:《劳动公益诉讼:法理基础及原告资格的辨析》,载《湖南人文科技学院学报》2008 年第 3 期。

② [美]约翰·罗尔斯:《正义论》(中译本),何怀宏、何保钢、廖申白译,中国社会科学出版社 1988 年版,第 5 页。

③ 李卓:《公益诉讼与社会公正》,法律出版社 2010 年版,第 49 页。

④ 唐开元:《劳动权保障公益诉讼的法理基础》,载《佳木斯大学社会科学学报》2010 年第 2 期。

第二节 劳动基准公益诉讼制度的现实基础

在劳动争议解决机制中引入公益诉讼制度，可以满足对劳动公益法律保护的现实需求，而国内外公益诉讼的法律实践也为该项制度的确立提供了可行性依据。

一、"直接利害关系人"理论对劳动公益的保护乏力

我国民事诉讼对原告资格采用"适格说"，即原告必须是与本案有直接利害关系的公民、法人和其他组织，正如中国社科院法学所研究员梁慧星教授指出的，由于我国法律没有直接规定公益诉讼制度，因此，公民进行民事诉讼过程中，必须依据与自己切身相关的权益提起民事诉讼，公共利益被侵害，个人原则上是不能作为公益的代表人提起诉讼的。[①] 因此，社会公共利益一旦遭到损害，普遍存在无人起诉、无力起诉等问题。就劳动关系而言，当用人单位直接侵害劳动者个体利益，间接侵害劳动公益的情况下，如果劳动者个体不主张权利，则无法启动民事诉讼保护受到侵害的劳动公益。可见，遵行"直接利害关系人"理论确定原告资格范围过窄，无法形成对劳动公益的有力保护。而公益诉讼扩充了传统的当事人适格理论，只要违法行为损害或有可能损害公共利益的，"非直接利害关系"的组织和个人即可起诉，可以彻底割断原、被告之间的利益关系，解除原告的后顾之忧，使其放心大胆地为利益受损之劳动者群体伸张正义。因此，在劳动关系领域引入公益诉讼制度，可以克服传统诉讼模式的缺陷，最大限度地保护劳动者群体的合法权利，符合维护公共利益的内在需求。

二、传统诉讼模式保护劳动公益成本过高

从诉讼经济性方面来看，通过传统的三大诉讼模式来解决劳动基准纠纷存在着费钱、耗时、作用有限等缺点，不符合诉讼的经济性原则。按照现行的诉讼制度，即使利益受损的劳动者多人发起共同诉讼或者代表人诉讼，也不能保证穷尽所有利益受损的劳动者。其他劳动者要实现权利救济，仍必须重复"先裁后审，一裁两审"的冗长程序，维权成本与预期收益的比例不协调，抑制了劳动者运用法律手段实现合法权益的积极性。面对我国司法资源相对紧张和劳动公益亟须保护的现状，公益诉讼制度因其节约司法资源和保护公益的宗旨无疑成为最佳的选择。公益诉讼克服了传统救济模式狭隘性的缺陷，可以将不同性质的利益冲突一次性彻底解决，众多受害者可免受讼累，可以减低维权成本，提高效率，使劳动者阶层整体受益。

三、劳动基准争议的双方力量对比悬殊

劳动基准争议中的双方当事人虽然在诉讼地位上是平等的，然而在诉讼能力上却是天生不对等的。具体体现在三个方面：第一，劳动者一方无论是个人还是群体，在劳动关系中处于被管理的关系都将导致其在诉讼中处于相对弱势地位，尤其在取证能力方面，往往难以

---

① 转引自《关注公益诉讼》，http://hsb. hsw. cn/gb/newsdzb/2001-07/04/2001-07-04-11bkll1. htm，下载日期：2011 年 7 月 1 日。

独立对抗强大的用人单位。第二,劳动者在经济上处于弱势,传统诉讼模式的维权成本过高,有时甚至会超出劳动者的承受能力或预期收益。第三,即使能够获得法律上的支持,劳动者也不见得能够或者愿意寻求司法救济,部分劳动者因迫于生活压力或者害怕报复等原因选择继续忍气吞声。劳动基准争议不仅关系劳动者个人,还涉及不特定多数劳动者的共同利益。如果法律不加以干预,将导致受损的广大劳动者利益得不到及时有效的救济。因此,在劳动者与用人单位之间力量对比悬殊的现实背景下,公益诉讼成为保护劳动公益的最佳制度设计。

四、国内公益诉讼的司法实践为劳动基准公益诉讼制度提供了经验

公益诉讼在我国的司法实践中早已先行一步,进行了积极的探索。如著名的"乙肝维权第一案",安徽芜湖考生张先著起诉芜湖市人事局招录公务员时存在对乙肝病毒携带者的歧视,该案一审胜诉。再如《中国工商报》记者喻山澜状告工商银行的"乱收费案",促使工商银行返还对公民换卡时多收取的部分费用,并且确定并执行新的合理的收费标准。涉及劳动争议方面的公益诉讼,也有一例实践案例:重庆某大酒店 112 名职工为追讨被长期拖欠的薪酬而集体上访,为维护社会弱势群体的合法权益,当地检察机关迅即介入此案,支持 112 名职工向法院提起诉讼,收到了很好的社会效果。① 一个个鲜活的案例不断地证明,运用公益诉讼处理劳动基准争议可以有效地发挥对劳动公益的司法救济功能,维护劳动者的基本生存权和发展权,促进社会公平正义的实现。2012 年 8 月 31 日,全国人大常委会通过了关于修改《中华人民共和国民事诉讼法》(以下简称《民事诉讼法》)的决定。新修订的《民事诉讼法》第 55 条规定,对污染环境、侵害众多消费者合法权益等损害社会公共利益的行为,法律规定的机关和有关组织可以向人民法院提起诉讼。这是我国首部关于公益诉讼的立法,为今后确立劳动基准公益诉讼制度提供了法律依据。

五、国外发达的公益诉讼理论为劳动基准公益诉讼制度提供了借鉴

通说认为,现代公益诉讼制度产生于 20 世纪 50 年代的美国。美国依据 1972 年民权法修正案之规定,设立了平等就业委员会专门处理就业歧视案件。该委员会可以以自己的名义向法院起诉实施就业歧视的雇主,此举措被认为是在劳动关系中应用公益诉讼的典型事例。之后,一些欧美国家及我国香港地区也相继建立了各具特色的反就业歧视公益诉讼制度。在印度,公益诉讼被认为是"穷人或受压迫者获取司法救济的有效途径",主要涉及童工人权、妇女人权、劳工人权等领域。法国法规定,当雇主拒不纠正其违犯劳动法的行为时,劳动行政机关有权起诉之,这表明劳动公益诉讼也得到了法国社会的支持与认同。② 上述国家的公益诉讼制度均包含了对劳动基准争议进行司法救济的内容。我们可以借鉴外国的有益经验,建立符合中国国情的劳动公益诉讼制度以维护劳动基准所保护的劳动者的最基本

---

① 李和平:《公益诉讼范围知多少》,http://www. ha. xinhuanet. com/add/wssf/2005-03/15/content_3874222. htm,下载日期:2011 年 7 月 1 日。

② 张在范:《私益诉讼·团体诉讼·公益诉讼——我国劳动诉讼模式体系之构成分析》,载《中州学刊》2010 年第 4 期。

的权利。

第三章　构建我国劳动基准公益诉讼制度的几点设想

第一节　劳动基准公益诉讼的原告主体资格

一、诉的利益

谁有权提起诉讼,是劳动基准公益诉讼制度中首先需要解决的问题。传统的民事诉讼制度,普遍采用的是当事人适格理论,即要求原告必须与案件存在直接利害关系。这种"直接利害关系人"原则限定当事人必须只有在法定权利受到侵害时才有资格起诉。但是,现代型的纠纷要求权利的救济及时和适当,不应出现权利救济的真空。如一味地遵循利害关系说,许多侵害公益的行为将无法进入审判进程。为维护公共利益之需要,应当扩充当事人适格的概念。在这个问题上,有必要引进诉的利益的概念。按照日本学者山本卢克的界定,诉的利益乃原告谋求判决时的利益,即诉讼追行利益。它是原告所主张的利益面临危险和不安时,为了去除这些危险和不安而诉诸法的手段即诉讼,从而谋求判决的利益及必要,这种利益由于原告的实体利益现实地陷入危险和不安时才得以产生。[①] 简言之,诉的利益即当事人的主张利益。它不要求当事人主张时有实体法的权利规定,从而缓和了当事人适格的限制,使得受损的公共利益可以纳入司法保护的领域。

二、工会组织和检察机关的主体资格

以诉的利益理论为基础,针对劳动基准公益诉讼,笔者认为,现阶段,应当首先确认工会组织和检察机关享有起诉权。这既符合公益诉讼原告主体的广泛性特征,也能有效地防止"滥讼"、"恶意诉讼"等现象的发生,可以及时有效地实现对劳动公益的法律救济。

（一）工会组织

工会组织是职工利益的代表者,维护职工合法权益是工会的基本职责,由其提起劳动基准公益诉讼,是对法律赋予的维护职工劳动权益权力的正当行使。首先,工会具有社会团体法人资格,能够独立地享有法律权利和承担法律义务,具备诉讼主体资格。其次,工会组织代表职工提起劳动争议诉讼,有法律依据,也有司法实践。根据《中华人民共和国工会法》第20 条第 4 款的规定,企业违反集体合同,侵犯职工劳动权益的,工会可以依法要求企业承担责任;因履行集体合同发生争议,经协商解决不成的,工会可以向劳动争议仲裁机构提请仲裁,仲裁机构不予受理或者对仲裁裁决不服的,可以向人民法院提起诉讼。《劳动法》也有类似的规定。与劳动者个人相比,工会组织也具备更强的诉讼能力,由其提起劳动基准公益诉

---

① ［日］谷口安平:《程序的争议与诉讼》,王亚新等译,中国政法大学出版社 1996 年版,第 159 页。

讼更能够保障劳动权利的实现,尤其在面对用人单位的违法行为侵害的对象分散、劳动者个体利益受损较小但覆盖面较广的情形时,效果更为明显。

（二）检察机关

无论大陆法系还是英美法系,基本都规定了检察机关在涉及民事公益诉讼中的起诉权。在我国,人民检察院是国家法律监督机关,其监督的对象是广泛的,监督的方式应当是全面的。检察机关提起劳动基准公益诉讼,既不是为了某个特定的劳动者的个人利益,也不是为了其自身的利益,而是为了保护不特定的多数劳动者的整体利益,是为劳动公益权提供必要的司法救济,在一定程度上拓展了司法对社会的间接管理功能,是实现法治社会的必由之路。

关于检察机关提起公益诉讼的身份问题,理论界有不同的观点,主要有原告说、公益代表人说和法律监督说三种。原告说认为,公益诉讼是在国家利益或社会公共利益遭受损害的情况下提起的。检察机关代表的是国家,在公益诉讼中应有的地位是原告,应当享有原告的权利和义务。公益代表说认为,检察机关提起公益诉讼,是基于其自身的公诉职能,即公共利益的代表者。以国家的名义代表公益起诉,其地位类似于原告,又不同于原告,可称之为程序意义上的原告。法律监督说认为,不能简单地把检察机关的公诉职能与法律监督职能割裂开来,局限于"监督"的表面含义。在我国,公诉职能源于监督职能,是实现法律监督的方式之一,所以,对于宪法规定的"法律监督"也应理解为特指人民检察院通过运用法律赋予的职务犯罪侦查权、公诉权和诉讼监督权,追诉犯罪和纠正法律适用、执行过程中的违法行为来保障国家法律在全国范围内统一正确实施的专门工作。[①] 笔者赞同法律监督说。因为,其他两种学说无法解决一个共同的问题,即检察机关并非劳动法律关系的当事人,针对用人单位的劳动违法行为,检察机关既不享有权利又不承担义务,与用人单位也没有法律上的利害关系。而从宪法的定位来看,检察机关是国家的法律监督机关而非维权机关。所以,无论检察机关以原告或者公益代表人的身份参加诉讼,均无法准确地反映出检察机关的性质和特点。而法律监督说恰能解决这一问题。检察机关提起并参加劳动公益诉讼源于其法律监督职能,是法律监督的实现方式之一。从现实意义上来说,检察机关提起并参加劳动公益诉讼,也符合公正、效率的诉讼价值取向。检察机关作为起诉人,可以有效地避免私人诉讼中可能发生的遭被告报复或滥讼的弊端,从而最大化地实现同类诉讼起诉标准的统一,避免因当事人在不同法院分别起诉可能导致的"同案不同判"的现象。同时,检察机关提起劳动公益诉讼,并不会剥夺劳动者的起诉权,不违背诉讼当事人地位平等原则。

（三）公民能否作为原告

笔者认为,以公民为主体的公益诉讼,最为直接地行使了诉讼权利,从权利保护的出发点,应当肯定此类型的诉讼方式。但同时,以公民为主体的公益诉讼,难以克服诉讼成本的压力,以及其他社会成员"搭便车"的社会负面效应,其作用必然是有限的,一旦遭遇冗长的诉讼期限和巨大的诉讼花费,可能直接导致提起诉讼程序的公民自身权益受损。另外,由公民个人提起劳动基准公益诉讼,难以避免因追求不法、不当利益而"滥诉"或"恶意诉讼"的情形。以我国当前的国情尤其是法制建设的发展进程来看,现阶段,公民作为公益诉讼主体并

---

① 张智辉:《法律监督辨析》,载《人民检察》2000 年第 5 期。

非最优的选择。

第二节　劳动基准公益诉讼的受案范围

如果将公益诉讼的作用片面地扩大化，将其曲解为一种由当事人任意选择的诉讼程序，忽略了立法和司法对公益诉讼的制约和限制，也是矫枉过正。在私权自治的基本法律原则的指导下，为了不损害用人单位的用人自主权的正当行使，防止"权利滥用"或"恶意诉讼"，应确立有限性原则，对劳动公益诉讼的受案范围作出必要的限制。笔者认为，应限定在用人单位违反劳动基准，侵害劳动者群体利益的领域。具体来说，包括以下几类案件：

一、违反劳动基准最高工时规定的案件

工作时间和休息休假的权利是劳动者的基本劳动权利。合理的工作时间和休息休假制度是维护劳动者身体健康的基本保障，是激励劳动者提高劳动效率的重要因素。《劳动法》第 36 条规定，国家实行劳动者每日工作时间不超过 8 小时，平均每周工作时间不超过 44 小时的工作制度；该法第 38 条又规定，用人单位应当保证劳动者每周至少休息一日。在实践中，一些用人单位肆意延长劳动时间，随意设定劳动定额，变相强迫工人加班加点，甚至超出人体的生理极限，因劳动者疲劳过度酿成的伤亡事故时有发生。随着生活水平的提高，人们愈来愈重视休息权的保障。休息权是劳动权的组成部分，也是人权的重要内容。违反劳动基准的最高工时规定，强迫劳动者加班必然损害劳动者的健康权，是现代人权理念所不能容许的，应当纳入劳动基准公益诉讼的受案范围。

二、违反劳动基准报酬规定的案件

现阶段，工资仍然是劳动者及其家庭成员生活的主要来源和基本保障。用人单位整体拖欠职工工资或支付的工资低于当地最低工资标准，既违反了国家劳动保护最低标准，又违反了劳动者基本权益绝对性保护的原则。当前，企业整体欠薪或低于法定标准支付工资的事件时有发生。就其性质而言，是一种严重侵犯劳动者劳动报酬权的行为，也是一种间接侵犯劳动者家庭成员生活保障权的行为，属于侵犯劳动公益无疑，有必要将此类案件纳入劳动基准公益诉讼的适用范围。

三、违反劳动基准安全卫生标准的案件

生命健康权是不可剥夺的首要人权。保障劳动者的生命安全和身体健康，防止伤亡事故和职业危害是劳动立法的重要任务，也是社会主义法律正义的必然要求。国家为了保护劳动者在劳动或工作中的生命安全和身体健康，建立了劳动安全卫生保护制度。用人单位提供的劳动条件和劳动环境必须符合国家劳动安全卫生规程和标准。这一制度排除了用人单位通过任何形式免除劳动安全卫生保护责任的可能性，同时也不允许劳动者本人基于任何动机放弃劳动安全卫生保护的权利。[①] 然而，我国的现实情况却令人担忧，部分用人单位

---

① 贾俊玲：《劳动法学》，北京大学出版社 2003 年版，第 185 页。

提供的劳动条件和劳动环境远低于国家劳动卫生规程和标准,如全国有名的山西黑窑,劳动条件和劳动环境差到无法想象。这类情形产生的最直接后果就是可能发生重大安全事故。用人单位提供的劳动条件和劳动保护不符合法律规定的,不仅侵犯了劳动者个体的生命健康权,也威胁着劳动者整个群体的合法权益,应当纳入劳动基准公益诉讼的受案范围。

四、用人单位不依法缴纳社会保险费的案件

国家为了依法对遭遇劳动风险的职业劳动者提供一定的物质补偿和帮助,促进社会发展和进步,在劳动关系领域建立了强制社会保险制度。用人单位和劳动者参加社会保险,缴纳社会保险费是法定的基本劳动义务。但实践中,用人单位无故不缴纳或者拖欠社会保险费的案件时有发生,这在一定程度上影响了社会保险基金的安全,损害了劳动公益。现行劳动法对这一问题的解决只规定了行政救济措施,而没有规定其他救济手段,在劳动保障行政部门执法不力或者行政不作为的情况下,对劳动者权益的保护就难以落实到位。因此,对用人单位不依法缴纳社会保险费的案件,也应纳入劳动基准公益诉讼的受案范围。

此外,用人单位违反最低就业年龄限制、侵犯未成年工和女职工特殊保护等其他侵犯劳动公益的案件,也应纳入劳动基准公益诉讼的受案范围。

第三节　劳动基准公益诉讼的程序设置

一、起诉前置程序

在现代法律观念中,诉讼自由只是相对的自由,通过民事诉讼立法规定诉讼前置制度对某些特殊民事诉讼进行限制是世界各国的通常做法。诉讼前置对当事人而言可以保证慎用诉权,对司法机关而言可以节省审判资源,保障司法权威,防止程序的异化,符合公益诉讼的维护正常社会秩序和公众利益保护的目的。[①] 已有不少国家通过规定必要的起诉时机来限制公益诉讼的提起。如美国法律规定,起诉者在申请司法审查前必须利用一切可能的行政救济手段,学界称之为"穷尽行政救济"原则。在我国台湾地区也有类似的规定。笔者认为,劳动基准公益诉讼涉及公共利益,无论案件胜败,必然给被诉者造成或多或少的负面影响。为了维护稳定的司法秩序,防止滥诉,可以参照国外或台湾地区的成功经验,对劳动公益诉讼的起诉时机予以适当的限制,如以向劳动行政执法部门提出执法建议,作为提起诉讼的前置程序。以工会组织为例,其在接到劳动者投诉或者自行发现有侵害劳动公益的违法行为后,首先应向劳动行政执法部门提出执法建议,要求其立即对劳动违法行为进行查处。对于工会的建议,劳动行政执法部门应在一定期限内给予答复。如不予以答复或答复超过法定期限的,有关工会组织可以向法院起诉,寻求司法救济。

二、排除仲裁前置程序

我国现行的劳动争议处理体制采用"一裁两审"的单轨制,劳动争议仲裁是提起劳动争

---

① 李卓:《公益诉讼与社会公正》,法律出版社 2010 年版,第 257 页。

议诉讼的必经前置程序。这种制度设计,在一定程度上弱化了对司法救济功能的发挥。笔者认为,劳动基准公益诉讼应排除仲裁前置程序的适用。首先,劳动公益诉讼不是由劳动法律关系的一方主体提出的,而是由劳动法律关系主体以外的与劳动争议无利害关系的工会组织或检察机关提起的,与一般的劳动争议有明显的区别。其次,劳动公益诉讼的目的是保护不特定多数劳动者及其家庭成员的利益,受侵犯的利益与劳动者的生存有密切关系,如不及时解决将扩大损害后果,可能造成无法弥补的损失。最后,我国现行劳动争议仲裁制度缺陷众多,仲裁前置程序弊大于利。劳动争议仲裁制度存在受案范围过于狭窄、仲裁时效之法律规定不一致、仲裁缺乏监督机制等缺陷,且仲裁前置程序违背了仲裁自愿原则。① 实践证明,劳动争议仲裁作为法院受理劳动争议案件的前置程序,不适应协调劳动关系和及时、公正地解决劳动争议的形势需要,从而影响劳动关系的稳定和发展。为保证劳动基准公益诉讼的顺利进行,充分发挥应有之功能,应当规定劳动基准公益诉讼不受劳动仲裁前置程序的约束,法律授权的主体可以径行向法院起诉。

三、举证责任的分配

世界各国民事诉讼法均明确规定,当事人在民事诉讼中担负着两种责任,即主张责任和举证责任。然而,在民事诉讼运行过程中,往往因某些特殊情形的产生而使负有举证责任的当事人举证困难,甚至举证不能,在这种情况下,遵循"谁主张,谁举证"的原则已无法执行这种立法上的举证分担,导致社会公正的失衡。现代社会中公益诉讼的一大特点就是当事人平等诉讼地位的丧失,为了回应社会公正的要求,公益诉讼在证据制度中设计了"举证责任倒置"。就劳动基准公益诉讼而言,因劳动者一方获取信息的能力有限导致与用人单位的信息不对称,以及劳动关系中的弱势地位,让他们收集有关证据较为困难,可能会出现不公平的法律效果和社会效果。为保持诉讼地位的平等性,平衡当事人之间的利益冲突,实现对劳动公益的有效司法救济,应当在劳动基准公益诉讼中确立"举证责任倒置"原则,即规定主要证据由被起诉的用人单位承担,原告只需提出有侵害行为的初步证据即可,至于损害事实是否确实存在、加害行为与损害结果之间是否有因果关系等举证责任则由用人单位承担。

四、诉讼处分权的限制

民事诉讼处分权是指在民事诉讼中,当事人享有的在法律规定的范围内对自己的实体权利和诉讼权利进行自由支配处置的权利。民事诉讼处分权的理论基础源自于私权自治原则,是基于对私权的尊重的考虑。在民事法律关系中,民事主体地位平等,有权按照自己的意愿支配自己的民事权利,他人不得干涉。民事诉讼处分权具体有以下三点内容:第一,诉讼程序的开始和终结原则上由当事人决定;第二,当事人对于救济方式和范围即具体诉讼请求有一定的决定权;第三,当事人可以在诉讼中变更、增加或放弃诉讼请求,被告可以承认原告提出的诉讼请求或提起反诉,当事人双方可以自行和解或在法院的主持下达成调解。

然而,在劳动基准公益诉讼中,当事人的诉讼处分权则必须受到一定限制。首先,劳动

---

① 徐智华:《劳动争议仲裁制度的缺陷与完善》,载《人大复印报刊资料》(经济法学、劳动法学)2004年第 3 期。

基准公益诉讼的启动主体不是利益受损的具体劳动者,而是法律法规授权的组织,因此,不可能在诉讼中对属于劳动者的实体权利按照自己的意愿自由处分。这种实体处分权的限制在诉讼权利方面则表现为劳动基准公益诉讼的原告不能放弃诉讼请求,可以变更或增加诉讼请求,但必须以维护劳动公益即劳动者最基本的权益为底线。这是由劳动基准公益诉讼的公益性所决定的。其次,因劳动基准公益诉讼的原告不是劳动关系的当事人,不享有实体权利义务,其诉讼主体资格源于法律法规的授权,无权代表劳动者群体处分除劳动公益外的其他劳动争议事项。因此,作为劳动基准公益诉讼被告的用人单位,在诉讼中不能提出反诉。这是对当事人诉讼处分权最显著的一项限制。

五、特殊的诉讼费用承担

劳动基准公益诉讼的原告是法律法规授权的组织。为促使他们依法履行职责,维护劳动者利益和社会公众劳动权益,在诉讼费用的分担上可以借鉴国外"有利于原告"的做法,即原告起诉时可缓缴诉讼费用,如败诉,再按照规定来收费。这样的做法,有利于原告行使公益诉权,保护公众提起公益诉讼的积极性,也可以预防"滥诉"和"恶意诉讼"的发生。

六、设置劳动公益诉讼法庭

目前,我国地方各级人民法院内审判业务庭室的设置,基本上是按照诉讼法的类别即民事、刑事、行政进行划分的。具体到民事审判庭,一名法官每年要处理各类民事案件,包括婚姻、继承、侵权责任、民间借贷等,缺乏专业性分工。劳动基准争议案件涉及劳动公益,具有较强的专业性,通常也较为复杂,以现行的审判业务分工是难以应付的。强化对审理劳动争议的法官的职业训练,设立专门的劳动法院或者劳动法庭已成为世界上多数国家和地区解决劳动纠纷的普遍做法①。为了更好地审理劳动基准争议案件,及时有效地维护劳动公益,笔者建议设置专门的劳动公益诉讼法庭。

结　语

通过建立公益诉讼制度,保护公共利益,是现代法治发展的趋势。我国应顺应这一趋势,回应社会需要,确立劳动基准公益诉讼制度。这对于保护劳动公益,维护社会关系和谐稳定,实现社会公平正义具有重要而深远意义。本文主要围绕构建劳动基准公益诉讼制度的相关问题提出了一些见解,期望能有效地保障劳动基准的实现,从而更好地维护劳动者群体的利益。然而,本文作者理论水平有限,尽管已竭尽全力,在制度设计中仍存在许多问题有待进一步探讨和研究。

---

① 梁晓春:《劳动群体性事件及其纠纷解决机制的法律思考》,载《政法学刊》2011年第28卷第3期。

我国破产管理人制度研究

——以破产程序的中心变迁为视角

李加胜[*]

引　言

2006 年《中华人民共和国企业破产法》(简称《企业破产法》)获得通过,取代清算组制度的破产管理人制度作为《企业破产法》的一大亮点受到广泛赞扬。但是,制度面的建构还需要实践面的检视。笔者就职的厦门市海沧区人民法院于 2009 年 2 月 27 日同时裁定受理厦门星星实业有限公司破产重整案与厦门星星工艺品有限公司破产重整案,并先后成功审结。上述案件是《企业破产法》实施以来,福建省受理的首例破产重整案件。笔者作为审理上述案件的审判长,带领合议庭全程推进案件审理,其间遇到的各类操作性的难题尤其是有关管理人制度的问题引发了笔者的思考,并最终形成了本文。回溯我国破产管理人制度建立的历史变革,破产程序的中心发生怎样的变迁? 破产管理人制度较之先前的清算组制度的本质区别何在? 现今《企业破产法》中破产管理人与人民法院分饰何种角色以及如何分配它们的权责以确保破产程序的顺利推进? 在实施过程中我国破产管理人制度设计又发生怎样的变异? 这些都是笔者在本文中要着力阐明的。本文拟从破产程序的中心变迁来解释、展现这些问题可能的答案,并就完善我国破产管理人制度提出些许建议。

第一章　破产管理人制度概述

一、破产管理人的概念和制度渊源

破产有狭义和广义之分,狭义的破产仅指破产清算程序;广义的破产包括各种债务清理程序,无论是再建型程序(如重整、和解)还是清算型程序。[①] 相应的,破产管理人的概念本身也有狭义和广义之分。狭义的管理人专指在破产宣告以后成立的全面接管破产企业,负责其清算分配的机构,其职责是专门负责破产清算;广义的管理人除了负责破产清算事务

＊ 李加胜:厦门大学法学院 2007 级法律硕士,福建省厦门市海沧区人民法院副院长。
① 王卫国:《破产法》,人民法院出版社 1999 年版。

外,还可能在重整、和解程序中承担相应职能。

破产制度的最初目标是公平处置债务人的财产,对财产的管理和处置是破产制度理所当然应包含的内容,因此,破产管理人制度的起源与破产制度的起源可以说并无二致,破产制度的产生必然伴随着破产管理人制度的产生。

破产制度被认为起源于古罗马时代,当时出现一种"财产委付制度",在债务人无力偿债的情况下,法官可依债权人的申请发布命令,允许债权人占有、管理债务人的全部财产。起先财产如何保管、变价和分配以及分配之顺位均由债权人自行办理,体现出浓厚的私力救济色彩,后来法律规定债权人可为财产之变价而申请法院在债权人中选任 Magister,即财产管理人,由他充当拍卖财产的特别负责人。罗马法中的"Magister"制便是破产管理人制度的开端。① 在另一个"财产扣押"制度中,则是于债务人不能清偿债务时,经债权人提出申请,执行法官命令其下属官吏接管债务人的财产。②

从破产管理人的早期发展轨迹看,起先破产管理职责由债权人为之,后改为由司法机关担任。到罗马帝制时代以后,破产财产的拍卖程序更加复杂,所需时间也更久,法官难堪重任,乃规定选任专门的财产管理人(curator)来负责破产事务的处理,这便接近现代的破产管理人制度了。③ 现代的破产管理人多体现出专业化、职业化的特点。

二、破产法的立法理念之演变对破产管理人制度的影响

破产法的变迁系破产法的立法理念的演变所推动,反映在制度层面上,即是破产管理人制度的变迁。随着社会的发展,破产法的立法宗旨总体上经历了从债权人本位——债权人与债务人的利益平衡本位——社会利益本位的变化过程。④

保护债权人的利益是破产法产生的初衷。早期的破产立法普遍实行债权人自力救济主义、破产惩罚主义和破产不免责主义等,体现债权人的权力是至高无上的。⑤ 保护债权人的利益曾是破产法的首要目标,早期出现破产管理人直接由债权人担任的情况,也就不足为奇了。

后来人们越来越注重对债务人利益的保护,体现在自愿破产、破产免责、自由财产制度等方面,以期给予债务人重生的机会。例如,为破产的自然人保留其生活和工作所必需财产,是为了保障债务人"健康而富有文化性的最低生活",⑥这种理念使得破产法不是一味追求债权人利益的最大化,破产管理人的角色也就不再单纯是债权人的利益代表,而是其角色的设置应适当考虑债务人的利益。

随着经济社会的发展,社会经济结构和利益格局都发生了深刻的变化,利益主体多元化

---

① 刘冰、韩长印:《论破产清算组的法律地位——兼论建立我国的破产财团制度》,载《法学评论》1995 年第 3 期,第 67～75 页。

② 王卫国:《破产法》,人民法院出版社 1999 年版,第 25 页。

③ 刘冰、韩长印:《论破产清算组的法律地位——兼论建立我国的破产财团制度》,载《法学评论》1995 年第 3 期,第 67～75 页。

④ 王欣新:《破产法》,中国人民大学出版社 1999 年第 2 版,第 13 页。

⑤ 李斌:《破产管理人法律制度研究》,中国政法大学 2008 年硕士学位论文。

⑥ 王欣新:《破产法》,中国人民大学出版社 1999 年第 2 版,第 13 页。

导致破产产生的社会现象日益复杂,破产成为牵涉各方利益甚广的复杂现象,破产法开始注重对社会弱势群体和国家利益等的保护,如在破产债权的偿还顺位上,职工工资、劳动保险费和税收有优先分配权,再如在企业丧失或可能丧失偿债能力时,不只是寻求破产清算,而是考虑债务人与债权人和解或者对企业进行重整的可能,实现破产和拯救相结合等。破产管理人在破产程序中,已经不是单纯的某一方的利益代表,如果破产管理人只偏袒地维护某一方的利益,就会损害破产立法的价值目标。

反映在具体的破产管理人制度上,破产法在立法宗旨上的转变,要求破产管理人制度应有助于平衡保护各利益主体的利益,破产管理人不能是债权人、债务人或者政府机关等特定一方的利益代表,而应保持一定的中立和独立。破产管理人的选任既要考虑维护债权人的利益,反应债权人的部分意愿,但同时也增加了法院作为中立裁判一方在选任破产管理人时的影响,以保证破产管理人更具有中立性和独立性。

第二章　我国破产管理人制度的变迁

一、1949—1978 年——行政中心主义

1949—1978 年期间中国对是否存在破产法律制度,还是有争论的。[①] 有人认为当时并没有一部称为"破产法"的法律,不存在破产法律制度。笔者以为,当时我国是否存在破产法律制度,关键不是有没有一部"破产法",而是当时是否存在破产现象,以及如果有的话,是否存在处理破产问题的相关规定、政策甚至惯例。从功能主义的视角看,即使当时没有出现一部叫作"破产法"的法律,但是存在相应的起到处理企业破产问题这一功能作用的政治及司法上的政策,可以视为当时存在破产法律制度,只是这种制度显得不够正式而已。

根据谢俊林先生的梳理,1949—1978 年期间,中国破产法律制度还可细分为以下三个不同的阶段:一、1949 年 10 月到 1956 年底,社会主义创设时期;二、1957 年初到 1966 年 5 月,全面建设社会主义时期;三、1966 年 5 月到 1976 年 10 月,"文化大革命"时期。[②]

从 1949 年 10 月到 1956 年底,最高人民法院、司法部曾对私营企业以及未参加公私合营、合作社的商行、摊贩、小作坊的破产问题,作出多次"批复"和"复函",例如《最高人民法院破产工商户拖欠保险费处理意见的函》(1954 年 9 月 29 日)、《最高人民法院转发中财委复本院东北分院关于私营企业破产后偿还无抵押品的银行贷款的程序问题的公函的函》(1954 年 10 月 28 日)、《最高人民法院关于破产私商所欠之公款或私人债务及当事人之罚没款可否以公债抵偿问题的批复》(1955 年 1 月 27 日)、《最高人民法院关于破产还债中的问题的批复》(1956 年 1 月 26 日)、《最高人民法院关于破产清偿的几个问题的复函》(1957 年 1 月 17 日)。这些批复或复函并未提及严格意义上的"破产管理人"之类的机构。《最高人民法院关于破产清偿的几个问题的复函》第 1 条规定"银行抵押贷款和信用贷款利息的清偿顺

---

① 陈泽桐:《破产管理人制度研究》,吉林大学 2008 年博士学位论文。
② 谢俊林:《中国破产法律制度专论》,人民法院出版社 2005 年版,第 15～27 页。

序,应与本金相同。但为了照顾实际情况,在各方协商同意下,对利息部分可以作适当的调整"。从"各方协商同意下"的表述中可见这一时期并无特别设立的破产管理人,而是颇具债权人自助主义特征,全体债权人构成"管理人",但受到法院和其他方面的干预和协调。①

从 1957 年初到 1966 年 5 月,国家为了"超英赶美",实现所有制关系的"升级",将许多合作社改组成为全民所有制企业,采取强制性的"关、停、并、转"的行政措施对经济结构进行调整。国家通过政策和计划的形式进行再安排,如债权人的利益、职工的权益、企业自身的债务等都是由"政府"进行清算,政府成为实质意义上的"破产管理人"。②

1966 年 5 月到 1976 年 10 月的"文化大革命"时期,我国的各项民商事法律制度均遭全面破坏,相关立法亦全面陷于停顿,我国的破产法律制度也就谈不上什么发展了。③

可以说,1949 年新中国成立后,随着《六法全书》的废除,我国的法律制度几乎从零开始,破产制度亦复如是。新中国成立后大约 30 年的时间里,虽无正式的破产立法,但最高人民法院和司法部的"批复"和"复函"起到了处理破产问题的功能。这一阶段的破产管理人主要由政府担当,行政中心主义是这一时期破产管理人制度的典型特征。行政中心主义式的破产制度更多的是执行、配合国家的经济发展政策和改造需要,较少体现对债权人利益的关注,甚至对债务人利益也缺少保护。

二、1986—2006 年——行政中心主义

1978 年中共十一届三中全会的召开,标志着中国踏上了改革开放之路,经济体制改革的大幕徐徐拉开,为适应市场经济发展而进行的民商事立法也掀起了新高潮。1978 年到1986 年期间,一些地方政府尝试着先于国家制定破产方面的规范性文件,如 1985 年辽宁省沈阳市人民政府 24 号文件正式公布了《沈阳市关于城市集体所有制工业企业破产倒闭处理的试行规定》。在这一规定的指引下,企业沈阳防爆器械厂成为新中国成立后第一家被正式宣告破产的国有企业,破产后由"沈阳防爆器械厂破产监督管理委员会"处理善后事宜。④在破产实践中,发挥破产管理人作用的主要还是政府或者作为职能部门的工商行政管理部门或者政府的其他机构。⑤

1986 年 4 月 12 日第六届全国人大第四次会议通过、1987 年 1 月 1 日起施行的《中华人民共和国民法通则》(以下简称《民法通则》)第 47 条规定,企业法人被撤销、被宣告破产的,应当由主管机关或者人民法院组织有关机关和有关人员成立清算组织,进行清算。1988 年1 月 26 日《最高人民法院关于贯彻执行〈民法通则〉若干问题的意见(试行)》第 69 条规定,清算组织是以清算企业法人债权、债务为目的而依法成立的组织。它负责对终止的企业法人的财产进行保管、清理、估价、处理和清偿。对于涉及终止的企业法人债权、债务的民事诉讼,清算组织可以用自己的名义参加诉讼。但是《民法通则》并未明确规定构成清算组织人

① 陈泽桐:《破产管理人制度研究》,吉林大学 2008 年博士学位论文。

② 陈泽桐:《破产管理人制度研究》,吉林大学 2008 年博士学位论文。

③ 谢俊林:《中国破产法律制度专论》,人民法院出版社 2005 年版,第 32 页。

④ 《沈阳防爆器械厂宣告破产》,http://www.ln.gov.cn/qmzx/60ngq/60hh/hjsy/1986/200909/t20090909_420185.html,下载日期:2010 年 9 月 15 日。

⑤ 陈泽桐:《破产管理人制度研究》,吉林大学 2008 年博士学位论文。

员的"有关机关和有关人员"具体是哪些机关和何种资质的人员,不过"有关机关"的表述至少表明了清算组人员是来自于政府部门。

1986 年 12 月 2 日,第六届全国人大常委会第十八次全会通过了《中华人民共和国企业破产法(试行)》[以下简称《企业破产法(试行)》]。这是新中国第一部狭义法律层次的专门性破产法律,不过该法第 2 条规定本法仅适用于全民所有制企业。1991 年修订的《中华人民共和国民事诉讼法》则将破产主体扩展为一切具有法人资格的企业。《企业破产法(试行)》第 24 条规定了清算组制度。根据该条规定,人民法院应当自宣告企业破产之日起 15 日内成立清算组,接管破产企业。清算组成员由人民法院从企业上级主管部门、政府财政部门等有关部门和专业人员中指定。清算组可以聘任必要的工作人员。清算组对人民法院负责并且报告工作。

《企业破产法(试行)》将清算组定位为破产清算程序参与人,但是,由于清算组并非独立于债权人、债务人的中立的专业管理人,而是由与企业有管理关系的政府部门工作人员组成,这使得清算组制度显示出鲜明的三个特点:第一,清算组成立于破产宣告之后,破产受理到破产宣告的这段期间,企业的财产仍由企业管理层继续控制,企业资产流失风险增大;第二,清算组成员主要来自政府部门,缺乏中立性和专业性,具体操作也缺乏透明度;第三,对于清算组的行为,缺乏必要的监督机制、罢免机制和责任追究机制。[1] 因此,作为破产清算程序中心的清算组,仍带着浓厚的行政色彩,体现出行政中心主义的特点。此外,在《企业破产法(试行)》中,清算组作为破产程序的参与者,也仅具有清算功能,而不是整个破产程序的枢纽。例如《企业破产法(试行)》第 20 条规定,企业的整顿由其上级主管部门负责主持。在整顿过程中,并无清算组或者其他管理人发挥程序上的功能。可以说,1986 年《企业破产法(试行)》的制定受到当时行政干预经济生活思维的严重影响,政府的行政机关参与破产程序的色彩过于浓厚,这反映了计划经济体制下政府直接管理企业的传统模式。[2]

《企业破产法(试行)》主要是为了解决全民所有制企业的破产问题,出于维护国家利益的考虑,企业的上级政府主管部门作为清算组的成员倒也可以监督清算过程,防止国有资产流失。[3] 全民所有制企业的破产需要涉及方方面面,例如是否允许破产需要国家计委等有关部门批准,处理破产资产需要物价部门批准,有关企业的人员安排需要人事和劳动部门的协调等,清算组的行政色彩对于清算工作的顺利推进具有积极的作用。但是,行政中心主义式的破产管理人制度无法切实保障债权人、债务人的利益,也无法发展出专业化的破产管理人执业队伍。

三、2006 年以后——破产管理人中心主义

清算组制度毕竟是特定历史条件下的产物,可以说并不符合世界破产立法的主流趋向,也不适应我国建立社会主义市场经济体制发展市场经济的需要,新破产法呼之欲出。2006 年 8 月 27 日,经过十几年的起草准备,《企业破产法》终于出台了。《企业破产法》用破产管

---

[1] 王卫国:《破产法精义》,法律出版社 2007 年版,第 35 页。
[2] 邹海林:《破产程序和破产法实体制度比较研究》,法律出版社 1995 年版,第 41 页。
[3] 许亮东:《破产案件审理程序》,人民法院出版社 1997 年版,第 135 页。

理人制度基本上取代旧破产法中的清算组制度,被认为是新破产法的公认亮点之一。

《企业破产法》对破产管理人的规定有以下几个方面的特点:第一,第 13 条规定人民法院裁定受理破产申请的,应当同时指定管理人,此一规定使得从破产案件被受理的那一刻起,破产管理人随即参与到破产程序中,以便及时保全债务人的财产;同时这一规定也在立法上暂时平息了有关破产管理人法律地位的争论,即管理人不是债权人或者债务人的代理人或者受托人,而是法律为实现破产程序的目的而设定的履行法定职能的机构。① 破产管理人作为专门的独立机构,更能公平地维护包括债权人在内的全体利益关系人的利益,并以超脱于有关当事人的利益的身份而介入破产事务。② 第二,破产管理人由人民法院指定,债权人会议认为破产管理人不能胜任职务的,可以申请人民法院予以更换。这一破产管理人的选任方法显示破产管理人并不是债权人的利益代表,较少体现债权人的自治,但是突出强调了破产管理人的中立性和独立性。第三,破产管理人可以由有关部门、机构的人员组成的清算组或者依法设立的律师事务所、会计师事务所、破产清算事务所等社会中介机构担任。这一规定,虽被批评为遗留有旧破产法中由清算组担任管理人的行政干预经济的"顽疾",③但考虑到许多国有企业的破产问题仍需处理较为复杂的问题,清算组的存在也实有一定的必要,而在非国有企业破产的情况下,人民法院从社会中介机构中选任管理人并无障碍,或可说已是实务操作的常态,一般情况下不至于使破产管理人丧失专业性和中立性,较之过去的旧破产法的清算组制度,已是巨大的进步。第四,破产管理人的职责比较明确,不仅包括第 25 条规定的接管债务人财产、决定债务人内部管理事务等,还包括重整程序中提交重整计划草案、提出批准重整计划的申请、监督重整计划的执行等,可以说,管理人的职责不限于破产清算,而是贯穿于清算、和解和重整的整个破产程序中,④管理人是整个破产程序的枢纽,体现了破产管理人的全程参与性。此外,《企业破产法》要求破产管理人应当勤勉尽责,应尽善良管理人的注意义务,又有对管理人相应的监督机制,包括人民法院的监督、债权人会议的监督、债权人委员会的监督等,权责利一体化的法律规制有助于保证破产管理人发挥其重要作用。

正是《企业破产法》对破产管理人制度的设置的如上特点,深刻体现了《企业破产法》的破产管理人中心主义。所谓破产管理人中心主义,是指破产程序的实务性工作通过破产管理人来进行,破产管理人在破产程序开始后依法对债务人的财产进行接管、清理、保管、运营以及必要的处分,以更好地保护债权人的利益。⑤ 破产管理人中心主义强调破产管理人在破产程序中的中心地位,在《企业破产法》中,破产管理人需要与破产程序中的每一方主体打交道,解决破产程序中的每一个问题几乎都需要破产管理人的参与。债务人财产的占有、使用、收益和处分状态的控制,都通过破产管理人完成。人民法院虽然在破产程序中起主导地

---

① 王卫国:《破产法精义》,法律出版社 2007 年版,第 36 页。

② 林恩伟:《论我国破产管理人制度——以新破产法中管理人中心主义架构为视角》,http://www.civillaw.com.cn/Article/default.asp? id=45529,下载日期:2010 年 9 月 15 日。

③ 李琴:《新破产法中破产管理人制度的缺陷与完善》,载《求索》2008 年第 5 期。

④ 管理人的全面职责,可参见吴庆宝、王建平主编:《破产案件裁判标准规范》,人民法院出版社 2009 年版,第 88~97 页。

⑤ 邹海林:《新企业破产法与管理人中心主义》,载《华东政法学院学报》2006 年第 6 期。

位，但由于破产过程中，债务人财产管理事务庞杂得很，又涉及法律之外的财务、会计甚至管理等专业知识，人民法院并非专业的债务人财产"经理人员"，且司法职能应更多体现为纠纷的裁判，所以人民法院不宜直接管理债务人的财产。

在管理人中心主义视角下，对于破产管理人在破产程序中的重要性，一般认为破产管理人是破产程序的"枢纽"，甚至有论者将破产管理人称为"是整个破产程序的中心和灵魂"①。整个破产程序是以破产管理人为中心而推进的，破产管理人在整个破产程序中发挥着至关重要的作用，管理人中心主义作为破产程序中债务人财产管理的立足点，有利于加强债务人财产的管理或保全，同时还可以相应减轻人民法院的责任或负担。② 破产管理人在处理破产事务时不能偏向任何利益主体一方，否则将是对破产立法价值目标的损害，破产管理人是实现破产法价值取向（均衡保护各利益主体）的重要工具。③

第三章　破产管理人制度司法实践中的问题

一、法院在破产管理人的选任方面权力过大

破产管理人是由法院任命还是由债权人会议选任在《企业破产法》起草中是一个争议较大的问题，当时主要有"法定机构说"和"债权人代表说"两种观点。"法定机构说"认为破产管理人是一个法定的机构，不代表任何特定一方的利益，而是代表破产案件、破产程序中所有参与者的利益，因此破产管理人应由法院来委任。"债权人代表说"认为在破产清算程序中，破产管理人仅仅是债权人的代表。因为公司一旦进入破产清算程序，债权人的利益最易受到侵害，必须有一项特别的制度来保护所有债权人的利益，破产管理人是破产法"债权人利益充分保护"原则的主要体现者，李曙光先生即持后一种观点。④ 破产法草案曾采纳"债权人代表说"，⑤但后来一些常委委员和地方、部门提出，破产程序是法院主导下清理债权债务的司法程序，为了保证破产管理人对法院负责，依法公正地履行职责，处理有关破产事务，破产管理人应由人民法院指定。⑥ 于是正式出台的《企业破产法》采纳了"法定机构说"，⑦《企业破产法》第 22 条规定，管理人由人民法院指定。但关于人民法院指定破产管理人的方法，由于有争论、时间紧迫和研究深度不够等问题的存在，《企业破产法》将破产管理人的选

---

① 张蔚蔚：《破产重整中管理人的权利义务分析》，中国政法大学 2007 年硕士学位论文。

② 邹海林：《新企业破产法与管理人中心主义》，载《华东政法学院学报》2006 年第 6 期。

③ 李斌：《破产管理人法律制度研究》，中国政法大学 2008 年硕士学位论文。

④ 李曙光：《新破产法的管理人制度》，http://www.chinacourt.org/public/detail.php? id=125507，下载日期：2010 年 9 月 15 日。

⑤ 草案第 15 条规定，法院受理破产申请的，应当同时指定。同时又于第 56 条规定，债权人会议有权确认、选任、撤换管理人，决定管理人的费用和报酬。

⑥ 蒋黔贵：《全国人大法律委员会关于〈中华人民共和国企业破产法（草案）〉修改情况的汇报》，http://www.lzslaw.com/Html/pcf/0919081531591.html，下载日期：2010 年 9 月 15 日。

⑦ 王卫国：《破产法精义》，法律出版社 2007 年版，第 36 页。

任和报酬问题留由最高人民法院来制定司法解释。

最高人民法院后来制定了《最高人民法院关于审理企业破产案件指定管理人的规定》和《最高人民法院关于审理企业破产案件确定管理人报酬的规定》,结果,《企业破产法》变成了"法院中心主义"的破产法。[①]《最高人民法院关于审理企业破产案件指定管理人的规定》在对破产管理人名册的编制、破产管理人的指定及报酬支付方面给予法院过多的权力,主要体现在:(1)高级人民法院或高级人民法院确定的中级人民法院编制管理人名册;(2)法院组成的评审委员会决定编入管理人名册的社会中介机构和个人名单;(3)破产案件中由人民法院指定破产管理人;(4)人民法院确定破产案件中破产管理人的报酬。[②] 人民法院编制破产管理人名册,然后从破产管理人名册中选任破产管理人。由于《最高人民法院关于审理破产案件指定管理人的规定》中破产管理人名册的编制标准比较模糊笼统,规定过于原则化,人民法院在编制破产管理人名册时,决定哪些中介机构或者个人可以进入破产管理人这一行业方面拥有较大的自由裁量空间。

破产管理人名册由人民法院编制,同时破产管理人也由人民法院选任,这使得法院拥有太大的权力,而且破产管理人负责的对象是人民法院,而非破产案件的当事人特别是破产案件的债权人,因此债权人难以对破产管理人施加有效的制约。[③] 刘伟光先生认为这还可能重蹈1968年以前美国破产法的错误,当时美国正是由于破产法院拥有太大的权力,却没有任何制约机制,破产法院容易与破产从业人员形成利益共同体,这一利益共同体被称为"破产圈子",这导致降低了破产案件的审理效率和公平,没能保护好各方利益。[④] 总之,由于破产管理人与法院的这种特殊"身份关系",法院在破产管理人选任方面拥有巨大的权力,成为法院中心主义的暗影之一。

二、破产管理人的报酬难以预期致其被动执业

法院确定的破产管理人的报酬很难符合破产管理人的预期,破产管理人往往选择被动职业。最高人民法院《关于审理企业破产案件确定管理人报酬的规定》第4条规定,人民法院受理企业破产申请后,应当对债务人可供清偿的财产价值和破产管理人的工作量作出预测,初步确定破产管理人报酬方案。破产管理人报酬方案应当包括破产管理人的报酬比例和收取时间。《关于审理企业破产案件确定管理人报酬的规定》第3条规定,人民法院可根据实际情况,确定破产管理人分期或者最后一次性收取报酬。第8条规定,人民法院还可根据破产案件和破产管理人履行职责的实际情况进行调整。实际操作中,法官在受理案件之时尚无法确定破产财产的实际数额,而破产案件的工作量往往要到破产管理人接受破产企业并进行审查、评估后才能相对确定;况且法官在商业判断上不专业,又缺乏信息优势,受制于破产事务预估的有限性和压缩破产费用、减少破产成本以维护债权人利益的需求,往往会

---

① 刘伟光:《中国破产管理人制度设计研究》,大连出版社2009年版,第35页。
② 李琴:《新破产法中破产管理人制度的缺陷与完善》,载《求索》2008年第5期。
③ 李琴:《新破产法中破产管理人制度的缺陷与完善》,载《求索》2008年第5期。
④ 刘伟光:《中国破产管理人制度设计研究》,大连出版社2009年版,第36页。

尽量控制破产管理人报酬的支付比例,一般难以满足破产管理人对报酬的高期盼值。① 还有一种可能是破产管理人在接受企业后进行财产清理时,发现企业无产可破,此时管理人的报酬的确定缺乏明确的规定,人民法院在确定破产管理人的报酬方面的不确定性导致破产管理人被动执业。相应的,许多破产程序的完成便不得不由人民法院强力推动和参与了。这是法院中心主义的暗影之二。

三、破产管理人为规避风险被动执业

破产管理人为规避执业风险,往往主动将某些破产管理具体事务的决定权交予人民法院。前文已述及破产管理人执业的利益风险,主要是报酬和垫付费用无法收回的风险。另外,破产管理人还得承担责任风险,主要是破产管理人在执业过程中应当承担责任的风险,包括商业风险、经营风险、法院禁令造成的风险、怠于履行职务的风险等。《企业破产法》第27 条规定要求管理人应当勤勉尽责,忠实执行职务。第 130 条规定,如果管理人未按照规定勤勉尽责、忠实执行职务的,人民法院可以处以罚款;给债权人、债务人或者第三人造成损失的,还应依法承担赔偿责任。可是勤勉尽责与忠实的标准是否区分不同的过失程度,损害赔偿责任又如何确定,如果采用严格责任,那么管理人的执业风险又会偏高。出于规避执业风险的考虑,管理人宁愿选择消极推诿的方式应对,如事事向法院请示汇报,所有争议均引导当事人以诉讼方式解决,以法院为挡箭牌,推卸其应承担的责任,法院成为事实上的"管理人"。②

另外,由于破产管理人在行使职权过程中的报告制度不够完善,管理人也倾向于选择事事汇报,极大加重了法院的负担。《企业破产法》第 23 条规定,管理人应向人民法院报告工作。第 26 条规定,在第一次债权人会议召开之前,管理人决定继续或者停止债务人的营业,或者有本法第 69 条规定行为之一的,应当经人民法院许可。《企业破产法》第 28 条规定,管理人聘用必要的工作人员需要经人民法院许可。即管理人行使第 26 条和第 28 条规定的职责时管理人应事先请示。而对于第一次债权人会议已经召开而没有设立债权人委员会时,管理人实施第 69 条规定的行为时的"及时报告"是事先报告抑或事后报告,《企业破产法》并未明确规定。报告制度的不明确也使得破产管理人倾向于事事向人民法院报告请示,这样减轻了管理人自身的责任风险,但却加重了人民法院的负担。原本许多该由破产管理人定夺的事项,因为破产管理人的请示汇报,转由人民法院定夺,使法院成为处理破产事务的中心。此为破产程序中法院中心主义的暗影之三。

四、破产程序中需政府支持致法院需多方协调

在《企业破产法》实施过程中,仍存在破产管理人力所不及之处,如涉及职工工资等问题往往需要多方协调,尤其是国有企业破产中往往存在许多历史遗留问题,需要政府多方力量来综合治理,共同解决。管理人对相关的政策、法律的熟悉程度,与政府部门沟通的有效渠道显然不如清算组,许多问题破产管理人仍要向人民法院请示汇报,由人民法院出面协调解

---

① 尤冰宁:《执业风险控制:我国破产管理人制度的完善》,载《人民司法》2009 年第 11 期。
② 尤冰宁:《执业风险控制:我国破产管理人制度的完善》,载《人民司法》2009 年第 11 期。

决。甚至在某些情况下，如在上市公司重整中，管理人与法院的作用都受到限制，政府干预过于突出。① 人民法院在实际的破产程序中需要协调破产管理人、政府、破产企业职工等各方利益，成为事实上的"管理人"。此为破产程序中法院中心主义的暗影之四。

破产程序中人民法院成为事实上的破产管理人，这已经违背了破产法的初衷，也与人民法院的司法裁判职能相悖。如何除去法院中心主义的暗影，成为破产管理人制度改革的重要问题。针对《企业破产法》中破产管理人中心主义名实不符的现状，破产管理人制度的完善目标应是达致破产管理人得以更加独立地参与破产程序，全面和积极地处理具体的破产事务，圆满地发挥破产管理人的作用，确立破产管理人在破产程序中实际的中心地位，并避免人民法院在破产程序中负担过重，使人民法院专注于纠纷的裁决，而不是陷入具体破产事务的处理和协调之中。

第四章　我国破产管理人制度的完善建议

一、改变破产管理人的立法模式

《企业破产法》不区分清算人、重整管理人、和解管理人、监督人等，而是将它们统称"管理人"并专章规定，这一做法已受到学者们的广泛批评。② 在不同的破产程序中，破产管理人肩负着不同职责，对其专业要求亦有差异。如在破产清算程序中，管理人应当具备较充分的法律和会计知识；而在破产重整程序中，则要求管理人还应具有一定的企业管理知识。③《企业破产法》的统一立法使得无法针对清算、和解和重整三种程序在受理阶段的不同特点而作不同的规定，可能造成操作层面的混乱，而且也会造成破产管理人在三种不同程序乃至后续程序中的职责产生一定程度的混淆。

不同破产程序的破产管理人采用不同的选任流程和标准，有助于相应地选到称职的破产管理人。世界各国的破产立法也多在不同的程序中对不同的破产管理人作相应的规定，如美国破产法就区分破产托管人（债权人的代表）、联邦破产托管人（政府官员）、经管债务人、监察员等角色；④英国破产法在不同破产程序中则区分破产托管人（trustee）、监督人（supervisor）、管理人（administrator）、行政接管人（administrator receiver or receiver）、清算人（liquidator）等角色。⑤

未来我国破产法修改应考虑对清算人、重整管理人、和解管理人、监督人等分别规定，并在不同的破产程序中详细规定其选任、相应的权利和义务，这样可以提高破产法的可执

---

① 李江鸿：《新问题 新任务 新起点——"第一届破产法论坛"综述》，http://rmfyb.chinacourt.org/public/detail.php? id＝119907，下载日期：2010 年 9 月 15 日。

② 谢俊林：《中国破产法律制度专论》，人民法院出版社 2005 年版，第 333 页；刘伟光：《中国破产管理人制度设计研究》，大连出版社 2009 年版，第 88 页。

③ 赵瑾：《论破产管理人制度》，湘潭大学 2006 年硕士学位论文。

④ ［美］大卫·G. 爱泼斯坦等：《美国破产法》，韩长印等译，中国政法大学出版社 2003 年版，第 7 页。

⑤ 刘伟光：《中国破产管理人制度设计研究》，大连出版社 2009 年版，第 53 页。

行性。

二、完善破产管理人的选任机制

《最高人民法院关于审理企业破产案件指定管理人的规定》第 15 条规定，受理企业破产案件的人民法院指定破产管理人，一般应从本地破产管理人名册中指定。目前全国各地的破产管理人名册的编制标准、选任方法不一，没有全国统一的破产管理人选任标准和程序。刘伟光先生总结了目前破产管理人的选任存在以下三大问题：一是整个破产管理人行业被法院控制；二是破产管理人任职标准不统一；三是没有权威机构来评估争议性的破产管理人的工作。① 解决这些问题，需要剥离人民法院编制破产管理人名册与指定破产管理人这两个职能，完善破产管理人的选任办法，成立全国性的行业管理机构，统一全国的破产管理人资格标准。就此，笔者建议如下：

第一，建立独立的破产管理人监管机构，如自治的破产管理人行业协会、政府的破产管理专门部门等，由独立的破产管理人监管机构审核、编制破产管理人名册，避免给人民法院既编制破产管理人名册又选任破产管理人的过大权力。由破产管理人监管机构负责为管理人颁发执照，并确定符合国情的管理人资格标准、行业纪律、规则和道德准则，这样可以建立起破产管理人执照制度，解决破产执业被人民法院控制的问题，解决破产管理人任职标准不统一的问题，② 也促进破产管理人的职业化和专业化。破产管理人监管机构可以为破产管理人确立切实可行的执业规范，研究和确定破产管理人注意义务和忠实义务的具体范围，使人民法院在认定破产管理人承担民事责任时有更加明确的、可操作的依据。③ 破产管理人监管机构还可以监督破产管理人的操守，在破产管理人有违规操作行为时，进行一定期限的执业限制或其他处罚。

第二，设立公共管理人。可以考虑设立公共管理人，由公共管理人负责接管那些涉及国家和公共利益事务的破产案件，以及那些私人管理人不愿意介入的破产案件。④ 公共管理人可以考虑由专门的政府机构进行管理，并由政府机构在破产案件中任命。⑤ 事实上，《企业破产法》因为规定破产管理人可以由有关部门、机构的人员组成的清算组担任的规定而被批评为保留了过去的"顽疾"，虽不无道理，但立法是考虑一些国有企业破产清算的需要。目前的国情是还有许多政策性破产的存在，这些企业的破产涉及综合性的问题，单靠社会中介担任的破产管理人很难解决，所以才设立协调能力更强和沟通渠道更广的清算组。如果由常设的公共管理人取代临时的清算组接管这些企业的破产工作，便可以克服清算组备受诟病的不专业和不够中立等缺陷，因为公共管理人将与社会中介机构一样比清算组更专业而富有经验，将比清算组更能超脱于政府机构，更多维护公共利益，也利于保护债权人、职工等方面的利益，这将使得国有企业破产程序与一般企业的破产程序的操作更为接近。对于那

---

① 刘伟光：《中国破产管理人制度设计研究》，大连出版社 2009 年版，第 78 页。
② 刘伟光：《中国破产管理人制度设计研究》，大连出版社 2009 年版，第 53 页。
③ 尤冰宁：《执业风险控制：我国破产管理人制度的完善》，载《人民司法》2009 年第 11 期。
④ 李曙光：《新破产法的管理人制度》，http://www. civillaw. com. cn/article/default. asp? id＝17756，下载日期：2010 年 9 月 15 日。
⑤ 丁文联：《破产程序中的政策目标与利益平衡》，法律出版社 2008 年版，第 237 页。

些可能涉及国家的金融和社会安全的企业破产案件,便可由公共管理人担任破产管理人,以维护公共利益。另外,公共管理人还可提供其他服务,如对破产案件进行统计和分析,公布分析报告;对破产执业问题进行调查和研究;提供某些破产方面的专业服务;担任临时接管人;提供破产咨询等。

第三,完善破产管理人的选任方法。破产管理人名册不再由人民法院编制,从一定程度上削弱了人民法院在选任破产管理人方面的权力,但是遏制破产管理人选任中的权力寻租,仍需要制度上的防范。《企业破产法》规定破产管理人由人民法院选任,深刻体现了大陆法系职权主义的色彩。虽然根据最高人民法院《关于审理企业破产案件指定管理人的规定》第20条的规定,法院一般采用随机方式从管理人名册中指定管理人,这种方式有助于保持管理人的中立和超脱地位,同时也出于在制度上保护法官的考虑,①但是,其缺陷是随机选定的管理人不一定能与破产案件难易程度相适应;因此,对于重大疑难或专业性强的破产案件,人民法院可采用竞争择优的方式选定管理人,这将有助于管理人朝职业化和专业化的方向发展。②

三、多举并措控制破产管理人的执业风险

破产管理人的执业风险过大,导致破产管理人消极执业,或者为规避风险而事事请示汇报人民法院,造成人民法院负担过重,并偏离破产管理人制度的设计初衷。通过完善破产管理人的报酬制度,明确破产管理人的报告制度,完善破产管理人的监督机制,建立破产管理人执业责任保险制度等,可以有效降低破产管理人的执业风险,克服法院中心主义的弊病,还原破产管理人制度的功能。

第一,完善破产管理人的报酬制度。《企业破产法》规定由人民法院确定破产管理人的薪酬,这基本上是比较适宜的,但是仍有两个问题需要进一步考虑:一是以债务人最终清偿财产价值总额确定破产管理人的报酬比例,是以破产清算为基准确定管理人报酬的,在破产和解和破产重整程序中并不适用,法律还应当另行规定。③ 二是对于一些债务人财产状况差,甚至出现"无产可破"情形的,破产管理人的报酬如何确定而能确保破产管理人的执业积极性,尚需进一步考虑。在"无产可破"的情形下,世界各国一般采用的方法有:一是交叉补贴,即管理人多收有资产的破产以弥补无资产的破产;二是政府拨款;三是通过特殊的税收取得资金;四是通过法院破产申请受理费补贴;五是利害关系人垫付。其中,多数国家采取第五种方法,还有相当部分国家采用第一、第二种方法,采用第三、第四种方法的国家则几乎没有。④《最高人民法院关于审理企业破产案件确定管理人报酬的规定》起草小组最终选取

---

① 王欣新:《新〈破产法〉透析(上)》,http://www.civillaw.com.cn/article/default.asp? id=29781,下载日期:2010年9月15日。

② 林恩伟:《论我国破产管理人制度——以新破产法中管理人中心主义架构为视角》,http://www.civillaw.com.cn/Article/default.asp? id=45529,下载日期:2010年9月15日。

③ 丁文联:《破产程序中的政策目标与利益平衡》,法律出版社2008年版,第241页。

④ 奚晓明:《最高人民法院关于企业破产法司法解释理解与适用》,人民法院出版社2007年版,第175页。

第五种方法，即由利害关系人垫付。① 从长远来看，则可考虑设立破产专项基金，保护"无产可破"情况下管理人的报酬取得权。实际上，在破产法起草过程中，即有学者建议应当设立专项基金，保障管理人获得最低报酬。② 破产专项基金的来源，可以考虑从每一个企业提取一定比例的破产基金进行统筹，③也可考虑一部分由国家提供，另一部分从破产企业不动产的变卖价款中收取一定的比例，并收集破产程序中对违法者的罚款。④ 破产专项基金的设立将避免破产管理人担心无法获得报酬而消极执业，并可有效提升破产管理人对报酬的预期，确保破产管理人积极参与破产案件。

第二，完善破产管理人的报告制度。前文述及对于第一次债权人会议已经召开而没有设立债权人委员会时，管理人实施《企业破产法》第69条规定的行为时的"及时报告"是事先报告抑或事后报告，《企业破产法》并未明确规定，有学者认为，这些财产处分行为对于债权人和债务人的利益有着重大的影响，也必须经过人民法院的许可。⑤ 还有学者认为类似行为涉及重大利益关系，破产法没有规定管理人的上述工作必须请示法院，稳妥起见，管理人的上述工作至少要报告法院（作者也未明示该事先报告抑或事后报告）。⑥ 有些地方法院在审理破产案件过程中自己制定了具体规范。⑦ 因此，关于管理人行使职权行为的报告问题，还须通过司法解释或修法进一步具体地明确和完善。就此，笔者认为，《企业破产法》第69条规定的行为均属于对债权人利益存在重大影响的行为，从维护债权人利益、保障破产程序的公平性的角度出发，该条款中的"报告"一词应作狭义的严格解释，即管理人采取该条款规定的行为时，须取得债权人委员会书面同意或形成同意的书面决议方得实施。与此相应，未设立债权人委员会的，须取得法院书面形式的同意回复方得实施。管理人实施上述行为后，还应当书面报告实施情况和结果。

第三，完善破产管理人的监督机制。根据《企业破产法》第73条的规定，在重整期间，经债务人申请，人民法院批准，债务人可以在管理人的监督下自行管理财产和营业事务。破产管理人应向债务人移交财产和营业事务，破产管理人的职权由债务人行使。在这种情况下，

---

① 《最高人民法院关于审理企业破产案件确定管理人报酬的规定》第12条规定："管理人报酬从债务人财产中优先支付。债务人财产不足以支付管理人报酬和管理人执行职务费用的，管理人应当提请人民法院终结破产程序。但债权人、管理人、债务人的出资人或者其他利害关系人愿意垫付上述报酬和费用的，破产程序可以继续进行。上述垫付款项作为破产费用从债务人财产中向垫付人随时清偿。"

② 叶军：《破产管理人制度理论和实务研究》，商务印书馆2005年版，第262页。

③ 尤冰宁：《执业风险控制：我国破产管理人制度的完善》，载《人民司法》2009年第11期。

④ 王欣新：《破产法》，中国人民大学出版社1999年版，第145页。

⑤ 王卫国：《破产法精义》，法律出版社2007年版，第75页。

⑥ 吴庆宝、王建平：《破产案件裁判标准规范》，人民法院出版社2009年版，第100页。作者区分必须请示事项和必须报告事项，并认为管理人应建立必须报告事项和必须请示事项的决策机制。

⑦ 西安市中院根据新破产法和最高人民法院相关司法解释的规定及破产案件审理的实际情况，经过近一年时间的反复讨论修改，制定了《破产管理人履行职责报告事项》。对管理人在破产清算过程中应该报请法院许可后方可实施的事项、应当提请法院裁定后方可执行的事项、应当及时向法院报告备案的事项提出了具体要求，既有明确的法律依据，也适合破产案件审判实践的需要，进一步加强了对破产管理人依法执行职务的监督、指导和规范。见王保民：《服务大局 成功审理政策性破产案件的做法》，http://xazy.chinacourt.org/public/detail.php? id＝3506，下载日期：2010年9月15日。

破产管理人实际上扮演重整监督人的角色,但《企业破产法》没有规定破产管理人担任重整监督人时的具体权限以及履行监督职责时的具体程序,实践中缺乏可操作性。法院只能充分运用《企业破产法》就破产管理人职责中的兜底条款,即"人民法院认为管理人应当履行的其他职责",要求破产管理人履行某些监督职能。实务中,有些法院还借鉴我国台湾地区"公司法"关于破产重整中管理人的监督职能,由此明确破产管理人在企业重整期间具体的监督权限及职责。① 破产管理人如何行使监督职能,有待司法解释或修法进一步明确。另外,在债务人自行重整的申请未被批准时,破产管理人接管重整企业。此时,破产管理人扮演的角色已经不是重整监督人的角色,而是重整的"操刀手"。在这种情况下,缺乏专门的重整监督人对破产管理人进行监督。而人民法院的审判任务日趋繁重,让其对破产程序中的法律事务和大量的非法律事务进行有效监督,恐怕是力所不及的。② 《企业破产法》增加了债权人委员会作为破产管理人的监督主体,但对债权人委员会的监督范围、监督的程序和监督的效力和后果法律规定并不具体。因此,建议明确债权人委员会行使监督权的具体范围、程序和效力,规定债权人委员会可查阅或聘请专业人士查阅债务人的财务账簿和营业文件、接受并审查破产管理人处分重要财产的报告,对其认为不当处分行为有权责令停止执行,如发现破产管理人有严重损害债权人利益的行为或其他违法行为时,可申请法院解除不称职的破产管理人的职务。③ 另外,还可建立破产管理人离任审计制度,对破产管理人在管理债务人期间的财务收支进行专项审计,这可以防止破产管理人在处理破产事务时中饱私囊侵害债权人和债务人的利益。

第四,建立破产管理人执业责任保险制度。《企业破产法》第 24 条规定个人担任破产管理人的应当参加执业责任保险。实践中,律师、注册会计师参加执业保险通常是以行业自律组织的名义集体投保的,人民法院在编制破产管理人名册时并未要求他们再单独另行投保,而是由其所在单位或行业自律组织提供集体投保单及相关说明材料替代。④ 但是,上述保险是否能够涵盖破产管理人的业务,理赔中尚存争议,如破产管理人的业务是否属于"律师义务",人民法院指定个人担任破产管理人,不需要经过律师事务所接受委托,这是否会受到保险公司保单上免责条款的影响亦成问题。⑤ 律师执业责任保险并不能满足破产管理人执业过程中所可能发生的风险,故而,还是应单独建立破产管理人执业责任保险制度,以降低破产管理人的执业风险。该责任保险的受益人范围应是相当广泛,为因破产管理人的执业过错遭受侵害的人,包括破产企业的债权人、破产企业的股东、高管、职工、第三人等。但是破产管理人责任范围、责任认定方式尚不确定,可能使执业责任保险制度存在法律风险,因此,应该对破产管理人的责任范围、责任认定方式进行明确规定,避免引发新的法律风险。⑥

---

① 蒋馨叶:《管理人在破产重整中的角色定位及其规制完善》,载《法律适用》2009 年第 10 期。

② 蒋馨叶:《管理人在破产重整中的角色定位及其规制完善》,载《法律适用》2009 年第 10 期。

③ 谭燕:《当前破产管理人实务中存在的问题及建议》,http://hunanfy. chinacourt. org/public/detail. php? id＝19373,下载日期:2010 年 9 月 15 日。

④ 奚晓明:《最高人民法院关于企业破产法司法解释理解与适用》,人民法院出版社 2007 年版,第 55 页。

⑤ 尤冰宁:《执业风险控制:我国破产管理人制度的完善》,载《人民司法》2009 年第 11 期。

⑥ 陈晓峰:《企业破产清算法律风险管理与防范策略》,法律出版社 2009 年版,第 67 页。

结语：回归破产管理人中心主义

经过漫长的历史梳理，我们发现，我国的破产立法经历了从无到有的过程，破产管理人制度则经历了行政中心主义到破产管理人中心主义的变迁。但是，由于立法仓促或者制度设计不够完善，在破产法实施过程中，破产管理人中心主义未能真正实现，在破产程序中显现出法院中心主义的影子。只有确立破产管理人在破产程序中的中心地位，让破产管理人和人民法院分饰各自的角色，才能实现高效、公平地推进破产程序的立法目标，实现破产法的价值目标。

不动产登记民行交叉案件审理新模式探析

纪荣凯[*]

引　言

　　不动产登记案件中民事争议与行政争议交叉现象日渐显现,但目前我国法律尚未具体规定民事与行政交叉案件的审理办法,现行的司法解释除了 2010 年 11 月 18 日起施行的《最高人民法院关于审理房屋登记案件若干问题的规定》(以下简称《房屋登记案件解释》)在第 8 条对民行交叉案件的审理作出简单规定之外,并未对此提出周详的解决方案。行政、民事争议交叉案件又称行政、民事争议关联案件或行政、民事交叉案件,主要是指行政争议与民事争议因在法律事实上相互联系,在处理上互为因果或互为前提、相互影响的案件。[①] 此类案件因为民商事法律关系和行政法律关系交织竞合、相互渗透,呈现出民事与行政你中有我、我中有你、交错混杂的局面。

　　目前在司法实践中,对不动产登记行为的审查由行政审判庭负责审查,而不动产物权变动的原因行为,即不动产登记涉及的基础民事法律关系(也称不动产登记原因行为)由民事审判庭负责审查,两种诉讼之间缺乏衔接和互动机制,在一定程度上导致了行政裁判与民事裁判相冲突的情形,对法院判决的权威性和公信力造成损害。由于立法之缺失、司法机制之缺陷、理论建构之缺失、法律解释与自由裁量技能之不足,导致各地法院在司法实践中对不动产纠纷民事与行政交叉案件的审判程序、适用法律和裁判结果均存在着较大的差异,甚至出现了著名的"一个纠纷,两种诉讼,三级法院,十年审理,十八份裁判"的"焦作房产纠纷案"之法律怪象,[②]该典型案例虽经超级马拉松式循环往复的民事诉讼和行政诉讼,却无法最终解决房产纠纷。司法实践中没有统一的做法造成了当事人诉讼的盲目性,案件或是久拖不决,或是一案多诉,给当事人增加了诉累,浪费了司法资源。理顺两种诉讼的关系,对于妥善化解不动产登记引发的纠纷具有重要的现实意义。

---

　　* 　纪荣凯:厦门大学法学院 2007 级法律硕士,福建省总工会副主任科员。

　　① 　江伟、范跃如:《民事行政争议关联案件诉讼程序研究》,载江伟:《探索与构建——民事诉讼法学研究》(下),中国人民大学出版社 2008 年版,第 385 页。

　　② 　对案例的评析可详见王贵松:《行政与民事争议交织的难题——焦作房产纠纷案的反思与展开》,法律出版社 2005 年版。

第一章　不动产登记案件审理模式现状

第一节　不动产登记案件的民行交叉情况

一、实践中常见的几种不动产登记纠纷引发的民行交叉案例

[案例 1]某国有企业甲公司在搭建厂房的时候遇到某村委的阻挠,致使其无法正常开工,甲公司以其持有厂房所在片区的国有土地使用权证起诉至法院要求判令村委会停止侵害。某村委认为甲侵占其集体土地建设厂房是侵权行为,政府部门违法为该企业核发国有土地使用权证,法院对该国有土地使用权证不应予以采纳,反诉判令甲停止建房行为。另外某村委还提起行政诉讼要求撤销该证。

[案例 2]甲与乙是夫妻,在婚姻关系存续期间共同购买一套房屋,但房屋产权证书上只登记了甲的名字。丈夫甲瞒着妻子乙将房屋卖给了善意第三人丙,同时凭借虚假的未婚证明到市房管局办理了房屋过户登记手续,市房管局为丙颁发了房地产权证。乙得知此事之后,向法院提起行政诉讼状告房管局,认为甲的房屋买卖行为并未征得其同意,是无权处分行为,房管局未审查共有人是否同意即予以颁证的行为违法,要求撤销颁发给丙的房地产权证。而善意第三人丙也起诉至法院,请求法院判令仍然居住在房子里面的甲和乙搬出房屋。①

[案例 3]原告甲银行诉称,其债务人被告乙公司在已有多个普通债权人的情形下,在清偿债务时,与被告丙串通,将厂房、机器设备抵押给丙,致使其丧失了对原告履行债务的能力,请求法院确认两被告之间的抵押行为无效并予以撤销。两被告辩称,他们之间订立的抵押合同经行政机关依法登记确认并已发生法律效力,原告要确认上述抵押行为无效,须先通过行政诉讼依法撤销房屋登记管理机关颁发的"房屋他项权证"及工商行政管理机关颁发的"抵押物登记证"。②

[案例 4]1986 年,第三人孙某以 95000 元从梁某手中购买了一处房屋,市房屋管理局向孙某颁发了第 003 号房屋所有权证。2001 年孙某以丢失房产证为由在媒体上作了遗失声明,并补办了第 080 号房屋所有权证。2003 年孙某以人民币 239400 元将该房屋出卖给第三人张某,双方办理了过户手续。市房屋管理局向张某颁发了第 0125 号房屋所有权证。后原告某开发公司就市房屋管理局颁发的第 080 号和第 0125 号房屋所有权证向法院提起行政诉讼,要求撤销这两个房产权证。理由是该争议房产实际是由开发公司出资,当时由于政

---

① 案例详见李金刚:《诉讼救济途径的选择:行政与民事——从一起房地产行政案件引发的思考》,载《法学》2003 年第 1 期。

② 案例详见黄勤武:《法院可依法撤销经过登记的恶意抵押——东方资产公司诉永德信水泥公司、李云孝抵押撤销权纠纷案》,载《人民法院报》2006 年 9 月 25 日第 6 版。

策限制暂由孙某顶名购买,该房屋的所有权证、买卖契约、产权证明、缴税收据等原件均保留在开发公司处。一审法院经过审查,作出了维持市房屋管理局颁发的第 080 号和第 0125 号房产权证的判决。二审法院撤销一审判决,并作出撤销市房屋管理局颁发的第 080 号和第 0125 号房产权证的判决。①

二、不动产登记纠纷的类型化分析

首先,不动产登记纠纷可以划分为不动产物权登记纠纷和不动产其他内容登记纠纷。前者是以不动产上承载的权利为对象进行登记的过程中引发的纠纷,后者是指对不动产形态、位置、面积等事实状况进行登记的过程中引发的纠纷,如登记的房屋建筑面积与实际面积不符等情形。后者的争议是发生在登记机关和登记申请人之间,一般不会产生民行交叉的情形,通过行政诉讼即可解决。其次,不动产物权登记纠纷还可以继续分类,分为基于法律行为发生物权变动的登记纠纷与非基于法律行为发生物权变动的登记纠纷。② 后者根据《中华人民共和国物权法》(以下简称《物权法》)的规定,其物权变动不以登记为生效要件,也不是本文讨论的对象。最后,对基于法律行为发生物权变动的登记纠纷可再分为基础民事法律关系存在争议与不存在争议的登记纠纷。后者尽管登记涉及民事法律关系但不存在争议,仍然属于登记机关登记瑕疵引发的争议,可通过行政诉讼直接解决,也不存在民行交叉问题。只有前者是因基础民事法律关系存在争议引发行政登记争议,形成诉讼中民事争议与行政争议交织的局面,是目前审判中问题最多、争议最大的情形。

在审判实践中产生民事与行政交叉问题主要有以下三种情形:(1)当事人认为登记的不动产权属错误,提起行政诉讼,认为登记行为违法的理由是不动产物权变动的原因行为(亦称基础民事法律关系)无效。如以上的[案例 2]。由于在不动产登记行政案件中,根据《中华人民共和国行政诉讼法》(以下简称《行政诉讼法》)第 5 条的规定:"人民法院审理行政案件,对具体行政行为是否合法进行审查。"法院只审查登记机构的登记发证行为的合法性,而对于平等主体间的民事法律关系无权进行裁判。③ 从而造成民事纠纷与行政纠纷交织在一起。(2)无处分权人处分他人不动产,比如说出卖或设定抵押,并办理了登记,真实的权利人主张撤销登记,而第三人主张善意取得相关不动产权利,如上文的[案例 2],此类案件不仅涉及不动产登记行为的合法性,还涉及第三人是否善意取得的问题。其实[案例 4]中也隐藏着善意第三人的问题,若真实权利人某开发公司主张权利成功,法院判决撤销了两个产权证后,第三人张某势必也会出来主张其为善意取得。(3)在民事析产确权案件或是民事侵权案件中,当事人以不动产权证作为证据证明权利,其他当事人对不动产登记的合法有效性提出异议,如上文的[案例 1]和[案例 3]。

---

① 案例详见李杰:《关于房产行政登记行为司法审查的几个问题》,载《山东审判》2007 年第 5 期。

② 非基于法律行为发生的物权变动是指基于法律规定、司法裁判、征收征用以及事实行为等法律行为以外的原因引发的物权变动。

③ 司法实践中也有法院在行政审判中对民事法律关系进行附带审查,如上海市普陀区人民法院在审理袁雅琴不服上海市房屋土地管理局核发房屋所有权证一案中,法院在判决撤销房屋所有权证的同时判决房屋买卖合同无效。当然这只是极个别的案例,没有形成一般做法。具体案例详见上海市高级人民法院:《上海法院典型案例丛编》,上海人民出版社 2001 年版,第 138~141 页。

虽然民事诉讼具有裁判民事实体权利归属的功能，但按目前许多法官的认识，一方面，行政登记的存在对法院的民事裁判具有很强的约束力，作为权利证明的行政登记的存在，很难让法院作出与行政登记的内容不一致的裁判；另一方面，即使法院在民事诉讼中作出与行政登记的内容不符的裁判，也会出现司法判决与行政登记确认的权利状态不一致的尴尬局面，最后还得通过行政诉讼撤销行政登记，然后再通过新的行政登记来宣告、公示新确认的权利的真实性和合法性。所以，为稳妥起见，法官往往会在民事诉讼程序中，以不动产登记行为的效力影响民事法律关系，裁定中止民事诉讼，告知当事人提起请求撤销登记行为的行政诉讼，待行政裁判作出后，再根据行政裁判的结果作出相应的民事裁判，于是便形成了我国司法实践中解决此类纠纷的"先行后民"的做法。

三、不动产登记民行交叉案件的复杂之处

登记具有权利推定的效力（下文会详细论述），即记载于不动产登记簿上的登记名义人视为真实权利人，将形式意义上所展现的权利状态与真实权利通过法律的推定技术合二为一。因信赖物权登记所产生的公示内容而与登记名义人进行物权交易的善意第三人可确定的取得权利，不动产真正权利人不能因实际权利与登记权利不符而对善意第三人主张其物权。[①] 善意取得情形的存在使得民行交叉案件越发复杂。以［案例 2］为例，乙向法院提起行政诉讼状告房管局要求撤销颁发给丙的房地产权证。法院经审理认为，房屋系甲乙在夫妻关系存续期间所购，为夫妻共同财产，房管局在颁证时未审查共有人是否同意即向丙颁发房屋产权证，属事实认定不清，遂判决撤销该颁证行为。虽然本案行政判决撤销该房地产权证的后果是使丙丧失了已取得的房屋的所有权证明，但若丙为善意，他完全可以依据《物权法》第 106 条的规定，向法院提起民事诉讼，主张善意取得，从而取得司法机关对其有权获得该房屋产权的确认，然后丙可以凭法院的民事判决书要求房管局重新作出内容与先前撤销的行政诉讼相同的行政登记，房管局对此合法有效的申请材料应予以登记。如此，先前被撤销的行政登记记载的权利又复登记，行政诉讼的撤销判决便形同虚设。反之，因为房管局对丙是否为善意没有审查义务，假如法院认为房管局已经严格履行了登记审查义务，判决维持了该登记行为，但若丙并非为善意，那么乙提起民事诉讼后，可以主张甲与丙的房屋买卖合同无效，乙的主张便可得到法院采纳，丙丧失房屋所有权。失去了基础法律关系支持的房屋产权登记行为居然能得到法院行政诉讼的维持，会使人们对法院行政判决的权威性产生疑问。

第二节　民行交叉案件审理模式面临的困境

一、现有的几种民事、行政交叉案件的审理模式

我国法律尚未对民事与行政交叉案件的审理模式予以明文规定，以致在审判中各级法院采取了不同的审理模式，具体的处理方式主要有以下几种：（1）法院在审理民事案件时，遇到行政行为对相关民事权益作出认定的，直接根据行政决定做出判决。（2）民事案件和行政

---

① 常鹏翱：《物权法的展开与反思》，法律出版社 2007 年版，第 404 页。

案件虽分别受理,但由民事案件先中止审理,等待行政案件裁判结果出来以后,民事案件以此为依据进行裁判,即"先行后民"(前文已略有提及)。此观点主张,不动产登记是在对相关民事行为进行有效性确认基础上的行政确认行为,该确认行为具有行政行为的公定力。民事审判既无权以民事诉讼证据的形式审查行政登记行为,也不能在登记行为存在争议的前提下直接以行政登记行为的公定力作为民事裁判的基础,而应先中止民事诉讼,由当事人就存有争议的行政登记行为提起行政诉讼,然后依据生效的行政裁判确定民事审判的处理结果;①亦有"先民后行"的做法,该做法认为不动产登记行为通常要以民事法律关系作为基础发生,而登记机关难以审查民事法律关系的争议,只有等待相关民事诉讼对民事法律关系的争议作出裁判后,才能进一步以登记基础法律关系的确定来判定登记行为的合法性。因此,应先行中止行政诉讼,由当事人就存有争议的民事法律关系提起民事诉讼,然后依据生效的民事裁判确定行政审判的处理结果。② 如《房屋登记案件解释》第 8 条规定:"当事人以作为房屋登记行为基础的买卖、共有、赠与、抵押、婚姻、继承等民事法律关系无效或者应当撤销为由,对房屋登记行为提起行政诉讼的,人民法院应当告知当事人先行解决民事争议。"(3)行政附带民事诉讼的方式,由行政审判庭受理,对行政争议和民事争议一并审理,一并裁判。该种做法同样是立足于登记基础法律关系的有效性,是进行不动产登记的逻辑起点,并出于诉讼经济的考虑,依据《最高人民法院关于执行〈中华人民共和国行政诉讼法〉若干问题的解释》(以下简称《行政诉讼法司法解释》)第 61 条的规定进行有益尝试,在行政审判中通过对民事协议效力的认定进而作出对登记行为合法性的判决。上海市普陀区人民法院审理的袁雅琴不服上海市房屋土地管理局核发房屋所有权证一案就是采用该种做法的典型案例。(4)民事案件和行政案件由民事审判庭与行政审判庭分别受理,并分别审理、分别裁判,两个庭的经办人员互相沟通,保证判决的协调一致性。(5)民事程序一并审理的模式,当事人提起民事诉讼,由民事审判庭对民事、行政关联争议一并审理,并对具体行政行为的合法性进行司法审查,但不对其作出裁判,仅对当事人提出的民事诉讼请求进行裁判。

二、现有的几种案件审理模式遭遇的困境

1.困境之一:完全以不动产登记为依据会产生司法既判力与诉讼公正相冲突的隐患

第一种模式,法院表现出对行政行为最大限度的尊重,如果行政行为涉及较强的政策性、技术性、专业性时,民庭法官在没有能力审查行政行为的时候,以行政行为为裁决依据,可以大大减轻责任,也能让诉讼程序看上去变简单许多。此外,这种做法与行政行为的公定力理论也是相符合的。但这种做法也有弊端,首先是如果相关的行政行为日后被行政复议机关或者法院以行政判决撤销,原来的民事案件是否应当再审? 这个问题涉及司法既判力与诉讼公正相冲突。一般来说,如果行政行为之后被行政复议和行政诉讼撤销,法院应当对

---

① 王达:《房地产纠纷处理中行政与民事交叉问题的正当程序》,载《行政执法与行政审判》2006 年第 4 期。

② 吴偕林:《民事、行政救济程序交叉问题之解决》,载《法律适用》2007 年第 7 期。

民事判决进行重审或者再审。① 所以第一种模式的缺点主要是如果行政行为本身是错误的，或者是自身合法性有问题，或者是登记的内容与事实不符，民事判决将错就错，当事人就得不到应有的救济；即使在行政行为经过法定程序被否定之后民事诉讼拨乱反正，推倒重来，但一场诉讼变成三场打，胜诉一方必然折腾得笑不出声了。"错误判决在先，浪费资源在后，这是双重的罪过，也是糟糕的选择。"②

2. 困境之二："先行政后民事"模式会使诉讼久拖不决

第二种模式被称为"先行政后民事"的模式。其依据《民事诉讼法》第 136 条及《行政诉讼法司法解释》第 51 条。《民事诉讼法》第 136 条第 1 款第 5 项规定："本案必须以另一案的审理结果为依据，而另一案尚未审结的，中止诉讼。"《行政诉讼法司法解释》第 51 条第 1 款第 6 项规定："案件的审判以相关民事、刑事或者其他行政案件的审理结果为依据，而相关案件尚未审结的，中止诉讼。"如果当事人不对相关的行政行为提起行政诉讼或者是被驳回，"先行政后民事"就变成了无源之水；目前对各审判庭之间的移送审理制度也还没有完善，法院无法将案件从民庭直接移送到行政庭。另外，这种模式最大的弊端在于诉讼进程的拖延。即使行政案件都在法定审限内审结完毕，但经历一审、二审之后，时间已经过去半年，民事案件恢复审理后又有一审、二审，当事人苦不堪言。更深层次的问题是，在现行行政诉讼法框架下，法院的变更判决权仅仅局限于"行政处罚显失公正"；所以法院发现行政行为有违法情形时，通常撤销该行政行为而不作变更，民事争议问题仍然要留给行政机关再次处理，对于行政机关的再次处理，当事人还可以复议、诉讼。于是，终点又回到起点，一切从头开始，严重时案件会陷入一个无限反复的怪圈，河南焦作房产纠纷案就是一个活生生的事例。

3. 困境之三：行政附带民事诉讼模式的推广受到现有立法的束缚

第三种模式改进了"先行政后民事"的审案思维，把行政问题和民事问题合并起来由行政审判庭审理。附带诉讼是指由于同一个事实同时侵犯了两种不同性质的法律规范，于是与同一行为事实应当适用的规则、时间、空间、权益等方面发生了冲突，保护私权利与保护公权力在诉讼的时空点上必须做到兼顾安排，为避免不同权益的保护不周到和权益的不均衡局面，诉讼构造上创设了附带诉讼制度，以便在主诉保护一种权益的同时，通过附带诉讼保护另一种权益。③《行政诉讼法司法解释》第 61 条规定："被告对平等主体之间民事争议所作的裁决违法，民事争议当事人要求人民法院一并解决相关民事争议的，人民法院可以一并审理。"④该司法解释为我们提供了一种全新的审理模式——行政附带民事诉讼，可以在一定程度上解决诉讼拖延的弊端。但该种审理模式只能适用于行政裁决引起的民事、行政交

---

① 也有限制再审的例外情形，如《专利法》第 47 条规定："宣告专利权无效的决定，对在宣告专利权无效前人民法院作出并已执行的专利侵权的判决、裁定，已经履行或者强制执行的专利侵权纠纷处理决定，以及已经履行的专利实施许可合同和专利权转让合同，不具有追溯力……"此外，还有一个大前提是专利权人不是恶意的。这样的例外情形少之又少，况且都不是发生在不动产登记领域。

② 何海波：《行政行为对民事审判的拘束力》，载《中国法学》2008 年第 2 期。

③ 徐俊、徐晓玲：《附带诉讼被害人权利保护缺位及其改进》，载《行政与法》2005 年第 6 期。

④ 也有学者认为该司法解释确立的是我国行政诉讼中处理该类民事、行政并立交叉案件即行政居间裁决行为引起的争议的司法制度，即并案审理制度，不是关于行政附带民事诉讼制度的规定，附带审理与并案审理是有区别的。

叉案件中,因为行政机关居间裁决行为的目的在于解决民事争议,民事争议先于行政争议存在,行政争议是在解决民事争议的过程中产生的,两者具有关联性。行政裁决的相对人对行政裁决不服,实质上是对民事争议的处理结果不服。只有行政争议与民事争议同时解决,当事人的诉讼目的才能实现,两种争议不能分开审理。① 在行政裁决之外能否适用该模式没有法律上的依据。行政附带民事诉讼意味着在审理案件中,以行政诉讼为基础诉讼,以行政诉讼的结果为民事诉讼的根据。在我们国家所确定的刑事附带民事诉讼,就是以刑事诉讼为基础诉讼,民事诉讼需以刑事诉讼的结果为依据,在审理的过程中必须中止诉讼。但很多民行交叉案件是以民事争议为主,如物权关系与行政登记的交叉、民事侵权责任与行政争议的交叉等,甚至有的案件归根结底就是民事争议产生的,在这些案件中,登记行为可能只是构成民事争议的前提条件,或者说是民事争议的附属问题,以行政附带民事诉讼的形式审理此类案件明显不妥。另外,该模式最大的弊端是要在同一诉讼程序中解决相互间紧密联系、互为前提的附属问题不但司法体制上缺乏足够依据,而且不同审判领域的法官审理相对陌生领域案件的专业性和司法能力也不充足。②

4.困境之四:不区分案件情形的案件审理模式有可能损害行政执法和司法的统一性

第四种模式的根据在于民事法律关系和行政法律关系是可以分开的,对于行政行为效力可进行不同的判断,民事诉讼中对行政行为效力的认定只及于该案,既不影响行政行为的存续,也不影响当事人就行政行为另行提起诉讼。③ 这种做法与法院直接依据行政行为判决民事案件相比,有利于维护司法权威,避免由于行政行为的错误而导致司法判决将错就错;与"先行政后民事"的审案模式相比,提高了效率。但是,如果法院在民事诉讼中完全独立地进行审查,可能导致民事判决和行政行为相互冲突,从而损害行政执法和司法的统一性。两个庭的办案人员互相沟通并没有现成的规章制度可以遵循,如果两类不同性质的案件分别由两个法院管辖,想要及时进行沟通也会遇到障碍。

5.困境之五:民事诉讼无法单独胜任对行政行为的全部审查

第五种模式否定行政行为对民事审判的拘束力,法院可以直接根据相关事实进行民事审判,实质上行使了对行政行为的司法审查权。理由是民事诉讼在审查当事人主张的权利或实施的行为是否合法的同时,应当审查其依据——行政行为是否合法,以确认当事人的请求能否得到司法保护。从诉讼理论上讲,行政行为在民事诉讼中是诉讼证据,民事诉讼审查其是否合法,最终裁决也只涉及当事人主张的民事权利能否得到司法保护,而不涉及行政行

① 许尚豪:《民事、行政交叉案件诉讼程序研究》,载《山东大学法律评论》2007年第4辑,山东大学出版社2007年版,第48页。

② 霍振宇:《行政登记与司法审查》,法律出版社2010年版,第116页。

③ 《最高人民法院关于企业开办的企业被撤销或者歇业后民事责任承担问题的批复》(法复〔1994〕4号)称:"人民法院在审理案件中,对虽然领取了《企业法人营业执照》,但实际上并不具备企业法人资格的企业,应当依据已查明的事实,提请核准登记该企业法人的工商行政管理部门吊销其《企业法人营业执照》。工商行政管理部门不予吊销的,人民法院在审理案件中对该企业的法人资格可予认定。"又有《最高人民法院、公安部关于处理道路交通事故案件有关问题的通知》(法发〔1992〕39号)第4条规定:"当事人就道路交通事故损害赔偿问题提起民事诉讼,人民法院经审查认为公安机关所作出的交通事故责任认定、伤残评定确属不妥,则不予采信,以人民法院审理认定的案件事实作为定案的依据。"

为是否合法的问题。① 有些争议是发生在登记申请人与行政机关之间,若民事诉讼直接对具体行政行为的合法与否作出认定,除了剥夺行政机关的辩论权外,还将使行政机关丧失司法救济权。有学者主张为防止审查的片面性和局限性,在审查时通知作出具体行政行为的行政机关参加诉讼。② 笔者不赞同该观点,若行政机关以证人身份出现,同样无法保障其上诉权,且与行政诉讼证据规则相悖;若在民事诉讼中追加行政机关为有独立请求权的第三人,此做法是借鉴了日本立法的争点诉讼模式,③与我国现行法律制度不相吻合,此做法在我国找不到法律依据。

第二章 不动产登记行为的法理辨析

穿越不动产登记中民事、行政纠纷交织而产生的迷雾,首先应明确不动产登记的法律性质,从而确定登记机关的审查标准。长期以来,对不动产登记性质的认识模糊,直接导致对不动产登记的效力和职能的认定存有分歧。不动产登记是民事行为还是行政行为? 是许可还是确认? 对不动产登记行为的定性直接涉及规范登记行为的法律规范的性质及未来不动产登记法的立法模式,因而理论上有必要予以明确。④

第一节 不动产登记的性质

一、不动产登记是行政行为

界定不动产登记的行为属性是我们研究司法审查标准的起点。学者对不动产登记有不同的看法和主张,总结起来可分为以下三种:第一种观点认为,不动产登记是一种民事行为,是国家设立的担负公共职能的机关参与的私法行为。⑤ 理由主要是:(1)从我国不动产登记制度赖以存在的载体来看,《物权法》里对此有详细的规定,已经打上民事的烙印。(2)物权登记就是公示和证明物权权属状况,以保护私权为目的的私法行为。⑥ 所以应将不动产登记定位于私权保护的延伸领域,而不应看作是国家干预或行政管制。(3)不动产登记是依申

---

① 刘菲:《论民事诉讼中行政附属问题之司法审查》,载《行政与法》2009 年第 3 期。
② 李蜜:《行政民事争议交织案件处理方法之我见》,载《行政与法》2002 年第 7 期。
③ 争点诉讼是指行政行为的有效、无效成为先决问题的案件中,所争讼的法律关系是私法上的法律关系的诉讼。在争点诉讼中,作出处分的行政机关可以参加诉讼,由此援助接受处分的当事人,并使诉讼资料更加丰富。详见[日]盐野宏:《行政法》,杨建顺译,法律出版社 1999 年版,第 405 页。
④ 王旭军:《不动产登记司法审查》,法律出版社 2010 年版,第 4 页。
⑤ 王洪亮:《不动产物权登记立法研究》,载《法律科学》2002 年第 2 期。
⑥ 尹田:《论物权的公示和公信原则》,载梁慧星主编:《民商法论丛》,香港金桥文化出版社 2002 年版,第 275 页。

请的行为,当事人享有登记请求权,故登记应当以私法属性为基调。① (4)将不动产登记看作是一种民事行为,能够增强登记机关为不动产物权服务的色彩,也符合政府职能由管理型向服务型转变的形势要求。第二种观点认为是行政行为。第三种观点是将不动产登记划分为不同的阶段去加以辨别,并认为兼具民事和行政行为属性。② 理由是:在当事人申请登记环节存在的登记请求权是当事人之间的债权请求权或物权请求权,是私法性质的行为。到了登记审查阶段,登记就具有充分、明确的行政管理性质。

通说认为不动产登记是一种行政行为:第一,不动产登记是一项必须由不动产登记机关行使的公权力行为。第二,不动产登记行为是国家行政权力的一部分,体现了一定的强制性。登记并非源于当事人的自愿委托而是直接来源于国家行政权,申请人必须依法向登记机关申请登记,否则其不动产的相关权利便得不到法律的有效保护。第三,不动产登记行为是羁束性行政行为。不动产登记行为是对不动产物权的确认与宣告,是根据客观事实和法律规定决定的行为,必须严格按照法律规定和有关规范进行。③ 对于第一种和第三种观点,笔者认为有以下几点值得商榷:(1)登记申请目标指向是申请者请求登记机关对其不动产物权作出行政上的确认,目的是从法律的角度确立其不动产的合法地位。登记机关有权对申请依法进行审核并作出是否予以登记的决定,申请者和登记机关不是平等主体,登记机关也并非是为了和申请人达成合意才作出登记,这是一种法律规定的职责。(2)除了《物权法》有规定之外,许多行政法律法规对不动产登记亦有规定,不可能单纯定性为私法或是公法。(3)将登记按阶段划分进行定性,表面上看似乎很周延,但是从过程上看,登记申请是不动产登记的一个前提条件,目的是启动登记机关的登记行为,是登记行为程序上的前置环节,不能也没有必要把这个过程截然分开,断章取义地去认定它的行为属性。

二、不动产登记行为具有公定力、确定力、拘束力、执行力

不动产登记行为本身具备了具体行政行为的效力特征:(1)登记具有公定力。不动产物权登记作为公示的法定形式,是为了取得公信的法律效力,公信效力实质上也就是行政行为公定力在物权登记中的体现,是一种只有公权力行为才具有的法律效果。④ (2)登记具有确定力。确定力是指已生效的具体行政行为对行政主体和行政相对人所具有的不受任意改变的法律效力。登记机关非经法定事由和法定职权、程序也不得任意改变自己所作的登记效果,否则就要承担相应的法律责任。⑤ (3)登记具有拘束力。拘束力是指"行政行为成立后,其内容对有关人员或组织产生的法律上的约束效力,有关人员和组织必须遵守、服从"⑥。

① 李昊:《物权法背景下的不动产登记法——兼及公法与私法、实体法与程序法的分野》,载清华法律评论编委会:《清华法律评论》,清华大学出版社 2006 年第 1 期。
② 申卫星:《从物权法看物权登记制度》,载《国家检察官学院学报》2007 年第 3 期。
③ InWEnt 德国国际继续教育与发展协会、最高人民法院行政审判庭、国家法官学院:《中德行政法与行政诉讼法实务指南——中国行政法官实践手册》,中国法制出版社 2008 年版,第 222~223 页。
④ 王克稳:《我国不动产登记中的行政法问题》,载《法学》2008 年第 1 期。
⑤ 王达:《物权法中不动产登记的行政法效力及其赔偿问题初探》,载《行政执法与行政审判》2007 年第 2 期。
⑥ 罗豪才、湛中乐:《行政法学》,北京大学出版社 2006 年版,第 114 页。

登记行为一经作出,登记机关不得随意改变登记的内容,不能就同一不动产事项向不同的申请人作出登记。(4)登记具有执行力。执行力是指已经生效的具体行政行为要求行政主体和行政相对人对其内容予以实现的法律效力。[①] 登记行为在完成了对不动产物权的公示效力之后,也赋予了权利人登记所记载的相应权利,具有对世性和排他性。

三、不动产登记是行政确认行为

既然不动产登记如上所述是具体行政行为,那么不动产登记是行政确认行为还是行政许可行为呢? 行政确认一般是指行政主体对行政相对人的法律地位、法律关系或有关法律事实进行甄别,给予确定、认定、证明或否定并予以宣告的具体行政行为。行政许可是指在法律一般禁止的情况下,行政主体根据行政相对人的申请,通过颁发许可证或执照等形式,依法赋予特定的行政相对人从事某种活动或实施某种行为的权利或资格的行政行为。行政登记确认是特定的行政主体根据相对人的申请,对法律、法规规定必须予以登记注册的事项予以登记,从而依法确认行政相对人某种法律地位、权利义务及其他法律事实、法律关系的存在、变更或消灭的一种具体行政行为。不动产登记行政行为是对不动产权属法律关系的确认,是对权利人合法拥有不动产权利真实性的证明,通过向权利申请人颁发不动产证书体现了这一特点,不是对没有权利的人进行授权。所以说,不动产登记行为并非是赋予权利资格的行政许可行为,而是一种行政确认行为。[②] 另外,从私法的角度上看,不动产登记行为在物权法上的本质也是对不动产物权变动给予法律承认,为不动产物权变动提供法律基础。[③]

第二节 不动产登记机构的审查标准

《物权法》第12条规定,登记机构应当履行下列职责:(1)查验申请人提供的权属证明和其他必要材料;(2)就有关登记事项询问申请人;(3)如实、及时登记有关事项;(4)法律、行政法规规定的其他职责。申请登记的不动产的有关情况需要进一步证明的,登记机构可以要求申请人补充材料,必要时可以实地查看。从以上条文可以看出,这些只是对登记机构的职责作了列举性规定,没有明确登记机关进行的是实质审查还是形式审查。

一、形式审查与实质审查之争

所谓审查义务就是指登记机构在审查有关的登记申请中,承担何种审查职责。从各国物权法的规定来看,关于登记机构的审查义务,主要有两种模式:一是形式审查,另一种是实质审查。所谓形式审查,是指登记机构仅仅对当事人所提交的材料进行形式审查。如果确定这些申请登记的材料符合形式要件,就应当认为是合格的。所谓实质审查,是指登记机构不仅应当对当事人提交的申请材料进行形式要件的审查,而且应当负责审查申请材料内容

① 王旭军:《不动产登记司法审查》,法律出版社2010版,第9页。
② 刘莘、王达:《房地产行政登记理论与实务》,中国建材工业出版社2008年版,第23~24页。
③ 孙宪忠:《中国物权法原理》,法律出版社2004年版,第203页。

的真伪,甚至在特殊情况下对法律关系的真实性也要进行审查。①

二、对我国不动产登记机构审查标准的分析

有学者认为,我国法律并未赋予登记机构对于民事法律关系合法性的审查权,同时考虑到登记效率、防止公权力对当事人意思自治的侵扰等问题,登记机构难以对原因行为的真实合法性进行实质审查。因此,登记机构对原因行为的审查还是"窗口式的形式审查"。② 笔者同意以上观点,受到客观条件的限制,我国不动产登记机关的审查义务应是以形式审查为主。首先,先从登记机关的职权角度考察,在我国现行立法中找不到登记机关可以审查登记基础法律关系的授权性规范,法律并没有授予登记机关解决纠纷、确认权属、判别法律关系是否有效的准司法权限;相反,却存在"因权属不清,暂缓登记"的规定以及"实体争议引发的纠纷,可由当事人共同协商解决,也可向法院起诉"的规定。构成登记原因的法律关系往往是民事诉讼等司法程序的管辖范围,如果登记的行政审查及于登记的原因领域并作出确认,一旦相关登记原因关系争议经历司法的审查与判断而形成与行政判断不一致的结果,行政依然要服从于司法判断的终局性。这样看来,行政审查及于登记的原因关系非但徒劳无功,反而会增加现实中的混乱。其次,从登记机关的职务能力角度审视,登记机关并非法定专业鉴定机构,对于登记申请材料中的签字真伪、申请人行为能力等问题的判断并不具有比一般人超常的识别能力,以超越登记机关职务能力的审查标准要求行政机关,令其对申请材料的真实性负担审查义务不具有可行性。③ 如果以此标准要求登记机构,即使其不惜耗费大量的登记成本对登记材料进行深入的调查与判断,但受实际条件限制,如登记机构并不具备与法院同等的司法能力,因此形成的登记结果出现错误的概率较之形式审查的结果有可能上升而不是下降。最后,实质审查带给登记机构的登记效率低下,带给登记人员的不堪重负,带给申请人的过高登记成本会影响登记实际功能的发挥。需要办理登记事务的当事人甚至会想方设法规避登记,以避免过高的登记代价,登记制度将形同虚设。事实上,与其超越登记机关的能力限度,课以过高的审查标准,不如恰当把握登记审查的限度,要求登记机关在职权所及、能力所限的范围内做好分内之事。由此可见,我们需要的不是实质审查标准,而将登记审查的标准确定为以形式审查为主应该是比较合理的,至于形式审查带来的缺陷可以通过异议登记、更正登记等配套制度来弥补。

第三节　对不动产登记效力的再审视

对于民行交叉案件采取先行后民、行政附带民事诉讼、单一行政诉讼的观点,其基础在于强调行政登记的效力和权威性,如果能够证明不动产登记仅具有相对稳定的,而非绝对不可变更或不可撤销的效力,那么就为构建新的审理模式打下了良好的基础,于是对不动产登

---

① 王利明:《物权法研究》,中国人民大学出版社 2007 年修订版,第 333 页。

② 杨威、贾亚强:《不动产登记案件中民行交叉问题的处理》,载《天津市政法管理干部学院学报》2009 年第 4 期。

③ 霍振宇:《行政登记与司法审查》,法律出版社 2010 年版,第 79 页。

记的效力,如公定力、确定力、拘束力、公信力进行再审视就变得十分有必要。

一、不动产登记公定力的有限性

不动产登记在一定限度和范围内具有公定力。首先,法律和法理赋予行政行为公定力,仅仅是一种对其合法性的推定或假设,并不意味着行政行为一经作出必然合法。也就是说,行政行为的公定力并不能对抗合法性审查,行政行为一旦被发现违法,均应予以撤销或被确认违法、无效。因此,行政行为的公定力仅仅具有相对性,而不是绝对的。其次,根据行政行为的公定力引申出来的"行政行为推定有效规则"应当服从更高层次的行政法基本原则——合法性原则,因此,行政登记的"推定有效",不能对抗法院对其基础法律关系的否定。"所有机关、组织或个人"都应当尊重行政主体作出的行政行为,并不意味着任何机关、组织或个人都不能对行政行为进行监督,而且这种"尊重"是建立在行政行为未被撤销、确认违法或无效的前提之下的。[①] 行政行为的公定力并不具有排除法院对其合法性进行审查的效力。

有些学者认为登记机关作出的形式审查登记行为不从实质上审查材料的真实性,不具有公定力。笔者对此也持不同观点,行政行为的公定力就是行政行为一经作出,除非有"重大且明显违法"情形,通常都推定具有合法的效力。行政机关行使行政职权对某一事项进行了处理,即使是形式上的处理,当行政行为注入了行政机关的公权力意志时,也具有公定力。不动产登记作为行政行为的一种,理应具有公定力。"不能因为登记机关只是对材料进行形式审查以及审查材料时自由裁量权较小就否定形式审查登记行为具有公定力。"[②]但是,形式审查登记行为的公定力又都是有限度和范围的。因为登记机关只负责对材料是否完备和齐全进行形式审查,而没有对材料是否真实,特别是这些材料背后的民事权利义务关系进行实质审查,所以不动产登记的公定力只能表现在材料的完整和齐备上,而不能表现在材料自身的真实性上。"形式审查登记行为的公定力,只能表现在推定登记机关作出形式审查登记行为所依据的材料符合法律的形式规定,而不能表现在推定形式审查登记行为所记载的权利状况是真实的。进而言之,作为形式审查登记行为载体的登记簿上所记载的权利状况不具有内容真实性的公定力。"[③]

基于登记行为审查范围的有限性(不对物权变动的原因行为合法性审查)及登记机构审查能力的有限性,可能造成登记行为合法性与登记内容真实性存在一定程度的分离,即司法认定合法的登记行为记载的权利可能与实际权属不符。[④] 虽然受民事诉讼审查范围的限制不能直接对行政登记作出裁判,但是只要有确凿的证据,完全有权作出与行政登记的内容不一致的判决,否定由行政登记作为保护层的权利状态。

---

① 茅铭晨:《中国行政登记法律制度研究》,上海财经大学出版社 2010 年版,第 156 页。

② 方世荣、羊琴:《论行政行为作为民事诉讼先决问题之解决——从行政行为的效力差异进行分析》,载《中国法学》2005 年第 4 期。

③ 方世荣、羊琴:《论行政行为作为民事诉讼先决问题之解决——从行政行为的效力差异进行分析》,载《中国法学》2005 年第 4 期。

④ 李昕:《论我国行政登记的类型与制度完善》,载《行政法学研究》2007 年第 4 期。

二、不动产登记的确定力和拘束力的相对性

不动产登记具有确定力,并不意味着其绝对不可以"改变",有权机关经过法定程序,完全可以对已经作出、存在的具体行政行为予以"改变"。行政登记具有确定力,但是不能阻却登记机关自身和法院经法定程序对行政登记进行的"改变"。法院在有关诉讼程序中发现行政登记违法或错误,当然可以通过撤销行政登记或重新判定基础法律关系等方式进行监督,直接或间接地使行政登记"改变"。

对不动产登记拘束力的理解也是同样的道理:第一,这种拘束力是相对的,即如果行政行为的内容违法或错误,行政行为的相对人或利害关系人可以通过法定程序要求纠正或撤销,从而解除其拘束力;第二,这种拘束力主要是针对行政相对人和作出行政行为的行政机关的,对利害关系人并无直接拘束力,对法院更不具有拘束力,受错误登记或违法行政登记侵害的利害关系人行使救济权、法院行使审判权,并不受行政登记内容的拘束。① 这就为法院绕过行政登记,直接对行政登记下的民事权利纠纷进行审判提供了理论铺垫。

三、不动产登记行为的权利推定力和公信力

登记对于登记名义人来说具有权利推定的效力,即记载于不动产登记簿上的登记名义人视为真实权利人,将形式意义上所展现的权利状态与真实权利通过法律的推定技术合二为一。② 不动产物权原则上以登记作为公示方法,其公信力表现在以不动产登记簿所记载的当事人的权利内容为正确的不动产权利,即具有权利正确性推定效力。基于物权登记的公信力,即使登记错误或者有遗漏,因相信登记正确而与登记名义人进行交易的第三人,其所得利益仍将受到法律的保护。③《物权法》第106条对不动产的善意取得进行了明确的规定,肯定了登记公示产生的公信力效果。不动产如房屋权属等一经登记应推定其具有相应的法律效果,社会公众能推定和相信权利登记簿所记载的内容是真实有效的。同理,登记机关颁发的不动产权属证书也具有权利推定力。

综上,笔者认为,虽然行政登记和司法裁判都是国家机关作出的具有法律效力的公权力行为,对社会都具有约束力,但在行政受司法监督的法治社会,司法裁判具有变更、撤销、否定行政行为的效力是不言而喻的。《行政诉讼法》已经明确法院具有对行政行为进行审查的权力。另外,从司法裁判裁断是非、定纷止争的基本职能上看,如果法院能够查清基础法律关系,完全可以对经过不动产登记、披有"合法"外衣,但不符合查明的事实的"权利"予以否定。由此可见,通过民事诉讼对不动产登记下的基础法律关系进行审查并对民事权利作出裁判,在法律上是没有障碍的,在司法职能上也完全是有依据的。

---

① 茅铭晨:《中国行政登记法律制度研究》,上海财经大学出版社2010年版,第158页。
② 常鹏翱:《物权法的展开与反思》,法律出版社2007年版,第404页。
③ 江平主编:《中国物权法教程》,知识产权出版社2007年版,第149页。

第三章　并行诉讼审理案件方式的构建

第一节　案件审理新模式的具体构建

一、并行诉讼审理民行交叉案件方式的构建

　　形式审查登记行为的公信力与公定力不同，公定力来源于行政权的渗透，而公信力并不是来源于行政权的渗透，只是法律拟制的使社会公众相信的效力。行政诉讼审查登记行为的公定力问题，即判断登记机关作出形式审查登记行为所依据的材料是否符合法律的形式规定；民事诉讼审查登记行为的公信力问题，即判断实际的民事权利义务状况。[①] 通过对行政登记性质的考察，我们发现登记之于民事权利或事实状态确定的主要功能在于形成信息公示并进而产生社会公信力，法律将登记内容推定为真实可信，善意信赖者的利益受到法律保护。登记作为外化于私法主体意思表示之外的一项独立制度，登记程序的运行效果与私法实体法效果共同影响着民事权利或事实状态的确定。在这一意义上，因不动产登记引发的诉讼案件便产生了民事与行政的交叉问题。笔者认为，作为登记基础的民事法律关系与登记机关的登记行为并无何者为因、何者为果的先后关系，两者实质上是各自为政、并驾齐驱的并行关系。前者的争议产生于民事法律关系之上，真实的民事权利或事实状态的确定是以私法上意思表示为根基的民事实体法调整范畴，当事人意在解决权属的确定问题，应诉诸民事诉讼程序；后者的争议产生于行政法律关系，以行政登记机关的公务过错与行政赔偿责任为基础的登记行为合法性的问题则属于行政法调整范畴，因行政机关的登记行为所引发，当事人意在追究登记机关之过错的登记不实的行政赔偿责任，应诉诸行政诉讼程序。如果当事人两者并举，则民事与行政并行不悖。

　　让我们再来看一下不动产物权变动模式的逻辑结构：法律行为（条件1）＋初始登记或是变更登记（条件2）＝不动产物权确立或是变动（效果1）＋公信力（效果2），基于以上结构，笔者认为，对于不动产登记行为引发的纠纷，审查登记行为合法性的行政诉讼和审查登记行为所涉及的基础民事法律关系的民事诉讼可以并行。当事人可以选择两种救济模式：一是提起变更登记或是异议登记后提起民事诉讼，起诉条件1使其不成立；二是提起撤销条件2的行政诉讼。选择何种诉讼关键看当事人对登记内容的真实性还是对登记行为合法性有异议。这是并行诉讼解决纠纷的关键所在。如果当事人只对登记内容的真实性有异议，救济方式可以选择前者，如果在民事诉讼中认定的实际权利状况与权属登记证书记载的权利状况不一致，可以直接作出民事裁判，对实际民事权利义务状况进行认定。在民事诉讼中对条件1是否成就作出裁判后，不需要再提起行政诉讼；如果是对登记行为合法性有异议则

---

　　① 方世荣、羊琴：《论行政行为作为民事诉讼先决问题之解决——从行政行为的效力差异进行分析》，载《中国法学》2005年第4期。

可以选择后者。如果登记机关是在职权范围内遵循法定程序，适用正确的法律，依据符合法律规定形式的材料作出的登记，行政诉讼可以作出该登记行为合法的判决，但不对登记行为涉及的权利义务关系作出裁判，如需解决则要通过另行提起民事诉讼处理。

基础民事法律关系成立与否、是否有效的司法判断也不足以说明登记行为是否合法，登记行为的合法性有其自身的审查与评判标准。在登记行为合法性与基础民事法律关系有效问题上可能存在四种对应关系，即登记行为合法，民事法律关系有效；登记行为违法，民事法律关系有效；登记行为合法，民事法律关系无效；登记行为违法，民事法律关系无效。这四种关系在审判实践中是极为常见的，它们的存在并不构成民事裁判与行政裁判的矛盾或冲突，也说明既有登记争议又有基础民事法律关系争议的民行交叉案件，民事审判与行政审判的处理结果并无本质的联系，两种诉讼并行各自解决其管辖范围内的纠纷是没有问题的。并行诉讼具体流程可参见图1。

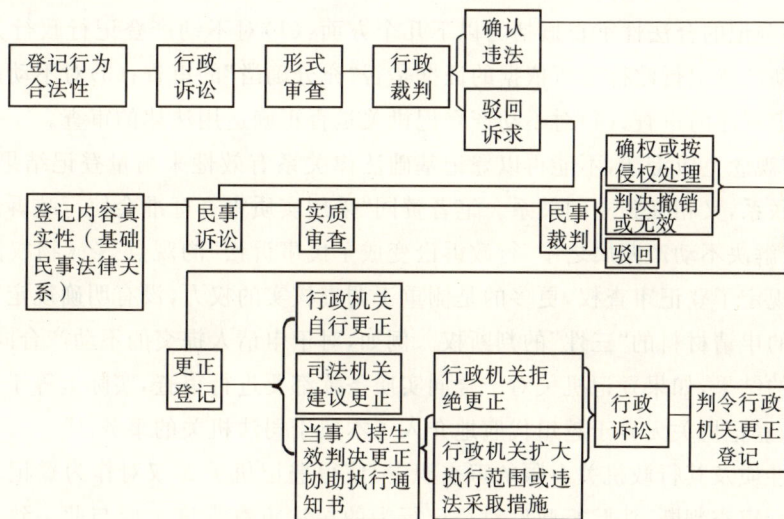

图1　并行诉讼模式流程图

二、并行诉讼框架下的行政诉讼

在并行诉讼的大框架下，并行轨道之一是行政诉讼审查具体行政行为。如果当事人是对行政登记行为本身的合法性有异议，如行政登记机关违反法定程序、申请人未依法提交法定的全部资料而予以登记或是申请材料本身互相矛盾等因为行政机关未尽形式审查义务而导致登记错误，此争议的实质在于当事人与行政机关之间，此时，民事审判不能僭越行政审判的审查范围，法院应该告知当事人通过行政诉讼的方式来解决。

在司法实践中，以不动产登记纠纷为由提起的行政诉讼通常表现为以下几种情形：（1）不服登记机关作出的不予受理登记申请决定、不予登记决定或认为登记机关拒绝履行登记职责的；（2）认为登记机关审查不严，进行错误登记的，包括认为登记机关错误进行不动产物权转移登记、变更登记、撤销登记、注销权属证书等情形；（3）与不动产登记相关的信息查询、测绘、行政处罚等问题引发的争议。第三类纠纷一般不会涉及民事纠纷，不属于本文讨论的范围。

《行政诉讼法》第 5 条规定："人民法院审理行政案件，对具体行政行为是否合法进行审查。"可见我国法律对被诉具体行政行为的审查限于对被诉具体行政行为是否合法的范围之内，不动产登记作为具体行政行为的一种，当然也要遵循《行政诉讼法》的有关规定。不动产登记行政行为合法性审查的含义是，人民法院对被诉的不动产登记行政行为是否符合法律规定的范围、方式、内容、程序和权限进行审查，既要进行实体审查，又要进行程序审查。①《行政诉讼法》第 54 条规定："人民法院经过审理，根据不同情况，分别作出以下判决：（一）具体行政行为证据确凿，适用法律、法规正确，符合法定程序的，判决维持。（二）具体行政行为有下列情形之一的，判决撤销或者部分撤销，并可以判决被告重新作出具体行政行为：（1）主要证据不足的；（2）适用法律、法规错误的；（3）违反法定程序的；（4）超越职权的；（5）滥用职权的。（三）被告不履行或者拖延履行法定职责的，判决其在一定期限内履行。（四）行政处罚显失公正的，可以判决变更。"此规范为我们提供了一定的审查标准。笔者以该标准为蓝本，对不动产登记的合法性审查概括为以下几个方面：（1）对不动产登记行政行为职权的审查；（2）对不动产登记行政行为所依据的证据是否"充分确凿"的审查；（3）对不动产登记机关是否遵循法定程序的审查；（4）对不动产登记机关是否正确适用法律的审查。

此外，在观念上应澄清，不能再以登记基础法律关系有效性来衡量登记结果的合法性，两者是相互联系，又相互独立的关系。笔者赞同"采用实质审查标准会使行政诉讼陷入确定真正权利人、解决不动产归属之中，行政诉讼变成了民事诉讼"的观点。②《物权法》第 12 条只概括性地规定了登记审查权，更多的是侧重于调查核实的权力，没有明确规定登记机关对申请人提供的申请材料的"三性"的判断权。例如，对于申请人提交的不动产合同，属于当事人意思自治的结果，如果登记机关对于合同实质条款都要进行审查，实际上等于充当了司法机关的角色，登记机关无异于越俎代庖地介入了本属于司法机关的事务。③

登记的性质及其行政机关有限的审查职责，使得登记机关无权对作为登记基础的民事法律关系进行审查判断，法院行政庭对登记行为的司法审查强度也应与此一致。对不动产登记的审查应以申请材料、证明文件齐备为原则，重点审查整个不动产登记行为，包括受理、审核、记载于登记簿、颁发凭证等环节是否符合法律所规定的要求，即不动产登记机关是否尽到了相应的审查和注意义务，如是否进行了必要的调查和询问等，这样的审查要以登记机关判断、识别能力为限，采取明显、重大违法排除的标准较为恰当。尽管因为登记所涉及民事法律关系的问题可能导致登记错误，造成登记权利和真实权利的偏差，但问题的根源并不在于登记机关的登记行为，行政诉讼也无法从根本上解决争议。

三、并行诉讼框架下的民事诉讼

在并行诉讼框架下的另一条并行轨道是民事诉讼可以直接审查登记基础法律关系，审

---

① 王达：《房屋所有权、抵押权登记行政诉讼理论与实务》，知识产权出版社 2006 年版，第 23 页。

② 北京市东城区人民法院行政审判庭：《房产登记行政行为的司法审查》，载《人民司法》2006 年第 10 期。

③ 常鹏翱：《不动产物权登记程序的法律构造》，载蔡耀忠主编：《中国房地产法研究》，法律出版社 2003 年版，第 581 页。

查登记所涉及的真实权利状态。如果当事人是对行政登记内容的真实性有异议,即对所涉及的民事权利义务关系有异议,直接提起民事诉讼即可解决,不需通过行政诉讼。

1.民事审查权利状态的必要性

从现行的《行政诉讼法》规定来看,行政审判对超过起诉期限的具体行政行为不能依据职权进行合法性审查。[①] 由于《行政诉讼法》对起诉期限、法院受案范围、主体资格等规定十分严格,有些具体行政行为无法通过行政审判予以纠正,除了行政相对人在法定起诉期限内未提起诉讼之外,原告主体资格不适格被人民法院驳回起诉、超出起诉期限被人民法院驳回起诉等都是常见的情形。如果民事诉讼对直接判断案件事实起至关重要作用的、超过起诉期限的具体行政行为不能审查,将会出现司法真空,影响司法权的权威性和公正性。

2.不动产登记具有证据效力

不论何种类型的物权变动,物权一经登记都将产生物权的证明作用,即权利正确性推定效力,但这种推定效力并不具有绝对的效力。故登记证书可以在民事诉讼中作为证据使用。法院可以将其当作优势证据,除非有异议的当事人提供有力的相反证据足以推翻其认定,就应予以采纳。如果权属登记证书记载的权利状况与实际的权利状况不一致,民事审判庭可以在民事诉讼中综合审查所有相关证据,判断各证据证明力的大小,直接对实际的权利状态作出认定。

3.民事审判不宜对登记行为合法性作出评判

我国《行政诉讼法》第3条第2款规定:"人民法院设行政审判庭,审理行政案件。"第5条规定:"人民法院审理行政案件,对具体行政行为是否合法进行审查。"可见,在我国现行法律框架下,行政行为的合法性问题是由行政庭通过行政诉讼的途径予以解决的,民事审判庭无权在民事裁判中认定或者宣告形式审查登记行为违法,更不能撤销形式审查登记行为。基于行政行为的公定力,行政登记行为在未经有权机关经法定程序撤销或宣告无效之前,仍然具备形式上的合法性。民事判决虽然否定了其实质权属推定,但却不能推翻登记行为本身,此刻的行政登记行为是一种已经丧失实质合法性却具备形式效力的行政行为。[②]

四、当事人应具有登记订正申请权

如果民事诉讼认定的实际权利状况与权属证书记载的权利状况不一致,权利人可以依据法院的生效判决要求行政登记机关予以变更。行政登记机关必须根据法院的生效裁判进行登记订正,不能以已尽形式审查义务拒绝履行订正义务。比如说,国土资源、房地产管理部门在协助人民法院执行土地使用权、房屋时,不对生效法律文书和协助执行通知书进行实体审查。国土资源、房地产管理部门认为人民法院查封、预查封或者处理的土地、房屋权属

---

① InWent 德国国际继续教育与发展协会、最高人民法院行政审判庭、国家法官学院:《中德行政法与行政诉讼法实务指南——中国行政法官实践手册》,中国法制出版社 2008 年版,第 243 页。

② 黄勤武:《论民事诉讼中对行政登记行为的效力审查》,载福建省高级人民法院法官培训处主编:《司法能力建设与司法体制改革问题研究——福建省法院系统第十七届学术讨论会获奖论文集》,第 121 页。笔者对这里的"实质合法性"有自己的理解,所谓的丧失"实质合法性"是指登记丧失了合法登记基础的支撑,但是从形式上来说,它本身还是合法的,行政诉讼也不能否认其效力。

错误的，可以向人民法院提出审查建议，但不应当停止办理协助执行事项。① 根据《物权法》、《房屋登记办法》等规定，公民、法人或其他组织对房屋登记机构作出的房屋所有权、抵押权、地役权、预告登记、更正登记、异议登记等房屋登记行为及其不作为，或者房屋登记机构就查询、复制登记资料等事项作出的相关行政作为及其不作为不服提起行政诉讼的，属于人民法院的受案范围。② 如果房地产管理部门协助人民法院执行造成转移登记错误，根据最高人民法院《关于行政机关根据法院的协助执行通知书实施的行政行为是否属于人民法院行政诉讼受案范围的批复》（法释［2004］6 号）的规定，行政机关根据人民法院的协助执行通知书实施的行为，是行政机关必须履行的法定协助义务，不属于人民法院行政诉讼受案范围。如果当事人认为行政机关在协助执行时缩小或扩大了范围或者违法采取措施造成其损害，提起行政诉讼的，人民法院应当受理。

如果与房屋权属相关的当事人基于某种目的，懈怠或不愿意履行房屋权属登记变更，另一方当事人除了生效的司法裁判文书之外，还应该有法院的协助执行通知书。所谓协助执行，是指实施执行措施的人民法院通知有关单位或者个人协助执行发生法律效力的法律文书所确定的内容的一种法律制度。这种协助执行制度是通过立法的形式来确定有关单位和个人的协助执行义务，有关单位和个人必须配合人民法院的执行工作。③ 人民法院在执行过程中，对于涉及行政权的主管范围，必须借助行政权来完成执行事项，而不能代替实施本应由行政机关作出的行政行为。房屋登记机构拒不协助办理有关房屋权属转移手续的，人民法院除责令其履行协助义务外，并可以予以罚款。人民法院可以对其主要负责人或者直接责任人员予以罚款；对仍不履行协助义务的，可以予以拘留，并可以向监察机关或者有关机关提出予以纪律处分的司法建议。④

第二节　并行诉讼中行政诉讼与民事诉讼程序上的互相衔接

在并行诉讼的框架下，行政诉讼与民事诉讼程序上的互相衔接是并行诉讼中轨道与轨道之间的接轨。如果当事人针对登记行为的真实性，即登记行为所涉及的基础民事法律关系提出异议，如果当事人已经提起行政诉讼，因行政诉讼中对登记行为的合法性审查并不包括对登记内容的真实性进行审查，行政审判人员应积极行使释明权，建议当事人提起民事诉讼对登记所涉及的民事法律关系进行确认。如果当事人坚持只提起行政诉讼，出于对当事人诉权的尊重，行政诉讼照常进行，法院只能依据行政审判的审理思路对登记行为的合法性进行审查，这种审查与基础民事法律关系争议无关。登记机关只要履行了法定职责，登记行为符合法律规定，就应当对其合法性予以确认，但这并不意味着对物权归属的确认。

如果民事诉讼确认的民事法律关系或民事权利与行政登记确认的内容一致，则应当认

---

① 最高人民法院、国土资源部、建设部：《关于依法规范人民法院执行和国土资源房地产管理部门协助执行若干问题的通知》（法发［2004］5 号）第 3 条规定。
② 江勇、管征：《行政审判实务问题研究》，中国法制出版社 2009 年版，第 247～248 页。
③ 程啸、侯丹华：《房屋登记》，法律出版社 2009 年版，第 11 页。
④ 详见《中华人民共和国民事诉讼法》第 227 条、《最高人民法院关于适用〈中华人民共和国民事诉讼法〉若干问题的意见》第 292 条。

定行政登记内容真实合法，即使行政登记其他方面存在违法或瑕疵从而应当予以变更、撤销或确认违法，那么法律也应规定此情形下的行政判决仅仅具有认定和追究违法或错误行政登记行政法律责任的意义，而不具有直接恢复或获得某种民事权利或直接确认某种民事法律关系的效力，相关民事权利或民事法律关系还必须通过新的行政登记或民事司法途径确认。同时，通过在撤销行政登记或确认行政登记违法、无效的同时，责令登记机关重新履行登记义务，避免因撤销行政登记或确认行政登记违法、无效可能造成的民事权利"悬置"的状态。

一、行政诉讼判决方式的合理选择

法院处理行政诉讼案件时，主要涉及撤销、履行、确认违法、确认无效、维持、驳回诉讼请求等判决方式。在我国登记制度总体尚不健全的情形下，司法实践中对不动产登记引发的同一行政诉讼案件判决方式的选择适用上存在很大争议。笔者认为，有关登记机关的行政诉讼判决方式，应结合行政登记行为的性质以及效力保护的特殊需要、行政诉讼判决方式的基础知识等具体情况进行区分：

一方面，诉讼标的不涉及登记实质内容以及公信力的情况下（如对登记机关拒绝登记或不作为提起行政诉讼），当然可区分情况适用维持、撤销、履行等常规裁判方式。另一方面，以登记违法为由提起诉讼（包括以登记程序违法、登记机关未尽审查义务为由提起的行政诉讼），因涉及已有登记的公信力以及判决的既判力问题，法院应当适用确认违法或驳回原告诉讼请求的判决形式。既对登记行为的合法性作出裁判，又避免撤销判决对登记效力的不当干涉，在此基础上，根据违法的有无、过错的程度以及损害后果，进而判决被告采取具体补救措施或者承担赔偿责任。①

1. 驳回原告诉讼请求判决方式的适用

驳回原告诉讼请求的判决方式应成为不动产登记行政诉讼案件中肯定性判决的首选。在作出行政判决时，由于登记行为合法性与登记结果的正确性存在一定程度的分离，应妥善选择行政判决方式。如经审查，登记行为合法，为避免因行政判决的既判力制约当事人通过民事诉讼对实质民事争议进行裁决后变更登记恢复真实权利的可能性，不宜采用维持的判决方式，宜采用判决驳回诉讼请求的方式。② 行政登记诉讼案件情形复杂多变，更多的情况是在非因登记机关过错导致的登记错误，为使登记内容与事实情况一致，常依赖于登记机关根据现实情况更正登记，自行纠正登记错误。有的登记尽管不准确，但由于登记机关已经完全尽到了审查义务，此时不能说登记不合法，如法院以维持判决使登记行为固化，则势必影响登记机关更正登记职权的行使。驳回原告诉讼请求的判决方式就因其独特的适应能力变成了不动产登记行政诉讼的首选：一方面，驳回原告诉讼请求的判决方式在很大程度上可以避免对行政登记行为合法性评价上的障碍，对于据以登记的基础法律关系发生变化等情形

---

① 李昕：《制度欠缺与司法程序的权宜之计——论我国行政登记的类型与裁判》，载《成人高教学刊》2007年第3期。

② 杨威、贾亚强：《不动产登记案件中民行交叉问题的处理》，载《天津市政法管理干部学院学报》2009年第4期。

均有适用余地;另一方面,驳回原告诉讼请求的判决方式有助于促使当事人通过民事诉讼方式解决作为登记基础的法律关系争议,再向登记机关申请更正登记,从根本上实现诉讼目的,而不至于把目光都聚焦在功能有限的行政诉讼上。

2.确认违法判决方式的适用

确认违法的判决方式应成为不动产登记行政诉讼案件中否定性判决的首选。尽管登记存在瑕疵,但不能否定登记的权利即为真实权利的情况,而撤销登记会打破不动产物权的公示状态,有可能危及交易稳定,妨碍财产的正常流转,撤销行政行为的判决方式也不宜采用。① 如登记行为违法,可适用确认登记违法的判决方式,以使判决方式同登记本身的性质、功能相匹配。

以上两种裁判形式的适用,一方面,实现了登记行为的合法性审查与公信力保障之间的平衡,避免因司法撤销权的行使降低登记应有的公信力和确定力;另一方面,回避对登记的实质效力作出裁判,以免因法院裁判的既判力制约当事人通过民事诉讼的方式对实质民事争议进行裁决,进而变更登记的可能性,有利于明确两大诉讼的分工,保证裁判结果的统一,实现协调民事与行政诉讼裁判的功能。

二、并行诉讼模式对现实案例的妥善处理

据此以上所构建的模式,[案例 2]当事人之间的争议主要在于房屋买卖合同是否有效的问题,乙认为甲是无权处分,无效,甲认为有效,其取得购房款便有了法律依据,丙认为自己构成对不动产的善意取得。三方当事人都对不动产登记本身的合法性无异议,不需要提起行政诉讼。乙应提起民事诉讼,此时房屋已经过户到丙的名下,法院应追加丙为第三人,然后先审查房产是否为甲与乙的夫妻共同财产,如果是夫妻共同财产,则应当审查丙是否构成善意取得,如果丙构成善意取得,丙获得权属证书具有合法的基础法律关系,丙的购房行为和获得的房地产权属证书应受到保护。如果乙不服判决结果又提起行政诉讼要求撤销丙的房地产权证,即使房管局在审查颁证过程中有审查不严等违法错误之处,法院对乙要求撤销登记行为的诉讼请求也不应支持,应按照关于被诉行政行为违法但不宜撤销的情形作出确认被诉行政行为违法的判决,此违法确认仅具有对行政登记行为存在违法之处的确认和行政法责任上的意义,而不具有否定颁发给丙的房地产权证的效力和溯及基础法律关系的意义。乙的损失可以通过追究甲的侵权责任或要求房管局承担行政赔偿责任的途径寻求损害赔偿。反之,如果法院认定丙不构成善意取得,在民事诉讼中便可否定丙的购房行为的效力,乙凭借该民事判决书可到房管局要求撤销丙的房屋权属证书,并进行变更登记。

[案例 1]的争议点在于政府部门颁发的国有土地使用权证是否合法有效的问题,这个案件的特殊之处在于该问题成为判断甲公司建设厂房的行为是否为民事侵权行为的前提,当事人应该先提起行政诉讼。

---

① 有学者认为实践中常采用的撤销不动产权属证明等方式更为不妥。因为行政登记行为产生的证明权属或事实的证书不是登记行为的书面载体,不能涵盖登记的全部内容,不是司法审查的对象。体现完整的登记程序与登记结果并具备相应法律效力,得以承载行政登记行为的法定形式应当是登记机关的登记簿而非其他。

[案例3]当事人双方的争议实质也在抵押登记证下的两被告之间的抵押是否构成恶意抵押,如经过审理认定构成恶意抵押,法院可以认定抵押行为无效,原告可以在胜诉之后持生效判决书(执行通知书)到行政机关涂销抵押登记。

对于[案例4],笔者认为一审法院对该案的处理较之二审法院更为妥当,尽管孙某可能以不正当的方式或手段骗取登记机关的信任而补办了房屋产权证,但该补办程序并无不当,更主要的是作为本案的第三人张某是善意的,且其已经进行了合法的过户登记,法院不应予以撤销。对于开发公司的损失应该通过民事诉讼的途径向孙某追偿。但是,一审法院的判决方式还是有不妥当之处,比如说在行政诉讼中因为不能审查登记的基础法律关系,也就一时无法认定是否有善意取得情形的存在造成登记的权利人与实际权利人的不一致,应慎用维持判决,而应改用判决驳回原告的诉讼请求较为合适。

三、对善意第三人的妥善处理

在不动产登记中,最为常见的情形是"一物二卖"或"一物多卖",即一个不动产先后卖给两个或多个买受人,如果最后买受人为善意,尽管买卖中间环节存在着瑕疵或不存在有效的民事合同,第一买受人因未办理登记手续仍不能取得不动产的所有权,他只能够起诉出卖人承担违约责任。对于善意买受人,即第二买受人或之后的买受人合法办理的变更登记,法院应予维持。① 但如果第二或之后的买受人明知该不动产已经出售,故意与人订立不动产买卖合同后,也办理了登记过户手续,法院仍可以撤销房屋登记机关的变更登记行为。② 另外,对于当事人申请撤销登记的情形要区分对待,如果涉及权属不明的情形,一般情况下应提倡当事人先进行民事诉讼,然后再评价登记行为的合法性或者由权利人向登记机关申请更正登记,但在民事诉讼中不能以该登记行为证据进行"循环论证"。③ 如果在民事诉讼中已认定一个不动产已进行多次转移登记,前一次的房屋登记行为是通过诈骗等不正当手段骗取,且已被确认,而现不动产物权人符合善意取得条件,在行政诉讼中不能仅以前一次的房屋登记行为违法为由,判决撤销后一次的房屋登记行为,如果行政机关在审查过程中尽到审查义务,应判决驳回原告的诉讼请求;如果当事人提起行政诉讼在前,法院可以审查登记的过程申请变更登记的双方有没有提交不动产买卖的契据,如果没有则在一定程度上代表该不动产交易尚未完成,登记机关在当事人登记申请时有无查明情况、是否属于真实交易、有无违法交易规避法律,对这些情形法院都应予以审查,如果登记机关没有做这方面的审查,且在诉讼中能够证明确有不实交易,则可认定登记行为违法,如果登记机关尽到审查义务,还是应判决驳回原告的诉讼请求,并向当事人释明通过民事诉讼途径继续解决纠纷。

---

① 此处的维持不一定是指判决方式,判决方式笔者认为还是应以判决驳回原告的诉讼请求为首选方式。

② 王达:《房地产纠纷处理中行政与民事交叉问题的正当程序》,载《行政执法与行政审判》2006年第4期。

③ 也有学者主张,在民事诉讼与相关的行政诉讼并存时,应先解决行政诉讼,只有登记行为未经行政审判,民事诉讼才应对该登记行为进行全面审查。详见李群星:《论民事诉讼中对附属具体行政登记行为的司法审查》,载最高人民法院民一庭主编:《民事审判指导与参考》(2003年第4集,总第16集),法律出版社2004年版,第105页。

第三节　解决不动产登记民行交叉案件的完备途径

在以上反思的基础上,笔者认为,民事诉讼结合《物权法》中确立的更正登记与异议登记制度,可以形成解决不动产物权登记纠纷的完备途径。在因物权权属争议而引发的不动产登记纠纷中,真实权利人为暂时阻断登记物权的公信力,防止交易第三人善意取得不动产物权,应申请登记机关异议登记,并于法定期限内提起民事诉讼解决基础民事法律关系争议。当真实权利经法院裁判确定后,持法院裁判文书向登记机关申请更正登记,使真实权利与登记权利归于一致。而对此类纠纷直接提起行政诉讼要求法院撤销权属证书并不具有实际意义。

一、更正登记

更正登记既是对原登记权利的涂销登记,又是对真正权利的初始登记,是指已经完成的登记,由于当初登记手续的错误或者遗漏,致使登记与原始的实体权利关系不一致,为消除这种不一致的状态,对既存的登记内容进行修正补充的登记。因此,更正登记的目的是对不动产物权订正错误、补充遗漏。① 《物权法》第 19 条第 1 款规定:"权利人、利害关系人认为不动产登记簿记载的事项错误的,可以申请更正登记。不动产登记簿记载的权利人书面同意更正或者有证据证明登记确有错误的,登记机构应当予以更正。"

更正登记以登记手续的错误和遗漏为修正对象。登记错误,是指虽然登记簿上有记载但是欠缺真实的记载,所记载的内容与不动产真实状态不一致;登记遗漏,是指因消极的行为而使记载与不动产的现实内容发生抵触,而应当登记的内容未予登记。无论登记错误还是登记遗漏,其实质都在于欠缺真实的记载,是登记不能反映不动产物权的实际状态。对于更正登记的错误和遗漏形成的原因为何,是因当事人的过错所致还是登记机关的过错所致,在所不问,都应当予以更正登记。更正登记可以由权利人或者利害关系人获得登记错误的有效证据时提出,也可以由登记机关自己依职权进行。登记完成之后,登记机关如果发生登记有错误或者遗漏,应及时通知登记权利人和登记义务人,如果登记权利人或者登记义务人为多数人的,则通知其中一人即可。②

二、异议登记

异议登记又称异议抗辩登记,登记的目的在于对抗现实登记的权利的正确性,即中止不动产登记权利的正确性推定效力和公信力。《物权法》第 19 条第 2 款规定:"不动产登记簿记载的权利人不同意更正的,利害关系人可以申请异议登记。登记机构予以异议登记的,申请人在异议登记之日起十五日内不起诉,异议登记失效。异议登记不当,造成权利人损害的,权利人可以向申请人请求损害赔偿。"

在不动产登记中,会出现登记错误的事实,登记一旦发生错误,如果没有更正或者涂销,

---

① 杨立新:《物权法》,中国人民大学出版社 2007 年版,第 56 页。
② 杨立新:《物权法》,中国人民大学出版社 2007 年版,第 56 页。

则发生公信力效应,受到物权公示公信原则的保护,第三人一旦介入可借登记的公信力取得受让利益。异议登记即是为了阻却登记公信力而设的一种预防措施,借以排除第三人的公信力利益。

三、更正登记与异议登记的配合适用

更正登记要达到预期的法律目的,就必须在既有错误登记发生公信力之前完成,才能产生消除错误登记,恢复正确登记的效力。如果善意第三人依据登记公信力取得了登记权利,法律上便认可这种"将错就错"的结果。对善意第三人而言,登记错误的辐射范围在登记名义人与真实权利人的内部关系之中,不对其产生影响,登记公示的权利对善意第三人而言就是真实的权利。在这种状态下,登记更正请求权无从行使。在更正登记程序中,如果登记名义人不同意利害关系人的更正请求,就表明当事人之间存在权属争议的纠纷,需要通过民事诉讼途径解决,这需要一定的时间。而在此期间,存在登记名义人处分登记物权,善意第三人根据登记公信力取得该权利,使物权无法回复,侵害真实权利人的风险,故法律上设计出异议登记制度,与更正登记配合适用,将利害关系人对登记公示的权利提出的异议记入登记簿,暂时中断登记公信力,阻却第三人依据登记公信力取得登记。①

长期以来,不动产登记引发的民事与行政交叉案件已经成为困扰民事与行政审判的一大难题,本来在行政诉讼中审查不动产登记行为的标准就难以把握,对于民事、行政各自诉讼程序限度的认识偏差,使得对此类案件的争议进入了行政诉讼力所不及的领域,才会带来审判实践的困扰。

笔者通过收集相关案例,在进行比对分析之后发现,涉及不动产行政登记的诉讼案件中行政与民事的关系既非附属问题也非附带问题,而是民事归民事,行政归行政的并列关系。本文着力去寻找一种方法,这种方法是在现行法律框架下能够立即运作的,既能达到不动产登记司法审查的目的,同时,又不会使司法审查完全不顾不动产登记的审查能力和限度进行裁判,可以说本文提出的并行诉讼模式是立足于我国不动产登记的立法现状和运行的实际状况,便于实践操作与把握的一种方法。并行诉讼模式配以异议登记与更正登记制度的有效运行,为解决当事人的民事、行政争议并使登记记载与事实归于一致提供了一种新鲜的模式,可以进行有益的尝试。

---

① 常鹏翱:《物权法的展开与反思》,法律出版社 2007 年版,第 147 页。

我国民事诉讼发回重审制度的完善

欧阳波 *

民事诉讼发回重审(以下简称发回重审)是指在民事案件一审审判中出现程序瑕疵或无效诉讼行为的情形时,上诉审法院认为不适合进行审理,或基于其他诉讼价值衡量,从而否定原审裁判羁束力,将案件发回原审法院或其他同级法院重新进行审理的诉讼制度。在我国,第二审程序具有特定的监督功能,其目的是通过对上诉案件的审查,维持一审法院的正确裁判,撤销错误裁判,监督下级法院的审判工作依法进行。发回重审制度作为审级监督的一种方式,在民事诉讼程序中具有重要的意义,有助于纠正裁判的错误,保障下级法院判决的正当性。现行立法关于发回重审的规定主要散见于《民事诉讼法》《关于适用〈中华人民共和国民事诉讼法〉若干问题的意见》(以下简称《民诉意见》)以及最高人民法院的一系列司法解释文件中。然而,从立法上来看,民事诉讼立法及相关的司法解释中对发回重审制度的相关规定十分粗糙,可供操作的具体内容很少;在司法实践中,我国发回重审制度也存在诸多问题,本文就此做一些探讨,以求抛砖引玉之效。

一、我国发回重审制度的现状及成因分析

(一)立法现状

从立法体例上看,由于发回重审制度的法律规定极为简略,从而形成以司法解释为主的格局。"立法宜粗不宜细的指导思想是我国立法的通病,因粗陋而产生歧义,因粗陋而缺乏可操作性,因粗陋而损害法律的统一,发回重审制度也不例外。"[①]《民事诉讼法》关于发回重审的条文规定过于简陋,且程序条件的设置过于抽象。由此导致上诉审法院在发回重审制度的适用上存在着过大的自由裁量空间,当事人对人民法院发回重审的裁判也极易产生争议甚至表示怀疑,凡此种种,都直接或间接地导致了对司法裁判权威的损害。

发回重审还涉及证据制度、诉讼主体变更、诉讼费用、调审关系等问题。然而,在《民事诉讼法》中,发回重审只是设定了相应的理由,并无其他关联内容的规定,显得过于单一,其关联内容是通过零散的司法解释和批复等形式体现出来的,缺乏效力和制度体系上的连贯性,有的甚至存在冲突和矛盾。由此带来的问题是,在不同的时间,因不同的司法解释和人民法院的相应政策影响着发回重审制度在司法实务上的适用,这样必然造成法律适用的连贯性缺失,违背了"同类案件,同类法律适用"的程序正义要求。具体制度的设置存在以下问题:

---

* 欧阳波:厦门大学法学院 2006 级法律硕士,福建省泉州市中级人民法院法官。

① 王长军:《民事诉讼发回重审制度之辨析与重塑》,http://www.chinaeourt.org,下载日期:2009 年 5 月 20 日。

1. 发回重审标准不明确

发回重审的理由主要包括两个方面：事实证据理由和程序理由。事实证据理由在《民事诉讼法》中并未作出较为明确的界定，仅将其规定为"事实不清、证据不足"，这为二审法官在裁判案件时留下了较为广阔的制度空间，实际操作中也基本上由法官进行自由裁量。但在司法实践中，上诉审法官这种自由裁量权的运用却容易受到一审法官及案件当事人的抵制或不以为然。至于程序理由在《民事诉讼法》中则附带了一个主观色彩浓厚的条件即"可能影响案件正确判决的"。对于一个违反法定程序的行为是否"可能影响案件正确判决"，不同的法官肯定会有不同的判断结论，这是发回重审程序存在不确定性和随意性的一个重要原因。

此外，我国现行有关发回重审理由的立法和司法规定没有对此进行分层化处理，没有区分法律规定必须发回的事项与法官自由裁量的事项。不分重大或轻微的程序瑕疵，凡是违反法定理由的就发回重审，是一种过于简单化的处理，有必要对发回重审的事项规定"法定"与"酌定"理由。

2. 发回理由重实体轻程序

从发回重审理由的两个方面来看，存在重实体轻程序的倾向。"不公正的程序一般来说是难以实现实体公正的，因此，无论对于执法者还是对当事人来说，首先要关心的是程序本身是否公正。"①我国的发回重审制度却规定，对原判决违反法定程序，只有在可能影响案件正确判决的情况下，即须影响案件的正确判决（实体正义）才应将案件发回重审。也就是说，只有在原判决违反法定程序，并可能影响案件的正确判决（实体正义）时，上诉审法院才可撤销原判决，发回重审。

3. 重新审理程序缺乏制衡

按照《民事诉讼法》第41条的规定，对发回重审的案件，原审人民法院应当另行组成合议庭，并按照第一审程序重新审理。根据我国发回重审制度，二审法院有关发回重审的根据和理由对原审法院的重审并没有法律上的约束力，仅仅是基于上下级法院之间的监督制约关系维系着上级法院发回重审裁定理由对下级法院在重新审理时的影响。因此，将案件发回原审人民法院，另行组成合议庭审理，未必能保证案件得到及时公正的处理，这显然不利于当事人合法权益的保护，也与发回重审制度的功能和设置的目的相悖。

（二）我国发回重审制度的实践现状分析

1. 司法实践现状——以福建省石狮市人民法院为例

在司法实践中，我国现阶段发回重审的司法实践存在诸多问题。从全国范围来看，首先，发回重审的案件数量非常庞大。最高人民法院公布的司法统计数据显示，1998年至2007年10年间我国民事发回重审的案件数为340160件，平均每年发回重审34016件。发回重审是一种司法资源的非正常重复利用过程，我国如此庞大的发回重审案件数量严重浪费司法资源，导致了有限的司法资源愈加紧张。其次，发回重审比率过高。我国近10年来再审发回重审率呈逐年上升之势，从1998年的5.32％上升到2007年的7.34％。"在一定程度上，发回重审率的高或低，既可以反映一审民事案件的总体质量，也可以反映二审法院

---

① 江伟：《市场经济与民事诉讼法学的使命》，载《现代法学》1996年第3期。

的结案结构。"①我国发回重审法律规定可操作性不强,法律规定对法官的约束性不大,法院和法官对发回重审非常偏好,从而揭示了我国法院及法官在面对审判的不确定性时更多的是选择推脱,从某种意义上可以说是"拒绝裁判"。

笔者对福建省石狮市人民法院民商事案件发回重审的情况进行了调研。下面将统计数据以表格数据呈现如下。

表 1 福建省石狮市人民法院 1999—2008 年民商事发回重审一览表

单位:件

年 度	1999	2000	2001	2002	2003	2004	2005	2006	2007	2008	合计
发回重审	2	4	12	7	11	11	11	14	7	22	101
上诉案件	189	213	275	232	187	161	228	245	279	359	2368
比 例	1.1%	1.9%	4.4%	3%	5.9%	6.8%	4.8%	5.7%	2.5%	6.1%	4.3%
民事结案	3383	3088	2364	1947	1783	1616	2266	2572	2911	2829	24759

资料来源:福建省石狮市人民法院研究室。

表 2 福建省石狮市人民法院 2009 年 3—8 月民商事改判发回率统计表

单位:件

月份	3 月	4 月	5 月	6 月	7 月	8 月
维持	11	6	8	9	4	5
调解撤诉	6	6	6	7	6	7
改判	8	0	1	1	3	1
发回重审	1	0	0	2	1	0
改判、发回率	34.62	0%	6.67%	15.8%	28.57%	7.69%

资料来源:福建省石狮市人民法院研究室。

从表 1 中可以看出,上诉案件中发回重审的数量总体上呈现出上升趋势,发回比率也在震荡中呈现出上升态势。发回重审制度的司法适用过频导致的是司法成本的无端浪费。从表 2 中的发改率来看,官方数据显示的是不分事由而进行的统计。发回重审和改判率作为对法院和法官进行考核的一个基准,具有重要的导向作用,这种笼统的数据统计及评判指标掩盖了发回重审及改判的实际状况,必须加以改变。

2.司法实践中存在的问题

(1)发回重审的滥用

从上文的调研统计数据可以看出,在我国司法实践中发回重审被高频率地适用,原因有以下几个方面:首先,二审法院考虑工作量过大,在实践中以事实不清,证据不足为由发回重审。同时,在上诉审程序中,由于我国采用的审案方式类同于复审制,对上诉案件进行法律适用和事实判定上的双重审查,对"案件事实不清、法律适用错误"可能有多重的理解,上级

---

① 王福华、融天明:《民事诉讼发回重审制度之检讨》,载《法学研究》2007 年第 1 期。

法院的法官在发现案件难以处理时,将案件通过正当发回重审程序来退回下级人民法院显然"十分便利"。固然我国现行法院体制中,法官工作量的不均衡是造成上级法院"图省事"直接发回重审的直接原因,但民事诉讼发回重审的立法规定中,发回重审的原因过粗,不具有可操作性则是其主要原因之一。

其次,有些案件由于时间较长、证人迁移、证据灭失等原因,无法查清或难以查清全部事实,二审难以认定,就以事实不清,证据不足为由发回重审。尽管我国民事案件的审理期限规定得相对较为严格,最高人民法院相关司法解释也对发回重审的次数进行了限制,但在实际司法实践过程中,上诉法院突破限制数次发回重审的现象也时有所见,从而导致诉讼迟延。

再次,在案件审理过程中,二审法院难以协调各方利益或在协调中遇到阻力的时候,即以一审判决存在的程序或者实体上的瑕疵为依据将案件发回重审。

总之,"实践中二审法官决定是否自行改判,抑或发回重审,往往取决于法官自己的积案压力、案件受外界干预的程度和法官对此干预的驾驭能力以及法官自己希望掌握终审权的主观愿望,等等"①。因此,发回重审随意性因素过多。

(2)审级关系的职能偏差

从审级制度来看,一审法院的职能重点是查明事实、解决纠纷,上诉法院的职能偏重于统一法律适用和监督一审裁判。苏力教授认为:"就程序运作而言,两个审级实际上是两个迥异的审判程序,无论在诉讼目的还是在法官、程序运作上都有着不小差异,从其社会功能来讲,一个侧重规则之治,一个侧重纠纷解决,因此上诉法院与原审判法院所需要、强调和产出的知识也应有很大差异。"②根据我国法律规定,上下级法院之间是监督与被监督关系,但在司法实践中,两个审级程序的运作并没有相互独立,下级审程序运作以及由此产生的判决结果会受到上级审法院的干预。首先,由前述可知,我国发回重审制度留给了二审法官过大的自由裁量空间,二审法院可利用自由裁量权对一些本应自行改判的案件发回原审法院重新审理。其次,发回重审标准不明确,一些疑难案件可能因事实或程序瑕疵被发回,从而导致一审法院在发回重审面前不能明确自己的职责权限,无所适从,发回重审的滥用加剧了一、二审法院职能分工的混乱。因为,在我国现行法院评价机制之下,法院的人事及经费问题都离不开法院的"政绩",其中发回重审及改判率的计量是其中一个非常重要的部分;因此,上级人民法院对于二审案件发回重审的把握以及改判、发回重审所采取的统计方式都直接影响下级人民法院对案件审理质量的把握。我国现行发改率的统计标准就成为上下级人民法院之间合理分工的"阿克琉斯之踵"。

(三)我国发回重审制度立法与实践问题的成因分析

1.司法理念的问题

在我国现代法治社会发展进程中,程序公正逐渐成为司法公正的重要内容。但在实践中,实体公正还是占据着重要的位置,它要求审判活动尽可能地发现、挖掘案件的客观事实真相以谋求实体上的绝对公正。具有延续性并在广大民众观念中根深蒂固的"有错必纠"原

---

① 江伟:《民事诉讼法专论》,中国人民大学出版社 2005 年版,第 427 页。
② 苏力:《送法下乡——中国基层法律制度研究》,中国政法大学出版社 2000 年版,第 170 页。

则是发回重审的最强有力的依据。上级法院对"事实不清、证据不足"的案件可以无限制地自由决定撤销或发回原审法院重新审判。在我国现阶段的转型过程中,"崇尚实体,轻视程序"仍然在众多的司法主体头脑中形成了强大的思维惯性。然而,其所追求的客观真实终究也不过是一种表象和神话罢了。它以一种哲学完美主义的名义掩盖了国家审判权的恣意行使,导致法院司法权威的丧失和程序正义的牺牲。①

2. 审判权与诉权的错位

在现代民事诉讼中,审判权与诉权的相互作用形成了正当程序的基础。审判权和诉权既相互依存、又相互对立。② 一旦审判权和诉权在一审中运行顺畅,上诉率和发回重审率会大大降低。"具有这种诉讼结构的诉讼、审判,只要达到了程序保障的要求,就使当事者在制度上失去了就实体和程序两方面表示不满或再行争议的机会,从而获得正当性。"③目前我国审判权与诉权运行的主要障碍是审判权的膨胀和异化,审判权与诉权的关系是此消彼长的,一旦审判权侵入诉权的"边界",诉权即会萎缩。④ 审判权和诉权的"畸形"运行模式,难以产出公正的结果,诉讼程序必然向更高审级推进,因而当事人在一审中一旦不能得到符合自我意志的判决结果,就会将诉权诉诸二审。一审中的程序和事实问题即成为当事人所争议的对象,而一审中的问题亦成为发回重审的依据。

尤其是诉权对审判权的约束不力。我国现行发回重审程序的设置体现了审判权对审判权的监督。发回重审对一审判决的否定,正是二审法官行使二审审判权对一审法官审判权进行监督的体现。然而,发回重审整个程序的启动、运行、结束均没有体现出诉权对审判权的制衡。审判权作为国家权力的一种,必然需要监督和制约,但如果仅有国家权力内部互相监督,而没有当事人以诉权为依据进行外部监督,那么很难保证二审裁决发回重审的正当性和合理性。

3. 错案追究的模糊

人民法院对于我国审判程序中出现的错案定性过于模糊、不确定,在司法实践中,发回重审案件通常是作为"错案"对待,而且,"我国法院系统的错案追究过于绝对化,没有一个科学的评价功能,动辄以改判、发回率作为衡量是否错案的标准,而错案在一定程度上又与法官的晋级、评优等紧密相关,有的法院甚至用此作为法官是否下岗的衡量标准,扩大了法官应承担责任的范围。在此压力下,二审法院对案件的改判、发回,令一审法院的法官'谈虎色变'"。⑤ 将发回重审后果作为法官工作业绩的行政化处理方式,造成一审法官不得不向上级法院请示汇报案情、征求意见,导致二审一审化,审级制度形同虚设。

---

① 滕一龙:《深化改革公正司法以昂扬的新姿态跨入新世纪》,载《上海审判实践》2000年第4期。
② 王莉君:《权力与权利的思辨》,中国法制出版社2005年版,第49页。
③ 王亚新:《社会变革中的民事诉讼》,中国法制出版社2001年版,第42页。
④ 唐力:《民事诉讼构造研究——以当事人与法院作用分担为中心》,法律出版社2006年版,第13页。
⑤ 李国光:《民事诉讼程序改革报告》,法律出版社2003年版,第177页。

二、域外发回重审制度的借鉴意义

(一)域外发回重审制度的比较分析

大陆法系各主要国家与我国的民事诉讼制度既有共同点,也存在着很大的差异。就发回重审制度而言,外国有关发回重审的事由、重审的主体、原审判决的处理、发回裁定的效力等方面的规定较为缜密、合理,值得我国借鉴。在日本,当事人可就法律和事实问题提起上诉,上诉法院可以根据法定的权限发回重新审理。但与我国有所不同,日本的发回重审只存在于上告和抗告两个途径的上诉审中,法院只在认为有必要对案件进行重新辩论时才允许发回重审;而且发回的重审法院选择范围不同,日本为除原审法院之外的"与原判法院同类、同级别的另一法院重审"。① 在德国,法律限定只有高等法院和最高法院具有发回重审权,并且只对某类案件适用发回重审,只在符合法定条件的少数情况下才可发回重审。②

域外发回重审制度具有以下共同点:法律规定清晰明确,适用限制严格,审级中事实审、法律审分工明确,法院职能与制度设计和谐,立法与司法操作整个运行匹配。但其制度运行是和其设置的目的、法院的职权、同等保护当事人合法权利、尊重各级法院的独立裁判、作为特别补充救济手段等司法理念相匹配、相契合的,是综合考虑司法公正、分权制约、审级的救济功能、注重维护法制的统一和司法独立等因素的合理的设计,而不是不加区分地泛化。这与我国各级上诉法院都行使发回重审权的情况是完全不同的。

(二)两大法系发回重审制度的借鉴

综观两大法系的民事发回重审制度,在程序设计的诸多方面值得我国借鉴。

1.发回重审制度启动条件严格

根据发回重审的一般定义,其意味着对已裁判过的案件重新审理,会耗费大量的资源,按经济学原理,发回重审的收益为负数。纵观世界各国的立法和司法实践,均是严格限制发回重审的适用。如日本,"由于控诉审是事实审,因此原则上应该自行判决。实践中也有不少判决书是将撤销和自行判决合二为一,一般是采用'将原判决变更如下'的表达方式"③。在法国,适用发回重审同样是十分谨慎的,发回重审的案件数量很少。依据《法国新民事诉讼法典》的规定,只有向最高司法法院提起的上诉案件才适用发回重审。④ 经过以上的分析,可见世界各主要国家无论在立法上还是司法实践过程中对待发回重审是十分审慎的,立法和司法都十分严格。

2.注重当事人程序权利保障

两大法系国家和地区普遍将诉讼程序瑕疵问题作为发回重审的主要理由。其原因在于:一是发回重审的设置初衷是救济当事人审级利益,保障程序性权利;二是西方国家有尊重法官自由心证、尊重法官认定事实的司法传统,只要诉讼程序和审判形式符合法律规定,由其产生的事实认定结果就应当获得尊重。例如在英国,其一审认定的事实受到尊重,上诉

---

① [日]兼子一、竹下守夫:《民事诉讼法》,白绿铉译,法律出版社 1995 年版,第 236 页。
② 谢怀栻:《德意志联邦共和国民事诉讼法》,法律出版社 1984 年版,第 549 页。
③ [日]高桥宏志:《重点讲义民事诉讼法》,张卫平、许可译,法律出版社 2007 年版,第 461 页。
④ 罗结珍:《法国新民事诉讼法典》,中国法制出版社 1999 年版,第 74 页。

案件经开庭审理后，"只有基于初审程序中法官对陪审团指示不当、不恰当地采信或拒绝证据、不正当地撤回向陪审团提出的问题、不合法的陪审团决定四种理由，上诉法院才可以要求完全独立于初审的重新审判"①。德国无论是在控诉审还是上告审中，严重程序瑕疵和审判形式不合法则很可能构成发回重审的理由。在我国台湾地区，发回重审制度注重弥补致当事人审级利益受损之程序瑕疵，其第二审发回重审只能以程序瑕疵作为理由，并未涉及事实问题和证据问题。第三审发回重审理由也集中在程序瑕疵和审判形式不合法方面，而未涉及事实问题和证据问题。

3. 上诉审法官自由裁量权受限

发回重审属于上诉法院在废弃原判决之后作出的一种裁判，由于法律不可能穷尽具体的发回重审理由，因此客观上决定了在发回重审制度中需要赋予上诉审法院法官自由裁量权。但此种发回重审自由裁量权的行使受到严格限制。例如，德国和日本将发回重审分为法定和酌定的发回，法官的自由裁量限定在酌定发回的范围内。在英美法系国家，除非一审判决有明显错误才会撤销原判决、发回重审，因为"较之法律问题而言，一审法院的事实认定受到更大的尊重"②。

4. 发回重审的程序设置严谨

发回重审制度的程序设置主要有两个方面：一是发回重审的裁定程序规则；二是案件发回重审后的重新审理程序规则，案件发回后的重审程序应为涉及对原审错误的纠正，应当有别于一般的一审程序，程序的设置更为严格。西方各国对原审程序的效力问题、重审审判组织的组成、发回重审裁定书对重审的拘束力等均由法律作出了特别且严谨的规定。关于重审审判组织的组成的问题，法国、日本均规定：原审判决应被撤销并发回原审法院，或者移送给同级的其他法院重新审理，参与原审判决的法官，不得参与重新审理案件的裁判。关于判决被撤销后原审经过程序的效力问题，因为"发回重审裁定属于终局裁决，所以发回后之下级审诉讼程序是先前该下级审诉讼程序的继续。因此，原判决虽被废弃，如果废弃理由不是原审诉讼程序违法，则先前的诉讼程序仍然有效。但如果以违反诉讼程序的规定废弃原判决的，那么违法的部分诉讼程序无效，下级审的重审程序就应当避免程序的不合法"③。发回重审的审理程序规则也十分严密并有相应的监督制约措施。

三、我国发回重审制度的完善

（一）完善发回重审制度必须首要解决的几个问题

1. 树立程序公正的理念

要做到程序公正，首要的是必须既要在立法中规定程序公正的内容，又要在司法中贯穿保障人权、程序公正的理念。但在我国现行的法律体系中，明显缺乏司法独立、司法中立、程序正义等现代司法理念。在司法实践中，司法人员、社会公众的程序公正理念也远没有达到法治国家的基本水准。在当代世界范围内，司法公正、人权保障的理念已经深深植入了各个

---

① 乔欣、郭纪元：《外国民事诉讼法》，人民法院出版社 2002 年版，第 60 页。
② 汤维建：《美国民事司法制度与民事诉讼程序》，中国法制出版社 2001 年版，第 539 页。
③ 骆永家：《民事法研究（三）》，三民书局 1986 年版，第 179～180 页。

发达国家的法律体系之中,司法理念的滞后已经成为制约法治发展的瓶颈。要解决我国当前民事诉讼发回重审制度中所存在的问题,釜底抽薪的做法是加快司法理念中程序正义理念的更正,否则单纯从立法制度上完善并不能真正获得制度的良好运行。

2. 一审与二审职能的科学定位

从发回重审的角度来讲,要从根本上扭转发回重审率过高和过滥的混乱局面,使发回重审制度发挥其应有的功能,实现其内在价值,根本前提是科学定位我国民事诉讼中一审、二审的功能。一审与二审职能关系的科学定位影响着发回重审制度功能的发挥;科学定位各个审级的职能对促使各级法院各司其职,防止互相推卸责任起到关键作用,更是发回重审制度良性运行的前提和基础。

从前文中对各个国家发回重审制度的研究与借鉴中可以看出,英美国家的一审实行事实审,强调一审法院的事实认定功能,其二审是纯粹法律审,不能干涉一审的事实认定。在明确定位一、二审职能的前提下,二审法院对一审法院的事实认定给予足够的尊重,在未出现严重的程序瑕疵或审判形式不合法的情况下不能随意将一审案件发回重审,一审法院更不能就复杂疑难案件的事实认定问题请示上诉法院。而在大陆法系的德国和日本,一审、二审均是事实审,上诉审实行续审制。所以对于一审认定事实有问题的,在不损害当事人审级利益的前提下自行改判,也即是事实认定有问题的以自行改判为原则,只有当诉讼程序和审判形式存在严重瑕疵时才可以发回重审。

3. 法官自由裁量的限制与监督

对法官的自由裁量权须采取有效的控制机制,防止外界的压力和影响上升为司法判断活动的优势需要,左右法官正确理性地裁量。首先,法官的自由裁量权应在发回重审的价值取向和二审程序设置的目的范围内行使,应当限定法官的裁量空间。其次,应建立对二审法院发回重审的监督机制。"法院是一个复杂的社会系统,形成金字塔式的结构体系。作为系统,对其有效控制绝不能仅仅依赖于内部的监督,因为内部监督作为一种封闭状态的自我控制,其作用是极为有限的。事实上,一个系统要获得有序发展,开放是必要的条件。耗散结构理论告诉我们,一个开放的系统可以从外界得到负嫡流,即对系统运行偏差的负反馈,并把这种反馈信息加以调节处理,纠正系统在运行中出现的偏差,从而保证其按预定的方向运行。"[①]如此两方面的限制将有助于法官在民事发回重审制度的适用上做到不偏不倚。

在具体案件审理上,《民事诉讼法》第 151 条规定:"第二审人民法院应当对上诉请求的有关事实和适用法律进行审查。"该条确定了二审审理范围一般不得超过上诉人上诉请求范围的原则。对二审审理范围要限于上诉人上诉请求的规则的制定,其目的是充分尊重当事人的处分权,防止二审法官利用审判权介入诉权。另外,对法官自由裁量权的控制可以附加一些程序性措施。如对涉及一审判决自由裁量权行使不当(如赔偿数额的确定、证明标准的判断等)而需发回重审的案件,应由庭长审核该发回重审的法律文书,增加对二审法官运用自由裁量权发回重审案件的限制程序。同时,要增强裁判文书的说理性,发回重审的裁定要载明原判决哪些事实不清、何处证据不足,需要查明哪些事实,补充哪些证据,逐步取消法院内部函的传统做法,增强司法的透明性。

---

① 孙国华:《法的形成与运作原理》,法律出版社 2003 年版,第 490 页。

4. 当事人程序选择权的保障

在上诉审程序中,如果符合发回重审条件时是否意味着必须发回重审,或者说是否完全由人民法院来决定是否发回重审、是否应当准许各方当事人合意而不将案件发回重审?我国台湾地区"民事诉讼法"第 451 条第 2 项规定,即使一审诉讼程序有重大之瑕疵,二审法院废弃了原判决,并可将该事件发回原法院,但"如两造合意愿由第二审法院就该事件为裁判者,应即自为判决"。① 这项规定赋予了当事人程序选择的权利,即在符合发回重审的条件下,如果各方当事人合意一致,仍可由二审法院"自为判决"。如前所述之分析,民事诉讼二审程序设置的落脚点为当事人的利益,如果一个案件长期拖延,并不利于他们利益的保护,所以案件上诉至二审法院后被发回重审,他们期待的利益实现可能会变得遥遥无期。如果赋予他们合意由二审法院直接解决,将更有利于当事人利益的维护。因此,案件即使符合发回重审条件,但当事人合意选择由二审法院自行裁判的,可视为当事人均放弃审级利益,二审法院应当尊重。这也是尊重当事人的程序选择权,有利于案件的及时审理,减少当事人的讼累。

(二)完善我国发回重审制度的具体措施

发回重审制度是建立在程序价值理念基础之上的一项重要的民事诉讼法制度。构建该项制度的前提条件就是厘清程序公正与效率以及实体公正的基本价值判断之间的关系。我国发回重审制度应当建立在程序正义保障的基本前提下,将发回重审制度的功能定位于程序规范、程序监督、程序缓冲和程序救济方面,协调好程序公正和程序效率的基础价值关系。为此,可从以下几方面着手:

1. 完善发回重审的理由

(1)有关事实问题的部分

我国民事诉讼法中规定的"认定事实错误"、"认定事实不清,证据不足"之发回重审理由过于简单。我国的上诉审采用续审制,上级人民法院对于事实认定和适用法律的问题均可予以审查。在此种审级制度之下,上级人民法院承担了监督下级人民法院事实认定与法律适用的职责。一般情况下,上级人民法院均拥有否定下级人民法院裁判的权力,只有存在特定条件时才需发回人民法院重审。"认定事实错误"、"事实不清,证据不足"的原因一般均可由二审法院查清事实后直接改判,只有涉及当事人的审级利益,在当事人提出针对事实与证据问题的上诉时,才可由上级人民法院发回重审。两种情形的发回重审均设定了一定的先决条件,不仅有利于更好地控制发回重审适用的泛滥,而且立足于我国现行上下级法院之间的关系现状,同时也将当事人的上诉理由纳入程序中。

(2)有关程序问题的部分

程序问题是发挥重审制度的核心所在,在发回重审制度理由的设置中也当然是最为重要的部分。一方面,发回重审的价值和功能只有通过合乎逻辑的程序设计和运行才能得以充分的体现和发挥;另一方面,程序理念的根基在我国也越来越牢固。近年来,中国司法改革的成果之一是"程序公正"观念在被理论与实务中所接受。然而,程序问题也存在轻重之别,并非所有的程序问题都应当发回重审,因为发回重审还存在着当事人成本支出的问题。

---

① 张广兴:《大陆与港台民事诉讼制度》,法律出版社 1993 年版,第 150 页。

因此,对于程序问题应予以分门别类,对于严重的程序问题作为法定的发回重审理由(双方当事人合意放弃的除外),对于影响力非常小的程序问题可作为酌定发回重审的理由。重要的程序问题包括:未开庭审理、未经传票传唤而缺席判决、简易程序的不当适用、漏列错列当事人、应当回避未回避、合议庭组成不合法及其他严重或重大违反法定程序情形的。影响力小的程序问题包括:庭审中的质证、辩论、审限、宣判等与事实认定及法律适用无关联的审理程序问题。

2. 构建发回重审控制机制

发回重审制度需要通过一定的程序机制予以控制几乎是所有设定了发回重审制度的国家的通例。对发回重审案件进行"程序性控制"也是符合一般的司法权运行理念的,只有在程序控制下,"发回权"才能更好地行使,同时也才能为当事人所信服。有关程序控制机制的设计中,最为重要的无疑是对法官自由裁量权的控制和当事人程序选择权的设置。

对法官自由裁量权的限制,应当在保障法官拥有一定的自由判断权限的情况下实现公正判决,同时警惕它的泛滥使用会削弱法律权威、破坏法制统一、影响个案公平。尽管"法官的裁量行为多半以他个人的价值或政治信念为根据,法官的价值观及信念在相当长的时期内都应该是比较稳定的,一般不会发生任命前与任命后完全不一样的变化"。[1] 但"外界的压力与影响很容易成为判断活动的优势需要"。[2] 在现实条件下,需要对法官的自由裁量权采取一定的控制机制,防止裁量权受到压力而偏向。首先,需要确定发回重审制度设定的基本价值和目的理念,使法官的裁量始终在基本原则的约束之下,因为"有目的的思维限制了官员退隐于规则之后和逃避责任的倾向"。[3] 其次,在具体程序规则上,需要将现行民诉法中的发回重审理由予以细化,缩小法官自由裁量的空间。最后,对上诉审法院的发回重审裁定亦应当予以监督,主要是通过在发回重审裁定中写明发回理由来实现外部对发回重审程序的监督,当事人以及社会舆论都可借此约束上诉审的发回重审行为。

权威学者对当事人的程序选择权已有深刻的论述。邱联恭先生认为:"根据国民之法主体性、程序主体性原则及程序主体权等原理,在诉讼中纷争当事人即程序主体,也是参与形成、发现及适用法之主体;应受适时审判请求权及公正程序践行请求权的保障,故其实体利益及程序利益不能受程序制度运作、使用或未能使用所减损、消耗。因此,立法者及法官均应对于程序关系人,就关涉该人利益、地位、责任或权利义务之程序利用及程序进行,赋予相当之程序参与权及程序选择权,借以实现、保障程序关系人之实体利益及程序利益。"[4]由此可知,作为程序主体的当事人,应享有程序法上的处分权。

3. 修正发、改率统计制度

发、改率是指发回重审和改判率,是我国人民法院系统内的一项重要统计机制和法官及法院的绩效考核机制。从法院和法官的角度来讲,现行法院系统的体系下,发、改率是一项

---

① [日]棚濑孝雄:《纠纷的解决与审判制度》,王亚新译,中国政法大学出版社 2004 年版,第 174 页。

② 孙万胜:《司法权的法理之维》,法律出版社 2002 年版,第 184 页。

③ [美]P.诺内特、P.塞尔兹尼克:《转变中的法律与社会:迈向回应型法》,张志铭译,中国政法大学出版社 2004 年版,第 92~93 页。

④ 邱联恭:《程序选择权论》,台湾三民书局 2000 年版,第 33 页。

非常重要的指标线,也是司法审判所约束指明的方向。

发、改率对于发回重审制度具有内在的指引作用。从当事人角度来讲,一审案件被二审发回重审,当事人会形成一种对一审的否定性认识。过多的发回重审会降低民众对司法的信任。澳大利亚法官马丁指出:"在一个秩序良好的社会中,司法部门应得到人们的信任和支持,从这个意义出发,公信力的丧失就意味着司法权的丧失。"①从法院的角度来讲,发回重审率和改判率作为评价指标,决定着法官的经济和福利待遇、职位升迁和社会名誉与地位。时任最高人民法院常务副院长的曹建明在2005年12月21日召开的"人民法院审判质量效率评估体系研讨会"上指出:长期以来,人民法院对审判质量与效率缺乏科学的评估手段,基本上是以"改判率和发回重审率"为主要指标来评判审判质量,以"结案率"为主要指标来考核审判效率,导致了审判质量与效率评价简单地由这样两三个指标决定的情况,缺乏一套科学的评价标准和评价体系。② 因此,科学的发回重审率评价体系应当考虑法官审判工作的特点和局限性,反映出审判工作的本质和内在规律,能够检测和体现法院审判的真实情况。

现行的发、改率统计的指标完全局限于二审的判断,此种评价机制是将具有相对独立性的司法审判置于一个教条化的框架之下。应当将发回案件予以分门别类,"可以将发改率分解为一审程序违法率、一审工作失误率、一审认识明显偏差率等三个替代性指标,均以一审结案总数为分母,或者将'发改率'指标替换为'一审上诉发改案件评查'指标,将一审程序违法率、一审工作失误率、一审认识明显偏差率作为其下级的指标,并确定各指标的权数。因此,一审程序违法率等三个指标权数及评价方法的设置原则应当是:以程序评价为主、以实体评价为辅。"③这主要是基于不同法官具有不同的心证与判断,因而实体公正的评价具有过多的不确定性因素。而"程序公正具有较强的确定性和可操作性,因此通过程序公正来保障实体公正并进一步全面实现司法公正是一条可行之路"。④

---

① 上海一中院研究室:《21世纪司法制度面临的基本课题》,载《法学》1998年第12期。

② 《建立的审判质量效率评估体系,进一步加强和完善人民法院审判管理工作》,http://www.chinacourt.org,下载日期:2009年6月18日。

③ 王建宏:《透视发回重审与改判率——以社会主义司法制度的公正价值为视角》,载《法律适用》2009年第2期。

④ 何家弘:《司法公正论》,载《中国法学》1999年第2期。

图书在版编目(CIP)数据

第三视域下的法律:厦门大学法学院在职法律硕士优秀论文集(2013年卷)/林秀芹主编.
—厦门:厦门大学出版社,2013.6
ISBN 978-7-5615-4572-0

Ⅰ．①第…　Ⅱ．①林…　Ⅲ．①法律-中国-文集　Ⅳ．①D920.4-53

中国版本图书馆 CIP 数据核字(2013)第 046891 号

厦门大学出版社出版发行

(地址:厦门市软件园二期望海路 39 号　邮编:361008)

http://www.xmupress.com

xmup @ xmupress.com

厦门集大印刷厂印刷

2013 年 6 月第 1 版　2013 年 6 月第 1 次印刷

开本:787×1092　1/16　印张:17　插页:2

字数:403 千字　印数:1~1 000 册

定价:45.00 元

本书如有印装质量问题请直接寄承印厂调换